U0628441

中国社科

中国青铜技术与艺术
（己亥集）

苏荣誉◎著

光明日报出版社

图书在版编目（CIP）数据

中国青铜技术与艺术．己亥集 ／ 苏荣誉著．－－北京：
光明日报出版社，2025.1. －－ ISBN 978－7－5194－8466－8

Ⅰ．K876.414－53

中国国家版本馆 CIP 数据核字第 2025HP2927 号

中国青铜技术与艺术（己亥集）

ZHONGGUO QINGTONG JISHU YU YISHU（JIHAIJI）

著　　者：苏荣誉	
责任编辑：杜春荣	责任校对：房　蓉　李海慧
封面设计：中联华文	责任印制：曹　净

出版发行：光明日报出版社

地　　址：北京市西城区永安路 106 号，100050

电　　话：010-63169890（咨询），010-63131930（邮购）

传　　真：010-63131930

网　　址：http：// book. gmw. cn

E － mail：gmrbcbs@ gmw. cn

法律顾问：北京市兰台律师事务所龚柳方律师

印　　刷：三河市华东印刷有限公司

装　　订：三河市华东印刷有限公司

本书如有破损、缺页、装订错误，请与本社联系调换，电话：010-63131930

开　　本：170mm×240mm		
字　　数：404 千字	印　　张：22.5	
版　　次：2025 年 1 月第 1 版	印　　次：2025 年 1 月第 1 次印刷	
书　　号：ISBN 978－7－5194－8466－8		
定　　价：99.00 元		

版权所有　　翻印必究

《中国青铜技术与艺术》（己亥集）版权说明

　　《中国青铜技术与艺术》（己亥集）是作者苏荣誉已发表的研究论文的选编。苏荣誉拥有该书文字内容的所有著作权。书中涉及的图片，多数由作者拍摄；部分参考器物图片，引用自公开出版物，均在图后逐一注明来源；个别请求收藏单位和师友拍摄的图片，都经过著作权人同意允许使用，并在图后一一注明。这些文章及所包含的图片均已在国内刊物发表，作者对文字及图片的使用承担责任，若有不妥之处请联系作者，与出版社无关。特此说明。

目 录
CONTENTS

关于中原早期铜器生产的几个问题：
从石峁发现谈起

苏荣誉

一、石峁遗址发现的铜器和石范

石峁遗址位于陕西榆林毛乌素沙漠之南、黄河支流秃尾河之支流洞穿沟南岸山梁上。20 世纪 50 年代和 20 世纪 70 年代有过局部调查，20 世纪 80 年代有过试掘，2011 年始进行了系统的调查和发掘。业已发表的考古简报确认属一座城址，总面积 400 万平方米，由"皇台城"、内城和外城构成。皇城台的"台城"，构建最早，内城次之，外城最晚。据出土陶器，皇城台修筑年代为龙山时代晚期至夏代早期，皇城台门址的修筑可能要早到约公元前 2300 年，皇城台最晚使用年代为公元前 2100—1800 年，废弃约在公元前 1800 年。①

2016 年发掘皇城台东侧的门址，门外有南北向呈长方形广场，"在广场中南部还发现一些铜刀、石范等遗物"。墩台 II 南隔墙"东侧发现环首刀石范"。发掘简报透露出皇城台出土多件铜器和石范，但只举例一铜刀和一环首刀石范，且只有出土地点和图片（图中附有编号，除地点不同外，号均是 2016②：1），既没有描述遗物，也没有介绍出土情况和伴生物。虽然公布的信息甚少，但在发掘简报的结尾，则有重要认识："皇城台发现的铜器和石范，大多出土于门址第二层堆积，个别见于门址第四层，年代不晚于公元前 1800 年，器形包括刀、镞、锥等，为揭示中国北方地区早期铜器的形制和技术特征增添了重要实物资料。""同时，……皇城台铜器和石范的发现为冶金术自北方传入中原的观点提

---

① 陕西省考古研究院，榆林市考古勘探工作队，神木县文体局. 陕西神木县石峁遗址 [J]. 考古, 2013 (7)：15-24；陕西省考古研究院，榆林市考古勘探工作队，神木县石峁遗址管理处. 陕西神木县石峁城址皇城台地点 [J]. 考古, 2017 (7)：46-56；陕西省考古研究院等. 发现石峁古城 [M]. 北京：文物出版社, 2016.

供了关键性的证据，并为探索早期冶金术在中国传播路线提供了关键的连接点。"①

　　石峁古城出土多少铜器和石范，迄今未见准确信息披露，据说还有齿轮形铜器。②考古报告披露的一件铜刀，是广场南部西侧发现"一些"铜刀之一（图1）。③刀呈条形，扁平状，柄略宽并残断；刀锋为小圆弧形，刃截面为三角形，背厚刃薄，刃略内弧；刀背与柄上面平滑过渡，微微外弧。从背两侧凸起，知此刀铸造成形，很可能为对开分型。

　　石峁古城出土的石范，见诸图像的也只一件环首刀残范

图1　石峁铜刀（引自《考古》
2017年第7期第49页图6）

图2　石峁石范（引自《考古》
2017年第7期第52页图13）

（图2），出土自皇城台内瓮城，墩台Ⅱ东侧。④据图片，范存环首刀之柄部，环为椭圆形，柄微弧，板状；与环首相接处似有叉形线，阴阳不明，可能为柄之纹饰。范面平，两侧面光，无定位结构，端面略糙；质似砂岩，一角有残缺。环首型腔端接漏斗形浇口，连接处甚薄，便于浇铸冷凝后打掉浇口而不伤却环首，但刀柄下侧似另有一型腔，局部似锥状，小漏斗形浇口开在侧边，在环首刀型腔上面，近于上边另有一纵向沟槽，或是铜针铸型亦未可知。至于此范浇注的受蚀状况，抑或是否有涂层，即此范的使用状况难以推测。也不知石峁遗址是否出土有环首刀可以与之对应，但上述铜刀与之无关。

　　石峁出土的条形铜刀和石范铸造的环首刀，与欧亚草原流行的装柄的剃刀

①　陕西省考古研究院，榆林市文物考古勘探工作队，神木县石峁遗址管理处.陕西神木县石峁城址皇城台地点［J］.考古，2017（7）：55.

②　杨瑞.石峁王国之石破天惊［M］.西安：陕西人民出版社，2017：85-87.

③　发掘简报措辞不一。正文呈"广场中南部发现一些铜刀"，图6题注"广场南部西侧"。见注3，页49，图6。

④　陕西省考古研究院，榆林市文物考古勘探工作队，神木县石峁遗址管理处.陕西神木县石峁城址皇城台地点［J］.考古，2017（7）：53.

式刀、兽头或透空柄刀以及卢里斯坦（Luristan）的柄端具眼形孔刀①，均大异其趣，倒是接近于二里头遗址出土的刀1987ⅥM57：2（图3），属四期②。石范的椭圆环首刀则接近于青龙抄道沟出土的两件，均翘尖，对开范铸造，一长267毫米、另一长243毫米（图4），年代属商晚期。③ 内蒙古敖汉旗博物馆征集到一副

图3　二里头铜刀1987ⅥM57：2
（引自《考古》1992年第4期图版2.5）

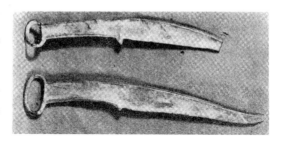

图4　青龙抄道沟青铜环首铃首刀
（引自《考古》1962年第12期图版5.1）

环首刀石范，首圆形，柄具两路人字纹，浇口开在刀尖，也无定位结构（图5），其年代被定在商周之际，④ 刀形当较石峁范为晚。

论者认为石峁古城遗址所出土铜器和铸范涉及中原青铜器源于传播等问题，姑略申论之。

二、中原的青铜技术起源与其技术传统

关于中原冶金术起源的讨论，长期都处于猜想阶段，既因中原地区发现的早期冶金实物少，也在于研究不够，彼此关联不清。最近欧美考古学家在巴尔干和安纳托里亚地区的考古发现和研究，揭示出公元前6000纪的冶铜遗物和遗迹，再证近东为冶金术之摇篮。百多年来，不断有人指出或重复"中原冶金术西来说"，近些年对西北及河西走廊的考古发现和研究，有学者具体提出西方冶金术影响中原的两个途径：西伯利亚—新疆—河西走廊—甘青—中原、西伯利亚—蒙古

图5　敖汉环首刀石范（引自《敖汉文物精华》81页）

① PHILIP L，KOHL. The Making of Bronze Age Eurasia［M］. Cambridge：Cambridge University Press，2007：126-181.
② 中国社会科学院考古研究所二里头工作队. 1987年偃师二里头遗址墓葬发掘简报［J］. 考古，1992（4）：294-303.
③ 河北省文化局文物工作队. 河北青龙县抄道沟发现一批青铜器［J］. 考古，1962（12）：644-645.
④ 邵国田. 敖汉文物精华［M］. 呼和浩特：内蒙古文化出版社，2004：81.

高原—中原。① 如前所及，简单传播论除从中心向周边、从早到晚这些因素外，对传播的动力、接受者的经济与技术水准、接受的可能与选择等因素考量太少或阙如，已为很多研究证明为过时，新的技术传播研究必须以各节点的可靠年代为基础，还需以可能为前提。

毋庸置疑，冶金术最早出现于近东，有 7000 多年的历史。北非、欧洲、中亚、南亚和西伯利亚的早期冶金，可能是以之为基因发展起来的，姑且称之为近东体系。其技术内涵可以概括为：

有很长的铜石并用时代，冶炼砷铜延续 2000 余年；

砷铜的出现是基于铜矿因素，在青铜时代早期有意识加砷矿炼制砷铜；

青铜时代中期随着锡供给的解决，锡青铜成熟，砷青铜随之罕见；

锻打铜器是基本工艺，铸造出现较晚且居次；

铸造以石范为主铸造小件铜工具、兵器和农具，部分地区（如大不列颠）铜范居次；

泥范始终都有，对开范用于铸锭。失蜡法用于铸造复杂的动物、造像和饰品。

中原及其周边地区的早期冶金，新石器或铜石并用时代的内涵和联系均不清楚，连续并具有鲜明特征始于二里头文化二期，可以概括为：

有无铜石并用时代有待证实，起源不清；

早期铜器铜与黄铜并存，铸锻成形并行；

二里头文化迅速肇建了泥范块范法技术体系，生产造型独一无二的所谓礼器；

泥范块范法迅即独占，几乎不见锻造器件，石范铸造也被排斥出中原；

铜和锡青铜、铅锡青铜并存，铅锡青铜很快居主要地位，且锡、铅含量高，供应充足。

这种显著有别于近东体系的中原青铜技术系统，若以为传自于彼，必须回答其期间发生的变易及其机制，但却无妨于个别器物的流动和器类与装饰的影响。鉴于南美早期冶金的独立性，毋宁认为中原冶金技术的独立起源，是基于

---

① FITSGERALD-HUBER L G. Qijia and Erlitou：The Question of Contract with Distant Cultures [J]. Early China, 1995（20）：17-67；李水城 . 西北与中原早期冶铜业的区域特征及交互作用 [J]. 考古学报, 2005（3）：239-278；韩建业 . 原史中国：韩建业自选集 [M]. 上海：中西书局, 2017：38-63.

新石器时代发达的制陶工艺、高超的攻玉技术以及对玉的火试而发明。①

三、关于铸铜遗址的认定

在古代生产活动中，铸铜的操作链最长。② 前端包括各种材料的准备，涉及金属铜（及其合金，涵盖采矿、选矿、冶炼等主要环节，每个环节有诸多工序）和铸范（范与芯）材料，核心工艺涉及筑炉（坩埚或竖炉）及其燃料（木炭）准备，并将范材加工成铸型，通常还要对铸型进行处理，如烘焙或刷涂料，然后才可熔炼浇铸。铸后要对铸件毛坯进行处理，涉及打掉浇口，去掉飞边和毛疵，必要时还进行磨光或补铸。如此长的操作链，应当有不少遗迹或遗物，成为可供确认铸铜活动并研究铸造工艺和生产的第一手材料。

根据上述操作链，认定一个铸铜遗址的基本材料包括熔炼遗物和遗迹（金属锭块、坩埚、炉壁和熔渣，红烧土产地或加工铸型遗迹）、浇铸遗物（范、芯和浇口、飞边等金属残余）、产品或废品。鉴于金属锭块、产品和铸型具有流动性，熔炉或坩埚残片和遗迹、铸型制作遗迹、浇口和飞边及废品更具有说服力。古代金属材料十分珍贵，所以，金属锭块、铸造废料如浇口和飞边，铸造废品，甚至锉磨的金属颗粒均会被回收重熔。近东和欧洲所发现青铜时代的铸造浇口等，在中原古代铸铜遗址中罕见，说明中原铸造工场的管理十分严格，或者那些铸工更加珍惜金属。③

偃师二里头遗址具有铸铜产业链的绝大多数要素④，说明那里不仅铸造铜器，而且发展出颇具规模的铸铜业。只有形成了产业，才可见铸铜技术的进步、产品的多样化和精致化，生产规模的发展，以及对其他地方的辐射、转移等。

较二里头文化为早的是陶寺文化，先后发现了四件铜器，铃、齿轮形器、环各一件和一块铜器残片，均铸造成形。其中铃为低铅青铜，环近乎纯铜，另

---

① 苏荣誉，华觉明，李克敏，等. 中国上古金属技术 [M]. 济南：山东科学技术出版社，1995：4-51；苏荣誉. 论中国冶铜术的起源及早期冶铜术 [M] // 磨戟. 苏荣誉自选集. 上海：上海人民出版社，2012：1-62.

② 苏荣誉. 老牛坡商代铸铜遗物与铜器初探：兼议冶金考古的方法论 [Z]. 北京：手工业考古·首师大论坛，2017.

③ 仅见的例外的文献是二里头发现的三段浇道铜 1963 IV T14③：12、1963 IV T11②：6 和 1963 IV T21④：10A，见：陈国梁. 二里头文化铜器研究 [M] // 中国社会科学院考古研究所. 中国早期青铜文化：二里头文化专题研究. 北京：科学出版社，2008：124-274.

④ 陈国梁. 二里头文化铜器研究 [M] // 中国社会科学院考古研究所. 中国早期青铜文化：二里头文化专题研究. 北京：科学出版社，2008：124-274.

外两件为砷铜，其中齿轮形器含 0.7% 铋，① 颇不寻常，需要核验。在陶寺遗址中，迄今还没有发现熔炼铜的炉具、渣等及铸造铜器的范②，即没有证据说明陶寺文化有铸铜活动，也不能说明陶寺出土的铜器产自本地。据此认为"至迟在陶寺晚期，已经掌握冶铜技术"③，"陶寺铜器群是中国夏商周三代青铜文明之源"④，还不充分。至于有学者据陶寺遗址附近没有铜矿，推断"今后也不会发现大型炼铜遗址或铜器铸造的手工业作坊"，虽有武断之嫌，但因齿轮形器为砷铜材质而判为外来品，并对铜铃的材料来源也存疑，⑤ 可称自洽。

石峁城的发现，迄今报道只有铜器和石范，且未介绍它们的赋存背景。发掘报告更未涉及任何与熔炼铜相关的炉具、炉渣、碎铜、木炭等遗物，以及铸造铜器场所的遗迹，同样没有证据说明石峁城存在铸铜活动乃至铜工业。所出铜器甚至石范有可能属于传入的物品，年代也待进一步判明。

四、关于石范铸造

铜器铸造需在 1000 多摄氏度下进行，铸型必须耐得如此高温并保持稳定。石和淘洗过的泥沙是最普通的材料，而且漫长的石器时代打制石器，新石器时代长期制作陶器，先民稔熟多种石材和泥土的性能。以石材作范，且可重复使用，理所当然。石范需雕刻型腔才可铸器，砂石和滑石易于雕刻，成为最常用范材，而泥质多用于形状复杂铸件和失蜡法的铸型。

近东是冶金术的最早发生和发展地区，早期的铸范有待整理，但青铜时代早期晚段，底格里斯河上游土耳其 Titris Höyük 遗址的一处民居地面发现一石范，年代为公元前 3000 纪后期。范近长方形，尺寸为 78×73×10 毫米，一面刻有八个饰品型腔（图 6），用于铸造铅饰品；另一面有条纹线，可能属磨刀痕

---

① 高江涛，何弩. 陶寺遗址出土铜器初探［J］. 南方文物，2014（1）：91-95.

② 中国社会科学院考古研究所，山西临汾市文物局. 襄汾陶寺：1978—1985 年考古发掘报告［M］. 北京：文物出版社，2015；解希恭. 襄汾陶寺遗址研究［M］. 北京：科学出版社，2007：21-167.

③ 高炜. 试论陶寺遗址和陶寺类型龙山文化［M］// 华夏文明：第一集. 北京：北京大学出版社，1987：53-74；李敏生，黄素英，季连琪. 山西襄汾陶寺遗址出土铜成分报告［J］. 考古，1984（12）：1071，1068.

④ 高江涛，何弩. 陶寺遗址出土铜器初探［J］. 南方文物，2014（1）：91-95.

⑤ 卫斯. "陶寺遗址"与"尧都平阳"的考古学观察：关于中国古代文明起源问题的探讨［M］// 解希恭. 襄汾陶寺遗址研究. 北京：科学出版社，2007：436-451.

迹；范上的两孔表明原系双合范。① 范产地来自安纳托里亚西部的亚述古城遗址，而其铸件可在近东多个遗址或墓葬中找到相关或相同遗物。② 据统计，青铜时代中期，早期叙利亚和巴比伦文化的二十处遗址出土 50 多件铅像的石范，材质有滑石和蛇纹石等，属于多个作坊，铸造形状复杂的板式的铅像。叙利亚北部 Knaye 出土的一块滑石范，尺寸 62×46×15 毫米，型腔为一男一女，一羊置于其间（图 7）。③ 范腔纹线细密流畅，表现出公元前 3000 纪后段石范铸造的精细，它们蕴含着范、铸件的流通与交流及各作坊间的联系。

中原进入青铜时代较近东晚一千六七百年，青铜文化开始的二里头文化，相当于近东的青铜文化中晚期。二里头文化包含青铜器的两个代表性的遗址，一个是偃师二里头，一个是夏县东下冯。二里头已如前述，自三期已经建立起青铜

图 6　土耳其 Tiris Höyük 石范
（引自 *East and West*,
2002, Vol. 52, No. 4, p. 25, fig. 12）

图 7　叙利亚 Knaye 石范
（引自 *Orientalia*, 2003,
Vol. 72, No. 4, p. 396, fig. b）

---

① MATNEY T, ALGAZE G, PITTMAN H. Excavations at Titris Höyük in Southeastern Turkey: A Preliminary Report of the 1996 Season [J]. Anatolica, 1997 (23): 68-69.

② NICOLA L. The Discovery of a Funerary Ritual, Inanna-Ishtar and Her Descent to the Nether World in Titriş Höyük, Turkey [J]. East and West, 2002, 52 (4): 22-29.

③ NICOLÒ M. Workshops, Trading Routes and Divine Figures On the Early Middle Bronze Ⅱ Syro, Anatolian Lead Figurine [J]. Orientalia, NOVA SERIES, 2003, 72 (4): 390-420.

工业。而且，所出土的材料确证二里头青铜器没有锻造品，均由泥范块范法铸造成形，并由此肇建了中原独特的技术体系和传统。① 后者是地方类型，自第Ⅲ期始见铜器出土，共发现 30 来件青铜工具和箭镞，另有一件青铜爵。发掘报告称有数十块小"铜炼渣"，但从未发表清晰的图片，也未对这些"炼渣"进行分析，考古报告的"炼渣"定名难以采信。重要的是，Ⅲ—Ⅴ期出土 10 块石

范，被认为铸造铜斧、凿等，其中一块属于 Ⅴ 期的石范 T5512：3C：1，残存约 1/3，尺寸 81×80×16 毫米，片麻岩质，一面具有三双翼镞型腔，另一面具并列一斧和一凿型腔（图 8）。② 迄今对这些范未做进一步研究，范的使用情况不明，与同一遗址出土的铜器似

图 8　东下冯第五期石范 T5515：3C：1
（引自《夏县东下冯》图版 70.1—70.2）

乎也对应不起来。鉴于Ⅵ墓葬所出的铜爵 M4：1 与二里岗期青铜爵一致，无疑是舶来品，东下冯遗址还没有充分证据说明已经有青铜工业。根据对Ⅳ期两件铜镞的材质分析，H20：9 含锡、铅分别为 9.14% 和 2%，T1022：4：12 则分别为 14.13% 和 4.46%，③ 均属典型锡铅青铜，具有二里头文化晚期和二里岗时期特征。④ 或许东下冯遗址的年代比原定的偏晚。

　　如果说中原青铜技术受到近东和中亚的影响，应当发生在公元前 3000 纪末或 2000 纪初，也即现在认定的陶寺文化、石峁古城和二里头文化年代，但无论是石峁石范、东下冯石范，乃至商周及其以后的石范，均未出现过如前所举近东那样的精细者，个中抵牾也应是中原冶铜术西来说要回答的问题。

————————

①　苏荣誉. 二里头文化与中国早期青铜器生产的国家性初探：兼论泥范块范法铸造青铜器的有关问题［M］//中国社会科学院考古研究所. 夏商都邑与文化（一）. 北京：中国社会科学出版社，2014：342-372.

②　中国社会科学院考古研究所，中国历史博物馆，山西省考古研究所. 夏县东下冯［M］. 北京：文物出版社，1988：167.

③　中国社会科学院考古研究所，中国历史博物馆，山西省考古研究所. 夏县东下冯［M］. 北京：文物出版社，1988：208.

④　苏荣誉，华觉明，李克敏，等. 中国上古金属技术［M］. 济南：山东科学技术出版社，1995：187，197.

有文献称二里头遗址也出土一件石范，但未见图像发表。① 据陈国梁统计，在垣曲商城、新安太涧、方城八里桥等遗址也有石范出土②，和东下冯所出土石范一样，均未研究其使用性，还不能证明当地发生过青铜生产。事实上，石范在中原周边地区广有发现，自漠北至岭南，自东海自云贵高原均有出土，从青铜时代早期持续到 20 世纪，且分布明显集中在边远地区。③ 从中原地区铸铜遗址出土遗物看，箭镞和刀、凿俱以块范法铸造，说明中原的铸铜工业传统排斥石范铸造。由此看来，石峁发现的石范，也同属偏远地区的赋存，说其对中原青铜技术发生影响，可能不够充分。

上文对石峁出土铜刀和铸铜石范的粗浅讨论，是在出土材料几乎尚未发表的情形下进行的，无论是对其年代、出土背景，还是技术内涵的推测与讨论，均是率尔操觚的孔见。所采用关于陶寺、东下冯乃至二里头的材料，有些是限于条件未能展开研究的，也有是缺乏问题意识而忽视的，亡羊补牢，为时未晚，期待来者贡献可靠的分析结果和令人信服的研究。也祝愿石峁古城石破天惊的发现，能产出立意高远、方法可靠、结论确切的重要成果。

附记： 2022 年，哈佛大学人类学系贾菲（Yitzchak Jaffe）博士等在《当代人类学》（*Current Anthropology*）刊文《石峁与国家在中国的形成：考古、编史学与传说》（Shimao and the Rise of States in China, Archaeology, Historiography, and Myth），可参考。

说明：此文原刊《中原文物》2019 年第 1 期，第 26-31 页，在此微有校改。

---

① 杨锡璋，高炜. 中国考古学·夏商卷［M］. 北京：中国社会科学出版社，2003：112. 求助社科院考古所二里头考古队赵海涛先生，尚未见实物下落。
② 陈国梁. 二里头文化铜器研究［M］//中国社会科学院考古研究所. 中国早期青铜文化：二里头文化专题研究. 北京：科学出版社，2008：160.
③ 苏荣誉，华觉明，李克敏，等. 中国上古金属技术［M］. 济南：山东科学技术出版社，1995：99-101.

凸显纹饰：商周青铜器填纹工艺

苏荣誉

英国艺术史家、诗人、文学批评家和哲学家赫伯特·里德（Herbert E. Read，1893—1968）所归纳的艺术四要素是线、色调、色和形①，其中图案和颜色是其中两个最直观的因素。在新石器时代艺术的主要介质中，这两个因素在陶、漆木和玉石等材质上，反映着那个时代的艺术创造和审美。

据目前考古资料，彩陶大约于公元前6000纪在中国出现，北有陇东秦安大地湾文化和宝鸡北首岭文化，南有萧山跨湖桥文化，②此后遍布长城地带至长江流域。彩绘内容不一，有直线、曲线、交叉线、圈点、波纹线和网格等简单线条或图案，也有具象的动物或植物纹，更有抽象的、内涵还不清楚的纹样，但已有红、黑、白等多种色彩。③到龙山文化晚期，色彩更为丰富，图案也更复杂，如陶寺遗址出土的陶器在黑或红地上绘红、白、黄或绘黄、白圆点、条带、几何形纹、涡纹、云纹、回纹、龙纹和抽象动物纹，某些纹样和商代青铜器纹饰可能有关系。④进入青铜时代后，自二里头文化晚期，青铜器、陶器的造型和装饰相互移借：初期铜器借鉴陶器；约自商代早期开始，仿铜陶器渐多，多是契刻或翻制纹饰；至战国时期仿铜陶器成堂配套，彩绘逼真。易县燕下都九女台十六号墓（JM16）和辛庄头三十号墓（XZHM30）所出彩绘陶器堪为晚期的代表，前者修复陶器135件，后者修复90件，基本都是陶制仿铜礼器，且全部

---

① 王柯平．译者前言［M］//里德．艺术的真谛．王柯平，译．北京：中国人民大学出版社，2004：7-13.

② 甘肃省文物考古研究所．秦安大地湾新石器时代遗址发掘报告［M］．北京：文物出版社，2006：43，172-176，334-336，59-562；中国社会科学院考古研究所．宝鸡北首岭［M］．北京：文物出版社，1983：48-82，92-106；浙江省文物考古研究所，萧山博物馆．跨湖桥［M］．北京：文物出版社，2004：55-63.

③ 张朋川．中国彩陶图谱［M］．北京：文物出版社，2005.

④ 中国社会科学院考古研究所山西工作队，临汾地区文化局．1978—1980山西襄汾陶寺墓地发掘简报［J］．考古，1983（1）：30-42.

彩绘，并以朱彩装饰。纹饰以云纹、雷纹、鳞纹、山形纹、绚索、垂叶纹、柿蒂纹、S 纹、莲瓣纹、带纹、兽面纹、鸟兽纹、蟠螭纹等，施加的方式包括绘、刻画、压印及模制等。① 这些仿铜陶器应是研究青铜器色彩的珍贵资料。

目前最早的漆器也可上溯到与陶器年代相若的杭州跨湖桥文化。② 1958 年，在吴江袁家埭出土的良渚文化陶器上，棕色薄髹漆地上绘金黄、棕红弦纹，其间绘绚纹，或为最早的漆绘。③ 到中原的龙山文化，襄汾陶寺遗址大型墓葬出土成组的漆绘木器，多以红彩为地，绘白、黄、黑、蓝、绿色条带纹、几何勾连纹和云气纹图案。④ 进入青铜器时代，漆木器生产因新的生产工具得到长足发展，并出现不少仿铜漆器，不仅造型一致，而且纹饰相同，还有云石、贝、蚌壳镶嵌等。美国汉学家顾立雅（Herrlee G. Creel，1905—1994）在 20 世纪 30 年代参观安阳发掘现场并研究安阳青铜器，他曾注意到出土漆器碎片的纹饰和青铜器完全一致。⑤ 春秋中期之后，生产力的发展和社会变革带来了漆器生产的迅速繁荣，其产品不仅有大量的髹漆木质生活用具、车器和装饰品，而且有成组的仿铜漆木器，并在楚文化圈中占据重要地位。曾侯乙墓出土大量漆木器，归类在生活用具下 230 件，其中不少当属礼器，多是整木斫削或剜凿而成，或浮雕或透雕纹饰，或黑漆为地，再以朱漆、金漆、黄漆描绘图案。图案既有具象的动物、植物、花朵或叙事，也有装饰性的线条和几何纹样，还有抽象的云纹、龙凤和神兽等。⑥ 江陵雨台山战国中晚期诸多小型墓葬中，随葬不少漆木器，其中不乏仿铜制品。雕刻和彩绘纹饰，与曾侯乙墓大同小异。⑦ 新近公布的枣阳九连墩 M2 发掘简报，出土漆木器 105 套 122 件，多是仿铜器形，包含了青铜器的主要器类，被认为是成组代替青铜器，体现了战国晚期楚地的礼制、社会与经济面貌。⑧

① 河北省文化局文物工作队. 河北易县燕下都第十六号墓发掘 [J]. 考古学报, 1965 (2)：79；河北省文物研究所. 燕下都 [M]. 北京：文物出版社, 1996：684-705.
② 张飞龙, 赵晔. 中国史前漆器文化源与流：中国史前生漆文化研究 [J]. 中国生漆, 2014, 33 (2)：1-7.
③ 江苏省文物工作队. 江苏吴江梅堰新石器时代遗址 [J]. 考古, 1963 (6)：308-318.
④ 中国社会科学院考古研究所山西工作队, 临汾地区文化局. 1978—1980 山西襄汾陶寺墓地发掘简报 [J]. 北京：考古, 1983 (1)：30-42.
⑤ CREEL H G. On the Origins of the Manufacture and Decoration of Bronze in the Shang Period [J]. Sankt Augustin：Monumenta Serica, 1935, 1 (1)：40-41.
⑥ 湖北省博物馆. 曾侯乙墓 [M]. 北京：文物出版社, 1989：352-382.
⑦ 湖北省荆州地区博物馆. 江陵雨台山楚墓 [M]. 北京：文物出版社, 1984：91-102.
⑧ 湖北省文物考古研究所, 襄阳市文物考古研究所, 枣阳文物考古队. 湖北枣阳九连墩 M2 发掘简报 [J]. 江汉考古, 2018 (6)：3-55.

　　玉器几乎是中国独特的艺术媒介，滥觞于新石器中期，在新石器时代晚期的多个地域臻于兴盛。玉材出自天然，具有温润细腻的半透明质地，其上所琢磨的纹饰自然不易看清，古人如何表现这类艺术品，令人费解。循陶、木之例，在玉石器上进行彩绘或填纹的实例颇为少见。安阳赛格金地城市广场商墓出土一片玉兽面饰M13：8，梯形，右下有半圆凹口，通高16毫米、宽18—10毫米、厚2毫米，浅黄色，背光素，正面琢兽面纹。① 照片明显表现出纹线中填有朱砂，目的是凸显纹饰。在滕州前掌大商晚期至西周初期墓地出土的362件玉器中，据发掘报告公布的彩图，不少玉器上残留有填充物，且颜色有别，约略可辨填朱红者有鸟M120：40和M109：9，牌饰M206：22、BM3：60和M119：2；填铁红有璜BM3：5和M11：68、牛M222：56、蝉M13：22和笄帽M40：12；填淡赭红有虎M221：8和牛M132：11；填灰黑者有璜M11：68和虎M222：57，但发掘报告并未记此细节②；在另一处图录中，则明确指出出自四号墓的一件青玉蝉，"刻纹间涂有朱彩"③。长安张家坡西周墓地出土玉器中，M60出土的一件龙和琮M170：197④，它们的纹线中均有红色填充物。固始侯古堆春秋晚期墓出土的玉器中，多件玉璜（M1：36-7、M1：36-8、M1：36-9）和绚纹环（M1：36-16）纹饰中填充红色⑤，惜此细节也未见于考古报告。玉器填纹工艺的广泛性和针对性如何，也是一个尚未深究的问题。

　　陈梦家研究商代甲骨刻辞，发现不少填涂过颜料的实例，有朱有黑。⑥ 商周纺织和皮革制品彩绘、髹漆、刺绣乃至提花各色图案的实例很多，不遑列举。

　　汪涛研究商周的颜色及其社会文化诸背景，揭示出颜色在商代祭祀系统中扮演的重要角色。⑦ 青铜器晚出于陶、玉石和漆木器，它如何借鉴这些材质器物的造型和纹饰，又如何发展出自己的装饰系统，应当是值得中国艺术史、古器物学、考古学和技术史等学科关注的问题。青铜器纹饰如何凸显使观者易于看

① 安阳市文物考古研究所．安阳殷墟徐家桥郭家庄商代墓葬：2004-2008年殷墟考古报告［M］．北京：科学出版社，2011.
② 中国社会科学院考古研究所．滕州前掌大墓地［M］．北京：文物出版社，2005.
③ 杨伯达．中国玉器全集：上［M］．石家庄：河北美术出版社，2005：165.
④ 杨伯达．中国玉器全集：上［M］．石家庄：河北美术出版社，2005：196；中国社会科学院考古研究所．张家坡西周玉器［M］．北京：文物出版社，2007：No.45.
⑤ 河南省文物考古研究所．固始侯古堆一号墓［M］．郑州：大象出版社，2004：88-89；杨伯达．中国玉器全集：上［M］．石家庄：河北美术出版社，2005：260.
⑥ 陈梦家．殷墟卜辞综述［M］．北京：科学出版社，1988：15-16.
⑦ 汪涛．颜色与祭祀：中国古代文化中颜色涵义探幽［M］．郅晓娜，译．上海：上海古籍出版社，2013：8，116-190.

见，既涉及对古代青铜器的全面认识，关乎青铜器的功能、艺术表现和工艺；也涉及对新出土青铜器的清理与修复，关乎对收藏青铜器的研究，但这是一个长期被忽视的问题。① 作者不揣浅陋提出这一问题，并依据图录粗略搜集了商周青铜器填纹材料，以期引起相关学者的重视，并期望得到方家批评指正。为此，本文拟引用出自不同墓葬、藏于不同博物馆的实例，期待同好复检并深入研究这些器物，以勘正拙作。

一、青铜器纹饰、凸显填纹及其认识

中国青铜器的起源问题虽然还不清楚，但二里头文化进入青铜时代当无可疑，标志是自二里头三期出现的青铜容器爵，年代大约在公元前 17 世纪。爵的造型仅中原文化独有，使用颇为不便，但却与新石器时代的陶爵造型一致。事实上，二里头文化一期已有铜刀和镞出土，都是铸造成形，和晚出的容器相同，未发现锻造铜器，和其他青铜文明多锻造铜器截然不同。偃师二里头遗址中发现的铸铜遗址和所出铜器高度一致，表明铜器全部是泥范块范法铸造成形的，没有使用石范和失蜡法，青铜生产工艺独树一帜。泥范块范法传统及铜容器造型，当然和早期的陶器密切相关，是故古文献往往"陶"与"铸"并称。

二里头文化开启了中国青铜时代。在这个时代，青铜器制作的繁荣兴盛是其他文明无法与之比肩的，集中表现在形形色色、造型古怪的青铜容器上，而成形的技术是单一的泥范块范法，并且达到了青铜艺术和技术的顶峰，持续了一千五百年。商周青铜器独特的造型、纹饰和附饰，当然与其特殊的制作工艺相表里，也应与其特殊的功能、使用甚至标志性（象征性）有关，惜这类问题长期被忽视。

二里头文化是青铜容器的出现阶段，造型源自早期陶器，多光素，二期铜器上开始出现弦纹，其中一件牌饰 1981YLVM4：5（图 1），长圆形束腰，尺寸142×98 毫米。② 透空铜框为稀疏的勾云形，兽面结构模糊，只可辨识两只凸出的眼珠，眼眶与鼻的轮廓不明确，无耳，下端有长伸的舌或上颌。橙黄色铜面

---

① 事实上，可能不少青铜器研究者都注意到本文所讨论的填纹现象，只是未见诸文字。曹玮和汪涛的讨论内容还包括合金与彩绘。见：汪涛. <曶簋>铭文中的"赤金"及其相关问题［M］//汪涛. 颜色与祭祀：中国古代文化中颜色涵义探析（附录三）. 上海古籍出版社，2013：294.

② 中国社会科学院考古研究所二里头工作队. 1981 年河南偃师二里头墓葬发掘简报［J］.北京：考古，1984（1）：37-40；中国青铜器全集编辑委员会. 中国青铜器全集：第 1卷［M］. 北京：文物出版社，1996：10.

上嵌淡绿色绿松石，十分醒目，是青铜器镶嵌绿松石的杰作。到二里头文化三期，铜器增加了云纹，四期出现了方格纹，均属铸造纹线。绿松石镶嵌的铜牌饰依然沿用。

继二里头文化的二里岗阶段，青铜器纹饰得到了长足发展，新出现了雷纹、圆圈纹、斜角云纹和兽面纹，特别是后者，是商代和西周早中期青铜器的主体纹样。到殷墟中期所谓三层花的出现，青铜器纹饰的发展趋向是不断繁复，从简单线条到带状、从局部到满器、从平铺到浮雕及高浮雕、从单层到有地纹及多层，且夔、鸟等动物纹样开始较多出现，和兽面纹相得益彰，但这些趋势并不具备年序功能，某个时段和某个考古

图1　二里头文化二期嵌
绿松石铜牌饰
（引自《中国青铜器全集》第1卷图20）

单元所出土的器物，往往会多个类型并存，殷墟妇好墓即是突出例证。此外，明显的事实是殷墟中期青铜器纹饰开始趋简以至出现不少素面无饰之器，但殷墟晚期至西周早期的一批器物如尊、卣、罍、方彝等，纹饰夸张，确华丽一时。[①] 西周中期之后，青铜器纹饰的程式化续接商晚期的格局，尽管出现了交龙纹，但随着兽面纹的衰退，环带纹、窃曲纹和重环纹这类纯装饰性纹样成为主流；春秋晚期社会的鼎革，细密纹饰迅速成为主导，纹饰的母题身份转化为装饰，青铜器进入了一个新阶段，青铜器纹饰由铸造成形发展出多种工艺。[②]

---

① 关于中国古代青铜器风格（器形与纹饰）的代表性研究是罗越（Max Loehr），他于1953年发表了安阳青铜器五种风格（The five styles of Anyang bronze,），第一种为细线纹带，第二种为宽带纹，第三种为大面积纹饰，第四种为具有浮雕的满文饰，第五种为带地纹的三层花。这只是一种风格划分，虽蕴含着纹饰进化问题，但很多一器兼具两个类型纹饰的器物即无法划分（Max Loehr, 1968），不包括素面或仅具突弦纹者，更不涉及多类型并存和纹饰退化现象。然有论者将之扩大用以断代，视为滥用。关于罗越风格问题的评述参见贝格立（Robert Bagley）2007年专著。贝氏从学于罗越，绝大多数研究都以罗越风格划分为手段，并对之有所完善，但最终还是放弃了罗越的类型。参见 BAGLEY R. Gombrich among the Egyptians and other Essays in the History of Art [M]. Seattle：Marguand Books, 2015：121-141.

② 苏荣誉，华觉明，李克敏，等. 中国上古金属技术 [M]. 济南：山东科学技术出版社，1995：325-343.

　　青铜器纹饰困惑了学者千余年。金石学家将之与只言片语的典籍对应，如以《吕氏春秋·先识览》中的"周鼎著饕餮"，称兽面为饕餮纹，但所谓的饕餮纹以商代为盛，至西周中期已走向衰落，陈奇猷以为"则此饕餮是非一般商、周鼎所著兽面花纹也"①，究竟如何，歧义纷纭，来日再论。无论是考古学还是艺术史，均认为青铜器纹饰非常重要，为中国青铜器所独有，但那些构图诡谲、形式繁复、纹线细腻流畅、富有层次的纹饰，其内涵和寓意到底如何，迄今未有令人诚服之论。正因为不认识其含义，从形式变化以探讨青铜器属性、年代或产地的努力，还难以得到自洽信服的结论。青铜器的纹饰为何、为谁而作，视觉上让谁观看及如何看见，则是罕见讨论的问题。与之相关，在数以万计且不断出土的青铜器中，有一个现象尚未引起足够关注，即本文所讨论的填纹工艺，关乎如何凸显纹饰。

　　商周青铜器的主体材料是铜-锡二元合金和铜-锡-铅三元合金，而且趋势是向三元合金发展。锡、铅含量分布较为分散，锡集中在6%—20%，铅集中在8%以下。② 纯铜呈红橙色，锡和铅均呈银白色，它们的合金颜色较为丰富。二元合金的颜色与三元合金差别不大，商周青铜合金色呈浅黄到橙黄（图2）③，颜色鲜艳。这样质地的材料，铸造出的纹饰难以辨识，距离稍远则模糊

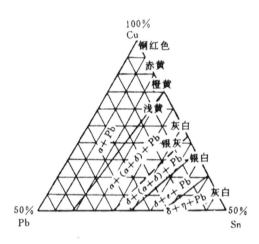

图2　三元青铜合金颜色
（引自 W. T. Chase，1974）

不辨，无论是青铜器纹饰的内涵抑或是其装饰意义均难以传达。欲表现纹饰，则需要对之进行处理。

① 吕不韦. 吕氏春秋新校释［M］.陈奇猷，校释.上海：上海古籍出版社，2002：964-965.

② 苏荣誉，华觉明，李克敏，等.中国上古金属技术［M］.济南：山东科学技术出版社，1995：243，271-272，274.

③ CHASE W T.Comparative Analysis of Archaeological Bronze［M］// BECK C W. Archaeological Chemistry：Advances in Chemistry，Volume 138. Washington D. C.： American Chemical Society，1974：148-185.

　　在既往的研究中，已经确知二里头铜牌饰镶嵌绿松石以凸显纹饰，绿松石和纯铜、青铜有明显色差，可突出表现纹饰。而镶嵌技艺并不复杂，但需将绿松石切割磨拼，以胶将之黏附在铸就的纹饰沟槽中。为使表面平整，绿松石片的厚度应一致，且会在沟槽中铺垫某些物质。这一工艺在二里岗期未见发展，殷墟时期数以百计的青铜兵器纹饰镶嵌绿松石或玉石，容器上罕见。此后这一工艺长期沉寂，在春秋晚期再度勃兴，不仅出现了细密如线的玉石镶嵌，还将新出现的玻璃、琉璃等嵌入铜器。

　　另一种是彩绘处理，源自早期的彩陶及漆木器的彩绘，但颜料容易剥落，在墓葬中因青铜器锈蚀，有限的残留很容易在出土后被洗濯、清理掉。因此，目前所见彩绘器很少，出现也较晚。[①] 鉴于二里岗以后青铜器普遍有纹饰，足可怀疑那些素面青铜器，甚至某些有纹饰器的素面部分曾经有彩绘。彩绘纹样可以模拟玉石镶嵌，且颜色丰富多彩，前述战国仿铜陶器可见一斑。

　　错是青铜器的一类装饰工艺，包括错金、银和红铜，工序是将这些金属丝、条或片嵌进器表的凹槽中，再锤击金属，利用金属的塑性形变使二者结合紧密。银白嵌入橙黄或淡黄铜中，可谓华美，但银在中国出现晚至春秋，或因泊自域外而稀少。红铜嵌入青铜中，颜色相近，虽不突出，但视觉相谐，别有含蓄之味。令人费解的是错金，金虽贵重难得，但颜色与青铜差别微小，错金纹饰难以看见，效果不彰。是否铜器在错金之外部位曾做涂色处理，是值得调查研究的问题。

　　和错红铜效果相同的是红铜铸镶，与错金可比的是鎏金，前者可能是工匠炫技，造就了难度最高的铸造工艺；后者几乎出于夸富，色调上并无新意。很明显，凸显纹饰关联着特殊的加工工艺，其中包含着某位工匠发明的独门绝技。深入的研究对于理解商周青铜器功能和使用，认识青铜器生产，研究青铜器的断代和和产地，都具有重要学术价值。

　　在凸显青铜器纹样的工艺中，另有一类是未被关注的填纹。填料（填充物）的材质是细粉状颜料或沙土，介入工艺则是（用胶或水）将填料调和成糊状或膏状，将其注入纹饰沟槽中，干燥后填充物存留纹饰中，因颜色或朱或白，或蓝或绿，或黑或褐，与青铜的橙黄色或淡黄色反差明显，达到了凸显纹饰的效

---

① 对这一论题研究刚开始，初步的整理见：何媛盟. 早期中国彩绘青铜器研究［D］. 西安：陕西师范大学，2013. 所及材料十分有限，也仅及战国晚期及其之后部分材料。对成组出土器的初步研究见：朱丹丹. 三星堆器物坑施彩铜器的初步研究［J］. 四川文物，2018（2）：74-79.

果。填纹效果和工艺与玉石镶嵌接近，因此西方学者也以镶嵌（inlay）描述之。① 然而二者有明显的区别。镶嵌物是固态，填纹是流态；镶嵌用胶黏合，其下往往有铺垫，填纹是否以胶调和有待研究。因此，镶嵌物结实，脱落后可在遗迹中找到，具有长久性；填纹的填充物可能疏松，易于脱掉，脱掉后化泥难以辨识，具有临时性。当然，填纹的临时性和其功能脱不开关系。因此，填纹可以从镶嵌中独立出来，英文采用 infilling 是否贴切，有请方家指正。

商周青铜器从制作完成到今朝，历经两三千年。它们多出自墓葬和窖藏，瘗埋前的历史难以稽考，是否因不同用途而有不同处理、呈现不同色调，缺乏研究。器物上丰富的制作和早期使用信息，被后期的使用、埋藏、锈蚀、清理与修复等过程一次次抹去，信息损失多而存留十分有限，填纹处理即属此类。1976 年，扶风庄白一号窖藏中出土的父乙觚 76FZH1：85，圈足内壁铸三字铭，被推测为微氏家族的折器，年代属昭王时期。觚圈足饰变形夔纹带、上下各布目雷纹带。出土时，夔纹中尚残存少许红色填充物，很快剥落尽净（图3）。② 可以推测，此觚铸造后主纹中填红色物质以凸显花纹，自昭王流传一百多年至厉王入窖藏，填充物已经剥落不少，残存不多。若非考古发现并载之考古报告，现存器物已不能反映经过填纹处理的事实。

因此，搜集填纹工艺信息，考古现场第一重要。早先注意到这个问题的是加拿大圣公会河南主教怀履光（William C. White，1873—1960）。1934 年，他观察洛阳古墓出土的器物，注意到一个对称纹饰的大鼎，纹中填黑漆，并指出"三代青铜容器填漆做法习见，断为商或西周早期的青铜礼器，常可见到纹饰中深填

图3　父乙觚 76FZH1：85
（引自《周原庄白西周青铜器
窖藏考古发掘报告》图版 27）

---

① 如华盛顿弗利尔艺术馆图录，详见本文引文。
② 宝鸡市周原博物馆. 周原庄白西周青铜器窖藏考古发掘报告［M］. 北京：科学出版社，2016：28-29，图 12，图版 27-28。

黑漆"。他认为中国古代以猪血调石灰做出似漆的填纹，并进一步发挥："填漆处理主要在鼎和角类器物上，其他类型的器物上未见。"① 不久，顾立雅也发现殷墟出土青铜器的纹饰中填充了黑色颜料，并确认不是后期处理所致。② 但这些观察并未引起国内外学者的注意。郭宝钧是较为特殊的考古学家，关注到安阳武官村北出土的一件青铜鼎 M1：2，颈饰斜角云纹带，无地纹，但"纹底涂黑色物质"。③ 1979 年，罗山后李三号商墓出土的青铜器，清理者注意到 I 式鼎"腹外用黑漆镶嵌夔纹、涡纹和蝉纹"，II 式鼎上腹部"也是用黑漆镶嵌的夔纹和涡纹"，III 式鼎用黑漆镶嵌的云雷纹衬底；五号墓一鼎"也是用黑漆镶嵌的云雷纹衬底"④，或许体现了淮河流域商代铜器的某些特点。

　　实验室调查和分析青铜器，往往可以揭示出一些不同的现象。大英博物馆科学家普林德雷斯（Harold J. Plenderleith，1898—1997），在 20 世纪 30 年代率先研究其馆藏中国青铜器，初次在实验室辨识出纹饰中的黑色残留物是一种"镶嵌"，黑色物包括碳、硅酸盐和磷酸盐，可能属漆的某种原始形式。⑤ 此后，直到 60 年代，盖滕斯（Rutherford J. Gettens，1900—1974）在观察弗利尔艺术馆（Freer Gallery of Art，Smithsonian Institution）藏青铜器时，关注到填黑饰（filling black）现象，并对之进行了研究。

　　弗利尔艺术馆收藏的一件商代青铜盘（56.26），直径 324 毫米、通高 123 毫米，圈足底沿样品的湿法分析结果是含铜 87.2%、锡 9.9% 和铅 0.4% 的低铅锡青铜。盘内外几乎满布纹饰，以细密云雷纹衬底。腹部为夔纹带和三角纹，圈足为 S 形夔纹带，盘内蜷曲一龙纹，外周布三足鸟、夔、鱼纹。除突出的龙眼珠外，纹饰平铺。器内外均布浅灰绿色，局部有孔雀石和红色赤铜矿，后者在盘内龙身纹线中较为突出，更多是黑色赤铜矿。经分析，黑色赤铜矿在灰绿色锈下，可认为是制作盘时，为使之呈黑色，将赤铜矿与炭研粉调和为纹饰填

① WILLIAM C W. Tombs of Old Lo-yang [M]. Shanghai：Kelly & Walsh, 1934：25；CREEL H G. On the Origins of the Manufacture and Decoration of Bronze in the Shang Period [J]. Sankt Augustin：Monumenta Serica, 1935, 1 (1)：46, 147.

② CREEL H G. The Birth of China：A Study of the Formative Period of Chinese Civilization [M]. sixth printing. New York：Frederick Ungar Publishing Co., 1967：113.

③ 郭宝钧. 商周铜器群综合研究 [M]. 北京：文物出版社, 1981：19-20.

④ 信阳地区文管会, 罗山县文化馆. 河南罗山县蟒张商代墓地第一次发掘简报 [J]. 考古, 1981 (1)：111-118.

⑤ PLENDERLEITH H. Technical notes on Chinese bronzes with special reference to patina and incrustation [J]. London：Transactions of the Oriental Ceramic Society, 1938 (16)：38.

充物（图 4）。①

图 4.1　蟠龙纹盘（引自《中国青铜器全集》第 3 卷图 174）

图 4.2　蟠龙纹盘内（引自《中国青铜器全集》第 3 卷图 175）

图 4.3　蟠龙纹盘内填纹（引自 A. Pope，1967，p. 39）

图 5　填充物分析
（引自 R. Gettens，1969，p. 199，fig. 265）

对于纹线中普遍存在的黑色物质，初开始曾认为黑铜矿类氧化铜，或如辉铜矿、靛铜矿的硫化铜，但无法证实。更不是西方曾广泛用作黑色装饰的乌银（niello）。对一件捐赠鼎（V54.60）取样，经 X 光衍射分析，说明黑色物质的材质是地道的石英及石英与赤铜矿的混合物（图 5）。分析者初以为石英是不经意的杂质，但在显微镜下展现出自身特点。石英颗粒是主组分，粒度均匀且棱角分明，和黄土所制作的泥芯接近。这都是奥陶纪原生黄土的特点，石英占比为 60%—80%，粒度均匀，棱角分明。此外，硝酸实验证明黑色也非中国古墨的烟黑。

弗利尔艺术馆有一批研究性收藏，主要是器物残片，可以破坏取样。一件残瓢（SC529）恰是瓢的纹饰部分，两组兽面纹组成纹带，兽面纹中间有脊棱，细线勾轮廓，再饰细线并作地纹，纹线中明显有黑色填充物（图 6.1）。这些填充物在放大视场中泛白（图 6.2）；切取样品抛光，纹饰沟槽中填充物相当致密（图 6.3）；在显微镜下，石英颗粒细小、多角而白亮，散布在黑色碳素体中（图 6.4）。很明显，填充物不是黄土，而是有意加工的细石英。颜色既有黑色，也有发白的颜色，黏结剂似乎是漆，即以漆调和多角、匀细石英粉并将之填入

①　POPE J A，GETTENS R J，CHIHILL J，et al. The Freer Chinese Bronzes，Volume I：Catalogue［M］. Washington D. C.：Smithsonian Institution，1967：34−39.

纹饰的沟槽或坑点之中。由于某些铜器曾作炊器，底部和器表残留烟炱，易与填纹混淆，但在显微镜下，二者泾渭分明。[①]

图6.1　残觚（Freer SC529）（引自 R. Gettens，1969，p. 201，fig. 266）

图6.2　残觚纹饰（引自 R. Gettens，1969，p. 201，fig. 267，x1. 5）

图6.3　残觚样品断面（引自 R. Gettens，1969，p. 201，fig. 268）

图6.4　残觚样品纤维视场（引自 R. Gettens，1969，p. 201，fig. 269）

贝格立研究赛克勒（Arthur M. Sackler）收藏的商代青铜器时，指出不少青铜器纹饰中填赤铜矿，如鸮面卣（V-316）和觚（V-379），但更多的是鼎纹中填黑色物质，如扁足鼎（V-53）、柱足鼎（V-89，V-328 和 V-125）、方鼎（V-18）、分裆鼎（V-64），另一件收藏在纽约大都会艺术博物馆（The Metropolitan Museum of Art）的父癸扁足鼎（1974. 268. 20）也是如此，反映出他细致的研究态度，但也有不少器物经填纹处理被忽略，如氏父丁觚（V-22）纹中填赤铜矿即是一例。[②] 罗森（Jessica Rawson）研究赛克勒西周青铜器，关心

① GETTENS R J. The Freer Chinese Bronzes, Volume Ⅱ：Technical Studies［M］. Washington D. C. ：Smithsonian，1969：197-205.

② BAGLEY R W. Shang Ritual Bronzes in the Arthur M. Sackler Collections［M］. Washington D. C. ：The Arthur M. Sackler Foundation，1987：240-242，260-261，361-363，446-447，450-453，458-459，462-463，472-473，492-493.

器物颜色，指出方鼎V-115纹线中特别是足纹里的白色物质，但没有意识到它是有意为之。对西周早期尊V-85，罗森指出某处纹中填有红棕色物质，是否有意不置可否。① 苏芳淑（Jenny So）研究赛克勒收藏的东周青铜器，虽然也注意到个别器物纹饰中的填充物，如春秋早期的一件鬲（V-40），但未做讨论。她也关注到某些器物颜色对比的特殊，如一件春秋晚期重环纹壶（V-34）和两件春秋晚期鼎（V-357和V-77），但不关心形成颜色的填充物，因此忽视填充物的情况也较多，如一件春秋早期舟（V-76）和一件春秋晚期鼎（V-77）。②

经对弗利尔藏中国青铜器的系统调查，填纹工艺处理纹饰具有相当的普遍性。辨识不难，但各博物馆图录和考古报告极少涉及这一现象，皆因对这一问题的忽视。

考古发掘中，填漆处理的青铜器偶有报道，如淅川和尚岭出土的两件漆鼎，太原金胜村赵卿墓出土的四件粗虺纹盖豆纹中填黑③，太原金胜村赵卿墓出土的"镶嵌"豆等④。1978年发掘的曾侯乙墓，大量青铜器纹饰经填纹处理，成为一个重要特色。发掘报告指出，所出117件青铜礼器中，镶嵌和铸镶纹饰者65件，是出土青铜器中最多的一类，说明以不同工艺凸显纹饰颜色非常重要，普遍性于此可见一斑。其中铸镶纹饰者3件，镶嵌纹饰器62件。发掘报告介绍镶嵌工艺：在器体上预先铸出花纹凹槽，在凹槽内镶嵌绿松石等物，然后加以磨错，使之与器体紧密结合并显出光泽。许多器物花纹凹槽中，不同程度地保存着一些绿松石，少数器物已脱落不见。⑤

对于填充物，经对升鼎C90和小口鼎C185纹中粉末样品的X射线荧光光谱分析，Fe_2O_3分别为0.4%和1%、SiO_2分别30%和10%、Al_2O_3均2%、CaO均1%、MgO均0.2%、TiO_2分别0.3%和1%、K_2O均0.4%、Na_2O分别2%和0.1%、Pb均0.6%、S均1%、Cu均15%，组分之合分别51.1%和32.6%，说明前者近乎一半，后者三分之二物质，可能属于有机轻物质，无法分析。后德

① RAWSON J. Western Zhou Ritual Bronzes from the Arthur M. Sackler Collections, Volume IIB [M]. New York: The Arthur M. Sackler Foundation, 1990: 240-241, 592-593, 258.

② RAWSON J. Eastern Zhou Bronzes from the Arthur M. Sackler Collections, volume III [M]. New York: Arthur M. Sackler Foundation, 1995: 94-96, 146-147, 154-155, 166-167, 222-223, 298-299.

③ 河南省文物考古研究所，南阳市文物考古研究所，淅川县博物馆. 淅川和尚岭与徐家岭楚墓 [M]. 郑州：大象出版社，2004；陶正刚，侯毅，渠川福. 太原晋国赵卿墓 [M]. 北京：文物出版社，1996.

④ 陶正刚，侯毅，渠川福. 太原晋国赵卿墓 [M]. 北京：文物出版社，1996：38，40-41.

⑤ 湖北省博物馆. 曾侯乙墓 [M]. 北京：文物出版社，1989：178.

俊据此结果得出三点结论：

1. 粉末是一种含铜较高的天然矿物，经研磨作为填料；

2. 在部分粉末填充物表面还留有一些凹坑，可能是镶嵌其他饰件（如绿松石）的痕迹；

3. 粉末填充物表面，多数都有一层黑色物质，有些地方黑色层剥落后，露出近似灰白色的粉末，质地较疏松，而表面的黑色层较牢固。放大观察，该层呈黑色和棕黑色，推测为天然漆涂层。因为天然漆一则耐久；二则具有较好的光泽，黑色或棕褐色漆与青铜的亮黄色对比明显，较为美观；三则是很好的黏合剂。①

对此结论，漆为黏（调）合剂应无异议。至于填充物，由于没能观察结构，无法知道其组成。黑色和灰白色粉末的物质性不清楚，为何疏松不得而知。其中铜含量很高，但存在状态不明，是不是基体锈蚀进入，值得复检。若断为铜矿，必须指出其种属，还需要澄清铜与氧化硅、氧化铝等的关系问题。其次，氧化硅和三氧化二铝的关系也需要探明，尤其是后者的存在状态，是否属耐火土之类，需要回答。根据上述分析结果和讨论，粉末中的铜元素属于铜矿的可能性很小。参照对弗利尔青铜器的研究，推测填料主体依然是黄土中的极细石英颗粒，多角。当然，这需要进一步分析予以研判。

此外，无论是发掘报告还是填充物的初步分析，都指出填充物表面的凹坑，称是镶嵌如绿松石类的遗迹，发掘报告称尚有绿松石依然还在填充物上。果真如此，填充物的性质当不同，工艺性质也发生了变化，从填纹工艺演变为镶嵌的附属工艺，或作为镶嵌的铺垫，或作为绿松石的黏结剂。

《曾侯乙墓》发掘报告将青铜器的纹饰镶嵌和填纹工艺混在一起，这里有必要加以辨析。镶嵌是指将固态客体（通常是玉石、宝石、玻璃或琉璃）置于器表某一结构（槽或坑）内，或以胶黏剂固定，或使包含客体的结构发生形变以固定客体，镶嵌后客体与器表平甚至突出器表。填纹则不同，客体通常是粉状或超细粉，为便于介入器表的结构中，往往要加黏结剂制成糊或膏状，填入结构中干燥后，客体与器表平，通常因干燥收缩会低于器表。

很明显，即使填纹占比很高的曾侯乙墓青铜器，填纹现象的材料和工艺还认识模糊，其他的偶然发现，被长期忽视的事实不难理解。2018年夏，笔者和王全玉博士一道研究大英博物馆所藏侯马风格青铜器，发现填纹工艺实是普遍

① 后德俊.曾侯乙墓青铜器表面花纹内填充物试析［M］//湖北省博物馆.曾侯乙墓（附录十五）.北京：文物出版社，1989：647-648.

现象，且内涵深刻。在研究大英博物馆藏器的同时（研究报告陆续另发），便着手搜集填纹青铜器。由于对这一工艺的忽视，绝大多数图录和发掘报告不涉及此问题，只能靠高质量的图片进行推测，错认错识在所难免。草此拙文，一方面希望引起学术界的关注，留意和研究此现象，探讨其内涵和外延；另一方面，吁请考古学家和青铜器修复保护专家，在清理、修复青铜器时，切莫把残存的填纹剔除了。

二、商代填纹青铜器

考古学发现和研究表明，商代青铜器上承二里头文化，可分为早期的二里岗时期、晚期的殷墟时期和二者过渡的中商时期，每个时期又可分若干阶段，每个阶段的青铜器，都可辨识出一批填纹处理的器物。

（一）二里岗时期

二里岗时期通常分为上层和下层，重要遗址包括郑州商城和黄陂盘龙城，所出铜器多属晚段，多具有宽线带状纹饰，图案多属兽面纹、云纹和几何纹。

1982 年，郑州向阳回族食品厂窖藏出土的一批商早期青铜器中，有一对两件扁足圆鼎 XSH1：9 和 XSH1：10，二鼎造型一致，大小相若，通高 317 毫米、口径 190 毫米。发掘报告认为二鼎为同模范铸造。① 二鼎均弧沿方唇，一对拱形立耳，浅腹，腹饰一周勾连云纹带，上下以圆圈纹镶边。三夔形板状足承圜底，其中夔纹纹线中填充有褐色物质（图7）。上海博物馆收藏一件同时期的球腹扁足鼎，平折沿，小拱形耳内斜，一足断脱后补铸，腹部饰长身兽面纹，并以圆圈纹上下镶边，其纹线

图7　郑州商城云雷纹扁足鼎
（引自《中国青铜器全集》
第1卷图40）

---

① 河南省文物研究所，郑州市博物馆．郑州新发现商代窖藏青铜器［J］．文物，1983（3）：49-59；河南省文物考古研究所．郑州商城：1953—1985 年考古发掘报告［M］．北京：文物出版社，2001；中国青铜器全集编辑委员会．中国青铜器全集：第 1 卷［M］．北京：文物出版社，1996：40．

中填细腻灰色物质。①

（二）中商时期

中商时期的典型青铜器群以藁城台西、安阳小屯、西安老牛坡以及阜南月儿河铜器群为代表。此外，零星出土、散布于长江两岸具有南方风格和工艺特征的器物，据笔者研究，也应属于中商阶段。

1982年，农民在洪洞上村掘出几件青铜器、玉器和金耳环等，其中有一件青铜鬲②，据韩炳华测量，通高178毫米、口径142毫米（图8.1）。③盘口，对生拱形立耳，束颈。上腹饰三组兽面组成的纹带，以阴线勾出。兽面长身，一对长圆形眼，无耳无角，鼻、嘴不明，额上有云形宽冠饰。下腹联裆，袋足外各饰一兽面纹，一对臣字眼中眼珠圆突，其上有向两侧横出并上斜的大角，角面阴线勾云纹。两眼中间饰菱形纹，兽脸勾云纹，但鼻、嘴不明，无耳，和腹部纹带一样，处在兽面纹未定形阶段，但与凸起的兽角和鼻（头）相反，内壁相应下凹。即把上兽面纹以模芯合作完成，保证器壁厚度一致，这是典型的南方青铜器工艺，年代应在殷墟之前，属中商阶段。④袋足下端出锥足，属张昌平划分的截足形。⑤足中空，并与腹部贯通，但足中泥芯尚存，用于烹饪，泥芯会掺入食物之中，而一足因胀裂致泥芯外露，或是泥芯未被掏出的原因。器底设有垫片，可见三处补块，还有一小透孔，说明补块系补铸大气孔或浇不足缺陷而为。但小气孔的存在表明此鬲不能用于烹煮，说明此器的用途在于陈设和随葬。鉴于上腹兽面纹带和足部兽面纹的纹线中填入黑色物质以凸显纹样（图8.2—8.3），此器可能先用于陈设而后随葬。当然，经历三千余年，纹线中原来所填物质的色调或已变化，原色需要研究确定。1966年忻州羊圈坡出土的青铜器中，三件锥足鼎具有过渡期特征，应属中商时代。其中的一件夔纹鼎（S35）现藏山西博物院，通高270毫米、口径202毫米。敛口斜沿，方唇立耳，腹部饰宽带状夔纹带。圜底下接三锥足，铸型由"过足包底"三范一芯组成，空足与

①　中国青铜器全集编辑委员会. 中国青铜器全集：第1卷［M］. 北京：文物出版社，1998：38.

②　首先报道称"鼎"或"鬲鼎"或"分档鼎"，尺寸为通高157毫米、口径136毫米。见：朱华. 山西洪洞县发现商代遗物［J］. 文物，1989（12）：90-91；中国青铜器全集编辑委员会. 中国青铜器全集：第1卷［M］. 北京：文物出版社，1998：58.

③　韩炳华. 晋西商代青铜器［M］. 北京：科学出版社，2017：535-539.

④　苏荣誉、杨夏薇、李钟天. 阜南月儿河龙虎尊研究：兼论南方风格商代青铜器的渊源［J］. 艺术史研究，2017（19）：1-43.

⑤　张昌平. 论济南大辛庄遗址M139新出青铜器［J］. 江汉考古，2011（1）：65-72.

图8.1 洪洞上村兽面纹鬲（2018-03-10，山西博物院惠允任超先生拍摄）

图8.2 洪洞上村兽面纹鬲腹纹（引自《晋西商代青铜器》539页，图886）

图8.3 洪洞上村兽面纹鬲足纹（引自《晋西商代青铜器》539页，图887）

腹腔贯通，纹带下可见一周六枚垫片。① 因铸造时两足未浇足，补铸时在腹内封闭，迭经多次补铸。此鼎系农民掘出，出土信息不全，简报过于疏略，② 纹带中填黛褐色细土类物质，推测清理时将部分剔出，但尚残余不少（图9）。

图9 忻州羊圈坡夔纹鼎（引自《晋西商代青铜器》490页，图808）

广汉三星堆器物坑中出土的青铜容器，有几件经过填纹处理。大口折肩尊K2②：151侈口尖沿，束颈饰三周凸弦纹。宽斜肩面纹带由六组象鼻夔纹、三只片状伏鸟、三只半圆雕牺首组成。腹部满布高浮雕纹饰，被三道勾牙形扉棱分为三组，每组由散列式兽面纹和两侧的夔纹组成。高圈足壁弧形外张，顶部一周均布三方形透孔，两周凸弦纹通过中间。透孔下各有片状勾云形扉棱，扉棱间饰浮雕型连体无角散列式兽面纹（图10.1）。③ 肩面纹带、肩片状伏鸟和牺首上所勾纹线、腹部和圈足的纹线内均存留朱砂，属填纹遗物（图10.2—10.5）。另一件大口折肩尊K2②：79，通高442毫米、口径415毫米，④ 造型、纹饰和铸造工艺与K2②：151均相同，只是纹饰构图略有出入（图11.1）。腹部和圈足的纹线中也有朱砂痕迹，后者的局部相当明显（图

① 韩炳华．晋西商代青铜器［M］．北京：科学出版社，2017：489-493；中国青铜器全集编辑委员会．中国青铜器全集［M］．北京：文物出版社，1998（4）：13.

② 沈振中．忻县连寺沟出土的青铜器［J］．文物，1972（4）：67-68.

③ 四川省文物考古研究所．三星堆祭祀坑［M］．北京：文物出版社，1999：242，252.

④ 四川省文物考古研究所．三星堆祭祀坑［M］．北京：文物出版社，1999：238，241.

11.2)，肩部的夔纹兽首和伏鸟一侧的纹线中也可见填有朱砂，因而推断此尊经填纹处理。这两件尊腹内壁与高浮雕纹饰相应凹陷，尊 K2②：79 圈足内壁也有相应凹陷；而它们肩部的牺首，均是铸铆式后铸，这些都具有商代南方青铜器造型和工艺特点，可据以推断它们是长江中游铸造输入的产品，年代在殷墟之前。① 但填纹是铸后立即施加，抑或传入当地由使用者所为，难以判断，由作器者加工的可能性大。

图 10.1 三星堆大口折肩尊 K2②：151
（本文插图未注明来源者均是作者拍摄）

图 10.2 尊 K2②：151 肩纹带
及鸟填朱

图 10.3 尊 K2②：151 牺首填朱

图 10.4 尊 K2②：151 腹纹填朱

图 10.5 尊 K2②：151 圈足纹带填朱

---

① 苏荣誉. 巫山李家滩出土大口折肩青铜尊探微：兼据同类尊的风格和关键工艺探讨其年代和扩散 [J]. 南方民族考古，2017（14）：131-187.

图 11.1　三星堆大口折肩尊 K2②：79　　图 11.2　尊 K2②：79 圈足填朱

　　纽约首阳斋收藏的一件扁足鼎，口敞腹浅，斜沿方唇，方立耳，腹壁弧收出圜底。腹部饰宽线鸟纹带，鸟形不够完整，作顾首状，高冠长翅，两两成组，三组纹饰与三足相应，纹带上下以圆圈纹镶边。器底以板状夔足承托，夔张口翘鼻，尾端回勾，两侧勾纹。通高 155 毫米、口径 181 毫米。[①] 腹部和足上纹饰沟槽中填饰黑色物质（图 12）。

图 12　鸟纹扁足鼎
（引自《首阳吉金》35 页）

　　（三）晚商殷墟时期

　　殷墟时期属于商晚期，中心是安阳小屯，早于它的洹北商城属于中商晚期。若认为武丁自洹北迁都小屯，早年发掘的小屯墓葬和后来发掘的三家庄墓葬则属于中商晚期，因此，殷墟四期说的第一期可归入中商，而二至四期正可对应殷墟的早、中、晚期。

　　殷墟早期主要是武丁时期，代表性青铜器群是 M5（妇好墓）、M17、M18，郭家庄 M26，花园庄 M60 和 M54 等，三层花纹饰是这一时期的突出特征。

　　妇好墓中的妇好偶方彝 M5：791 是一件独特孤器（图 13.1），形似两件方彝并联在一体，其盖如之。该器体量巨大，通高 600 毫米、通长 882 毫米、口692×175 毫米，重 71 千克。[②] 器截面为长方形，四角和四边中间设长条形扉棱，

　　① 首阳斋，上海博物馆，香港中文大学文物馆 . 首阳吉金：胡盈莹、范季融藏中国古代青铜器 ［M］. 上海：上海古籍出版社，2018：34-35.

　　② 中国社会科学院考古研究所 . 殷墟妇好墓 ［M］. 北京：文物出版社，1980：50，图 33，彩版 6，图版 18.1.

扉棱两侧勾Ⅰ、Ⅰ阴线。口呈长方形，稍敛，方唇。口沿外长边一面设七个方形筒，另一面设七个尖筒，面饰夔纹。颈肩一体，微弧凹并出折肩。肩面长边中心是圆雕牺首，大角盘卷，长吻伸出肩沿，两侧布浅浮雕鸟纹。短边中心饰圆雕象首，耳高耸、眼圆睁、鼻长伸、牙长呲，两侧亦布鸟纹。腹部向下弧收，长面中心以扉棱对称布浮雕兽面纹，阔鼻高冠，嘴角深咧露出獠牙，臣字眼中眼珠圆突，外有叶形耳；眼上耸起的大角分三层横伸，前端曲尺形，最高部分布细密雷纹，其边缘勾Ⅰ、Ⅰ阴纹，外伸的平行线下勾，或若羽毛。兽面外填饰张口翘鼻夔纹，两侧饰浮雕竖起夔纹。侧面仅布造型相近的兽面纹，并在嘴角设向外倒U形双耳，截面扁圆，满勾云纹。平底下有圈足，底沿的长边有大缺，短边有小缺。四角布以扉棱为对称的浮雕兽面纹，长边中间扉棱两侧各布一浮雕S形蟠蛇纹。盖做盝顶式，顶为通脊，其间设两个盝顶式方钮，侧面饰蕉叶纹，底棱饰一周人字纹。长面中间饰浮雕兽面，兽面不完整，超大圆眼眶上饰鳞纹，中间凸出圆眼珠。眼中有圆凹坑，眼上为叶形大耳。兽面纹两侧饰浮雕鸟纹。两侧侧面为三角形，以中间扉棱为对称饰兽面纹。器满纹饰，均有云雷地纹，层次丰富。底中部铸铭"妇好"，系妇好自作器。此器纹饰是否经过彩绘和填饰处理，需要稽考。从照片看，象首之鼻根云形或简化兽面阴线中，填有孔雀石色物质（图13.2）①，其成分和结构有待研究。

图 13.1　妇好偶方彝
（引自《中国青铜器全集》第3卷图60）

图 13.2　妇好偶方彝象首饰
（引自《中国青铜器全集》第3卷图61）

---

① 中国青铜器全集编辑委员会．中国青铜器全集：第3卷［M］．北京：文物出版社，1997：60-62．

纽约大都会艺术博物馆收藏的宁尊属大口折肩式，传出安阳。① 大口，尖沿方唇，颈根部平铺一周夔纹带，其上为蕉叶纹。肩部均布三长条形扉棱，与之相间均布三圆雕牺首，其间平铺夔纹带。腹相对较浅，壁微弧鼓，满布纹饰。与肩牺首对应设扉棱，兽面纹以之对称展开。兽面宽线平铺，阔鼻高冠无耳，C 形大角开口向下，仅眼珠凸出，且中心有阴横线。兽面纹上有窄鸟纹带，十二鸟均右向。与肩扉棱相应的三道扉棱为三组兽面纹界隔。高圈足壁斜外撇，中间均布六道扉棱，其间平铺宽纹带。纹带下栏

图 14　宁尊

（引自《中国青铜器全集》第 3 卷图 99）

为一周鳞纹，少见。其上的兽面纹同样阔鼻，臣字眼中眼珠圆突，中有短阴线。兽面嘴较模糊，一对树叶形大耳高耸眼上。兽面两侧填竖立的夔纹。全部纹饰以细密云雷纹衬底，腹内铸铭"宁"。纹线中填细腻黑色物质（图 14）。从造型看，此器年代属于殷墟早期晚段，或者早、中期之交。与之时代接近的两器，一件是科隆东亚艺术馆（Museum für Ostasiatische Kunst Köln）藏宁方彝，纹线中也充填了物质，可能与宁尊相同。② 另一件是弗利尔艺术馆藏乳钉纹鼎（59.15），通高 207 毫米，敛口斜沿，方唇立耳，口沿下平铺窄夔纹带，有六道短条形扉棱，扉棱两侧勾短横线；腹部宽，勾连菱形格中填雷纹，中心为乳丁；三空心柱足承器。纹带中填黑色和泥类物质（图 15.1—15.2）。③

① 中国青铜器全集编辑委员会 . 中国青铜器全集：第 3 卷 [M]. 北京：文物出版社，1998：99.

② 中国青铜器全集编辑委员会 . 中国青铜器全集：第 3 卷 [M]. 北京：文物出版社，1998：59.

③ POPE J A, GETTENS R J, JAMES C, et al. The Freer Chinese Bronzes，Volume I：Catalogue [M]. Washington D. C.：Smithsonian Institution. 1967：164-169.

图 15.1　乳钉纹鼎

（引自 A. Pope，1967，p. 29）

图 15.2　乳钉纹鼎填纹

（引自 A. Pope，1967，p. 165）

　　填红色物质的实例不少，上海博物馆收藏的一件兽面扁贯耳壶，通高 297 毫米①，椭圆形截面，敛口平沿，沿下饰两周凸弦纹，颈、腹饰面呈十字形的高浮雕兽面纹，其两侧填竖起的高浮雕夔纹，云雷纹衬底；圈足平铺双云纹带。此器具有南方风格，当是南方工匠迁殷墟后所铸，年代在殷墟早期。② 圈足纹线中明显填充铁红物质，腹部纹饰中仅可见部分残留（图 16）。弗利尔艺术馆收藏的一件鸮卣（42.14），造型做两鸮相背，首在隆盖，盖顶有盎顶形钮，四道长条形扉棱对称设在盖和腹部，腹另有一对贯耳，足为柱形。器满布浮雕三重花纹，纹中填充铁红色物质。③ 横滨白鹤美术馆所藏的一件史方彝，传出安阳，饰浮雕型兽面纹，年代可能略早，纹饰中填铁红物质（图 17）。④ 布伦戴奇（Avery Brundage，1887—1975）收藏一件筒形盉（B60 B995），现藏旧金山亚洲艺术博物馆（Asian Art Museum of San Francisco）。该器有 C 形兽头鋬，管流从 90 度方向侧出，颈部一对贯耳，盖中央环形握手，长腹素面，盖面、颈部和圈

① 陈佩芬. 夏商周青铜器研究：上海博物馆藏品（夏商篇上）［M］. 上海：上海古籍出版社，2004：149-150；中国青铜器全集编辑委员会. 中国青铜器全集：第 4 卷［M］. 北京：文物出版社，1998：146.

② 苏荣誉，傅聚良，吴小燕，等. 石门卣初探［M］//湖南省博物馆. 湖南省博物馆馆刊. 长沙：岳麓书社，2016：46-59.

③ POPE J A, GETTENS, R J, JAMES C, et al. The Freer Chinese Bronzes, Volume I：Catalogue［M］. Washington D. C.：Smithsonian Institution. 1967：268-273.

④ 白鹤美术馆. 白鹤美术馆名品撰集［M］. 神户：白鹤美术馆，1979：12；中国青铜器全集编辑委员会. 中国青铜器全集：第 3 卷［M］. 北京：文物出版社，1997：68.

足均平铺细线鸟纹，管流饰蝉纹。这些纹带和纹线以及兽鋬上，均填红色物质。一件方彝（B60 B997）①，盖面盝顶，前后兽面纹中明显填充红色物质，口沿下的夔纹带大致相同，但腹部的兽面纹似填充黑色物质。

图16　兽面纹壶

（引自《中国青铜器全集》第4卷图146）

图17　史方彝

（引自《中国青铜器全集》第3卷图68）

　　剑桥菲茨威廉博物馆（Fitzwilliam Museum）收藏的一件铵卣，做双鸮相背连体形，鸮首在盖，盖顶设盝顶纽，腹满布纹饰，足肖生，纽、盖、腹和足的纹线均经填纹处理，多为褐色或淡红的褐色（图18）。②此器的填纹可将朱砂等颜料污染与有意配制的填充料区分开来，颇有进一步研究的价值。南京博物院收藏的父庚扁足鼎，据传出自殷墟，通高273毫米、口径214毫米。③这件鼎口微敛，斜平沿，方唇，拱形立耳。腹较浅，外是一周兽面纹带，三组兽面纹位于三足之间，有窄棱形鼻，云形长身，外填饰竖立的夔纹。腹部纹饰下三夔足张口承器，臣字形眼中眼珠圆突，身勾云纹。这些云纹和眼眶中填土红色物质，而腹部纹带中似填褐色物质（图19）。

①　D'ARGENCÉ R Y L. Bronze Vessels of Ancient China in The Avery Brundage Collection［M］. San Francisco：Asian Art Museum of San Francisco，1977，50-51.

②　中国青铜器全集编辑委员会. 中国青铜器全集［M］. 北京：文物出版社，1997：118.

③　中国青铜器全集编辑委员会. 中国青铜器全集［M］. 北京：文物出版社，1997：57.

图 18　敦卣　　　　　　　　　　　图 19　父庚鼎

（引自《中国青铜器全集》第 3 卷图 138）　（引自《中国青铜器全集》第 2 卷图 57）

　　很明显，殷墟早期的填纹工艺发展很快，朱砂、铁红、蓝绿、黑及褐色等物质，使得青铜器纹饰呈现出不同的色调，其社会与艺术背景有待揭示，技术角度上，是否与南方工匠的迁入有关，① 也是饶有趣味的问题。

　　殷墟中期代表性的器群属安阳戚家庄 M269 和郭家庄 M160。②

　　1990 年发掘的郭家庄 M160，据出土陶器，年代属殷墟中期偏晚；出土的 44 件青铜礼乐器中，绝大多数有铭文，33 件铭"亚址"，被认为是墓主，系址族首领或尊长。"亚"为武职官。墓中出土青铜兵器 230 件，职位崇高。一件亚址有盖提梁鼎 M160：32，体椭方，有盖有提梁，通高 330 毫米、腹最大尺寸 240× 280 毫米、壁厚 3—5 毫米。③ 器弇口平沿，上出高子口；腹壁向下斜外撇，口沿下饰细线兽面纹带，上下以圆圈纹镶边，局部纹饰清楚，兽眼形状与盖侧兽面相同；腹底垂鼓，素面。底略圜，下以四素面柱足承器，足根较足端略粗。长边纹带中央对置纵向的半环钮，与索状提梁两端的环链接。盖扣在子口上，侧壁斜直，饰四组兽面组成的纹带，并以圆圈纹镶上下边。发掘报告认为其兽面由两条头头相对的夔纹组成，但除长圆形眼睛和其中的短横阳线外，嘴、角、

---

① 苏荣誉. 妇好墓青铜器与南方影响：殷墟青铜艺术与技术南方来源与技术选择新探 ［M］//河南省文物考古研究院，香港承真楼. 商周青铜器铸造工艺研究. 北京：科学出版社，2019：1-68.

② 岳洪彬. 殷墟青铜礼器研究 ［M］. 北京：中国社会科学出版社，2006：149-154.

③ 中国社会科学院考古研究所. 安阳殷墟郭家庄商代墓葬：1982—1992 年考古发掘报告 ［M］. 北京：中国大百科全书出版社，1998：70-126.

鼻、耳及身躯均不明，未必属于夔纹。兽面纹
也仅一对眼睛清楚，余皆不明，眼后三连续的
云纹含义不清。盖面隆，对称纵置两槽形长立
扉。盖、腹纹带的纹线中填黑色物质（图
20）。①

上海博物馆藏一对爻爵，通高分别为200
毫米和 198 毫米。尖尾长流均上翘，侈口方
唇，流根竖两短柱，顶有伞形柱帽，其面阴勾
涡纹。腹壁微弧，一侧设 C 形板状兽鋬，鋬下
之腹壁铸铭"爻"。两侧各分布半个兽面纹，
几字形角，眼珠圆突，兽身端部为鸟兽形，尖
喙大眼，眼珠圆突且中有圆坑。陈佩芬指出此
种纹饰稀见。兽面纹带上为均布的三角形纹，
圜底下三刀形足承器。此爵纹线中填朱砂（图
21）。②

图 20　亚址卣形器
（引自《中国青铜器全集》
第 2 卷图 66）

殷墟晚期代表性的器群是刘家庄 M9，戚家庄 M63、M231 和 M235，郭家庄
M50 和 M53 等。③ 纹饰有强烈的趋简现象，多趋平铺型，缺乏层次，少有地纹。
铭文开始出现较长篇幅的记事内容。

郭家庄 M50 出土的一件鬲 M50：6，发掘报告称分裆鼎，通高 194 毫米、口
径 123 毫米，重 2.3 千克。侈口，尖沿方唇，对生拱形立耳。束颈，饰三组夔纹
组成的三兽面纹带，兽面有凸起的短扉棱鼻，纹带上下以圆圈纹镶边。鼓腹分
裆，三袋足外侧设勾牙形扉棱，兽面纹以鼻对称展开，臣字眼中眼珠圆凸，眼
上双角向两侧横伸并上翘，角饰鳞纹。扉棱两侧及冠饰云纹。扉棱下端为上吻，
两侧勾出鼻翼，吻下出截锥足，发掘报告指出袋足为象面而截锥足为象鼻。鬲
内壁铸三铭"乍册兄"。④ 但从此器勾牙式扉棱，可推其年代不晚于安阳中期。

① 中国青铜器全集编辑委员会 . 中国青铜器全集：第 2 卷［M］. 北京：文物出版社，
1997：66.
② 陈佩芬 . 夏商周青铜器研究：上海博物馆藏品（夏商篇下）［M］. 上海：上海古籍出版
社，2004：188-189；中国青铜器全集编辑委员会 . 中国青铜器全集：第 3 卷［M］. 北
京：文物出版社，1997：24.
③ 岳洪彬 . 殷墟青铜礼器研究［M］. 北京：中国社会科学出版社，2006：149-154.
④ 中国社会科学院考古研究所 . 安阳殷墟郭家庄商代墓葬：1982—1992 年考古发掘报告
［M］. 北京：中国大百科全书出版社，1998：37-38，图 25.4、26.2、27.6，彩版 2.1、
图版 10.

文献中填有铁锈红物质（图22）。①

图21　爻爵　　　　　　　　　　　　　图22　作册兄鬲
（引自《中国青铜器全集》第3卷图24）　　（引自《中国青铜器全集》第2卷图67）

2006年郭家庄东南发掘的一批墓葬所出青铜器中，斝M13：7尖沿方唇，侈口上竖一对矮方柱，鼎有伞形柱帽。较高束颈饰两周凸弦纹。鼓腹分裆，袋足肥硕，腹与足饰双折线，腹侧置C形兽鋬，兽头在上，鼻头凸出，两耳在侧，双眼向上，眼珠圆突，顶面一对大角，鋬下腹壁铸铭"保父癸"，袋足下出柱足。通高153毫米，重2.7千克（图23.1）。②此斝兽鋬眼眶中填橙红颜料（图23.2），具体材质有待分析，填色的目的在于凸显或强调纹饰局部，有如同墓所出玉兽面饰M13：8，纹饰中填朱砂。③首阳斋所收藏的子父丁豆，大口浅腹，筒腹粗校。通高97毫米、口径112毫米。斜沿方唇，腹部饰一周涡纹，上下以凸弦纹为栏，校饰两周凸弦纹，盘底铸四字铭"子父丁"。④涡纹的勾线虽窄而浅，但其中填紫红色物质如错红铜。

① 中国青铜器全集编辑委员会. 中国青铜器全集：第2卷［M］. 北京：文物出版社，1997：67.
② 安阳市文物考古研究所. 安阳殷墟徐家桥郭家庄商代墓葬：2004—2008年殷墟考古报告［M］. 北京：科学出版社，2011：72-73，彩版27.2、27.7，拓片6.
③ 安阳市文物考古研究所. 安阳殷墟徐家桥郭家庄商代墓葬：2004—2008年殷墟考古报告［M］. 北京：科学出版社，2011：72-73，彩版30.1.
④ 首阳斋，上海博物馆，香港中文大学文物馆. 首阳吉金：胡盈莹、范季融藏中国古代青铜器［M］. 上海：上海古籍出版社，2018：60-61.

图 23.1　青铜斝（引自《安阳殷墟徐家桥郭家庄商代墓葬》彩版 27.1）

图 23.2　青铜斝錾（引自《安阳殷墟徐家桥郭家庄商代墓葬》彩版 27.2）

上海博物馆收藏的商晚期青铜鼎，据图片推测经填纹处理的不少。刘鼎通高 229 毫米、口径 184 毫米。[①] 口微敛，斜平沿，厚方唇，一对厚拱形立耳。腹壁微外鼓，饰三组浮雕宽兽面纹，其上均布六道长条形扉棱，扉棱两侧交替勾 T、I 阴线，三扉棱是兽面纹鼻梁，另三道为兽面纹组界。兽面纹以扉棱对称展开，宽鼻上勾云纹和鼻头，嘴角深刿，露出一对尖长獠牙。长圆形眼眶中眼珠凸出，中间有横阴线段；眼上有勾眉，外有叶形耳；兽身沿耳侧张，腹下出足，四趾展开，足中向后出上翘的歧，含义不明。兽身上折至上栏，尾再回卷。额中饰阴线菱形纹，其上竖冠饰，两侧为开口向下的 C 形大角，上勾云纹，高度几为兽面宽之半。三个纹带以细密云雷纹为地。圜底下三柱足承器，足外几乎满铺阴纹饰，顶端为云纹，其下为三蕉叶纹。腹部纹带内满填黑色细腻物质（图 24）。另一件兽面纹鼎，通高 164 毫米、口径 134 毫米。[②] 口微敛，斜平沿，方唇，拱形立耳。腹壁微外鼓，圜底下以三柱足承器。口沿下饰平铺的兽面纹带，兽面有窄矮扉棱，长身。兽面纹属容庚列举的第十二型，"身作两歧，下歧

① 陈佩芬. 夏商周青铜器研究：上海博物馆藏品（夏商篇上）[M]. 上海：上海古籍出版社，2004：112-113；中国青铜器全集编辑委员会. 中国青铜器全集：第 2 卷 [M]. 北京：文物出版社，1997：29.

② 陈佩芬. 夏商周青铜器研究：上海博物馆藏品（夏商篇上）[M]. 上海：上海古籍出版社，2004：116-117；中国青铜器全集编辑委员会. 中国青铜器全集 [M]. 北京：文物出版社，1997：30.

上卷"，与武英殿收藏的一件无耳簋圈足纹带相一致。① 纹带下垂一周内填雷纹的三角纹。纹带中填带黑色物质（图25）。该馆收藏的分裆亚鼎②，三组兽面纹与之接近，但纹带以圆圈纹镶边。纹线很细，其中也填饰黑色物质。这些黑色填充物的材质有待分析，但凸显纹饰不言而喻。结合前述对弗利尔藏青铜器的研究，石英粉和碳素是主要组分，期待新研究予以驳正。

图 24　刘鼎　　　　　　　　　　图 25　兽面纹鼎
（引自《中国青铜器全集》第 2 卷图 29）　（引自《中国青铜器全集》第 2 卷图 30）

旧金山亚洲艺术博物馆收藏的叉觯传出安阳③，当属安阳晚期器。有隆盖，沿下出子口与腹扣合，顶设伞状纽，纽面饰涡纹。四道 G 形透空的扉棱对称布局在盖面，相对的两道是浮雕兽面纹鼻，另两道是两兽面分界。侈口，尖沿方唇，矮直壁圈足。腹、足有相应的扉棱，但多未透空。束颈，颈饰一周雷纹带，其上均布十二幅三角纹。一条窄素带下为主纹带，由两组兽面纹组成，方向与盖面兽面纹错 90 度。兽面纹属浮雕散列式，鼻较宽并有盘旋的鼻翼，两侧有向内勾的嘴角。臣字形眼，眼白多，眼珠圆突；外有开口向内的 C 形大耳，再外是拉长的 S 形兽身。鼻上竖高冠饰，其两侧为蜷曲成 C 形且开口向下的夔角，夔满饰云纹，张口，头顶竖叶形大耳。兽身下填饰夔纹，兽面以云雷纹为地，系三层花类型。内底中央铸铭"叉"，圈足平铺双行雷纹。颈、腹和圈足纹带的

---

① 容庚. 商周彝器通考 ［M］. 北京：哈佛燕京学社，1941：103-104；容庚. 武英殿彝器图录 ［M］. 北京：哈佛燕京学社，1934：51.

② 中国青铜器全集编辑委员会. 中国青铜器全集：第 2 卷 ［M］. 北京：文物出版社，1998：61.

③ D'ARGENCÉ R Y L. Bronze Vessels of Ancient China in The Avery Brundage Collection ［M］. San Francisco：Asian Art Museum of San Francisco，1977：54-55.

纹线中填朱砂，盖应依然（图26）。

上海博物馆收藏的戈鼎，通高237毫米、口径190毫米。① 口微敛，宽斜沿，厚方唇，拱形立耳微外侈。腹壁微外弧，饰三组浮雕兽面纹。纹带甚宽，均布六道长条形扉棱，三道是兽面鼻，三道是纹饰组界并与三足相应。兽面阔鼻，张口露出尖利獠牙，臣字眼中长圆形眼珠突出，中间有短阴横；眼外小叶形耳贴身，身下出四趾展开的利爪，足后是否为翅不知；后身上翘，尾向下回卷。额中有菱形阴线，与其上的高冠饰均压在扉棱下，两侧竖起开口向内的G形大角，角与兽面、兽身勾云纹，以细密云雷纹衬底。圜底下三柱足承器，足根阴勾云纹带，下接蕉叶纹。这是典型三重花式殷墟器，当属殷墟中期。足蕉叶纹线中填白色粉末以凸显纹饰，虽然腹部纹饰中难以辨识，推测也经过类似处理（图27）。

图 26　玞觯　　　　　　　　　　　　图 27　戈鼎
（引自《中国青铜器全集》第 2 卷图 140）　　（引自《中国青铜器全集》第 4 卷图 11）

很明显，商代青铜器纹饰中填充物种类不少，究竟背景如何，目前还一无所知。弗利尔艺术馆收藏的甗（40.3），通高286毫米，大口细腹高胴足，上腹平铺四蕉叶纹，中腹和鼎足布四道长条形窄扉棱，附饰两组浮雕兽面纹，胴足上饰蝉纹带，紧接浮雕兽面纹带，这些兽面纹带有细密云雷地纹，胴足下出立裙，腹与胴足间对设十字形透孔。甗属典型殷墟三层花饰器，由对开范与腹芯、

---

① 陈佩芬. 夏商周青铜器研究：上海博物馆藏品（夏商篇上）[M]. 上海：上海古籍出版社，2004：106-107；中国青铜器全集编辑委员会. 中国青铜器全集 [M]. 北京：文物出版社，1998：11.

足芯组成铸型铸造（图 28.1）。① 对胴足纹饰的显微观察，确知纹线中有浅色填充物（图 28.2），局部间有绿锈。分析表明浅色填充物主要是半透明的易碎物质，多角，匀称，明显以膏状介入（图 28.3）。X 光衍射分析确定为细石英粉（图 28.4）。

图 28.1　觚

（引自 A. Pope，1967，pl. 18）

图 28.2　觚纹中填充石英粉

（引自 R. Gettens，1969，p. 203，fig. 270，×6.5）

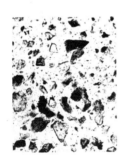

图 28.3　觚纹填充物粉末显纹视场

（引自 R. Gettens，

1969，p. 203，fig. 271，×170）

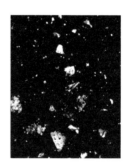

图 28.4　觚填充物粉末纤维偏光视场

（引自 R. Gettens，

1969，p. 203，fig. 272，×170）

青铜器纹饰中填物处理以凸显纹饰，不仅施于容器中，也施于兵器和用具。1969 年，安阳孝民屯出土一件直内錾戈 M928：1，通长 238 毫米，援中起脊，方内饰宽线兽面纹，纹线中填灰绿粉末（图 29）。

图 29　錾戈（引自《中国青铜器全集》第 3 卷图 204）

---

① POPE J A，GETTENS R J，JAMES C，et al. The Freer Chinese Bronzes，Volume I：Catalogue ［M］. Washington D. C.：Smithsonian Institution，1967：58-63.

发掘报告将墓葬年代确定在殷墟三期①，此戈的年代可能更早，填饰和呈色效果或许与妇好墓偶方彝肩部的象首面部勾纹一致。上海博物馆收藏的一件弓形器，弓背中心设圆突，两侧布宽线神面纹，纹线中填褐红色细土类物质（图30.1—30.2）。②

图30.1　人面兽纹弓形器　　　　　　图30.2　人面兽纹弓形器鋬戈填纹
（引自《中国青铜器全集》第3卷图212）　（引自《中国青铜器全集》第3卷图213）

三、西周填纹青铜器

西周青铜器不少具有长篇铭文，是十分珍贵的早期文献，其中也涉及不少颜色问题，但却未涉及纹饰和铭文的颜色。③

西周早期青铜器出土地域较晚商广袤，成周、宗周、岐原至陇东、汉淮流域以及北方地带，均有出土。房山琉璃河西周墓地是召公所封之燕的贵族墓地，1974年，在一座中型墓中出土一件堇鼎M253：12，器颇硕大，通高620毫米、口径470毫米，重41.5千克。④腹内壁铸铭四行二十六字，唐兰释读后断其年代属成王晚期。⑤口微敛，平斜沿外折，厚方唇、拱形耳。腹壁微弧鼓，上腹饰一周浮雕兽面纹带，由六组兽面纹组成；兽面纹以长条形扉棱对称展开，扉棱两侧勾阴线，兽身和角勾线，细密云雷纹衬底，纹带还是三重花形式。圈底下柱

① 中国社会科学院考古研究所安阳工作队.1969—1977年殷墟西区墓葬发掘报告［J］.考古学报，1979（1）：27-157；中国青铜器全集编辑委员会.中国青铜器全集：第3卷［M］.北京：文物出版社，1998：204.发掘简报和图录均未涉及纹饰中的填充物.

② 中国青铜器全集编辑委员会.中国青铜器全集：第3卷［M］.北京：文物出版社，1998：212-213.

③ 汪涛.颜色与社会关系：西周金文中之证据与阐释［M］//颜色与祭祀：中国古代文化中颜色涵义探幽.郅晓娜，译.上海：上海古籍出版社，2013：250-279.

④ 北京市文物研究所.琉璃河西周燕国墓地1973—1977［M］.北京：文物出版社，1995：101；中国青铜器全集编辑委员会.中国青铜器全集：第6卷［M］.北京：文物出版社，1997：4.

⑤ 唐兰.唐兰全集：第七册：西周青铜器铭文分代史征［M］.上海：上海古籍出版社，2015：100-101.

足承器，足根粗，中略束腰，端平。根部饰高浮雕兽面纹，长条形扉棱中间有突，角、眉、耳、面、鼻、额和扉棱均有勾线，但无地纹，属两层花纹。足上段中空透鼎底，下段中空实以泥芯。腹和足的兽面纹中，尚有鲜红和褐色填充物残留（图31），入葬前纹饰部分应颜色鲜亮，器身是否彩绘，难以推测。

多伦多皇家安大略博物馆（Royal Ontario Museum）收藏的一件大鼎（ROM 947∶33∶1，图32.1），造型和纹饰与堇鼎十分接近，口沿下纹带中满布填充物，系碳素和铜的混合体（图32.2），分散性甚好（图32.3），显然是特意制作而填入的。[1]

图31　堇鼎（引自《中国青铜器全集》第 6 卷图 4）

前文提到对曾侯乙墓青铜器纹饰填充物的分析，表明含有较高的铜，需要微观金相分析确定赋存状态。

图 32.1　安大略鼎（引自 R. Gettens，1969，p. 203，fig. 273）　　**图 32.2　安大略鼎纹填铜与炭黑充物（引自 R. Gettens，1969，p. 203，fig. 274，×120）**　　**图 32.3　安大略鼎填充物均匀性（引自 R. Gettens，1969，p. 203，fig. 275，×120）**

首阳斋收藏的山父丁鼎，年代也属西周早期。通高 328 毫米、口径 270 毫米。图录指出其形近于堇鼎，纹饰十分相似，同为西周早期遗物，但山父丁鼎

---

[1]　GETTENS R J. The Freer Chinese Bronzes, Volume Ⅱ：Technical Studies ［M］. Washington DC.：Smithsonian，1969：202-203.

扉棱两侧勾线深竣，兽面纹线特别——兽角、身、足面的勾线多且流畅，地纹细密整齐；柱足上下粗细差别不大，足根兽面不仅有地纹，且扉棱笔直（图33.1）。足的兽面纹线中填带黑色细腻颜料（图33.2），推想腹部兽面也有类似处理，值得深究。

图 33.1　山父丁鼎
（引自《首阳吉金》81 页）

图 33.2　山父丁鼎足纹
（引自《首阳吉金》81 页）

随州、京山和枣阳曾国墓地的发掘，揭示了一个重要方国数百年的历史，为研究西周至战国青铜器的多个层面，提供了不可多得的材料，研究也取得了重要成果。[①] 随州叶家山墓地年代在西周早期，2011 年出土的一件蝉纹鼎 M27：20，通高 219 毫米、口径 174 毫米。[②] 鼎口微敛，斜平沿方唇，双立耳外撇，腹壁微弧鼓，沿下饰一周由三组宽线浮雕蝉纹组成的纹带，每组均是两相对蝉纹中设长条形扉棱鼻的变形兽面纹，细密云雷纹衬底，纹饰组界与三足一致。细密云雷纹中填饰细腻黑色物质，以凸显浮雕蝉纹（图34）。同年出土的曾侯谏作媿鬲 M2：1，通高 388 毫米、

图 34　叶家山鼎（引自
《随州叶家山西周早期曾国墓地》
187 页）

① 代表作参见：张昌平. 曾国青铜器研究［M］. 北京：文物出版社，2009.
② 湖北省博物馆，湖北省文物考古研究所，随州市博物馆. 随州叶家山西周早期曾国墓地［M］. 北京：文物出版社，2013：187.

口径 232 毫米，腹内壁铸两行七字铭文，为曾侯谏作器。① 肩沿方唇，索状立耳。甗壁较直，口沿下平铺三组细云纹勾兽面纹，有矮条状扉棱壁，臣字眼中长圆形眼珠圆突，眼白居半。鬲分档较高，三袋足兽面噙柱足。兽面浮雕型，张口，鼻头凸起，臣字眼中圆眼珠超大而突出，中间有卵形坑点，外有叶形耳，上有勾眉，额中菱形凸起，上竖高冠，两侧为横伸节状大角。甗、鬲结合处收束，腹内置桃形箅，其上五个十字透空，有半环钮，并以勾环约束于器壁。鬲兽面纹的勾线中填饰黑红色物质，使之凸显；据此，推测甗上纹带也经填纹处理，几乎全部脱落，填色或为土褐色。2013 年出土的曾侯谏作媿尊 M28：174，属于筒形尊，通高 205 毫米、口径 25 毫米。口敞、圈足、底沿直径大，底铸铭两行八字。② 尊尖沿方唇，束颈，颈下饰凸弦纹两周，腹微鼓，上腹饰半圆雕兽首，两侧布长冠鸟纹带，下腹饰具直棱鼻的变形兽面纹，两侧布同样鸟纹带，细密云雷纹地。胴足上部饰两周凸弦纹，余素面，下段向外弧撇且下折有高裙。腹部两纹带中填饰细腻土红色物质（图 35）。

图 35　曾侯谏作媿尊（引自《随州叶家山西周早期曾国墓地》83 页）

弗利尔艺术馆收藏的作册大方鼎（50.7，图 36.1），通高 267 毫米，直口斜平沿，厚方唇，方立耳外勾两道随形阴线，长方形腹壁近直，四角设出双歧的长条形扉棱，其两侧勾 T 形线。四壁中间有长方形素面，上边四面浮雕蛇首双身纹带，曲身蛇上勾菱形和点纹，身上布乳丁，细密云雷纹衬底。另三面均布三行（列）圆乳丁，平底下四高柱足承器。足根饰浮雕兽面纹，有中间出歧的长条形扉棱，中腰饰凸弦纹。鼎腹内铸铭八行四十一字③，郭沫若和陈梦家均据

① 湖北省博物馆，湖北省文物考古研究所，随州市博物馆. 随州叶家山西周早期曾国墓地［M］. 北京：文物出版社，2013：176-179.

② 湖北省博物馆，湖北省文物考古研究所，随州市博物馆. 随州叶家山西周早期曾国墓地［M］. 北京：文物出版社，2013：82-83。

③ POPE J A，GETTENS R J，JAMES C，et al. The Freer Chinese Bronzes，Volume Ⅰ：Catalogue［M］. Washington D. C. ：Smithsonian Institution. 1967：190-195.

以断其为西周康王时器，由作册大制作，出自洛阳①。唐兰进一步考其铸于康王三年。②纹饰中有黑色充填物，与器表灰绿色锈层对比强烈。经分析，填充物是含炭与石英的混合物（图36.2）。此外，鼎身（据图应是底部）无纹饰处有一层普通的炭（图36.3），似乎说明此器原本的炊器功能。显然，填纹处理和使用痕迹有时不易区分，但在显微镜下，填纹物质的特征明显。③同样充填黑色填料的还有弗利尔艺术馆收藏的臣辰盉（33.2，图37），通高226毫米，侈口，尖沿方唇，束颈较高，平铺兽面纹带。腹外鼓，下分裆，四袋足外各平铺一大兽面纹。兽面阔口露齿，臣字眼中眼珠凸出，上有宽线勾眉，颇醒目，但眉上的几字形大角和眼外的C形耳均是细线勾出，与细密云雷地纹一样，视觉不显。前面向上斜出管流，流根勾云纹而身勾蝉纹，流相对的后面设C形兽鋬，兽头不张，顶设半环钮通过8形链节与盖缘半环钮链接，鋬身勾云纹。四袋足下接高柱足，素面。穿盖下出子口插入腹口，盖面饰兽面纹带，中央和缘各设一半环钮。盖内和鋬下的腹壁共五十字铭文，据传此盉于1929年出自洛阳马坡，年代属西周早期。④盉纹带中填饰黑色充填物，尤以管流为清楚。经X光衍射分析样品，填充物主要组分为石英，黏合物可能是漆。填充物中的白铅矿很可能来自铜器的锈蚀。⑤

① 郭沫若. 两周金文辞大系图录考释（修订版）［M］//郭沫若. 郭沫若全集：考古编：第七卷. 北京：科学出版社，2002：33；陈梦家. 西周铜器断代［M］. 北京：中华书局，2004：93−94.

② 唐兰. 唐兰全集：第七册：西周青铜器铭文分代史征［M］. 上海：上海古籍出版社，2015：151−155.

③ POPE J A, GETTENS R J, JAMES C, et al. The Freer Chinese Bronzes, Volume I：Catalogue［M］. Washington D. C.：Smithsonian Institution, 1967：193−194；GETTENS R J. The Freer Chinese Bronzes, Volume II：Technical Studies［M］. Washington D. C.：Smithsonian, 1969：198, 200.

④ POPE J A, GETTENS R J, JAMES C, et al. The Freer Chinese Bronzes, Volume I：Catalogue［M］. Washington D. C.：Smithsonian Institution, 1967：232−237；吴镇烽. 商周青铜器铭文暨图像集成［M］. 上海：上海古籍出版社，2012：14792.

⑤ GETTENS R J. The Freer Chinese Bronzes, Volume II：Technical Studies［M］. Washington D. C.：Smithsonian, 1969：197−205.

图 36.1　作册大方鼎
（引自 A. Pope，
1967，pl. 34）

图 36.2　作册大方鼎纹内填饰
（引自 R. Gettens，1969，
p. 198，fig. 263，×2）

图 36.3　作册大方鼎底部烟炱
（引自 R. Gettens，1969，
p. 205，fig. 276）

图 37　臣辰盉
（引自 A. Pope，1967，pl. 41）

图 38　怪兽（引自
《金沙遗址祭祀区出土文物精粹》93 页）

　　成都金沙遗址出土了一批造型别致的青铜器。一件兽 IT8004⑦：37（图 38）被断为西周中期，通高 53 毫米、长 43 毫米、宽 29 毫米。做伏卧状，前出巨大勾喙，脑后出一对大长颈鹿角。身做板状，且有一个穿孔，可推其本类方尊等肩角先铸的附饰，兽身满布鳞纹，其中充满土灰色填充物。一件鸟 IT8205⑦：48（图 39），通高 53 毫米、长 50 毫米。引颈翘喙翘尾，眼圆睁，足前抓，垂尾撑地。遍身饰点纹并勾阴线，其中有相同的填充物，但原色待考。①

----

　　① 成都文物考古研究院，成都金沙遗址博物馆. 金沙遗址祭祀区出土文物精粹［M］. 北京：文物出版社，2018：93-94.

图 39　怪兽（引自
《金沙遗址祭祀区出土文物精粹》94 页）

图 40　叔丰簋
（保利艺术博物馆惠供）

　　保利艺术博物馆收藏的一对叔丰簋，通高 180 毫米、口径 180 毫米。敛口鼓腹，对设 C 形兽耳，衔圆环，圜底下接矮圈足。穹盖中央有圈形握手，盖面和上腹饰窄顾首龙纹带，下腹饰瓦棱纹。盖内和内底对铭三行十七字。李零和董珊认为器属西周中期。[①] 从图片明显可见，盖和上腹纹带中残留有填充物，为灰白土色，某些局部显橙红色，局部为淡绿色（图 40）。橘红色可能是另一种颜色填充物，淡绿色应则与铜锈有关。保利收藏的应侯盘，通高 133 毫米、口径 340 毫米，侈口平沿，方唇弧腹，平底高圈足，上端均布三不规则孔，口沿下饰一周宽线夔纹带，其下栏对置 n 形附耳，余素面（图 41.1）。底铸铭二行六字，称"盘盂"。有论者以为其年代属西周晚期。[②] 纹带中原有土红色或灰色填充物（图 41.2），细腻结实，但多被剔除。

图 41.1　应侯盘
（保利艺术博物馆惠供）

图 41.2　应侯盘腹纹
（保利艺术博物馆惠供）

---

① 李零，董珊. 有盖叔丰簋（一对）[M]∥保利艺术博物馆. 保利藏金. 广州：岭南美术出版社，1999：69-72.
② 李家浩. 应侯盘 [M]∥保利艺术博物馆. 保利藏金. 广州：岭南美术出版社，1999：113-116.

普林斯顿大学艺术博物馆（The Art Museum Princeton University）收藏的一件鼎（65-67）系 Chester Dale 和 Dolly Carter 的捐赠之一，通高 195 毫米、宽 183 毫米。斜沿尖唇，一对薄的方立耳，束颈鼓腹，下接三足，根部饰兽面，足下半直立光素。上腹饰六头顺向右夔龙组成的纹带，无地纹。有图录指出宽纹线中填黑色物质（图 42）。① 此鼎具有西周南方风格，年代或在西周中期。

北京颐和园收藏的虢宣公子白鼎是西周晚期代表性器物，通高 330 毫米、口径 320 毫米。② 口微敛，斜平沿方唇，一对拱形立耳较厚。腹壁弧鼓，中腰饰一周凸棱纹，其上为窃曲纹带，其下为三排重环纹，纹均带状，平铺型。半球形底以三蹄足承器，足素面，底端大而平。纹带中曾经填纹处理，但多已脱落，仅存痕迹（图 43）。

图 42 普林斯顿大学艺术博物馆鼎
（引自 Artibus Asia，1978，Vol. 35，No. 31）

图 43 虢宣公子白鼎
（引自《中国青铜器全集》第 6 卷图 141）

1976 年在蓬莱柳格庄清理的西周晚期墓（M11）中，出土一件青铜鼎，通高和口径均 410 毫米。口微敛，平沿方唇，两直立耳微外侈，扁半球形腹，上腹和下腹平铺细密蟠虺纹带，虺眼圆突，耳外面如之，上纹带均布六道长条形扉棱。圜底外三蹄足承器，足根粗，外饰浮雕兽面纹，中间有出歧的长条形扉

① ERDBERG E V, FONG W C. Chinese Bronzes From the Collection of Chester Dale and Dolly Carter [J]. Artibus Asia, Supplementum, 1978, 35 (31)：44-45.
② 中国青铜器全集编辑委员会. 中国青铜器全集：第 6 卷 [M]. 北京：文物出版社，1997：141.

棱，足下收束，端为大蹄。① 此鼎形态早于纹饰，所出墓葬为西周，说明细密纹饰可以上溯到那时，而这类纹饰自春秋中期后蔚然成风，侯马风格铜器基本如此。此鼎纹带中填满黑色物质（图 44），也是细密纹饰内填充处理以凸显纹饰较早的例证。

1979 年，农民在禹县吴湾取土发现三座西周谏氏墓葬，出土八件西周晚期青铜器。其中二号墓出土一对簋 M2：1 和 M2：2，海碗形，敞口，尖沿方唇，上腹饰宽带窃曲纹，其中隐约有地纹；纹带上对置桥纽衔圆环，高圈足承器。圈足下端外撇，中饰大窃曲纹带，有细线勾地纹。腹内壁铸铭两行八字"谏作宝簋，用日食宾"，通高 167 毫米、口径 238 毫米。② 器锈蚀甚轻，呈红铜底色。腹部纹带保留部分填充物，呈灰绿色（图 45）。可以推知腹部纹带中所谓地纹，可能是为填充物牢固而作，故而模糊不连续；圈足地纹较完整，或者只有彩绘亦未可知。

图 44　柳格庄虺纹鼎

（引自《烟台市博物馆藏品选》157 页）

图 45　兽目交连纹簋

（引自《中国青铜器全集》第 6 卷图 99）

① 山东省烟台地区文管组．山东省蓬莱县西周墓发掘简报［J］．文物参考资料，1980
（3）：50-55；此简报称出土地为"刘格庄"，后续的简报和图录称"柳格庄"，见：烟
台市文物管理委员会．山东蓬莱县柳格庄墓群发掘简报［J］．考古，1990（9）：803-
810；烟台市博物馆．烟台市博物馆藏品选［M］．济南：山东文化音像出版社，2006：
157．后图录称鼎口径 380 毫米。

② 河南省文物研究所，禹县文管会．禹县吴湾西周晚期墓葬清理简报［J］．中原文物，
1988（3）：5-7；中国青铜器全集编辑委员会．中国青铜器全集：第 6 卷［M］．北京：
文物出版社，1997：99.

1979年，随州桃花坡一号墓出土的瓦棱纹盖壶，通高400毫米、口径116毫米，是西周晚期器。① 壶身修长，口微侈，平沿无唇，颈微束，口下是环带纹，再下饰窃曲纹带。一对C形螺旋角的兽耳衔圆环置于颈部，腹部饰多组水平分组纹带，自上而下依次为瓦棱纹、变形蝉纹、瓦棱纹、S形龙纹、瓦棱纹，下接圈足。圈足饰S纹带，底外撇作喇叭口。覆盆式盖下出子口，一周饰窃曲纹，顶平，中间饰鸟纹，有厚实圆圈形握手，一周饰鳞纹。壶颈、腹和圈足的山纹带、窃曲纹带、蝉纹带和S纹带中均填白褐色物质，局部呈土红色，可能是两种填充物并用以凸显纹饰（图46.1—46.2）。

图46.1　窃曲纹壶

（引自《曾国青铜器》243页）

图46.2　窃曲纹壶

（引自《曾国青铜器》245页）

1983年，农民在枣阳曹门湾发现一座两周之际墓，出土四件青铜器，其中一件鼎，口微敛，斜平沿方唇，一对立耳较厚，腹壁略外鼓，上腹是一周窃曲纹带，底略平，外以三素面蹄足承器。足内则不封闭，其中砖红色泥芯暴露（图47）。② 上腹纹带似经处理，纹线中残留不少土褐色物质。鉴于填充物直抵口唇下，可能和其他填纹工艺有所不同。器腹散布很多气孔，其中也有土色填充物，进一步分析这些填充物的异同，俾可助于探讨填纹工艺的内涵和性质。

---

① 随州市博物馆. 随州出土文物精华［M］. 北京：文物出版社，2009：35；湖北省文物考古研究所. 曾国青铜器［M］. 北京：文物出版社，2007：242-245.

② 田海峰. 湖北枣阳县又发现曾国铜器［J］. 江汉考古，1983（3）：101-103；湖北省文物考古研究所. 曾国青铜器［M］. 北京：文物出版社，2007：71-72.

西周青铜器具有铸纹、填纹工艺，或者铸纹、填纹与彩绘配合呈现纹饰的实例应该不少，惜年代既久，保存有限，缺乏研究，未引起足够重视。翼城大河口霸国墓地出土的青铜器中，从西周早期到两周之际铜器的填纹和彩绘实例不少，有待来日深入研究。

图47 窃曲纹鼎
（引自《曾国青铜器》72页）

四、春秋填纹青铜器

春秋中期青铜器和社会同步发生了巨大变化，甚至可以将青铜器划分为古典阶段和新兴阶段。后一阶段青铜器纹饰以细密装饰为基调，包括蟠龙纹、蟠蛇纹、蟠螭纹、蟠虺纹、卷云纹、绚索纹、贝纹等，这些纹饰多以嵌纹饰范块法铸造（pattern block）。春秋晚期，二里头文化和殷墟时期一度繁荣的玉石镶嵌工艺，在这一阶段再度复兴，以更细密的、繁复的姿态呈现出来。同时，既在块范铸造的基础上，发展出铸镶红铜工艺；也由于钢铁技术的不断成熟和发展，发展起刻纹工艺。当然，错金银工艺的出现和繁荣，可能具有更复杂的背景，但视觉表现一致且明显：将具有颜色反差的珍贵物质，以精巧的工艺、时新的构图装饰青铜器，使之华美非常，甚至极尽奢华。

在此背景下，以泥沙、颜料或树脂等填入纹饰的装饰工艺，相当普遍地存在着。突出表现在楚系和三晋系青铜器中。

1976年，农民在随县周家岗发现一批青铜器，簋有铭"曾太保"，推测出自一墓，年代属春秋早期。[①] 一对圆壶通高374毫米，口沿生莲瓣，束颈大垂腹，颈对置两C形耳，大圈足承器。口沿外饰一周龙纹，颈与腹饰勾连双首龙纹。张昌平指出此器属窃曲纹尾声及向细密蟠螭纹过渡形态。[②] 两件壶均经修复，据清理简报，一件残缺较重，保留多少原始信息待考。据照片，其中一件腹部纹饰中明显有朱砂类填充物。同出的另十五器没有，佐证这些朱砂并非污染所致。另一件壶纹饰中残留物较少，为土褐色和蓝色（图48），是否成对器

① 随州市博物馆. 湖北随县发现随州青铜器 ［J］. 考古，1984（6）：510-512；湖北省文物考古研究所. 曾国青铜器 ［M］. 北京：文物出版社，2007：270-292.

② 湖北省文物考古研究所. 曾国青铜器 ［M］. 北京：文物出版社，2007：284-287.

以不同填充物处理成不同色调，颇值得研究。

2002年，枣阳郭家庙发掘的春秋早期曾国墓地，出土的一件附耳鼎 M6：1，通高212毫米、口径250毫米。侈口弧沿方唇，腹较浅，口沿下是一周窃曲纹带并对设两方形附耳，耳内外平铺重环纹，其内侧有铜梗连接口唇。底微圜，素面蹄足承器。[1] 口沿下纹带局部模糊，纹线中棕黑色填充物保留甚多（图49）。

图48 龙纹壶（2件）
（引自《曾国青铜器》286页）

图49 郭家庙鼎
（引自《曾国青铜器》88页）

1979年，随州义地岗发现的季氏梁墓，年代属春秋中期。出土的一件平盖鼎，盖、腹残缺，三足残断，鼎残高和口径均250毫米。敛口出子口，弧腹外鼓，口沿下饰细蟠螭纹带，对置方形附耳，下饰一周凸弦纹，再下一周三角垂叶纹。圜底外三素面蹄足承器，三足分铸。平盖折沿扣合子口，中置桥形钮，外饰两周蟠螭纹带，缘边竖立三L形板状钮。[2] 三角垂叶纹和腹部蟠螭纹线中，明显填充黑色物质（图50）。类似的实例很多，如随州八角楼采集的一件蟠螭纹平盖鼎，造型纹饰与上述器物一致[3]，纹饰经过了同样的填纹处理。值

图50 季氏梁墓鼎
（引自《曾国青铜器》303页）

---

① 襄樊市考古队，湖北省文物考古研究所，湖北孝襄高速公路考古队.枣阳郭家庙曾国墓地 [M].北京：科学出版社，2005：117-118；湖北省文物考古研究所.曾国青铜器 [M].北京：文物出版社，2007：87-89.

② 随县博物馆.湖北随县城郊发现春秋墓葬和铜器 [J].文物，1980（1）：34-41；湖北省文物考古研究所.曾国青铜器 [M].北京：文物出版社，2007：302-306.

③ 湖北省文物考古研究所.曾国青铜器 [M].北京：文物出版社，2007：304-306.

得对二器进行对比分析。

淅川和尚岭一号楚墓，发掘报告明确指出有两件一对卷云纹填漆盖鼎。鼎腹沿口并出子口，腹壁弧鼓，上腹饰双行卷云纹带、下腹单行，中间一周凸弦纹。上腹对设方附耳，内外饰卷云纹。圜底，以三兽面蹄足承器，足根饰卷云纹。穹盖与腹之子口扣合，盖中心平铺细线卷云纹团，外环三周卷云纹，间以素面环。外环与此外环间均布三半环形钮，钮饰细云纹。发掘报告明确指出，此鼎花纹中填漆并打磨光亮。鼎 HXHM1：4 通高 355 毫米、口径 320 毫米（图 51）。该墓曾遭严重盗掘，出土有克黄升鼎两件（M1：2 和 M1：3），盗出有克黄之壶和克黄之豆，发掘报告认为墓主为克黄，时代为春秋中期，但其他器年代晚，墓葬属春秋晚期，[①]前后矛盾。据《左传·宣公四年》，知克黄为楚令尹子文之孙，曾任楚庄王箴尹。庄王九年（前 605）若敖氏之乱后改名曰生，

图 51　卷云纹填漆盖鼎
（引自《淅川和尚岭与
徐家岭楚墓》彩版 5）

说明此器铸于此前。因墓中出土春秋晚期器，故认为墓主并非克黄，当然也不是铭曾太师奠鼎 M1：5 的曾太师。[②]

春秋中晚期晋系青铜器几乎都具有侯马风格。早年浑源李峪出土的器物或许是略早阶段的代表，其中错红铜龙纹鼎、兽纹敦和铸镶狩猎纹红铜豆[③]，以及普林斯顿大学艺术博物馆收藏的一件豆，腹部红铜错四虎[④]，这些都是以红铜表现纹饰，红铜与金黄灿然相配，体现纹饰的华美与工艺的精巧。

太原金胜村墓地出土青铜器集中体现了春秋晚期侯马风格，赵卿墓一组四件宽线虺纹盖豆（M251：576、574、575、577）成列，形制和纹饰一致，大小有差，其中 M251：576 通高 180 毫米、口径 155 毫米。扁半球形豆腹下接底外

① 河南省文物考古研究所，南阳市文物考古研究所，淅川县博物馆.淅川和尚岭与徐家岭楚墓 [M].郑州：大象出版社，2004：9.

② 贾连敏.淅川和尚岭、徐家岭楚墓铜器铭文简释 [M]//河南省文物考古研究所.淅川和尚岭与徐家岭楚墓.郑州：大象出版社，2004：358-364.

③ 中国青铜器全集编辑委员会.中国青铜器全集 [M].北京：文物出版社，1995（8）：15，46，37.

④ ERDBERG E V，FONG W C. Chinese Bronzes From the Collection of Chester Dale and Dolly Carter [J]. Artibus Asia, 1978, 35（31）：146-147.

撤的胴足，腹置一对环耳，口竖高子口为隆盖扣合，盖顶设圈形捉手。盖面、豆腹、足面和环耳外饰连续的粗虺纹。发掘报告描述豆"在粗条花纹中填以黑褐色涂料"（图52），指出"这种纹样常见于春秋末战国初错金银铜豆"，推测"这四件豆可能专门用于殉葬，未完成错金工艺"。① 据《中国青铜器全集》中的说明，豆的纹线中填有砖红色物质②，应是对李峪所出错红铜豆纹饰效果的模仿，并非未完成的错金工艺品。当然，其功能是否属专用于殉葬，论据需深探。

图 52　镶嵌粗蛇纹豆（引自《中国青铜器全集》第 8 卷图 39）

同墓出土一对高柄小方壶 M251：560、561，大小、形制和纹样相同，M251：561 通高 275 毫米、壶腹径 89 毫米。壶口小而腹鼓，平底下接胴足高柄，盝顶式盖下出子口插入口内，盝顶面饰二相对的龙，其一纹线中填彩，现为黑色；四侧面饰心形纹，其中饰出鳍的半环钮。壶颈和腹部饰银锭形、槽形和叠环形纹。柄上饰三组鸟纹，上段和中段一周各四鸟，下段一周八鸟；均引颈上视（图53）。腹、足部纹线中均填"矿物质，用黑色颜料衬底"。发掘报告认为此壶是"未完成的错金银工艺品，作为明器入葬"，并指出盝顶面一龙纹填黑"以示雌雄"，进而引申"似寓伏羲和女娲的形象"，③ 聊备一说。

图 53　镶嵌几何纹高柄方壶（引自《中国青铜器全集》第 8 卷图 77）

很多东周时期燕国青铜器，多具有侯马风格，应属春秋晚期，不少纹饰也作填充处理使之凸显。1981 年，通县中赵甫墓出土的几件青铜器，包括一件三犀钮盖顶和一件变形蟠龙纹敦，其蟠螭纹和蟠虺纹的较大空隙处分别填黑色和褐色细泥（图54），清

① 陶正刚，侯毅，渠川福. 太原晋国赵卿墓［M］. 北京：文物出版社，1996：38，40.
② 中国青铜器全集编辑委员会. 中国青铜器全集：第 8 卷［M］. 北京：文物出版社，1995：39.
③ 陶正刚，侯毅，渠川福. 太原晋国赵卿墓［M］. 北京：文物出版社，1996：42，44.

理简报认为墓葬属战国晚期燕文化①，明显偏晚。与之相类的一件三环钮盖鼎，于1970年出自平山访驾庄，盖面和腹部的交龙纹及下腹的蕉叶纹，较大空隙中同样填有黑色物质，被认为属战国早期中山国器。② 1982年，农民在顺义大北务发现的一组青铜器，据判断出自墓葬，其中的一件盖豆，盖、腹和校饰蟠虺纹、三角纹、锯齿纹和菱形纹，简报指出其中镶嵌红铜，属战国时期燕文化器物③，后入藏故宫博物院。豆腹饰蟠龙纹和三角云纹，捉手边缘等处嵌绿松石（图55），断代为战国早期。④ 从照片看，捉手周缘的菱形块具有绿松石色，与豆盖、腹和较上纹线颜色一致，若前者为绿松石镶嵌，后者因纹线纤细，均匀一致，属绿松石镶嵌的可能性不大，更大可能是填某种物质模拟绿松石镶嵌，或者达到绿松石镶嵌的效果。

图 54　蟠龙纹敦（引自
《中国青铜器全集》第 9 卷图 110）

图 55　蟠龙纹豆（引自
《中国青铜器全集》第 9 卷图 115）

弗利尔艺术馆收藏的狩猎纹四耳鉴（15.107，图56.1），属所谓李峪风格的

① 程长新. 北京市通县中赵甫出土一组战国青铜器 [J]. 考古, 1985 (8): 694-700, 720; 中国青铜器全集编辑委员会. 中国青铜器全集: 第9卷 [M]. 北京: 文物出版社, 1997: 109-110.
② 唐云明, 王玉文. 河北平山县访驾庄发现战国前期青铜器 [J]. 文物, 1977 (2): 96; 中国青铜器全集编辑委员会. 中国青铜器全集: 第9卷 [M]. 北京: 文物出版社, 1997: 145.
③ 程长新. 北京市顺义县龙湾屯出土一组战国青铜器 [J]. 考古, 1985 (8): 701-703.
④ 中国青铜器全集编辑委员会. 中国青铜器全集: 第9卷 [M]. 北京: 文物出版社, 1997: 115.

特别类型。通高 280 毫米、宽 610 毫米；圈足取样经湿法分析，含铜 63.7%、锡（+锑）7.9%、铅 26.0%；而发射光谱分析确定锑含量大于 1%，属于含锑高铅锡青铜。四耳衔圆环，是否属于原配尚不可知，均镴焊于颈部，且镴料过量；一耳明显为后配，当然，四环也可能是后配的。平沿，方唇，矮圈足。束颈，鼓腹，颈下和下腹各设一道凹箍，连同唇外饰三角形纹。颈部、腹部和圈足外纹带上有三道铸造披缝，还有拼纹饰范块的接缝。腹部和底部可见多处垫片，其中某些已经脱落或松动。底部残存浇道茬口，沿下和底还残存少量范、芯。腹内有几周浮雕鹅、鱼、龟纹，而颈、上腹和下腹为车马狩猎纹，重复七遍，圈足外饰辫纹。狩猎纹线中填白色物或看似错银，实则为铅白，近于铅的腐蚀物（图 56.2）。波普尔他们开始认为纹中错银，但没有痕迹。难以解释铅白充填，觉得可能与通体的机械清理和打磨有关，将铅的锈蚀从高处推到了纹线槽中。①

图 56.1　鉴（引自 A. Pope，
1967，pl. 89）

图 56.2　鉴壁 X 光片
（弗利尔艺术馆惠供）

大英博物馆收藏一件侯马风格联裆盖鼎（1949，0711.1，图 57.1）系 1949 年购藏，未曾见诸著录。鼎通高 216 毫米、直径 241 毫米。整体做扁球形，隆盖，盖沿向内平斜，微向内折；盖顶部微鼓。盖面饰三组纹饰：外周纹带环形、中间环形纹带和盖心圆形纹饰团。圆形纹饰团中央置拱形纽，衔截面圆形圆环，环两面饰细密雷纹和三角纹。纹线极细，不足 1/3 毫米，深度大体相若。外周与中环间的隔带上，对称分布三相同的卧兽。三兽造型一致，均衔圆环，前腿后踞卧于盖面，抬头向外平视，口衔圆环。中腹设一道突棱，上饰规矩两股绳纹，每股双线，两股交叠处上股连续而下股断开。突棱直径最大，上腹纹带由蟠龙纹纠结组成，下腹平铺几何形纹带。底联裆，三矮蹄足。足下段为岔口式

① POPE J A, GETTENS, R J, JAMES C, et al. The Freer Chinese Bronzes, Volume I：Catalogue［M］. Washington D. C.：Smithsonian Institution. 1967：484-489.

铸接，和赵卿墓、陕县上村岭所出列鼎，以及侯马铸铜遗址所出铸型一致，是侯马作坊某工匠的炫技之作。[1] 鼎纹满布器盖和上腹，十分繁缛细密，沟槽中满布土色填充物（图 57.2）。青铜器的细密纹饰更需要填纹处理，纹饰才能显现出来。

图 57.1　大英博物馆鼎 1949,
0711.1（笔者摄）

图 57.2　大英博物馆
鼎盖微观照片（笔者摄）

五、战国填纹青铜器

战国青铜器属于新兴期，是春秋中晚期青铜器的继续和发展，早期的青铜器承春秋中晚期余绪，甚至难以区分。中期开始出现衰退态势，青铜器造型和纹样逐渐趋于简率，表现出青铜器开始走向衰落。

1965 年，长治分水岭墓地出土的牺背立人擎盘 M126：541，通高 150 毫米、通长 175、盘径 140 毫米，年代被定为战国早期。[2] 是一件罕见的青铜玩物，一人坐牺背持柄，柄端为一圆盘，周缘透空。牺肥硕富态，昂首竖耳，双眼圆睁，面与耳饰鳞纹，眼上饰辫纹，粗颈带贝纹项圈。身肥腿短，偶蹄。肩、臀壮，外饰绹纹带。短尾饰垂叶纹。身披毡毯并盖住人下身，毡毯满布细鳞纹，上衬祥云纹，两边镶辫纹。牺背前端设孔插直圆柱，柱可转动，柱头设圆套筒，支撑圆盘，盘底平，壁弧形透空，内底中央有圆盘形凸起。牺背后边端坐一女，

① 苏荣誉. 论三足锯齿形铸接青铜鼎兼论联裆鼎和侯马铸铜作坊生产诸题［C］//陕西省考古研究院, 宝鸡市考古研究所, 凤翔县博物馆. 高明先生九秩华诞庆寿论文集. 北京：科学出版社, 2016：152-187.

② 边成修. 山西长治分水岭 126 号墓发掘简报［J］. 文物, 1972（4）：38-43；山西省考古研究所, 山西博物院, 长治市博物馆. 长治分水岭东周墓地［M］. 北京：文物出版社, 2010：298-313；中国青铜器全集编辑委员会. 中国青铜器全集：第 8 卷［M］. 北京：文物出版社, 1995：140.

束发，着右衽饰麻点纹窄袖长袍，腰系带，两臂前伸双手持圆柱。这件器物出土信息公布不多，从器身残留物看，此器曾经填色，牺耳鳞纹上点亮橘色，鳞纹间点白褐色或白色，毡毯如之（图58）。可以推测，人及其衣服，柱和盘均经彩绘。也就是说，原物可能鲜艳夺目。

战国初期青铜器的杰出代表是1978年发掘的随县曾侯乙墓器群，共出青铜礼器和用具117件、重逾两吨；其中有铭文器83件，比例之高十分罕见，皆铭"曾侯乙作持"，可见是曾侯乙自作自用器，时代和

图58　牺背立人擎盘（引自《中国青铜器全集》第8卷图140）

作坊相同，墓主是曾侯乙。同出一件镈铭文记铸于楚惠王五十六年，即公元前433年，曾侯乙下葬与之不远，发掘报告推测为公元前433—前400年间。[1] 前文已及，据发掘报告统计，曾侯乙墓出土的117件青铜礼器中，嵌错和填饰纹饰者65件，剔出镶嵌加工的件数，填纹处理的器物多达数十件。

曾侯乙大鼎C96通高646毫米、口径642毫米，重54.8千克。直口斜平沿，厚方唇；束颈，饰一周宽线勾连云纹带；纹带上对置方附耳，耳内、外两面饰宽线勾连云纹，两侧上部饰工字纹，下部饰云纹；腹壁弧收出平底，上腹饰宽线蟠龙纹带，下接一周内填宽线云纹的垂叶纹。三蹄足承托下腹。足根粗，外饰卷宽鼻的浮雕兽面纹，中间有出歧的板状扉棱，足中较细，足端为大蹄，底平。腹内壁铸铭两行七字"曾侯乙作持用终"。发掘报告指出此鼎除足根兽面纹外，其余纹饰均经填纹（原文"镶嵌"，下同不俱）处理，但多已脱落，"仅留下白色粉末状充填物"（图59）。[2]

图59　曾侯乙鼎（引自《中国青铜器全集》第10卷图112）

① 湖北省博物馆.曾侯乙墓［M］.北京：文物出版社，1989：175-178，186，459-464.

② 湖北省博物馆.曾侯乙墓［M］.北京：文物出版社，1989：190-191；中国青铜器全集编辑委员会.中国青铜器全集：第10卷［M］.北京：文物出版社，1998：112.

九件一列曾侯乙升鼎（C87-C95）也出自中室，九鼎形制相同而尺寸互有出入，高矮口径差别最大10毫米，质量差别不过0.5千克。C89通高352毫米、口径458毫米、壁厚5毫米—13.5毫米，重20.5千克。敞口，平沿外侈，厚方唇，唇外饰一周工字纹，沿上一对方耳向外弧撇，耳外面饰勾连云纹，两侧饰工字纹。鼎腹较浅，以突棱束腰，上腹壁内斜而下腹壁直。上腹平铺一周宽线鸟兽龙纹带，下腹平铺两周不同的宽线勾连云纹带。腹外均布四条拱身圆雕爬龙，龙足、腹紧贴鼎腹壁，口衔鼎唇沿，尾上翘，龙身饰鳞纹和涡云纹。平底以三蹄足相承。蹄足内侧平，根粗壮，外饰高浮雕兽面纹，中间有出两歧的板状扉棱。足中段收束，底为蹄形。内壁铸同样铭文。鼎的纹饰中均有填充物，鼎口沿、耳、腹的宽线纹饰中，全部填充白色物质，而且保存很好（图60.1）。发掘报告称"个别部位有绿松石黏附在充填物面上"[①]，惜未有详细描述。从照片看，鼎腹部爬龙的龙身云纹和鳞纹中所填饰，颜色近于孔雀蓝（图60.2）。个中差异，有待研究。

图60.1　曾侯乙升鼎　　　　　　　　图60.2　曾侯乙升鼎升爬兽
（引自《中国青铜器全集》第10卷图109）　（引自《中国青铜器全集》第10卷图110）

曾侯乙小口提梁盖鼎C185或归类为汤鼎，通高385毫米、口径257毫米、腹径436毫米，重29.8千克。小口直，斜平沿外侈出方唇，下有短颈。鼎弧肩，腹扁圆外鼓。肩平铺一宽线蟠龙纹带，其中对置龙钮。龙下身盘出肩面，上身昂起，眼中衔圆环与提链连接，龙身满布细密鳞纹。上腹平铺宽线鸟兽龙纹带，其中均布八个突出的圆涡纹，纹带上下以工字纹窄带界边。圜底有烟炱，下出圆平面，三蹄足承下腹。足根粗，外饰浮雕兽面纹，足中为上粗下细柱形，足端蹄形，均素面。盒形盖扣在鼎口上，盖顶平，中心布圆饼形宽线四凤纹，外

① 湖北省博物馆. 曾侯乙墓［M］. 北京：文物出版社，1989：192-194，196；中国青铜器全集编辑委员会. 中国青铜器全集：第10卷［M］. 北京：文物出版社，19988：109-110.

圈为宽线勾连云纹，二者间以工字纹环，外圈纹带中均布四扁圆环钮，盖侧壁平铺宽线勾连云纹。提链上端为双头蜷曲蛇形提手，蛇头各衔一圆环，下链接三段 8 形链节，端部的圆环链接鼎肩部螭钮，提手和链节、圆环上满布细勾云纹。肩部和盖内壁铸七字铭。发掘报告笼统指出"纹饰主要为镶嵌绿松石（大多脱落）的花纹".① 从照片可知，盖、肩、腹和足纹饰中均经填纹处理，大多呈白色，少量为灰绿色（图61），发掘报告所言

图61　曾侯乙鼎（引自《中国青铜器全集》第 10 卷图 114）

绿松石可能饰在这些部位。足根兽面纹中填充物颜色发褐，可能原本为另一种色调。鼎底有"烟炱"，但上边界整齐位于腹下侧工字纹带下，恰在足根顶面位置，烧火烟熏不会如此齐整且绕过鼎足根，推测原本经过某种处理，至于提链、鼎足原色如何，需要普遍而深入的实验室调查，或许可明了某些部分。

　　曾侯乙牛钮盖鼎出土五件（C98—C104），形制、纹饰、大小基本相同，可谓一列或一组，C98 通高 393 毫米、口径 396 毫米、壁厚 5 毫米，重 25.3 千克。体做扁球形，弇口，平沿内出子口，为盖扣合。盖穹形，盖面平铺三环纹带，内圈为联凤纹、中间为勾连云纹、外周为蟠龙纹，纹带间以工字纹绕环区隔。盖中央有蛇形拱钮衔圆环，外两周纹带的工字纹环上均布三圆雕牛钮，牛周向站立，顾首向外，兽身饰涡云纹。口沿下对生方附耳，附耳内外平铺宽线勾云纹，两侧工字纹。上腹平铺勾连云纹带，上下以顺向工字纹镶边。鼎有小平底，但三蹄足承器于中腹纹带下。足背近平，粗足根外饰浮雕宽卷鼻兽面纹，其下素面，端为蹄足。盖内和腹壁内铸相同铭文。发掘报告和图录均指出，盖、耳和腹部纹饰"槽内有褐黑和白色的充填物，个别地方有绿松石微粒存留".② 从照片看（图62），鼎盖、腹、耳的宽线纹饰中，填满了土红色物质，局部为白色，至于颜色如何组合，尚是一项缺失的研究。是否局部嵌入绿松石以及尺度如何，值得深究。所配的一对鼎钩 C149，饰细线卷云纹，也铸同样七字铭文。

　　① 湖北省博物馆. 曾侯乙墓［M］. 北京：文物出版社，1989：235-236；中国青铜器全集编辑委员会. 中国青铜器全集：第 10 卷［M］. 北京：文物出版社，1998：114.
　　② 湖北省博物馆. 曾侯乙墓［M］. 北京：文物出版社，1989：196；中国国家博物馆，湖北省博物馆. 江汉汤汤：湖北出土商周文物［M］. 北京：北京时代华文书局，2015：178；中国青铜器全集编辑委员会. 中国青铜器全集：第 10 卷［M］. 北京：文物出版社，1998：图 90.

从照片看，卷云纹中很可能也填饰白褐色物质，若果，盖面牛钮乃至足根兽面中，有可能经过了类似处理（参见图59）。同样，曾侯乙环钮盖鼎C103、盖面和腹部宽线勾连云纹带中填充他物，而足根的细线浮雕兽面纹中没有填饰。三环钮盖鼎C102和兽钮盖鼎C236，盖、腹饰细线蟠蛇纹、绚索纹、几何雷纹、蟠螭纹，① 和上述鼎足根纹饰一样，是否经过填充处理，也是有待探究的问题。

图 62　曾侯乙鼎
（引自《中国青铜器全集》第 10 卷图 111）

图 63　曾侯乙簋
（引自《中国青铜器全集》第 10 卷图 108）

八件曾侯乙簋（C105—C112）形制相同，均是方座双耳带盖簋，尺寸重量一致，微有出入，实为一列，与九件升鼎相配，僭越了所谓的鼎簋等级制度。C108 通高 318 毫米、口径 222 毫米，重 12.8 千克。簋侈口尖沿，束颈饰一周工字纹带，鼓腹满布宽线鸟首龙纹，对生鸟首外顾的 S 形龙，龙身满布细鳞纹。簋底平，矮圈足置于方座上，方座四面均有幔帐形缺口，上下布工字纹，中间平铺宽线鸟首龙纹。穿盖下出子口插入腹口扣合，盖面平铺两圈宽线纹带，内圈联凤纹，外圈勾连云纹，二者之间以工字纹环区隔；盖顶中央饰五莲瓣捉手，莲瓣饰云纹。盖周缘均布三小兽形扣，盖、腹内壁铸同样七字铭（图63）。考古报告指出，盖、腹纹填饰，器"纹槽内个别部位有绿松石"②，但未说明绿松石块的尺寸，墓室中也未见报道清理出的细碎绿松石，或者绿松石细粒是纹饰填充物中的粗料亦未可知。据照片，簋盖、腹和方座宽线纹中填充物保存甚好，

① 湖北省博物馆. 曾侯乙墓［M］. 北京：文物出版社，1989：197-201.

② 湖北省博物馆. 曾侯乙墓［M］. 北京：文物出版社，1989：207；中国青铜器全集编辑委员会. 中国青铜器全集：第 10 卷［M］. 北京：文物出版社，1998：118.

其表面呈多孔并有坑点，颜色亦分灰绿色、白褐色、土褐色多种。多孔是膏状填充物干燥后的惯常现象，坑点当然和剥落有关，也可能是小片或小块绿松石脱落所致。至于多色填料，由于埋藏、腐蚀和污染，难以还原，但可知原色丰富。若以淡绿色为主调，和黄铜色对比强烈，易于凸显纹饰。至于腹侧爬兽，也许和前述升鼎爬兽一样，兽身细纹中也经填色处理。

九件曾侯乙鬲（C156—C164），造型、纹饰、大小、轻重相差无几，属列器或一组器，最大的 C156 通高 130 毫米、口径 155 毫米，重 2.5 千克。敛口，宽斜沿外折，方唇，束颈，腹壁弧鼓，底分档，袋足下接蹄足承器。袋足外侧中间设甚高的板状云形扉棱，器壁布较宽线鸟首龙纹，口沿也铸七字铭。腹纹饰经填饰处理（图 64）。曾侯乙分体甗 C165，通高 649 毫米、口径 478 毫米，重 33.4 千克。其甑直口平沿方唇，束颈饰宽线勾连云纹，并对置双龙蜷曲的环形腹耳。腹壁顶有一周工字形窄带，下接宽线勾连云纹带，再垂宽线叶纹，余光素。发掘报告指出"甑腹嵌错灰白色石质纹饰"[1]，很大可能误判了填充物。据照片，腹部和袋足的宽纹线中填满白色物质，有如石膏或石灰，明显是粉状形态，且多微孔。说明制作时曾向纹饰中填入糊状或膏状白色粉末，干燥并经千年锈蚀，较为坚实，犹如石质。

图 64　曾侯乙鬲（引自《中国青铜器全集》第 10 卷图 116）

四件曾侯乙簠（C122—C125）的形状、纹饰、大小、轻重一样，微有差别，应为一套。簠做长方形，器、盖同形，只是盖沿外壁的长边有两个、短边一个小兽面，扣合后卡住腹壁。盖、腹内底铸铭七字。C122 通高 262 毫米、口 314×241 毫米、壁厚 3 毫米，重量 13.4 千克。直口，上腹壁直而下腹弧内收，短边弧壁中间设 C 形粗壮兽耳。平底，四边出外弧撇圈足。腹、盖满铺纹饰，上腹平铺宽线 T 形勾连纹，弧壁和盖面平铺宽线龙凤勾连纹，足饰宽线鸟首龙

_____

① 　湖北省博物馆. 曾侯乙墓［M］. 北京：文物出版社，1989：203-204；中国青铜器全集编辑委员会. 中国青铜器全集：第 10 卷［M］. 北京：文物出版社，1998：图 116.

纹，发掘报告指出，这些纹饰"纹槽内有褐、白色充填物"，特别指出"未见绿松石"。① 事实上，曾侯乙簠上的纹线较上述铸器略窄，其中填满物质，表面为灰土色，但灰土色下为白色（图65），说明原填充物为白色，和曾侯乙升鼎及鬲一样，所填或石膏或石灰，表层灰土色为埋藏污染。盖与腹四只兽耳上所饰细卷云纹中，可能也经填饰处理。

两件一对的曾侯乙圆鉴（C128、C127）造型比较特殊，盖与腹内铸铭七字。CL28器通高290毫米、口径446毫米，重23.5千克。② 侈口方唇，束颈甚短，饰粗勾连云纹带。纹带对置两龙形耳，昂首双翼，腹设圆环链接提链。腹上边一工字纹带，下有勾连云纹带，再下为垂叶纹。两半环钮跨工字纹带和云纹带而设。矮圈足外饰工字纹带，内壁均布三"贯耳"。隆盖中央设钮衔圆环，外环三圈勾连云纹，均以工字纹带区隔，外圈均布三环钮。提链与前述小口提梁盖鼎C185相若。此鉴纹饰填满白色填充物，甚至工字纹亦不例外（图66）。发掘报告指出，"所镶嵌绿松石大多脱落"，如纹饰中都嵌绿松石，填充物即为铺垫和黏合剂。此说不免以偏概全。

图65 曾侯乙簠（引自《中国青铜器全集》第10卷图119）

图66 曾侯乙提链鉴（引自《中国青铜器全集》第10卷图128）

曾侯乙墓青铜器中，类似的填纹器很多，其他如成套的曾侯乙盘C148和匜C147、提链壶C182，纹饰填白色填充物，是曾侯乙墓青铜器纹饰工艺的主流，其源流、艺术和技术属性有待探讨。同出的分体甗C165，鬲素面，纹饰在甑上。颈部和上腹是宽线勾连云纹，中间以工字纹隔开，下腹是垂叶纹带。耳饰涡纹和斜角云纹。发掘报告称"甑腹嵌错灰白色石质纹饰"③，但从图片看，宽勾连

① 湖北省博物馆. 曾侯乙墓［M］. 北京：文物出版社，1989：209-211；中国青铜器全集编辑委员会. 中国青铜器全集：第10卷［M］. 北京：文物出版社，1998：119.

② 湖北省博物馆. 曾侯乙墓［M］. 北京：文物出版社，1989：240-241；中国青铜器全集编辑委员会. 中国青铜器全集：第10卷［M］. 北京：文物出版社，1998：128.

③ 湖北省博物馆. 曾侯乙墓［M］. 北京：文物出版社，1989：203-204.

云纹带沟槽中，填满黑色填充物，虽比较致密，但远较石质粗疏（图67）。图片中，纹带灰色泛白的部分，连着基体，自然致密。纹饰填黑色填充物，以这件甗为典型。

曾侯乙匜 C190，通高155毫米、通长318毫米。[①]瓢形，前出槽形流，后设龙形鋬。平沿方唇，腹微鼓。腹饰龙凤勾连纹带，近平底下三兽足承器。足根粗为兽头，勾勒阴纹，足中素面斜直，足端大蹄，整器做兽形。腹部纹带内塞满填充物，质地疏松多孔，有较大颗粒的朱砂及白绿色绿松石屑，有褐色土质和石英，还有黑色团粒。足部细纹线中亦可见淡绿色（图68）。此器显然是一种混色填纹，需要进一步研究确定其材料。

图67 曾侯乙甗（引自
《中国青铜器全集》第10卷图117）

图68 曾侯乙匜（引自
《中国青铜器全集》第10卷图125）

曾侯乙墓出土一组十件青铜鼎形器（C113—C121、C136），体作半蛋形，三细长蹄足承器，造型十分别致。腹部饰勾连云纹带，下接垂叶纹，均为细线。发掘报告指出"上腹部所镶绿松石大多脱落"[②]，但据照片难以确定纹线中镶嵌绿松石。一则纹线甚细，绿松石嵌成线难度过大；二则器表的绿松石色为点状，无构成图案之意；三则纹线中填充物有土褐色和粉绿色，纹饰填饰多色的可能性大。

---

① 湖北省博物馆. 曾侯乙墓［M］. 北京：文物出版社，1989：243；中国青铜器全集编辑委员会. 中国青铜器全集：第10卷［M］. 北京：文物出版社，1998：125.
② 湖北省博物馆. 曾侯乙墓［M］. 北京：文物出版社，1989：213；中国青铜器全集编辑委员会. 中国青铜器全集：第10卷［M］. 北京：文物出版社，1998：142.

最后讨论曾侯乙豆 C194，通高 264 毫米，盖内和腹内铸七字铭。直口平沿方唇，有收束短颈，饰一周工字纹带。微鼓腹面饰鸟首龙纹带，两侧对出环耳。圈底下接筒形柄，柄下喇叭形足。柄和足满布变形蟠龙纹，足裙饰一周工字纹（图 69.1）。隆盖中央饰团凤纹，外周一环鸟兽龙纹，兽面均布四环钮（图 69.2）。① 此豆除环钮外，纹线宽窄相当一致，不仅纹线中填充物清楚，很多镶嵌的绿松石依然保留着，尤其以盖面、柄和足保存最多。从盖面团凤纹看，所嵌玉石种类较多，有孔雀蓝、孔雀绿、松石绿、青、蛋壳白，可能还有深棕色，尺度在毫米级，且往往将不同色块错开排列，但整体色调为蓝绿，玉石脱落处颜色灰白。柄、足与之相同。具有反差的是，盖缘和颈、腹纹带，几乎没有残留玉石，只见灰白色填料，局部铁红。可能的解释是这些纹带根本不嵌玉石，只有填纹处理。偶见的绿色星点，可能是盖中或足玉石脱落粘上的。若是，则是嵌玉石与填纹工艺结合装饰器物。

图 69.1　曾侯乙豆（引自　　　　　　图 69.1　曾侯乙豆盖（引自
《中国青铜器全集》第 10 卷图 120）　　　《中国青铜器全集》第 10 卷图 121）

与之可参比的是曾侯乙匕 C169，出土自大鼎 C95 腹内，长 458 毫米。长柄浅勺，柄弧形板状，前段窄，铸铭七字，后段宽并镂空。柄上宽线纹嵌玉石，泰半已脱落。所嵌玉石尺度在毫米级，主要为孔雀蓝、孔雀绿两色，玉石脱落处可见铺垫填料，看起来像泥，土红色，粒度较大而不匀，与填纹工艺的填充物颇不相同。盖滕斯之说在显微镜下可辨别填纹，简便实用，值得尝试。

---

① 湖北省博物馆. 曾侯乙墓 ［M］. 北京：文物出版社，1989：211，213；中国青铜器全集编辑委员会. 中国青铜器全集：第 10 卷 ［M］. 北京：文物出版社，1998：120-121.

六、结语与问题

严格来说本文不是一项研究，而是在揭示青铜器的填纹现象。填纹工艺曾相当普遍地施于青铜器纹带中以凸显纹饰，但由于种种原因，这一现象被长期忽视。个别贤明曾注意到这一问题并做出了开创性研究，但几乎没有后来者跟进。这一工艺所体现和蕴含的学术问题——可能包括青铜器的表现、青铜器纹饰的视觉表达、青铜艺术的色调、青铜器的功能、青铜纹饰与其他介质艺术表现的关联等，被长期忽略或隐匿。

由于对填纹现象的忽视，自然也无意留心新出土青铜器的表面处理，以致在青铜器清洗和清理、修复等过程中，误除填纹残留物。概而言之，拙文可归结如下几点：

（一）青铜器纹饰是青铜艺术发展的必然，也是古代青铜器的重要组成部分。虽然商周青铜器纹饰的含义还难以确知，但构图复杂，做工精细，是花费了大量智力和劳动的结果，无疑具有十分重要的内涵和地位。然而，青铜材质呈黄色，铸造纹饰不易被观察清楚，其独特诡秘的艺术和高超的工艺技巧难以为观者所看见。为此，填纹工艺应运而生。其工艺可能移借了陶器和漆木器的彩绘、玉器的填纹处理，以及二里头时期的青铜器玉石镶嵌工艺。青铜器铸造纹饰出现于二里头文化后段，填纹工艺可能出现在二里岗下层阶段。

（二）填纹即是将某种或某些粉末，通常是超细的颜料或石英砂，用胶黏剂（通常可能用漆）调和成膏状，形成填充物，填入纹饰的沟槽之中，既有单色，也有混色和配色，待其干燥，形成特定颜色，或达成模拟某种工艺视觉效果的图案装饰。填充物干燥过程中，水或油分挥发形成多微孔，故而填充物往往是多孔物质。当然，这些细腻的填充物外也可黏结某些较为粗大的粒状或片状物质，如玉或绿松石。因此，填纹工艺与镶嵌、错、鎏镀、贴附、彩绘等不同，不可相混。

（三）经过对青铜器填纹材料的初步调查，这些材料相当均质（或者是均匀的混合物），粒度细微而均匀，石英粉多棱角，分散性高，黏结剂或调和剂为碳素物质。这些特征与土壤及自然污染物明显不同，在显微镜下易于辨识。当然，要确定填充物的材质，则需要进行仪器分析，X光衍射分析最常用。

（四）初期的填纹可能模拟陶器、漆木器彩绘或玉器纹饰填彩。其效果在于凸显纹饰，使之易于被看见。这样的视觉目标在东周阶段依然重要。由于春秋中期以后，青铜器装饰工艺更加丰富，填纹有了更多的模拟对象。填纹不仅模拟玉石镶嵌，还可达到错金银或红铜、铸镶红铜甚至镀锡、鎏银或彩绘的效果。

这些华丽的加工工艺不仅显示花纹图案，而且华贵富丽，价值和地位甚高。或者说，这些填纹是那些特种工艺的低廉模仿品或替代品。若特种工艺处理有某种文化、宗教或艺术符号功能的话，填纹处理可能是更简便实现那些功能的手段。若以价值论，填纹处理也可以是在无法得到特种工艺品情况下，为达到某种效果的替代品。

（五）就现有资料看，填纹工艺用之于青铜器纹饰相当普遍，似乎自二里岗阶段开始即有日益普遍的倾向，但历时的普遍性演变如何，受定做者或制作者支配，还是受使用环境与目的影响，均不清楚。同样，青铜器填纹工艺是否有其地域性，或者各地域各作坊有何不同，均有赖材料的不断积累进行探讨。可以预料，填纹工艺和填充物研究，不仅扩展了青铜艺术的内容和视野，也将有助于青铜器时代、风格、产地等问题的研究。

（六）需要强调的是，青铜器的填纹本较脆弱，易于脱落。再经数千年地下埋藏，所依附的青铜基体首先会锈蚀，铜锈体积膨胀，更易将填充物剥蚀，所以出土时某些填充物已残留不多。由于埋藏环境中水的浸泡、腐朽，以及有机物的浸染、朱砂和泥土粘连，所存不多的填充物往往不显眼，容易在清洗、清理青铜器时去除。所以有必要吁请考古学家、文物保护和修复专家，意识到青铜器可能会有填纹处理，对新发现和将进行修复的器物，检查是否经过填纹处理。

需要再次强调的是，本文的讨论基于某些清晰的图像资料，从中辨识出填纹工艺，方法上有明显的局限性，不排除某些假象存在其中。本文旨在抛砖引玉，希望引起学术界的重视，关注并从多角度研究填纹工艺。当然，在希冀考古学界贡献新资料的同时，也吁请博物馆查验所收藏的青铜器有无填纹处理，填纹如何，并请发表相关资料，记入藏品档案。若确认本文所涉及的近百件青铜器填纹的有无，或更进一步的填纹信息，恳请不吝赐教。

附识：

2016 年开始，笔者继续推进中断一时的课题——与三星堆博物馆合作研究三星堆祭祀坑出土青铜器。考察器物过程中，再度思考它们的彩绘和填纹装饰工艺。2018 年，笔者有幸得到英国科学院（The British Academy of Science）的资助，赴大英博物馆进行三个月的访问研究，和王全玉博士一道研究馆藏侯马风格青铜器。这些器物普遍的填纹处理，促使我开始较系统地搜集填纹资料。在大英博物馆举行题为"东周金属技术"（Eastern Zhou Metal Technologies）(2019 年 9 月 21 日) 研讨会上，和王全玉博士以《侯马作坊铸铜：大英博物馆藏品研究》（Eastern Zhou Bronzes from Houma Foundry：A Case Study of Bronze Objects in the British Museum Collection）为题，汇报了我们的研究，其中填纹只占很小一部分。2018年10月18—20日，"青铜器、金文与齐鲁文化学术研讨会"在潍坊召开，蒙组织者错爱，在会上以《商周青铜器的填纹——一种被忽视的工艺》为题做了简单报告，为使听众易于理解铸造青铜的颜色和纹饰视觉，笔者求助山西夏县宇达青铜文化艺术股份有限公司和铜陵新九鼎铜文化产业有限公司，他们都热情发来刚铸造出来的青铜器照片。在拙文写作过程中，成都考古院江章华院长寄赠一大批材料，本文所用金沙铜器受惠于此。上海古籍出版社张亚莉女士及时寄赠笔者新再版的《首阳吉金：胡盈莹、范季融藏中国古代青铜器》，好雨知时节。2019年1月，我如约在侯马工作站研究翼城大河口霸国青铜器，留意填纹和彩绘，确有不少发现。适值洪洞南秦墓地、襄汾陶寺村北墓地出土青铜器在修复，两位领队杨及耘先生和王京燕女士惠允观察了修复前的部分碎片，填纹现象相当普遍，增强了完成此稿的信心。初稿杀青后，请求保利艺术博物馆万利群馆长惠赐两件器物照片，迅即慷慨赐寄。初稿曾呈请师友斧正，李零先生立即看过并指出原稿饕餮纹之说欠妥，需再斟酌。美国路易威尔大学（University of Louisville）中国艺术史教授赖德霖兄仔细顺通了原稿，改正了含混语句和误植，使拙作顺畅许多。上述诸机构和师友的隆情高谊，笔者在此致以深深的谢意。

说明：原文删节稿收录于北京大学出土文献研究所编《青铜器与金文》第3辑，上海古籍出版社，2019年，第313—367页。今呈现原稿，并经苟欢同学校改文字和格式。

湖南出土青铜四羊方尊与常宁方尊研究

——再论商代青铜器南北关系

苏荣誉　吴小燕　袁　鑫

中国青铜礼器滥觞于二里头文化，根据考古学家的研究，其后经商早期（约 1600—1400BC）和中期（约 1400—1250BC）的勃兴，至晚商的殷墟时期（约 1250—1046BC）臻于鼎盛。[①] 铸造工艺上，泥范块范法体系发展完备，附件普遍分铸铸接并设计出特殊的结构以使其铸接牢固，或者以活块模、活块铸型使装饰突出；垫片开始较多使用以支撑悬芯并保证器壁厚度，乃至采用芯撑使器物的某些部分中空以减少厚度变化，降低铸件的废品倾向；普遍采用模、范合作纹铸造高浮雕纹饰，并较多铸造铭文。这些工艺的应用，形成器类众多、造型庄重、装饰华美、纹饰繁丽的局面，纹饰以三重花纹为突出，而器壁较之前厚度大为增加，说明当时青铜材料相当充裕。

当然，这些精美的器物具有高度的象征性，几乎都出自墓葬。考古表明，墓葬所出土青铜器的多寡与精美程度，和墓主身份密切相关。

据《古本竹书纪年》，自盘庚迁殷至周武王谪商，传八代十二王，积 273 年，并为殷墟所出甲骨证明言之有本。1934—1935 年，在安阳西北冈发现的王陵区，面积达 11 万平方米，王陵全被盗掘，无一幸免。从 M1004 墓道残存的一件牛鼎和一件鹿鼎看[②]，它们的确体现了最高技术和艺术水平。

1976 年发掘的妇好墓，墓主妇好是武丁的一个配偶，或因未葬入王陵区幸免于盗掘，成为迄今所知唯一完整的王室墓。虽限于身份，墓葬规模较小，但随葬品十分丰厚，青铜礼器多达 196 件，重逾一吨半，可分若干组，其中不乏若偶方彝、三联甗、鸮尊、司母辛方鼎类重器和稀见器物。它们材质控制较严

---

① 杨锡璋，高炜．中国考古学·夏商卷 [M]．北京：中国社会科学出版社，2003：188，254，294.

② 梁思永，高去寻．侯家庄第五本：1004 号大墓 [M]．台北：历史语言研究所，1970；李济，万家保．殷墟出土青铜鼎形器之研究 [M]．台北：历史语言研究所，1970.

格，多种分铸法并用，铸造工艺精湛①，且有些特别器物出自南方迁入的铸工之手②。据此可以遐想王陵随葬青铜器的精美与宏大。

然而，远在南国的湘江流域，也先后发现了一批十分精美的青铜器，内涵十分复杂。本文通过对两件方尊的分析，认识其艺术与技术，再与中原和他地器物相对照，探讨商代青铜器的彼此关系。

一、四羊方尊

1938 年，农民在湖南宁乡月山铺转耳仑掘出一件青铜器，出土时为若干碎片，后经修复成为四羊方尊，通高 586 毫米、口边长 524 毫米，重 34.5 千克。修复时，局部缺失部分另行补配。四羊方尊先收藏在湖南省博物馆，1959 年调藏入中国历史博物馆（现中国国家博物馆）。1963 年，高至喜先生赴宁乡考察商代青铜器出土地和商代遗址，曾核查了四羊方尊出土地点，找到当年掘获器物的农民姜景舒家，确认出土自转耳仑，并在姜家还看到一块尊口沿残片，长100 毫米、宽 80 毫米、厚 3—10 毫米③，另有一只残断的羊角。这两件残片于1977 年入藏湖南省博物馆。④

（一）造型与风格

四羊方尊属大口折肩尊，但自口至圈足的截面为方形。方尊尖沿，厚方唇，束颈，宽肩，鼓腹，高圈足。沿四角和四壁的中心布设四道长条形扉棱，扉棱两侧密布短横和钩形相间的阴线，使其具有视觉透空效果。扉棱在尊口下出长檐（图 1）。沿口修补的一块，当属另类材质（图 2），即是湖南省博物馆征集到口沿残片（图 3.1—3.2）的补配。

①　中国社会科学院考古研究所. 殷墟妇好墓［M］. 北京：文物出版社，1980：15-100.

②　苏荣誉. 安阳殷墟青铜技术渊源的商代南方因素：以铸铆结构为案例的初步探讨兼及泉屋博物馆所藏凤柱斝的年代和属性［M］// 泉屋博物馆，九州国立博物馆. 泉屋透赏：泉屋博古馆青铜器透射扫描解析. 北京：科学出版社，2015：352-386.

③　高至喜. 湖南宁乡黄材发现商代铜器和遗址［J］. 考古，1963（12）：646-648. 关于四羊方尊的尺寸，通高一说 586 毫米，如熊建华. 湖南商周青铜器研究［M］. 长沙：岳麓书社，2013：83-84；另一说 583 毫米，见《中国青铜器全集》（卷 4 图 115）和傅举有. 商代青铜重器之乡：湖南宁乡考古记事［J］. 故宫文物月刊，1993（5）：93.

④　周文丽，吴世磊，袁鑫，等. 四羊方尊口沿和羊角残片科学研究［M］// 湖南省博物馆. 湖南省博物馆刊：第 13 辑. 长沙：岳麓书社，2017：583-591.

图1　四羊方尊

（引自《中国文明》171页）

图2　四羊方尊口沿修补

（裁自《中国青铜器全集》第4卷图115）

图3.1　四羊方尊口沿残片

（笔者摄）

图3.2　四羊方尊口沿残片

（笔者摄）

图3.3　四羊方尊残片

纹饰局部

（吴世磊先生惠供）

　　尊颈部几乎铺满纹饰，由根部纹带和四壁与四角的蕉叶纹构成。四壁中间的扉棱在颈根部没有下探到纹带下栏而止于纹带中间，使得纹带在四面下边有长的云纹，其上是以壁中扉棱为对称布置的夔纹并构成兽面纹。夔纹除眼珠圆突外，水平长伸的身、回卷的大角、上翘的尾和下垂的足均以云纹平铺。纹带上栏沿扉棱均匀生出八片蕉叶纹，以扉棱为对称，自内向外排布云雷纹、云纹、云雷纹和云纹。蕉叶根部较宽，排满纹带上栏，向上收束，至于唇下（图4）。

图4　四羊方尊（傅聚良先生惠供）

尊肩较宽，下斜，满布附饰和纹饰，也就中断了八道扉棱。肩四角饰高昂的圆雕羊首，肩面饰四条蟠龙，顺时针分布。龙身高浮雕，呈S形自肩四面的中间向左延伸，在角处后折，尾端向下回勾并与左侧面龙颈相对，龙身饰五路鳞片纹，身前似设两足，并以细云雷纹衬底（图5.1）。高浮雕龙的颈直接向前，并在肩沿外设圆雕龙首。龙首面呈心形，三角形尖吻外翘，一对臣字形眼中眼珠圆突，吻上和眼下饰云纹，眉骨粗而突，额饰菱形纹，额后勾云纹，并在两侧竖起较大的柱形角，角顶略平，中间的外侧饰两道阴弦纹，下段勾双线锯齿纹（图5.2）。

图5.1　四羊方尊肩部浮雕龙
（傅聚良先生惠供）

图5.2　四羊方尊肩部龙首
（傅聚良先生惠供）

鼓腹与高圈足一体是这件尊的最大特色。四只羊向四角站立构成尊腹，腹壁外弧，其中间的扉棱将四羊区隔并结合一体。羊首自然高耸并超过肩面，羊嘴微张（图6.1）。羊首面饰多道云纹，鼻两边有月牙形下凹。一对臣字眼中高高凸出管状眼珠，眼珠中间为半球形下凹。羊首两侧水平伸出三角形尖耳，周缘饰突出的圆点纹。额饰双线勾菱形，后布两道云纹，并在两侧生出一对大角。角向下弧弯300度余，角尖外翘，角面棱鼓，两面饰鳞纹（图6.2）。羊颈短粗，饰多道鳞纹，下颏纵向布一段勾牙式扉棱，最后的勾较大，向前卷曲并透空，当为羊胡子。腹部再饰一段长条式扉棱，两侧交替勾 I、L 阴线，下端向外勾起。一只羊角明显是修复时接的（图7.1），当是湖南省博物馆所征集羊角的补配。原始的羊角质地紧密，黑光油亮，两面饰水波鳞纹；中空，泥芯居中，表面有若干气孔（图7.2—7.4）。

图 6.1 四羊方尊羊首侧面
（傅聚良先生惠供）

图 6.2 四羊方尊羊首正
（引自 *The Great Bronze Age of China*，p. 148-149）

图 7.1 四羊方尊修复的羊角
（傅聚良先生惠供）

图 7.2 四羊方尊羊角残片
（笔者摄）

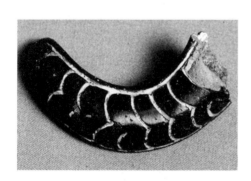

图 7.3 四羊方尊羊角残片
（笔者摄）

图 7.4 四羊方尊羊角残片
（笔者摄）

　　尊腹上宽下收，由四只羊腹构成，羊腹向两侧壁延伸至四壁中间，并在鳞
纹后饰鸟纹，以细密云雷纹衬底。鸟向四角，振翅欲飞。头小，喙短粗，圆眼，
大冠高耸，大尾上翘。腹壁中间的长条形扉棱和颈部的一致，自龙首下垂，端
部向外勾起，与羊胸扉棱一致，鸟足则下垂搭在半浮雕羊腿上（图8）。

腹下接高圈足，圈足壁斜直外撇，四角与四面中间饰与颈部相同的扉棱。自羊腹垂下的两腿，以半圆雕形式踏在圈足底沿，羊蹄较大，底沿突出，羊腿饰细密云纹。羊腿与角扉棱间填饰云雷纹，圈足四壁中间扉棱两侧饰倒立夔纹，以细密云雷纹为地。

四羊方尊造型匀称，结构精巧，平铺的细密的夔纹、云纹和云雷纹，衬托圆雕的羊首、半浮雕羊身、腿和蟠龙，富有层次。器表满布黑灰色致密底锈，增加了其厚重感。

（二）铸造工艺

四羊方尊以其优美瑰丽的造型、精良的品质著称于世，对它的材料和铸造工艺有不少讨论，然样品难得，关于材质的分析只两见：高

图8　四羊方尊腹部纹饰
（引自 *The Great Bronze Age of China*，p. 146）

至喜率先发表铜76.96%、锡21.27%、铅0.12%。① 此后，湖南省博物馆与中国科学院自然科学史研究所合作研究馆藏商周青铜器，由周文丽等对口沿和羊角残片样品，经扫描电子显微镜和能谱仪（SEM－EDS）分析，材质分别是铜75.9%和80.9%、锡19.5%和19.1%、铅4.6%和未测出。口沿残片的金相组织为α树枝晶和α+网状共析体，有铅颗粒弥散其中（图9.1）。羊角的金相组织中几乎看不到铅颗粒，但有较多气孔和缩孔（图9.2）。②

铸造技术专家凌业勤（1918—2001）曾指出四羊方尊是失蜡铸件③，化学家和化学史家张子高（1886—1976）也持同样看法④。

---

① 高至喜."商文化不过长江"辨：从考古发现看湖南的商代文化 [J]. 求索, 1981 (2)：107-112. 惜文章没有说明取样部位和分析方法，估计来自口沿残片。
② 周文丽，吴世磊，袁鑫，等. 四羊方尊口沿和羊角残片科学研究 [M]//湖南省博物馆. 湖南省博物馆馆刊：第13辑. 长沙：岳麓书社, 2017：583-591.
③ 凌业勤. 中国古代铸造技术的初步探讨 [J]. 机械工程学报, 1961, 9 (2)：40-41.
④ 张子高指出："……如著名的四羊方尊，现经考古学家确证是殷代器物，其精美的花纹，复杂的造型，令人赞叹，这样的器物，如果用陶范是不可能铸成的，唯一可能的是熔模法。之所以称为熔模法是因为内模不一定是蜡质做的，有可能是牛、羊的油脂，在凝硬时做内模，浇注铜汁时即行熔化，原理和现在的失蜡法一样。"见：张子高. 中国化学史稿：古代之部 [M]. 科学出版社, 1964：21.

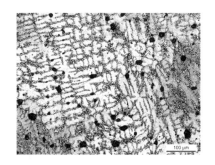 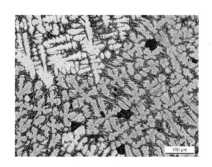

图9.1 四羊方尊口沿金相组织（引自　　图9.2 四羊方尊羊角金相组织（引自
《湖南省博物馆馆刊》第13辑585页图4)　　《湖南省博物馆馆刊》第13辑585页图6)

随着古代铸铜遗址的发现和对古代青铜铸造工艺研究的深入，青铜分铸铸接工艺被揭示出来，便提出四羊方尊肩部的龙首后铸，而羊首的角和耳先铸的说法。[①] 凌业勤等再次考察了四羊方尊的铸造工艺，发现了大量分铸痕迹，推测"最先铸成卷曲的羊角，嵌入羊头铸型内，铸成带角的羊头；整个羊头和龙头同时嵌进尊体的铸型内"铸接而成。[②] 但没有给出证据。艺术史家贝格立（Robert W. Bagley）认为四羊方尊具有典型的地方风格，肩上的四个龙头是后铸的，但羊角和耳则都是先铸的[③]。

凌业勤没有给出羊角和羊头先铸的证据，但如同贝格立所观察到的，羊角先铸的痕迹明确，羊头包络了角根（图6.2），确认羊角先铸。湖南省博物馆征集的一件羊角，清楚说明其中空，泥芯尚存。泥芯颜色砖红色和灰色，颗粒较为粗大，多孔，初步判断其主要材质为粉砂，和殷墟及侯马出土的铸型一致。[④]

---

① 湖北省博物馆. 盘龙城商代二里岗期的青铜器 [J]. 文物, 1976（2）：37；河南省博物馆. 河南三门峡市上村岭出土的几件战国铜器 [J]. 文物, 1976（3）：54, 11；BAGLEY R W. The Zhengzhou Phase（The Erligang Period）[M]// BAGLEY R W, SO J F, Maxwell K. Hearn. The Great Bronze Age of China. New York：Metropolitan Museum of Art, 1980：99, 105-106, 21, 25-126；BAGLEY R W. Shang Ritual Bronzes in the Arthur M. Sackler Collections [M]. Washington D. C.：The Arthur M. Sackler Foundation and the Arthur M. Sackler Museum, 1987：42.

② 凌业勤, 等. 中国古代传统铸造技术 [M]. 北京：科学技术文献出版社, 1987：29, 125-128.

③ BAGLEY R W . The Appearance and Growth of Regional Bronze-using Cultures [M]// The Great Bronze Age of China, 1980：125-126.

④ STOLTMAN J B, et al. New insights into the composition and microstructure of ceramic artifacts associated with the production of Chinese bronzes at Yinxu, the last capital of the Shang dynasty [J]. Archaeological Research in Asia, 2018, 15：88-100；王全玉, 苏荣誉, 黄珊. 侯马白店出土铸铜泥模范的初步研究 [R] 西安：亚洲铸造技术史学会年会, 2019.

　　一只羊首的一角显然属修复后配件，当是后来发现羊角残断所致。羊角品质坚实，黝黑光亮，中空，其中泥芯仍存（图 7.2—7.3），但羊首分铸（无论后铸抑或先铸）的证据阙如，暂不能支持。华觉明认为四羊方尊沿扉棱分型，并分作颈、腹、圈足三段，用二十四块范加腹、圈足泥芯和盖范计二十七块组成。羊角和龙头均先铸，铸造腹时铸接它们。[①] 但分三段和龙头先铸尚缺依据，参照龙虎尊，龙头应后铸，而尊四范应自口沿贯至圈足，但每范中应嵌六块纹饰范才构成完整铸型。八只羊角先铸，并在铸造尊体时与之铸接，同时在龙颈部铸出接榫，最后分别铸四只龙头于其上。

　　口沿残片上有部分云雷纹，显微照片显示出纹线粗糙（图 3.3），通过微痕分析，确认为典型铸态形貌，凹槽底面平整，侧面有断续且方向一致的加工痕迹，表面经过打磨，局部纹线缺失（图 10.1），说明充型能力不够充分。据以构建的纹饰三维模型（图 10.2），可进行局部测量，纹线凹槽深度在 0.35—0.50 毫米之间（图 10.3）。[②] 可见四羊方尊的铸接和铸造质量虽称上乘，但从纹饰看，与传出湖南的双羊尊接近[③]，工艺的精细程度较之殷墟出土的精品，还稍逊一筹。

  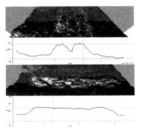

图 10.1　尊口沿云雷纹　　　　图 10.2　尊口沿云雷纹　　　　图 10.3　尊口沿云雷纹
　　硅胶模电镜背散射像　　　　硅胶模扫描 3D 模型　　　　　硅胶模 3D 测量
（引自《湖南省博物馆馆刊》（引自《湖南省博物馆馆刊》（引自《湖南省博物馆馆刊》
　　第 13 辑 587 页图 8）　　　　第 13 辑 587 页图 10）　　　　第 13 辑 587 页图 11）

① 华觉明. 失蜡法在中国的起源和发展［M］//华觉明，等. 中国冶铸史论集. 北京：文物出版社，1986：228.

② 周文丽，吴世磊，袁鑫，等. 四羊方尊口沿和羊角残片科学研究［M］//湖南省博物馆. 湖南省博物馆馆刊：第 13 辑. 长沙：岳麓书社，2017：583-591.

③ 廣川守，深井純. 高精細画像を利用した双羊尊文様の研究［J］. 根津美術館紀要此君，2016（8）：79-91.

二、常宁方尊

湖南省博物馆收藏的一件方尊（藏品号39196），拣选自长沙废铜仓库，据其来源推断方尊出土自常宁，故称之为常宁方尊。此器原残损严重，后经修复完整，肩部四角圆雕伏兽系修复者参考相关材料后补配。折肩上四牺首装饰，仅残存一个，余三个系修复。此尊为一件大口折肩尊，侈口，尖沿，厚方唇（图11.1—11.2）。通高540毫米、口径342×344毫米、圈足223×188毫米，重约15千克。①

图11.1　常宁方尊（笔者摄）　　　　图11.2　常宁方尊（笔者摄）

（一）风格

尊截面颇方，且腹部甚于圈足，八道长条形扉棱分别设在四角和四面中间，也在口沿下出长檐，长达24毫米（图12.1）；扉棱略宽，两侧相间阴勾I、L线，颈部依扉棱布八组浮雕夔形蕉叶纹。夔形蕉叶纹倒置，两两成对，均散列，长圆形眼珠凸出，中间有阴短横线，眼上有粗的勾眉，再上为开口向扉棱的大C形角，眼下T形弧弯的身，中腰出歧（图12.2—12.3）。

与容庚划分的第二类蕉叶饕餮纹相同②，身躯部分与夔出入较大。

---

① 湖南省博物馆. 湖南省博物馆新发现的几件铜器［J］. 文物，1966（4）：1-2；熊建华. 湖南商周青铜器研究［M］. 长沙：岳麓书社，2013：84-86.

② 容庚. 商周彝器通考［M］. 上海：上海人民出版社，2008：82.

图 12.1　常宁方尊口
（笔者摄）

图 12.2　常宁方尊颈部
（笔者摄）

图 12.3　常宁方尊颈下蕉叶纹
（笔者摄）

图 12.4　常宁方尊口下气孔
（笔者摄）

　　尊颈根部饰兽面纹带，每面一兽面纹依其中的扉棱对称展开，扉棱两侧有圆突鼻翼，两侧嘴角深咧，也有圆突。兽面窄，其上一对小眼眼珠圆突，窄面横伸为兽身，身后下折向前伸足，足后横出大距；身上竖后折并回勾成尾，转折处出歧。一对开口向下的 C 形大角与兽面分开对置扉棱两侧。兽面为浮雕形式，细密云雷纹衬底，但角、身和嘴上饰细密云雷纹，属于典型的三层花。这样类型的纹饰遍及全器。

　　肩斜平，饰一周浅浮雕象纹带。象身窄条形横伸，圆眼珠突出，粗壮的长鼻向下前伸，鼻头微翘。头顶有扇形大耳，肩下有牙形足，脊和臀上出歧，后腿向前弧弯，似鸟足，粗壮尾自臀垂下再锐折向后。每面两象纹相对，中间置圆雕牺首。牺首搁置在纹带中间，嘴略长并伸出尖沿，面上有两周锯齿形阴线，嘴头微翘。一对臣字眼中眼珠凸出，面上勾云纹。额饰菱形纹，耳后竖起一对片状角，前面平并勾饰云纹，背后微凸（图 13）。

图13 常宁方尊肩部附饰（笔者摄）

腹壁斜直微微弧鼓，扉棱如之。纹饰由下面主兽面纹带与其上的夔纹带组成。夔纹带每面四只相同夔纹，以中间扉棱对称，一边一顺两个。夔纹属于勾喙式，大喙顶出歧，头小眼小，脑后有勾冠，前肢粗壮向前平伸，翘距，身向后平伸并上折，未前卷回勾，身相对细弱，下出二歧。主兽面纹带宽大且为高浮雕型散列式，以中间的扉棱对称展开。扉棱下端两侧有圆突形鼻翼，鼻梁宽平且直，中间向两侧出歧，将下段的鼻与上段的冠饰区分，冠饰近乎方牌形。鼻头两侧浮雕 G 形，勾出深咧的嘴角，转角处有圆突。兽面纹眼，有长圆形凸出的眼珠，中间有阴横线；眼外有开口向内的 C 形耳，上有横勾的眉，最上为开口向下 C 形大角。兽面两侧填饰浮雕形上咧的抽象夔纹，头断开成 C 形，条形身竖起侧向外出歧（图14）。

图14 常宁方尊腹部（笔者摄）

尊底近平，外底有阳线网格纹；下以高圈足相承，圈足壁斜直外撇，内壁平光（图15.1—15.2）。圈足顶部四面中间各有一不规则形状的四边形透孔。四面纹饰结构与腹部相近，上边的夔纹带每面两夔纹，但脑后的飘翎略大。下面的主兽面纹上窄下宽，除兽角近乎 S 形外，余同，但作为填纹的抽象夔纹变短，高度只有腹部之半，却依然是断开的散列式。

常宁方尊虽然残缺较多，但三层花的纹饰类型，以及纹饰线条流畅、清晰较之四羊方尊不逊，与殷墟早期的精品青铜器相同。其散列式兽面纹、鼻翼和嘴角的圆突，可能还具有南方风格类型的渊源。

图 15.1　常宁方尊外底（笔者摄）

图 15.2　常宁方尊圈足（笔者摄）

（二）铸造工艺

尊经过大面积修复，许多铸造痕迹消失或不全，特别是肩部牺首和肩角的兽饰。扉棱中间的纵向铸造披缝明显，肩部圆雕牺首明确分铸，叠压在纹带上，应该属于榫接式后铸，先行铸造的尊在肩部有凸榫，便于牺首铸接。四角兽饰也应分别后铸，可参见下文。腹壁的 X 光片，颈部未见垫片痕迹，下腹回折处设置有垫片（图 16.1），但排布不甚规则，一侧面可见两个，两侧面似乎各一，另一面还未见，底部使用了三枚垫片（图 16.2）。

腹壁的 X 光片表现出器壁薄厚控制得很好，相当一致，纹饰浮凸在器表。主纹（兽面和夔纹）浮雕式，除蕉叶夔纹的角外，其夔纹和腹部、圈足夔纹凸起高度一致，眼珠凸出。兽面纹情形相若，只是眼珠和翘起的角凸出。总之，表现出高度的铸型工艺水平和技巧，较之四羊方尊略胜一筹。X 光片中很少有铸造缺陷，仅可见到的缺陷如口沿下的气孔，且有集中倾向（图 12.4）。

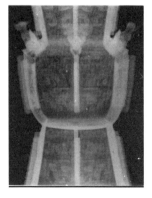

图 16.1　常宁方尊侧壁 X 光片

（王鑫摄）

图 16.2　常宁方尊底部 X 光片

（王鑫摄）

对于这件尊，高至喜和张欣如指出和泉屋博古馆藏方尊造型一致①，林巳奈夫认为属于西周早期②，朱凤瀚认为其年代为殷墟二期二段至三期一段③。熊建华指出与殷墟郭家庄 M160 出土方尊一致，但肩部牺首换为象首。④ 但 M160 出土的一对亚址方尊，腹四角长条形扉棱在开头和纹带间出歧，年代应略晚于常宁方尊。

三、四羊方尊的属性与年代

四羊方尊是偶然出土之品，没有伴随物，属孤品，对其属性的认识只能从其本身探求。以下从早期大口折肩尊风格的发展演变、羊尊以及它们独特的工艺现象来探讨。

（一）早期大口折肩尊

大口折肩尊是二里岗时期出现的青铜器，来源可能与原始瓷尊有关。大口敞侈，束颈下出肩，鼓腹下接圈足。在郑州商城和黄陂盘龙城均曾发现多件大口折肩尊，均是圆形截面，方形截面显然出现较晚，但并非主流。在商晚期中段，无肩或小弧肩的筒形尊开始出现，大口折肩尊减少，以至在商晚期晚段式微，终被筒形尊所取代。事实上，筒形尊也有截面方形的一类，实属弱枝，可以视为大口折肩方尊的余绪。

装饰较为原始的大口折肩尊出现于洋县张村，除颈部和圈足各饰两周凸弦纹外别无纹饰，但圈足壁外撇，底沿外有很矮的裙（图 17.1），尺寸相对较矮，通高 245 毫米，年代被定在殷墟时期⑤，但依据不强。类似风格的尊还见于望城高砂脊墓出土的尊，但足更外撇，且形更小（图 17.2），通高 112 毫米，年代被确定为商晚期甚至晚至西周⑥，同样缺乏严密论证。

---

① 湖南省博物馆. 湖南省博物馆新发现的几件铜器［J］. 文物，1966（4）：1-2.

② 林巳奈夫. 殷周青铜器综览：第一卷：殷周时代青铜器的研究［M］. 广濑熏雄，近藤晴香，译. 上海：上海古籍出版社，2017：220. 林氏同时指出四羊方尊的年代也是如此.

③ 朱凤瀚. 湖南出土商代后期青铜器探讨［M］//湖南省博物馆. 湖南省博物馆馆刊：第4辑. 长沙：岳麓书社. 2007：166-171.

④ 熊建华. 湖南商周青铜器研究［M］. 长沙：岳麓书社，2013：84-86.

⑤ 曹玮. 汉中出土商代青铜器：第1卷［M］. 成都：巴蜀书社，2006：16-17，64-65.

⑥ 湖南省文物考古研究所，长沙市博物馆，长沙市考古研究所，等. 湖南望城县高砂脊商周遗址的发掘［J］. 考古，2001（4）：39，41-43；向桃初. 湘江流域商周青铜文化研究［M］. 北京：线装书局，2008：271.

图 17.1　洋县张村尊

（引自《汉中出土商代青铜器》

第 1 卷 64 页）

图 17.2　望城高砂脊尊

（引自《中国出土青铜器全集：湖南》

71 页）

　　1974 年，偃师塔庄出土一件大口折肩尊，颈部饰两周凸弦纹，肩面为细线云雷纹带，上下以圆圈纹镶边。腹部饰与肩面同样的兽面纹带，差别在于腹部兽面有长圆形凸出的眼珠而肩部无。圈足顶部一周凸弦纹穿过三个均布的十字形透孔（图 18.1），通高 250 毫米、口径 200 毫米，属商代早期。同样类型的尊出土于黄陂盘龙城杨家湾，两件尊 YWM7∶6 和 YWH6∶20 的风格与偃师塔庄尊无二（图 18.2），虽然发掘报告将之分别划为六、七两期。① 加拿大多伦多的皇家安大略博物馆（Royal Ontario Museum）收藏的一件大口折肩尊形体瘦高，通高 349 毫米，颈饰三道凸弦纹，肩饰夔纹带，腹饰兽面纹带。高圈足顶均布三个圆形透孔，两周突弦纹穿过。② 这些尊的年代都应属于商早期。

　　郑州商城先后出土四件大口折肩尊，人民公园墓葬出土的一件 C7Y0861，通高 337 毫米、口径 280 毫米。造型和纹饰与偃师塔庄尊一致，但肩部均布三个浮雕牺首并伸出肩沿，肩和腹部的纹带线条变宽，却无圆圈纹镶边（图 19.1）。向阳回族食品厂窖藏出土两件尊 XSH1∶3 和 SHH1∶4 造型相同，虽然肩和腹部纹饰线条属于细线，与塔庄尊接近，但牺首较人民公园尊牺首大且浮凸高（图 19.2），尊 XSH1∶3 通高 370 毫米、口径 320 毫米。这三尊可以认为是二里岗上

---

①　秦文生，张锴生．中原文化大典·文物典·青铜器［M］．郑州：中州古籍出版社，2008：127；王绣．洛阳文物精粹［M］．郑州：河南美术出版社，2001：12-13；湖北省文物考古研究所．盘龙城：1963—1994 年度考古发掘报告［M］．北京：文物出版社，2001：252，281．

②　Staff of the Far Eastern Department. Chinese Art in the Royal Ontario Museum［M］. Toronto：Royal Ontario Museum，1972：83；中国青铜器全集编辑委员会．中国青铜器全集：第 1 卷［M］．北京：文物出版社，1998：图 108．

层一期的典型器。

图 18.1　偃师塔庄尊
（引自《中国青铜器全集》
第 1 卷图 105）

图 18.2　盘龙城杨家湾尊
YWM7：6、YWH6：20
（张昌平先生惠供）

　　郑州人民公园出土的另一件大口折肩尊，不仅肩部的牺首增高，下颏叠压了部分上腹的圆圈纹，还相间装饰了较宽的勾云形扉棱，腹部纹带不仅变宽，设在纹饰组界的勾云形扉棱与之相拼，风格与肩部一致，上腹高而下腹矮，而且圈足也装饰兽面纹带（图 19.3）。这种立体、满花装饰是二里岗上层的新创。朱凤瀚先生定其年代属二里岗上层二期偏晚。①

图 19.1　郑州人民公园尊
C7Y0861
（引自《中国青铜器
全集》第 1 卷图 107）

图 19.2　郑州向阳回民
食品厂尊 SH1：3（引自
《中国青铜器全集》
第 1 卷图 106）

图 19.3　郑州人民公园
尊 C7：豫 0890（引自
《中国青铜器全集》
第 1 卷图 114）

---

①　河南省文物考古研究所. 郑州商城：1953—1985 年考古发掘报告 [M]. 北京：文物出版社，2001. 人民公园器编号为 C7：豫 0861，本文以"Y"代"豫"并连写。朱凤瀚. 中国青铜器综论 [M]. 上海：上海古籍出版社，2009：178.

1957 年，农民在阜南月儿河发现了八件青铜器，尊两件，龙虎尊是其中之一（图 20.1）。通高 505 毫米、口径 450 毫米。[1] 其颈部饰三道凸弦纹，肩纹带由三组半浮雕龙纹和浅浮雕夔纹组成，龙身呈半浮雕状顺时针方向蜿蜒，尾部回勾，饰阴线勾连三角纹；圆雕龙首伸出肩沿，双目圆睁，双角高耸，饰一道阴线弦纹和两道阴线锯齿纹（图 20.2）。腹部均布三道勾云式高且宽的透空扉棱置于龙首下，两扉棱间有一圆雕虎首含着半蹲的人的头，头后分别向两侧对称地伸展高浮雕颈部和躯体，前爪向前平伸，后腿曲蹬，尾粗壮有力而稍回卷，虎—人两侧填饰兽面纹。圈足壁直略外斜，顶部均布三个不规则十字透空，一条凸弦纹穿过，其下饰三组兽面纹组成的纹带。此尊圆雕虎头和龙头、半圆雕龙身和虎身、高浮雕人和兽面纹，与宽大透空扉棱构成华丽的立体装饰。腹部纹饰半圆雕和高浮雕，尊内壁相应地下凹（图 20.3），使器壁厚度一致。

龙虎尊的造型和纹饰虽然有些因素可在二里岗青铜器中找到渊源，如勾云式扉棱，但以动物为器物的主要装饰，将圆雕龙、虎头结合在半圆雕或高浮雕龙身和虎身上，大概以此尊为早，因与早商青铜器判然有别，可以认为是南方青铜器风格形成的代表性器物。龙头和虎头均后铸成形，铸接在龙、虎颈部，究竟是怎样的结构，有待 CT 扫描确定。

 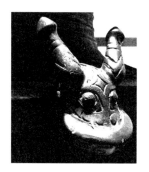 

图 20.1　阜南月儿河龙虎尊（引自《中国青铜器全集》第 1 卷图 117）　　图 20.2　阜南月儿河龙虎尊龙首（引自《艺术史研究》第十九辑 3 页图 2）　　图 20.3　阜南月儿河龙虎尊内壁下凹（引自《商周铜器群综合研究》图版 32.2）

特别值得讨论的是壁厚一致工艺。收缩是金属凝固的特性，而凝固是有一定的顺序的，后凝固的地方要给先凝固处补缩，若不能补充金属液，则会导致浇不足缺陷或热裂。因此，铸造工艺设计要尽力使铸件壁厚一致且使其同时凝

---

① 葛介屏. 安徽阜南发现殷商时代的青铜器［J］. 文物, 1959（1）：封二.

固。这一工艺应该是二里岗的发明，可以上溯到黄陂盘龙城几件器物和城固苏村出土的一件青铜罍，后者腹部高浮雕的兽面纹，内壁相应下凹。因兽面纹小而局促，且突出不高，内壁的下凹很小。这一工艺要求范纹较深外，还要求芯要突出，且组合定位准确，否则会形成铸造缺陷。龙虎尊内壁大面积下凹且深竣，其泥芯非常复杂，与范的定位必成问题，解决之道只能是范和芯来自同一模。自模翻范较易，自模翻芯须先由模翻制芯盒，再由芯盒翻制芯，可称之为模—芯合作纹。① 广汉三星堆器物坑出土的一件龙虎尊，明显模仿阜南月儿河龙虎尊而作，虽然龙头和虎头后铸，但器壁纹饰的浮雕很浅，内壁没有下凹，属于南方风格晚期模仿早期的产品，铸造于中商晚期和中商与晚商之交或略晚。

使器壁厚度一致的工艺，石志廉称之为"使用内范花纹凸出的做法"，尊应晚于郑州白家庄，相当于殷墟一期，即中商晚期。② 施劲松认为阜南月儿河龙虎尊纹饰属陈公柔和张长寿《殷周青铜器上兽面纹的断代研究》中Ⅱ5式，"是二里岗时期最流行的"，而三星堆龙虎尊纹饰"相当于殷墟早期"，前者年代为商中期而后者与之相近或稍晚。也指出其纹饰的南方性而不见于中原。③

龙虎尊肩部的龙形饰和四羊方尊相较，除龙身有饰鳞纹和三角雷纹的差别外，其他则如出一辙，工艺一致，二者年代应相近。

1971年，岳阳费家河发现一尊（图21.1），通高565毫米、口径520毫米，重19.5千克，现藏湖南省博物馆。熊传薪认为此器出自窖藏，据造型和纹饰推断年代为商晚期。④ 长颈上饰三道突弦纹，斜肩面中饰浅浮雕夔纹带，其上相间均布三片状伏卧鸟（图21.2）和三圆雕牺首，牺首一对大角斜向后伸，额上竖一片状鸟形冠（图21.3）。尊腹部均置三道勾牙形扉棱，三高浮雕散列式无耳兽面纹置其间。尊下腹弧收出微圜底，高圈足承器。圈足顶均布三个横置的四边形大透孔，相应布三道勾牙式扉棱。扉棱饰半散裂式连体兽面纹，两侧填饰变体夔纹。兽面纹各器官中间勾以云雷纹、端头往往有圆突，整个纹饰都以云雷纹衬底。

① 苏荣誉，杨夏薇，李钟天.阜南月儿河龙虎尊研究：兼论南方风格商代青铜器的渊[J].艺术史研究，2017（19）：1-43.
② 石志廉.谈谈龙虎尊的几个问题[J].文物，1972（11）：64-66；郭宝钧.商周铜器群综合研究[M].北京：文物出版社，1981：32.
③ 施劲松.论带虎食人母题的商周青铜器[J].考古，1998（3）：57-58.
④ 熊传薪.湖南新发现的青铜器[J].文物资料丛刊，1981（5）：103.

图 21.1　岳阳费家河尊（笔者摄）　　图 21.2　岳阳费家河尊肩部鸟饰（笔者摄）　　图 21.3　岳阳费家河尊肩部牺首（笔者摄）

　　肩部的圆雕牺首有明显的分铸痕迹，并叠压在肩面，说明牺首后铸。牺首冠饰中间有清楚的纵向披缝，延伸向兽角之间，并通过了鼻中心及于下颏，说明牺首是沿冠饰对开分型。一牺首鼻翼破裂，露出其中的泥芯。在器内壁，与牺首相应部位的肩沿之下，均可见长方形（横置）突块，犹若一贴片，四周或有青铜漫漶，其下是与腹部凸起冠饰相应的内壁下凹，表明在铸造器腹时，于牺首位置的肩沿下设计了工艺孔，贴片若铆块以强化牺首与腹壁的结合（图21.4）。后铸牺首时，在肩沿组合其铸型，浇注的铜液通过工艺孔注入长方形凸块型腔。因此，尊肩牺首的铸接形式当属铸铆接。① 需要强调的是，尊腹部和圈足的高浮雕兽面纹及夔纹，在圈足内壁有相应的下凹，为镜像无底纹散裂式兽面纹，宽度和下凹深度与腹表相应。圈足除兽面耳外，凸起部位也相应下凹（图21.5），傅聚良早已指出这一特点②。说明尊在艺术设计上追求装饰立体化，而实现其工艺则是强调壁厚一致。廉海萍和谭德睿在讨论湖南商周青铜器时，特别注意到这一现象，并指出垫片"颈部两周"、肩部和底部也有。③ 圈足底沿上有三凸起，当是浇道痕迹，器身有多处铸造缺陷以及补缀。

————————

①　华觉明，冯富根，王振江，等. 妇好墓青铜器群铸造技术的研究［J］. 考古学集刊，1981（1）：262-263. 苏荣誉. 安阳殷墟青铜技术渊源的商代南方因素：以铸铆结构为案例的初步探讨兼及泉屋博古馆所藏凤柱盉的年代和属性［M］// 泉屋博物馆，九州国立博物馆. 泉屋透赏：泉屋博古馆青铜器透射扫描解析，北京：科学出版社，2015：352-386.

②　傅聚良. 谈湖南出土的商代青铜器［J］. 考古与文物，2001（1）：45.

③　廉海萍，谭德睿. 湖南出土商周青铜器制作技术初探［M］// 湖南省博物馆. 湖南省博物馆馆刊：第5辑. 长沙：岳麓书社，2008：141.

图 21.4 岳阳费家
河尊内壁"铸铆"（笔者摄）

图 21.5 岳阳费家
河尊腹内壁下凹（笔者摄）

关于此尊，王恩田将之归为湖南青铜器的甲群，年代在殷墟三、四期。内田纯子划分的"华中型"Ⅳ式，和向桃初均认为其年代在殷墟三、四期。① 这些明显是殷墟中心说的推衍，忽视了这类大口折肩尊所具有的早于殷墟的造型、纹饰和附饰以及形成它们的工艺因素，和华容东山大口折肩尊虽造型有出入，整体风格与装饰具有高度的一致性。事实上，折肩尊的风格与工艺，与六安滆河、江陵八姑台、枣阳新店、城固苏村、广汉三星堆以及巫山李家滩出土的多件大口折肩尊一致，均是中商时期南方铸铜作坊同一时段铸造之器，也是龙虎尊工艺的继承。②

（二）双羊尊

和四羊方尊风格相同的两件双羊尊，分别藏于伦敦大英博物馆和东京根津美术馆，它们风格一致，堪为一对。造型均是两具象肥羊相背而立合为一体，中间竖起尊口，以两羊前足承器。尊的造型高度对称，两羊造型和纹饰相同，但局部有出入。

---

① 王恩田. 湖南出土商周铜器与殷人南迁［C］∥中国考古学会第七次年会论文集：1989. 北京：文物出版社，1992：112；难波纯子. 华中型青铜彝器的发达［J］. 向桃初，译. 南方文物，2000（3）：30，44；向桃初. 湘江流域商周青铜文化研究［M］. 北京：线装书局，2008：271.

② 苏荣誉，李健毛. 华容大口折肩青铜尊研究：兼及挂饰管形牺首饰诸器（上）［J］美术研究，2016（6）：42-52；苏荣誉，李健毛. 华容大口折肩青铜尊研究：兼及挂饰管形牺首饰诸器（下）［J］. 美术研究，2017（1）：45-50.

 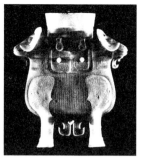 

图 22.1　大英博物馆　　　图 22.2　大英博物馆　　　图 22.3　大英博物馆
双羊尊（引自　　　　双羊尊（引自《根津　　　双羊尊底部挂环（引自
《中国青铜器　　　　美術館紀要此君》　　　　《金玉交辉》
全集》第 4 卷图 133）　第八号图 2-13）　　　　261 页图 3）

　　大英博物馆藏双羊尊（编号：1936.1118.1，图 22.1—22.2），通高 432 毫
米、宽 390 毫米，重 10.66 千克，双羊各有一耳残断。原系希腊商人猷氏
（George A. Eumorfopoulos，1863—1939）旧藏，叶慈（W. Perceval Yetts，1878—
1957）编著的图录将其指认为牺尊，年代定为周。① 1936 年大英博物馆购藏后，
艺术史家华生（William Watson，1917—2007）定其年代为商，此后罗森
（Jessica Rawson）沿袭此说，还指出羊角应先铸，其风格不同于安阳，同样造型
的器物也不见于中原，与之同形器见诸根津美术馆的收藏和湖南出土的四羊方
尊，推测此器可能出自湖南。②

　　尊口平，截面近乎圆形（图 23.1），厚唇，颈部微束，饰两周凸弦纹。颈两
侧为昂起的羊头，十分具象。羊口微张，上颌前端勾出月牙形鼻孔，面部满饰
云纹。大眼，眼珠成半球形凸起；额饰菱形线，两侧向外弧弯一对大角，角稍
回转向前翘起，角前面起脊，水波纹沿脊排布。角下向两侧张双耳，甚小，三
角形，耳蜗向外。下颏中间垂向前勾的片状胡须（图 23.2），颈部和羊身规则
地平铺鳞片纹。羊胯上以鳞片构成龙纹，头向腿，身蜷曲；腹下垂片状向足的

①　YETTS W P. The George Eumorfopoulos Collection：Catalogue of the Chinese and Corean
　　Bronzes，Sculpture，Jades，Jewellery and Miscellaneous Objects，Vol. I：Bronzes，Ritual
　　and Other Vessels，Weapons，Etc［M］. London：Ernest Benn Ltd，1929；王全玉，裴嚴
　　華. 長江中流域ご製作された青銅器三個に関する技法の検証：二つ双羊尊と瓿［J］.
　　根津美術館紀要此君，2016（8）：39-58. 多种著录的尺寸与之有出入。
②　WATSON W；RAWSON J. China before The Han Dynasty［M］. London：Thames and
　　Hudson，1961：14，254. Chinese Bronzes，Art and Ritual［M］. London：The British
　　Museum，1987：69-70.

勾。尊颈下前后侧设一凸台，上饰兽面，以云纹勾鼻、脸、眉、冠，两眼珠半球形圆突如羊眼，一对高浮雕大角竖在眉骨上，角饰螺线纹，与之凸起相应的内壁，可见相应下凹（见图23.1），说明壁厚保持一致。尊外底和足端近平，足截面为槽形，外底中心有一挂环（图22.3），当是所悬铃失却孑遗。王全玉分析器足和羊头，成分接近。①

  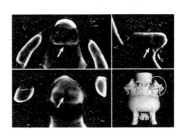

图 23.1　大英博物馆双羊尊口径（引自《根津美術館紀要此君》第八号图 17)

图 23.2　大英博物馆双羊尊羊头（引自《根津美術館紀要此君》第八号图 8)

图 23.3　大英博物馆双羊尊羊首隔板及其垫片（引自《根津美術館紀要此君》第八号图 2-15)

　　X 射线 CT 图表现出器壁厚度均匀，羊角先铸。一羊头内嘴后设有一弧面挡板，中间有一垫片（图23.3），另一羊头无，可以认为它们的铸型出自不同的工匠。扫描也揭示出羊尊每侧有四枚、肩部有三枚（图24.1）、底部有四枚垫片（图24.2）。② 至于铸型工艺，经王全玉分析，尊腹铸型沿两羊中心对开分型，两侧有纵贯羊首垂及下腹的铸造披缝，她还发现两羊腹中线位置也有披缝，说明每块范由相等的两片构成。③

①　WANG Q Y, PRIEWE S. A Technical Study of the Double-ram Zun Ancient Chinese Bronze Vessel in the British Museum［C］//金玉交辉：商周考古、艺术与文化论文集．台北："中央研究院"历史语言研究所，2013：257-282.
②　荒木臣紀，宫田将寛，二つの双羊尊：ェックス線 CT 撮影と画像解析について［J］.根津美術館紀要此君，2016（8）：25-38.
③　王全玉，裴嚴華．長江中流域ご製作された青銅器三個に関する技法の検証：二つ双羊尊と瓿［J］.根津美術館紀要此君，2016（8）：39-58. 在早先的研究中，她认为双阳尊属于对开分型，且铸型自足根分上下段。WANG Q Y, PRIEWE S. A Technical Study of the Double-ram Zun Ancient Chinese Bronze Vessel in the British Museum［C］//金玉交辉：商周考古、艺术与文化论文集．台北："中央研究院"历史语言研究所，2013：257-282.

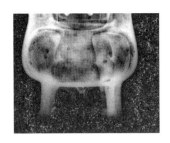 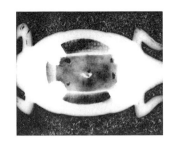

图 24.1　大英博物馆腹部 X 光片 　　　　　图 24.2　大英博物馆底部 X 光片

（王全玉博士惠寄）　　　　　　（引自《根津美術館紀要此君》第八号图 3.5）

　　根津美术馆双羊尊（图 25.1）是根津嘉一郎（1860—1940）于 1934 年购自山中商会①，初定其年代为周，或许出自梅原末治（1893—1983）氏②，反映了自北宋后绝大多数金石学家对异形无铭青铜器的认识，艺术史家 Mario Bussagli 也沿用此说。③ 直到 1975 年，考古学家樋口隆康（1919—2015）将双羊尊年代确定为商晚期，并指出很可能铸于华南。④

 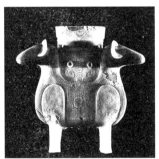 

图 25.1　根津美术馆　　　图 25.2　根津美术馆　　　图 25.3　根津美术馆
双羊尊（引自《中国　　　双羊尊上部 CT 图　　　双羊尊底部（引自《根津
青铜器全集》　　　　　（王全玉博士惠寄）　　　美術館紀要此君》
第 4 卷图 132）　　　　　　　　　　　　　第八号图 16）

①　多比罗菜美子. 根津美術館蔵双羊尊について：購人の経緯を中心に［J］. 根津美術館紀要此君，2016（8）：19-24. 据该馆清册，尊与其他五件同时购自山中商会，尊条下记："六月卅日 五一四三 周铜饕餮双羊犠尊 金五万圆也ゝ店"，说明当时断代为周代器物.

②　根津美術館. 青山庄清賞：古铜器篇［M］. 京都：便利堂，1942；梅原末治. 日本集储支那古铜精華［M］. 便利堂珂罗版印本. 大阪：山中商会，1959.

③　BUSSAGLI M. Chinese Bronzes［M］. London：Paul Hamlyn，1966：60，62.

④　樋口隆康. 殷周の铜器［M］. 东京：根津美術館，1975.

通常这件双羊尊被认为与大英博物馆双羊尊成对，造型和风格高度一致，腹内残存泥芯，与颈内、足内泥芯一致。① 细究起来，差异之处有如下数端：

1. 羊不张口，下颏无胡须，显得头小而颈曲；突出的眼珠中间凹下（图26.1），或许原本镶嵌有玉石之类，类似的眼珠也见于传出石门的一件提梁卣的兽面纹。②

 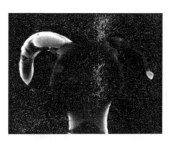 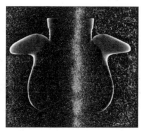

图 26.1　根津美术馆
双羊尊羊首（引自
《根津美術館紀要
此君》第八号图7）

图 26.2　根津美术馆
双羊尊羊头CT图
（引自《根津美術館紀
要此君》第八号图2-23）

图 26.3　根津美术馆
双羊尊羊头CT图（引自
《根津美術館紀要此君》
第八号图2-26）

2. 颈部与腹部相贯处不起凸台，兽面直接平铺，宽吻前伸，两侧嘴角深咧，露出三角形排牙，一对大臣字眼即为兽面，眼珠圆突，其中同样有管状凹陷，与羊眼一致。额上平铺一对角，水平向两侧展开，角尖上翘，微微回勾。角、吻和嘴角以略宽线条勾云纹，以细密圆角雷纹衬底。因兽面纹属平铺式，内壁自然平光。

3. 腹下无垂勾，肩部纹饰为蛇纹，在肩部盘曲两周后以直角S形垂向腿，后昂首吐信。

4. 底部中间无挂铃环，但可见垫片，一足端部透空（图25.3）。

X光CT扫描明显表现出根津双羊尊结构较之大英双羊尊更为简单，缺陷也较多，口和颈部有许多气孔（图25.2）。羊角明显先铸，四只耳中三只有修复焊接痕迹，另一只插入羊头（图26.2），说明羊耳和羊角一样先铸成形，再与羊头铸接。羊头表现出属于实心（图26.3），颇为特殊。垫片仅在底部可见三枚（图25.3），其他分部垫片设置和大英尊一致，但根津尊残缺较多，有些垫

---

① 荒木臣紀．宫田将寛．二つの双羊尊：ェックス線CT撮影と画像解析について［J］．根津美術館紀要此君，2016（8）：25-38.
② 苏荣誉，傅聚良，吴小燕，等．石门卣初探［M］//湖南省博物馆．湖南省博物馆馆刊：第12辑．长沙：岳麓书社，2016：46-59.

片早年脱落，后经焊补，在 CT 图上表现为白色块，颈部和肩部都有（图25.2）。① 铸造披缝信息和大英双羊尊有所不同，按照三船温尚的分析，属对开分型，颈部羊头方向披缝明显，凸弦纹上可见明显的上下错范痕迹，并从口沿通过羊头贯至腹下，底范明确，但在底范与腹下另有一块弓形范（图27.1）；但王全玉和裴严华认为根津尊腹部铸型四分，两侧中间有垂直的铸造披缝。②

三船温尚对比了两件双羊尊，确定二者工艺共同大前提下，指出了其中的差异，一个明显的事实是根津尊简朴，壁厚变化不大，在 1.7—4.4 毫米间，内壁平滑；大英尊华丽，外表起伏较大，内壁相应凹陷较多，壁厚变化也大，在1.4—4.5 毫米之间（图27.2）。③ 事实上，两件羊尊还有诸多其他共同点，如均曾破损经多处修复，甚至各有一只羊角折断后经修复等。

图 27.1　根津美术馆双羊尊腹部铸造披缝（引自《根津美術館紀要此君》第八号图 3-4）

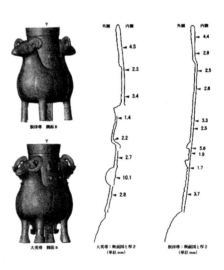

图 27.2　两件双羊尊壁厚比较图（引自《根津美術館紀要此君》第八号图 4-12）

①　荒木臣紀，宮田将寛. 二つの双羊尊：エックス線 CT 撮影と画像解析について［J］.根津美術館紀要此君，2016（8）：25-38.
②　三船温尚. 根津美術館・大英博物館の二つの双羊尊の鋳造技術とその比較［J］. 根津美術館紀要此君，2016（8）：59-77；王全玉，裴嚴華. 長江中流域で製作された青銅器三個に関する技法的検証：二つ双羊尊と瓿［J］. 根津美術館紀要此君，2016（8）：39-58.
③　三船温尚. 根津美術館・大英博物館の二つの双羊尊の鋳造技術とその比較［J］. 根津美術館紀要此君，2016（8）：59-77. 但此文不认同羊角先铸，却以为采用了组合模，而且模可能为蜡或油脂类混合物。

综合造型、纹饰等风格因素和工艺特征，可以认为两件双羊尊是成对制作的，若非大英尊肖山羊而根津尊肖绵羊，或可猜测两件器物的差异在于雄雌。根据这二尊的造型和工艺，可进一步推测出自师徒或师兄弟之手。大英尊华丽并体现出更多南方风格特征，如圆雕动物造型、浮雕装饰内壁下凹等①，而大英博物馆藏双羊尊下颏的胡须与四羊方尊的酷似，其后未见再现，故此可以认为它们年代一致。如此，四羊方尊的羊首应浑铸，至于是否如双羊尊颈部有"隔板"，有赖 CT 扫描确定。根津尊的南方因素相对较少，但因与大英尊的密切关系，可知南方作坊铸造青铜器的品类更加丰富和多样，不仅铸造具有典型南方风格器，也铸造具有部分南方风格器，甚至铸造和中原风格一致的器物，只是现在还没能将后者辨识出来。此外，大英双羊尊底悬铃，当是最早的实例。

（三）妇好墓大口折肩尊

殷墟早期的大口折肩尊，应以妇好墓出土的为代表，该墓出土一件妇好方尊 M5：792 和两件一对后姤母癸方尊 M5：806 和 M5：868。

妇好方尊通高 430 毫米，截面为长方形，口 355×330 毫米，体形相对敦矮，重 25.15 千克，壁厚较大；底部铸铭"妇好"。② 其结构近乎四羊方尊而装饰近乎常宁方尊（图28.1），也饰八道长条形扉棱，颈、肩、腹和圈足分别饰平铺夔形蕉叶纹+浅浮雕夔纹、浅浮雕夔纹、浮雕兽面纹、浮雕兽面纹。肩部纹带中间饰圆雕牺首，四角饰圆雕板状鸟兽。牺首压在纹带上，面呈弧三角形，宽吻，臣字眼中眼珠突出，中有坑点，眼外有 C 形耳，额中饰菱形阴线，头上直竖板状开口向下的 G 形大角，外缘有较薄的飞边，角尖向外翘出。四角的板状圆雕鸟兽做伏卧状，斜视下方。粗短的勾喙表明为猛禽，大圆眼如鸮，一对尖耳竖在头顶，头、耳、颈、前胸以鳞纹示羽毛。四片长羽构成硕大双翅，贴身而翅尖翘起。腹壁近乎斜直，饰浮雕型散列式无身兽面纹。鼻翼圆突，凸出的扁球形眼珠中有坑点，无眼眶却有短弯眉；外有尖叶形耳，上有开口向下的 G 形大角，占这个兽面五分之二，角有低的外缘，角尖回转翘出。兽面两侧填倒竖的

① 苏荣誉. 安阳殷墟青铜技术渊源的商代南方因素：以铸铆结构为案例的初步探讨兼及泉屋博古馆所藏凤柱斝的年代和属性［M］//泉屋博古馆，九州国立博物馆. 泉屋透赏：泉屋博古馆青铜器透射扫描解析. 北京：科学出版社，2015：352-386；WANG Q Y, PRIEWE S. A Technical Study of the Double-ram Zun Ancient Chinese Bronze Vessel in the British Museum［C］//金玉交辉：商周考古、艺术与文化论文集. 台北："中央研究院"历史语言研究所，2013：257-282；王全玉，裴巖华. 長江中流域ご製作された青銅器三個に関する技法の検証：二つ双羊尊と瓿［J］. 根津美術館紀要此君，2016（8）：39-58.

② 中国社会科学院考古研究所. 殷墟妇好墓［M］. 北京：文物出版社，1980：5，53.

浮雕夔纹。兽面和夔纹的高浮雕和浅浮雕上均饰细云纹，云雷纹衬底。腹下收束出平底，高圈足承器。圈足顶端的四面中部各有一个长方形透孔，四面饰半散列式高浮雕兽面纹，嘴角可见一对獠牙，阴线勾出臣字眼眶，一对开口向下的 C 形大角，角尖不外翘。

图 28.1　妇好方尊　　　　　　图 28.2　后母癸方尊 M5：868
（引自《中国青铜器全集》第 3 卷图 108）　（引自《中国青铜器全集》第 3 卷图 109）

妇好方尊铸形规整，扉棱两侧的 I、T 阴线勾勒基本对称。出土时，肩部的附饰或完全脱落或部分脱落，并可见接榫，说明附饰后铸在肩的接榫上。①

后母癸方尊两件一对，造型和装饰一致。尊 M5：806 通高 556 毫米、口 375×370 毫米，重约 31 千克，附饰与纹饰与妇好方尊接近，造型更近于常宁方尊（图 28.2），但颈部饰典型浮雕式蕉叶纹肩，角以长条扉棱代替了圆雕伏卧鸟兽，肩纹带以圆雕牺首为兽头展开双身兽，双身成 S 形在兽头两侧以浮雕型展开，尾向上回卷。牺首宽吻前端的三角形鼻头翘起，吻端平光，兽嘴伸出肩沿，两侧出小耳，额中饰菱形阴线，头顶一对 S 形片状大角，形象如龇，尾侧伸微翘。腹壁较直，四面饰高浮雕散列式兽面纹，大龇角蜷曲成 G 形，头有圆突，开口向下，尾外翘。平底，圈足较高，壁斜直外撇，其顶端四面中部均有十字形透孔，四面饰与腹部相近的兽面纹，但眉梢稍低，内底中央铸铭两行四字，一行为"司母癸母"，另一行为"癸"。② 常宁方尊风格与之更接近。其铸造

① 华觉明．华觉明自选集［M］．郑州：大象出版社，2017：127-128．此文讨论方罍 M5：791 肩部鸟饰，不符方罍编号，据图推知为方尊 M5：792。

② 中国社会科学院考古研究所．殷墟妇好墓［M］．北京：文物出版社，1980：55-56；郑振香，陈志达．中国考古文物之美：殷墟地下瑰宝：河南安阳妇好墓［M］．北京：文物出版社，1994．

工艺和妇好方尊相同，牺首后铸于肩而尊体由四块范和一块腹芯、一块圈足芯组成，每块范中各嵌两块在颈部、两块在腹部、两块在圈足，均以四面中心的扉棱为对称，这些扉棱中间的披缝即是所嵌范块的接缝。铸造工艺与常宁方尊一致，常宁方尊年代，应该与后枲母癸方尊同时。

自二里岗时期的大口折肩尊素面无纹到肩、腹饰纹带，肩部饰浅浮雕牺首，牺首的变化在于增大增高，腹部纹带变宽甚至分段，以至圈足出现纹带，后期在肩部和腹部分型面设置勾云形扉棱，装饰立体化。发展到中商早期，圆雕型龙、虎头装饰尊，纹饰半圆雕或高浮雕，而器内壁相应下凹，逐步确立了南方风格，而浮雕勾云形扉棱或者以片状鸟代替，扉棱变长成为勾牙形，肩部牺首变大且华丽，以铸铆式后铸于肩部，但颈部只饰凸弦纹。

在南方，将动物造型与方形器结合创造了四羊方尊，装饰格局也发生了改变。附饰上的改变，首先是扉棱从勾牙式演变为长条形，并在方尊口下出檐，或许受了某类建筑的启发；其次，将扉棱或片状扉棱在方尊上替换为圆雕板状鸟兽，将中商时期普遍使用的高浮雕牺首改为圆雕牺首，整个牺首各自在肩部纹带之上。在纹饰上，首先，颈部一改沿用许久的凸弦纹为蕉叶纹，并成为殷墟时期大口折肩尊基本形式；其次，由于高浮雕纹饰的采用，发展出地纹，形成了三层花的纹饰结构，成为殷墟早期风格的核心；再次，散列式兽面纹（包括散列式夔纹）的普及，影响了殷墟青铜器纹饰结构。此外，四羊方尊腹部与圈足纹饰的贯通，应该源自南方的动物形器，而改造了自二里岗期形成的水平纹带，使得纹饰内涵更丰富，器物整体性更强。因此，殷墟时期觥的出现及其多上下贯通的纹饰类型，应是四羊方尊风格的承转。

很明显，四羊方尊属于典型南方风格青铜器，年代在商中期，很可能是商中期晚段，晚于岳阳费家河尊而早于妇好墓方尊。双羊尊的年代与四羊方尊同时，也是中商晚期。[①] 如此，大英双羊尊底部悬铃，即是迄今所知最早的实例。这类附饰在西周时期较多，往往先铸成形，浇铸器体时完成铸接。[②]

四、常宁方尊与殷墟方尊

前文分析，常宁方尊和后枲母癸方尊同属殷墟早期器。与之相同和相近的方尊，无论是考古发掘还是传世者有多件。按照肩部附饰，约可分为妇好方尊

① 苏荣誉. 商代青铜羊尊的艺术与技术研究 [J]. 湖南考古辑刊，2021：210-239.

② 苏荣誉. 随州叶家山蟠龙盖罍的风格与工艺及相关问题初探 [M] // 湖北省文物考古研究所. 曾国考古发现与研究. 北京：科学出版社，2018：345-373.

型：肩部饰牺首和鸟兽，常宁方尊属于这型；另有一类以圆雕象首代替鸟兽；后𠂤母癸方尊型肩部中间饰牺首、四角饰扉棱。

（一）牺首——板状鸟兽形

1959 年，河南新乡出土一件方尊，通高 454 毫米、口边长 346 毫米。① 这件尊的特别之处是口沿上犹若置一方框，故口内壁上段笔直，并向下弧折（图 29.1）。尊外几乎满布纹饰，分颈、肩、腹和圈足四重纹带，饰浅浮雕蕉叶、夔纹和夔纹+散列式兽面纹，仅兽面纹眼珠和角尖突出，全部纹饰均以细密云雷纹衬底。腹部散列兽面纹，大觇角成 C 形，开口向下，虽属浅浮雕式，外缘也有低一层的飞边；圈足的兽面纹，和后𠂤母癸方尊肩牺首之角一样，大觇角曲成 S 形，而肩部牺首两侧同样展开双身夔纹也和后𠂤母癸方尊一样，铸造工艺也应相同。年代和产地应该一致。

2000 年末到 2001 年初，安阳花园村东亚长墓出土方尊 M54：84，通高 519 毫米、口径 339×366 毫米、圈足底 212×242 毫米，重 27.3 千克，尊颈外铸铭"亚长"（图 29.2）。年代不晚于殷墟二期，相当于祖庚、祖甲时代。② 亚长方尊肩部鸟兽造型近于妇好方尊而颈略长，圆雕牺首则团在一起，形矮且面目模糊，可见一对大角浮凸在额头。铜锡铅三元合金材质，X 光透射成像表现出底部有三枚垫片。③

传世的这类型方尊，以京都泉屋博古馆、大阪藤田美术馆和东京出光美术馆的收藏最具代表性。泉屋博古馆方尊纹饰基本属于浅浮雕。肩部纹带为象纹，腹部和圈足纹饰均是窄夔纹带下宽散列式兽面纹带，兽面纹大觇角均是 S 形，腹部兽面两侧填散列式变形夔纹，圈足则只填一变形夔首（图 30.1）。肩上居中的圆雕牺首与后𠂤母癸方尊颇相似，铸造工艺也完全一致，但泉屋方尊的造

① 河南出土商周青铜器编辑组 . 河南出土商周青铜器（一）［M］. 北京：文物出版社，1981：368. 中国青铜器全集编辑委员会 . 中国青铜器全集：第 4 卷［M］. 北京：文物出版社，1998：图 116.

② 中国社会科学院考古研究所 . 安阳殷墟花园庄东地商代墓葬［M］. 北京：科学出版社，2007：58，117，222-231；中国社会科学院考古研究所，安阳市文物考古研究所 . 殷墟新出土青铜器［M］. 昆明：云南人民出版社，2008：156-157. 但亚长方尊的纹饰拓片将肩牺首竖立起来，易与妇好方尊等混淆。

③ 中国社会科学院考古研究所 . 安阳殷墟花园庄东地商代墓葬［M］. 北京：科学出版社，2007：268，277，278. 附表七："ICP 检测 M54 青铜器合金成分"，但没有说明取样部位，其结果与 X 射线荧光光谱分析出入较大；附表八："XRF 检测 M54 青铜器合金成分"；附表九："M54 出土青铜礼器金相组织"；附表五："M54 出土青铜器 X 射线透视分析表"；附录四：刘煜、胡东波、杨宪伟，《M54 以及花东小墓出土青铜器的 X 射线透视分析》，第 301—304 页。

型、纹饰构图，线条疏密均匀细致，更胜一筹。

图 29.1　新乡方尊（引自　　　　　　图 29.2　亚长方尊 M54：84（引自
《中国青铜器全集》第 4 卷图 116）　　《殷墟新出土青铜器》156 页）

　　大阪藤田美术馆收藏一件青铜方尊，通高 524 毫米，一说菊地棨一于明治
四十二三年间（1909—1910）购自四川，1940 年之前为藤田氏收藏。① 但从其
所配镀金硬木雕座看，器当出自清宫。据张子宁研究，小恭亲王溥伟（1880—
1936）为助清宣统帝溥仪复辟而筹集军饷，将除书画以外的大多数古玩器物于
1912 年 3 月间卖给日本古董商山中商会主山中定次郎。② 这件方尊应是清宫流
出的铜器之一。该尊在风格上非常接近常宁方尊，以至肩部纹带同为浅浮雕象
纹，圆雕牺首则更近于妇好方尊，尤其是虺蜷曲成 C 形的角。甚小的出入在于
腹、圈足兽面纹，兽角均是虺式，虺蜷曲张口，大角竖起；圈足兽面有尖叶形
耳，两兽面两侧填饰的梳理夔纹完整（图 30.2）。圈足底沿宽窄不一，当是浇
道所设置之处，外底四角尚残存些许圈足泥芯。肩部八个圆雕附饰分铸。方尊
的 X 光片表现出器壁厚度的高度均匀性，垫片的合理使用，反映出高超的铸型
工艺技巧，颇具王器之风。③

①　藤田美术馆.藤田美术馆所藏品图录（美术篇）［M］.大阪：法人财团藤田美术馆，
　　1954；藤田美术馆.藤田美术馆名品图录［M］.东京：藤田美术馆，1972.前图录说明
　　有菊地棨一氏明治末购自四川，后图录则为"传明治末出自四川"，但梅原末治的著录
　　忽略了其来源，称之为"牺首四禽饕餮虺纹方尊"。见：梅原末治.日本蒐储支那古铜
　　菁华：第二卷［M］.山中商会，1960；佳士得.宗器宝绘：藤田美术馆藏中国古代艺
　　术珍品［M］.纽约：佳士得，2017：180.
②　张子宁.藤田美术馆旧藏《石渠宝笈》著录古画六卷［M］//宗器宝绘：藤田美术馆藏
　　中国古代艺术珍品.纽约：佳士得，2017：68.
③　苏荣誉，童凌鹜.藤田美术馆藏商代青铜器与殷墟王器蠡测［M］//佳士得.宗器宝绘：
　　藤田美术馆藏中国古代艺术珍品.纽约：佳士得，2017.

图 30.1　泉屋博古馆方尊

（引自《泉屋博古》60 页）

图 30.2　藤田美术馆方尊

（引自《宗器宝绘》181 页）

图 30.3　出光方尊

（引自《悠久的美》81 页）

图 30.4　𫭢册冚方尊（引自
《美国所藏中国铜器集录》A406）

东京出光美术馆收藏一件方尊较矮，通高 262 毫米。① 造型近于亚长方尊。颈、肩、腹和圈足纹饰均平铺，但既有细密云雷地纹，兽面等也勾相应纹饰，为三重花纹的平面化形式（图 30.3）。肩中间饰圆雕牺首，吻翘起伸出肩沿之外，额后竖起一对片形大角，肩部纹带在牺首两侧平铺 S 形象纹。肩角的板状圆雕鸟兽近乎妇好方尊，但嘴头高翘。其长条形扉棱，在腹部随纹饰分上面夔纹带、下面兽面纹带而相应分段，但起首均出高鳍，是扉棱演变的新形式。尊肩的圆雕牺首、肩角的圆雕鸟兽虽然保留了殷墟早期如妇好方尊的形式，但纹饰的平面化、颈部变高、扉棱新式，均是较晚的演变，此尊年代当在殷墟中期。

---

① 出光美術館. 悠久の美：唐物茶陶から青銅器すで［M］. 东京：公益財団法人出光美術館，2012：81.

至于尊纹饰中的细砂是否为填纹工艺的处理①，有待研究。

早年卢芹斋（C. T. Loo）收藏一件忻册宜方尊，高 385 毫米，陈梦家曾著录，并认为其年代在殷或西周初，和泉屋博古馆尊相似。② 这件尊同饰八道直条形扉棱，状态若木板；颈、腹和圈足平铺蕉叶纹和夔纹带+散列式兽面纹，虽有细密雷纹衬底，但蕉叶纹、夔纹和兽面纹均以较宽线表现，宽线上并无细线，说明纹饰风格是两重花纹。从图片底色和宽线一致发白，或许可以推测这个器表均经过涂色处理。忻册宜方尊的纹饰和附饰构成也较为特别，腹和圈足兽面纹散列较碎，角不大，明显是虺蜷曲成 S 形，填饰的变形夔纹在两角也散开。肩部纹带看不清楚，四角饰圆雕伏卧鸟，喙为锥形，两角锥形竖起，均与其他尊不同（图 30.4）。从形式看，此尊纹饰别致，年代或属殷墟中期晚段，晚于出光方尊。③

（二）牺首——象首类

1990 年，安阳郭家庄出土两件一对亚址方尊，考古学家推断墓葬年代为殷墟三期偏晚阶段，墓主可能是一位较高级别的武将。亚址方尊 M160：152 通高 439 毫米、口 328×330 毫米、圈足边长 214 毫米、壁厚 5—8 毫米，重 21.4 千克，内底铸铭"亚址"。扉棱较宽，在口下出檐长达 30 毫米，出檐部分最宽，两侧阴勾云纹。腹部扉棱上段出两鳍，分别对应起首和两纹带区隔，圈足扉棱上矮下高，也是新的变化。平斜肩饰窄夔纹带，四角饰圆雕象首而四面中间饰圆雕牺首。象首有竖起的 S 方形截面形象鼻，鼻下两侧向前龇出尖锥形长牙，面上有一对臣字形眼，两侧张一对小耳，额上竖起一对宽大的虺状板状角，向外侧身再向下回卷。牺首口大若鳄，露出三角形排牙。一对小耳侧张，一对小眼眼珠圆突。额中饰菱形，头顶向上竖起一对掌形大角，尖叶形五指分开，掌内有大眼珠形圆突。腹上有夔纹带，下布散列式兽面纹，两侧填竖起的抽象散列夔纹，圈足纹饰结构与之相同（图 31.1）。出土时四角和四面中间均有圆柱形凸榫，四角的圆雕象首和四面中间的圆雕牺首均脱落，表明原本插在凸榫之上。④ 这对亚址方尊的造型、纹饰和铸造工艺与妇好方尊相同，但腹部扉棱开头

① 苏荣誉. 凸显纹饰：商周青铜器填纹工艺［M］//北京大学出土文献研究所. 青铜器与金文：第 3 辑. 上海：上海古籍出版社，2019：313-367.

② 陈梦家. 美国所藏中国铜器集录［M］. 北京：金城出版社，2016：A406.

③ 林巳奈夫. 殷周青铜器综览：第一卷：殷周时代青铜器的研究［M］. 广濑熏雄，等译. 上海：上海古籍出版社，2017：219. 林巳奈夫则认为这两件尊年代一致，为殷后期Ⅲ段。

④ 中国社会科学院考古研究所. 安阳殷墟郭家庄商代墓葬：1982—1992 年考古发掘报告［M］. 北京：中国大百科全书出版社，1998：84-85.

和中间出歧，应较之略晚，或在殷墟早期晚段。

图 31.1　亚址方尊 M160：152　　　　图 31.2　长子口铜方尊 M1：526（引自
（引自《殷墟新出土青铜器》250 页）　　　《鹿邑太清宫长子口墓》彩版 46）

　　1997 年发掘的鹿邑长子口墓，葬俗和器物反映出墓主长子口与商王室和东夷集团均有较密切关系，发掘者推断墓葬年代为不晚于成王的西周初期，墓主可能为东夷后裔，被商王册封在鹿邑一带，后又为周人所封的方国国君。该墓出土两件一对长子口方尊，其中 M1：125 通高 378 毫米、口边 228 毫米、壁厚3.5 毫米，重 8.03 千克，腹内壁铸铭"长子口"（图 31.2）。① 很明显，尊体高挑，且圈足下起高裙，体现了从大口折肩尊过渡到筒形尊的趋势。虽然也有八道扉棱，但扉棱较高，有强烈的木片感觉，不仅两侧阴勾云纹，腹部扉棱开头和上部出双歧，圈足扉棱底端出鳍，风格完全改变了殷墟时期的长条形。颈部的蕉叶纹和腹部与圈足的兽面纹均浅浮雕，且有细密云雷纹衬底，但兽面各器官几乎没有纹线，整体风格在从三重花纹向两重花纹完成过渡的阶段，这和扉棱的变化相吻合。肩部的圆雕牺首两尖叶形小耳侧张，双柱形角斜竖，颇为独特，或有较早风气；肩部的圆雕象首则没有长伸的象牙，失去亚址方尊的具象；牺首和象首均以长颈叠在肩中和肩角，具有西周早期风味。② 但圆雕象首饰后期不见，长子口方尊若非西周初期仿古制作，应当是商晚期安阳铸铜作坊的产品，体现了许多殷墟较早因素，但晚期也新出现了诸多现象。如此，带长颈的动物头饰，可以追溯到殷墟晚期。

――――――――――

① 河南省文物考古研究所，周口市文化局. 鹿邑太清宫长子口墓［M］. 郑州：中州古籍出版社，2000：5-18，96-97，199-211.

② 苏荣誉. 随州叶家山蟠龙盖罍的风格与工艺及相关问题初探［M］. 北京：科学出版社，2018：345-373.

传世的四件亚丑方尊与亚址方尊有诸多联系，这四件中，一件亚丑诸·尊收藏在北京故宫博物院，"台北故宫博物院"有三件，一件同为亚丑诸·尊，另两件铭亚丑，姑且称之为亚丑方尊 A 和亚丑方尊 B。四件尊造型高度一致，铭文共同，属于同一家族。这四件尊可能都是清宫旧藏，造型十分规矩周正，满布浅浮雕纹饰和浮雕纹饰，以细密云雷纹衬底，著作精良，保存良好，是殷墟早期繁盛青铜工业的明证。

北京故宫博物院收藏一件亚丑方尊，原系清宫旧藏，通高 455 毫米、口宽 380 毫米，重 21.5 千克，口面铸铭两行九字"亚丑诸·以太子尊彝"。[1] 其造型和纹饰与亚址方尊高度一致，甚至腹部扉棱出二鳍都一样，只是铭文位置不同（图 32.1）。亚丑方尊铭文在口面，颇为别致。这件方尊的造型、纹饰乃至铸造工艺与亚址方尊高度相似，可以视为同一组工匠的作品。

图 32.1　亚丑方尊

（引自《故宫青铜器》109 页）

图 32.2　亚丑方尊

（引自《故宫商代青铜礼器图录》512 页）

"台北故宫博物院"藏亚丑诸妇方尊（编号昆 172-23），通高 457 毫米、口边长 337 毫米，含木座重 22.6 千克，原系清宫旧藏，著录于《西清古鉴》，称"周诸妇尊"。[2] 除口径略小于北京故宫亚丑诸妇方尊外，几乎与之全同，可以认为属于一对，仅腹部兽面纹的角微有差别，此尊非夔形（图 32.2）。有图录指出这件尊风格与安阳郭家庄出土的亚址方尊近，并发表 X 光成像，指出器体气孔甚多，垫片排布在颈部蕉叶纹间空处和器底，在腹中两纹带间隐约有

①　故宫博物院. 故宫青铜器 [M]. 北京：紫禁城出版社，1999：109.

②　梁诗正. 西清古鉴 [M]. 清内府刻本，1755（清乾隆二十年）：35.

垫片。①

同藏的亚丑方尊 A（编号 JW2447-38）和亚丑方尊 B（编号潜 22）为大小不同的一对，通高分别 391 毫米和 453 毫米、口径 299×295 毫米与 336×338 毫米、足径 170×163 毫米与 230×226 毫米，各重 11.78 与 18.71 千克。② 其造型、附饰和纹饰与"台北故宫博物院"亚丑诸妇方尊一致，但尊 A（图 32.3）"亚丑"两字铭亦在口面，笔画纤细且不够流畅，犹若经过錾刻；其圈足内泥芯犹存，底部有补块。X 光片表明垫片设置在颈部蕉叶纹间空白处，底部三枚垫片和亚长方尊相类。尊 B（图 32.4）"亚丑"两字铭铸在器底，笔画甚浅，四枚垫片环绕而布。

图 32.3　亚丑方尊 A　　　　　图 32.4　亚丑方尊 B
（引自《故宫商代青铜礼器图录》522 页）　（引自《故宫商代青铜礼器图录》530 页）

四件亚丑方尊造型一律、纹饰雷同、风格高度一致，铸造工艺相同，与亚址方尊如出一手，应是同一时期向同组工匠定制的作品，年代当在殷墟早期晚段。

（三）牺首——扉棱形

1999 年，在安阳发掘刘家庄北墓出土两件一对亚丑方尊，考古学家根据墓葬所出陶器类型，认为墓葬年代在殷墟四期偏晚，属于帝辛时期，但同出的某些铜器年代属于殷墟三期，墓主可能是担任一定武职的殷高级贵族。③ 尊 M1046：23 通高 294 毫米、足高 86 毫米、口长 196 毫米、底部长 126 毫米、壁

①　陈芳妹 . 故宫商代青铜礼器图录［M］. 台北："国立"故宫博物院，1998：512-521；中国社会科学院考古研究所 . 殷周金文集成［M］. 北京：中华书局，2007：5935.
②　陈芳妹 . 故宫商代青铜礼器图录［M］. 台北："国立"故宫博物院，1998：522-535.
③　中国社会科学院考古研究所安阳工作队 . 安阳殷墟刘家庄北 1046 号墓［J］. 考古学集刊，2004（15）：359-390.

厚2—4毫米，重3.65千克，造型近于忻册宣方尊，颈部蕉叶纹、腹和圈足夔纹带+兽面纹俱平铺，纹线较细，但有云雷纹衬底，因此属于双层花纹风格，腹部的扉棱也出两鳍，与亚址方尊相近，但装饰化倾向更近于木片。最大的不同在于肩部，没有圆雕牺首和鸟兽，只有与八道扉棱相应的短扉棱，但角扉棱高，两面有阴勾纹饰，意在使扉棱成为 C 形，然均未透空（图 33.1）。相应地，因为没有了圆雕附饰，铸造工艺变得颇为简便，四块范与腹芯、圈足芯组成铸型。每块范中嵌入两块颈范、两块肩范、两块腹范和两块圈足范，均以四面中间的扉棱对称布置，这些扉棱中间的披缝即相应范块的接缝。从亚丑方尊可以窥知殷墟晚期青铜器风格和技术的变化，至少在安阳开始发生了。至于铸铜遗址中如何表现，有待新的研究。

华盛顿弗利尔艺术馆（The Freer Gallery of Art，Smithsonian Institution）收藏的一件方尊（25.2），通高 353 毫米、口边长 276 毫米，重 7.4 千克。造型近乎亚丑方尊，但肩、腹更宽，装饰也略多。八道扉棱较窄，两侧均有 I、L、T 阴线勾勒，却未在口下出檐，除肩角扉棱外，颈、腹和圈足扉棱的中部都有突歧。器表满纹饰，均平铺，并以细密云雷纹衬底。颈部饰夔形蕉叶纹和夔纹，肩部饰夔纹，腹部饰对鸟纹，圈足饰对夔纹，这些纹饰均浅浮雕，大约凸起地纹一线高，但纹饰上勾线，属于平面化的三层花，且肩和圈足纹带上下勾 T 形带镶边。肩四角短扉棱与颈、腹扉棱一致，纹带中间的牺首近乎半圆雕形，较矮，若上颌扣在肩面，鼻头与肩沿齐，两眼向上圆睁，额饰菱形，两侧一对大角浮凸盘曲。尊底沿有立裙（图 33.2）。扉棱上铸造披缝明显，被确定为沿角四分铸型。牺首也明显分铸，肩沿下的窄素带上可见两个垫片，其年代被定为西周早期。①

商周之际的鹿邑长子墓出土的方尊，形态瘦高，处在向筒形尊的过渡阶段，而安阳花园庄东地出土的一件方尊 M54：84，肩中部的牺首的形和高矮与之相仿，将其年代定为殷墟晚期较为适宜。如此，鸟纹当然应出现在殷墟时期，鸟纹的演变容重新讨论。

① POPE J A, GETTENS R J, CHIHILL J, et al. The Freer Chinese Bronzes, Volume Ⅰ：Catalogue［M］. Washington D. C.：Smithsonian Institution，1967：104-109.

图 33.1　亚丑方尊 M1046：23　　　图 33.2　弗利尔艺术馆　　　图 33.3　荣子方尊（引自
　　　（引自《殷墟新出土　　　　　　方尊（引自 *The Freer*　　　　《白鹤英华》32 页）
　　　青铜器》页 390）　　　　　　　 *Chinese Bronzes,*
　　　　　　　　　　　　　　　　　　 volume I，pl. 17）

五、结语

结束讨论前，考察一件西周早期的荣子方尊，通高 277 毫米、口径 230 毫米，底铸铭"荣子作宝尊彝"（图 33.3）。据传出自洛阳，属西周早期，藏于神户白鹤美术馆。① 这件尊口圆体方做筒形，在颈中部由方转圆。尖沿方唇，周身有八道长条形扉棱，两侧勾云纹，只有四角的扉棱在口下出檐，另在四面中间的扉棱只装饰方形截面部分。圆颈部分饰八组对夔蕉叶纹，但只四组在扉棱下，另四组与之相间。蕉叶纹下，由圆转方，饰窄鸟纹带，每面两鸟相对中心扉棱而立。其下出很窄的台，应是肩退化所致。肩下为腹，八道扉棱均出双鳍，四面饰相同的兽面纹，其角为虺式，无目有边，身饰云纹，呈 C 形开口向下。圈足与腹主界面尺寸相若而窄，下面外撇并出立裙和底沿。圈足纹带为华丽的对鸟纹，以细密云雷纹衬底。

这是完成了转变的方尊形式，上下尺度一致，方圆合一，为典型西周初期风格。

对而比之，前述弗利尔方尊年代断在殷墟晚期较为为适宜，甚或早于亚丑方尊。长子口尊属于殷墟中期偏晚或中晚期之交，忻册宣方尊属于殷墟中期晚段，出光方鼎属于殷墟中期。亚址方尊和亚丑方鼎属于殷墟早期晚段，亚长和后岑母癸方尊年代可在殷墟早期中段，而新乡、常宁、泉屋、藤田方尊或略早，

① 中村純一. 白鶴英華（白鶴美術館名品図録）[M]. 神户：白鶴美術館，1978：32-33.

妇好方尊年代当在殷墟早期早段，它们都是安阳作坊的铸件。四羊方尊年代在中商晚期，那是南方铸铜作坊的产品。

　　说明：原文收录于浙江省文物考古研究所编《中国南方先秦考古学术研讨会论文集》，文物出版社，2019 年，第 205—226 页。今由吴小燕校改错误和格式。

淳化黑豆嘴出土的青铜壶研究

苏荣誉　孙岩　梁彦民

一、淳化黑豆嘴遗址

黑豆嘴是陕西淳化东北的一处南低北高，东、西、南均为沟道的半岛式塬头，南北长约 1 千米，东西宽约 500 米。1982 年冬，农民在黑豆嘴塬头平整土地，在塬上北、西、南三边挖出了四座墓葬，埋葬形式不明，收集到 100 多件青铜器。

墓 CHXM1 位于塬面西侧，距地表不足 1 米，收集到的随葬品包括青铜器 67 件（刀 1 件、削 2 件、镞 22 枚、尖顶泡 3 件、涡纹泡 33 件、小圆泡 6 件），金饰 1 件，串珠数百枚，另有海贝、绿松石和呈翠绿色的肢骨残段等。

CHXM2 位于 CHXM1 南 7 米，距地表深约 1 米，墓主头似向东，出土青铜器 9 件，包括爵、刀、斧、弓柲、钺、戚各 1 件和两件泡及 1 个饰件。

CHXM3 在塬南侧，墓深不及 1 米，墓主头向西南，出土青铜器 23 件、金器 4 件和骨笄、绿松石及海贝等。青铜器包括壶、斧各 1 件、镞 5 枚和小泡 15 件。

CHXM4 在黑豆嘴塬头北侧，墓深约 1.5 米，发现有人骨，出土铜戈和镞各 1 件，另有 1 件金饰。

姚生民指出所出的镞和五孔刀分别与扶风杨家堡西周早期墓所出镞、岐山魏家河所出商晚期刀相同。三座墓出土金饰品，与永和下辛角所出商代金耳环相同，而銎内戈属晚商样式，说明这四座墓的年代属商晚期到西周初期。[①]

李伯谦把黑豆嘴墓地归入石楼-绥德类型，将墓中遗物主要分为三群，分别包含了商文化、草原文化和卡拉苏克文化因素。[②] 张长寿和梁星彭认为以黑豆嘴

---

① 姚生民. 陕西淳化县出土的商周青铜器 [J]. 考古与文物，1986（5）：12-20.

② 李伯谦. 从灵石㫋介商墓的发现看晋陕高原青铜文化的归属 [M] // 李伯谦. 中国青铜文化结构体系研究. 北京：科学出版社，1998：167-176.

墓葬为代表的文化遗存与陕北、晋西的光社文化晚期的遗存有较多相同的文化因素，两者虽也有不同，但显然是属于同一文化系统，并注意到这里所见的陶器与先周锥足鬲相似。① 朱凤瀚认为，黑豆嘴出土的铜器中，除了属于殷墟铜器形式的器物和作为与绥德-石楼类型文化交流产物的器物（如舌形钺等）之外，还有一些具有地方特色的器物，如条形有穿刀、尾带圆柱的有銎斧、半月形有銎钺、曲尺形有銎斧、椭圆形首削、马头形弓形器等，后者"似应视为商后期陕西中部一种具有地方特色的文化类型"，并提出"黑豆嘴类型青铜器"的概念。② 张文立和林沄研究过黑豆嘴墓地出土的青铜兵器、工具和用具，也使用了朱凤瀚"黑豆嘴类型"青铜器概念，指出它们"不但受到来自青海地区的影响，而且与更遥远的西面可能也存在着文化上的关系"③。李学勤讨论西部青铜器，涉及淳化黑豆嘴，提及二号墓出土的爵④，"装饰华美，有扉棱，除三足较短外，很多地方近于妇好墓的一对圜底爵"⑤。陈坤龙等指出黑豆嘴的三角援戈和尖顶泡与城固苏村出土者一致。⑥ 这些器形分析展示出黑豆嘴遗存的多样性和复杂性，对它们的技术研究则有待展开。

二、黑豆嘴出土的青铜壶

三号墓 CHXM3 出土的一件壶，现藏陕西历史博物馆，是本文的研究对象。

（一）风格

该壶属于大口贯耳式，无盖；颈部不明显，垂腹鼓，上、下腹平滑过渡；椭圆形截面，长轴端布局贯耳和扉棱，结构和纹饰均对称（图1.1—1.2）。

---

① 张长寿，梁星彭. 关中先周青铜文化的类型与周文化的渊源 [J]. 考古学报, 1989 (1)：1-23.

② 朱凤瀚. 古代中国青铜器 [M]. 天津：南开大学出版社, 1995：665.

③ 张文立，林沄. 黑豆嘴类型青铜器中的西来因素 [J]. 考古, 2004 (5)：65-73.

④ 姚生民. 陕西淳化县出土的商周青铜器 [J]. 考古与文物, 1986 (5)：12, 17.

⑤ 李学勤. 商青铜器对西土的影响 [J]. 殷都学刊, 1987 (3)：3.

⑥ 陈坤龙，梅建军，赵丛苍. 城固苏村出土铜器的技术特征及其相关问题 [J]. 考古与文物, 2015 (3)：126.

图 1.1　黑豆嘴壶（正面）　　　　　图 1.2　黑豆嘴壶（侧面）

（本文图凡未注明出处者均为笔者摄）

壶口微侈，但口内出斜沿；颈部纹带上方饰两道凸弦纹，长轴端所设一对贯耳压在凸弦纹上，贯耳饰波浪纹（图 1.3）。上腹纹带的两侧，即长轴端饰有勾牙形扉棱，扉棱的上端为头侧向的伏鸟，与身下三个连续开口向外的 C 构成扉棱，两侧有阴线勾勒，扉棱高度与纹带宽度一致。纹带由中心的兽面纹和两侧倒竖的夔纹构成，细密云雷纹衬底。兽面为高浮雕式，主体若十字形，宽吻上两个圆突为鼻翼，中间的脊棱纵贯纹饰，鼻两侧与兽面周边饰勾云纹。一对臣字形眼的眼珠圆突，眼外有分离的短且细弱的弧形凸起，端部有小圆突，嘴两侧也有相似的结构，或属兽足。兽面额正中有阴线勾菱形，其上竖方形冠饰。冠

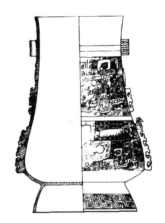

图 1.3　黑豆嘴壶线图

（引自《考古与文物》

1986 年第 5 期第 17 页图 5.4）

饰两侧布一对分离的叶形耳，耳根内侧也各有一小圆突。两侧的倒竖夔纹巨口向下，长象鼻，小眼圆突，脑后飘缨，身体倒竖，体下出一对足，前足根和缨饰均有小圆突（图 2.1—2.2）。

图 2.1　黑豆嘴壶上腹纹饰

图 2.2　黑豆嘴壶上腹纹饰拓片

（引自《考古与文物》1986 年第 5 期第 18 页图 6.3）

　　下腹垂鼓，纹带较宽，结构与颈部大同小异。重要的差别有四点：一是兽面的一对叶形耳移至两侧并与兽面分离；二是一对横展的高浮雕大角若蛹形，饰水波纹，梢尖翘；三是方形冠饰分两层，下层大，浅浮雕，上层小，高浮雕；四是两侧的勾牙式扉棱，伏鸟下有四个 C（图 2.3—2.4）。

　　壶底略圜，以矮圈足承器，圈足壁外斜。圈足顶在长轴端对置两个透孔，其下平铺的纹带由两行勾云纹构成。壶通高 328 毫米、口径 142×112 毫米、腹深 280 毫米、最大腹径 210 毫米。[①]

图 2.3　黑豆嘴壶下腹纹饰

图 2.4　黑豆嘴壶下腹纹饰拓片

（引自《考古与文物》1986 年第 5 期第 18 页图 6.4）

（二）铸造工艺

　　黑豆嘴壶身存留有明确的铸造工艺信息，两侧的扉棱和贯耳中间有清晰的铸造披缝（参见图 1.1—1.2），而前后面中间没有类似的痕迹，说明此壶是沿两侧对开分型，两块范；圈足、腹各一块泥芯，贯耳各一块泥芯。

　　仔细考察壶腹内壁，不难发现有与上腹、下腹高浮雕兽面相应，形状相同的下凹，尤其是下腹兽面有横展的一对高浮雕兽角，内壁也相应下凹，但上腹兽面竖起的叶形耳属于浅浮雕，内壁则没有相应下凹（图 3.1—3.2）。也就是说，腹部泥芯在相应的位置上有相同的兽面形凸出，目的是使高浮雕兽面处的

———————————

①　姚生民．陕西淳化县出土的商周青铜器［J］．考古与文物，1986（5）：18，20.

壁厚与其他部位较为均一。这本是铸造工艺设计中，考虑金属凝固所应遵循的
原则，在这件壶上有精准的表现。为实现这一设计，腹部泥芯则需要与泥范同
步制作，最大可能源自同一模，由模翻制泥范、由模翻制芯盒再翻制泥芯，唯
其如此，范与芯经干燥、烘烤或焙烧后形状才稳定，组合后型腔的尺寸才准确。
事实上，达此目的不易，在壶内壁一侧、上腹兽面纹一眼上方有一补块（图
3.2），当是范、芯组合时发生触碰，浇注后形成孔洞，去范后发现此缺陷补铸
的痕迹。

图3.1　黑豆嘴壶内壁一侧凹陷　　　　　图3.2　黑豆嘴壶内壁另一侧凹陷

圈足的一对透孔明显内大外小，内孔近方形而外孔不规则（图4.1—4.2），
且在内壁可见沿孔周的方形披缝，说明孔的泥芯头由圈足芯自带，但芯头与范
结合不够周密，铜液浸入其隙造成外孔形状不规则并小于内孔，且留下近方形
的披缝。说明圈足芯自带泥芯的截面近于方形。

图4.1　黑豆嘴壶圈足透空　　　　　　　图4.2　黑豆嘴壶圈足另一透孔

圈足形若合瓦，前后面结合处出现折角。底沿不十分平齐，内层较整齐，
是圈足芯上壶型腔的边缘；外有近乎一周薄飞边，是范与圈足芯结合处铜液浸
入的遗迹。但底沿一边折角的两侧，分层不显且较厚（图5），当是浇道位置。

通体未观察到垫片痕迹，应为浮锈遮盖之故，具体有赖 X 光影像显示。

关于这件壶的年代，李学勤、张文立和林沄没有涉及，姚生民断其为商至西周初期①，李伯谦将之划在晋陕高原商器的第四期，绝对年代约当武乙、文丁时期②；张长寿与梁星彭认为属于殷墟三期③；朱凤瀚认为黑豆嘴所出青铜容器属于殷墟形式，M2

图 5　黑豆嘴壶底沿浇道痕迹

和 M3 所出器的年代在殷中期至晚期④。杰西卡·罗森（Jessica Rawson）则指出纹饰的布局和湖南石门卣一致，认为动物形扉棱是西周青铜器的特点，将之断为西周器物。⑤

三、石门卣

1957 年，在湖南株洲废旧物资交接站仓库内，从石门县运来的一批废铜中拣选的一件青铜卣，藏于湖南省博物馆。熊建华推测此卣当于 1956—1957 年间出土于石门一带，时代属商。⑥ 此器发现时严重残缺，修复补配了小半个盖和整

① 姚生民. 陕西淳化县出土的商周青铜器 [J]. 考古与文物，1986（5）：18，20.
② 李伯谦. 从灵石旌介商墓的发现看晋陕高原青铜文化的归属 [M]// 李伯谦. 中国青铜文化结构体系研究. 北京：科学出版社，1998：167-176.
③ 张长寿，梁星彭. 关中先周青铜文化的类型与周文化的渊源 [J]. 考古学报，1989（1）：1-23.
④ 朱凤瀚. 中国青铜器综论 [M]. 上海：上海古籍出版社，2009：1111-1113.
⑤ RAWSON J. Western Zhou Ritual Bronzes from the Arthur M. Sackler Collections, Volume IIB [M]. New York：The Arthur M. Sackler Foundation，1990：49.
⑥ 湖南省地方志编纂委员会. 湖南省志：卷28：文物志 [M]. 长沙：湖南出版社，1995. 转引自湖南省博物馆. 湖南省出土殷商西周青铜器 [M]. 长沙：岳麓书社，2007：153；熊建华. 湖南商周青铜器研究 [M]. 长沙：岳麓书社，2013：127.

个圈足，对其定名则有壶、卣之不同。①

（一）风格

此卣有盖有提梁，截面呈椭圆形。盖的尺寸相对较小，以子口插入腹口内扣合。拱形带状提梁横置，设在卣的长轴方向（图6.1—6.2）。

图6.1　石门卣（正面）

图6.2　石门卣（侧面）

盖面隆鼓，其中心的蘑菇形钮系修补（图7.1—7.2），钮根周围一小圆饼形饰涡纹；在长、短轴向设四道勾云形扉棱，上矮下高，尾端勾起，均透空；其中仅一条扉棱完整，另三个均经补配。盖面满布纹饰，为沿长轴的扉棱左右对称的兽面纹。兽面主体以宽线构成，有卷云纹构成的宽冠饰、兽鼻和上唇，两侧有上咧的大嘴角；眼的轮廓不很清晰，但眼珠圆突，眼后的身躯小而上伸，并折向冠饰再回勾；以细线云雷纹填空衬底。

---

① 《湖南省文物图录》名其为卣（湖南省博物馆．湖南省文物图录［M］．长沙：湖南人民出版社，1964．），后有图录因之（见湖南省博物馆．中国博物馆丛书2：湖南省博物馆［M］．北京：文物出版社，1983．）。此说为高至喜（见高至喜．论商周铜镈［M］//湖南省博物馆湖南省考古学会．湖南考古辑刊：第3辑．长沙：岳麓书社，1986：210．）和朱凤瀚所沿用（见朱凤瀚．中国青铜器综论中国青铜器综论［M］．上海：上海古籍出版社，2009：1182．）。熊传薪称之为牛头纹卣（见熊传薪．湖南商周青铜器的发现与研究［C］//湖南省博物馆．湖南省博物馆开馆三十周年暨马王堆汉墓发掘十五周年纪念文集．1986：93．）。《中国青铜器全集》归之为壶（中国青铜器全集编辑委员会．中国青铜器全集：第4卷［M］．北京：文物出版社，1998：142．），熊建华也称之为壶（见熊建华．湖南商周青铜器研究［M］．长沙：岳麓书社，2013：127．）。最新图录称其为壶（湖南省博物馆，上海博物馆．酌彼金罍：皿方罍与湖南出土青铜器精粹［M］．上海：上海书画出版社，2015：78．）。

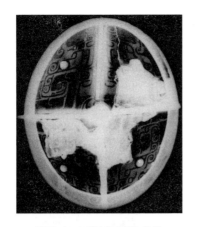

图 7.1 石门卣盖 X 光片
（引自《湖南博物馆馆刊》
第 12 辑 47 页图 2.1）

图 7.2 石门卣盖内壁突棱
（引自《湖南博物馆馆刊》
第 12 辑 47 页图 2.2）

腹的结构和纹饰与黑豆嘴壶大同小异。主要差别在如下几点：

其一，石门卣于上、下腹结合处的长轴端设一对半圆形环耳与提梁链接，黑豆嘴壶颈部则为贯耳；因提梁关系，石门卣口较黑豆嘴壶口小许多，故而上腹的纹饰构图紧凑；

其二，石门卣上、下腹兽面纹的眼珠中间均有下凹的圆点以示瞳仁，方形冠饰均为上下两层，上层小而底层大，而黑豆嘴壶仅下腹兽面纹如此，且兽面纹眼珠均无圆坑点；

其三，也是因为提梁设置，黑豆嘴壶上腹两侧伏鸟开端的扉棱，在石门卣却移至兽面的中心为鼻饰（图 8.1）；而石门卣下腹纹带，不仅兽面纹中间设置了与上腹相同的扉棱（图 8.2），两侧的扉棱别致，为三伏鸟纵列相连的形式（图 8.3）。鸟做伏卧状，底近平，身饰回卷纹；头圆，喙向外，眼大，眼珠凸出，颈粗细与之相若，饰鳞纹；尾上翘回卷，与腹壁结合，随形以细线勾勒。[1]

拱形带状提梁两侧内弧，端头外撇并有兽头，外面中心有纵贯的勾牙形脊，由横置开口向上的 C 形连续构成，但脊间有残缺。提梁脊棱两侧各饰一道水波形鳞纹，因多处残断并经铸焊修补，致提梁宽窄不匀、底面亦不平齐。提梁两端与上下腹交界处所设的半圆形环耳链接，并为兽头所遮盖。兽头两角后颈中间起勾牙形扉棱形脊，纵贯提梁。

---

① 苏荣誉，傅举良，吴小燕，等. 石门卣研究［M］//湖南省博物馆. 湖南省博物馆馆刊：第 12 辑. 长沙：岳麓书社，2016：46-59.

图8.1　石门卣上腹扉棱　　　　　图8.2　石门卣下腹兽面中扉棱

此卣造型独特，无角散列式兽面纹与横角散列式兽面纹搭配本属少见，是否有雌雄相配亦未可知；以伏鸟开头的勾牙形扉棱饰于兽面纹中间，以三伏鸟组成的扉棱饰下腹两侧，配以中间起勾牙式脊的提梁，均为别致造型，颇为稀见。

（二）铸造工艺

石门卣铸造工艺信息清晰、明确，虽为泥范块范法铸造，但包含了一些特殊的工艺技术现象。

盖内壁，与扉棱相应处均有一条突棱，中心有盖钮穿出的长而大的榫头（图7.2），说明盖钮和四条扉棱分别先铸。钮下设有凸榫，扉棱根部或可有相应的结构，有待CT扫描成像揭示。扉棱属对开分型，盖钮失却铸型不可考，而盖的铸型很可能由两块范与一块芯组成。为了铸接这些先铸的附件，在芯的中心设了凹坑，在扉棱位置设了凹槽，先铸的钮和扉棱置于盖面的范中，钮的凸榫可伸入芯中心凹坑且还保有型腔，扉棱依然，浇注冷凝后，盖壁包裹住了钮榫和扉棱根并凸起于盖内壁，强化了与盖的结合。类似的钮先铸凸榫，也见于湘潭狮形山出土的豕尊盖内壁。①

　　石门卣扉棱的中垂线上都有铸造披缝（图8.1—8.3），未见他处垂直的或水平的披缝痕迹乃至打磨披缝痕迹，可推知器腹的铸型由两块对称泥范与一块腹芯、一块圈足芯组成。据卣腹 X 光片得知，铸型组合时在两芯之间设置了四枚垫片。

图 8.3　石门卣下腹侧扉棱

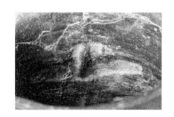

图 8.4　石门卣内壁下凹（引自《湖南博物馆馆刊》第 12 辑 48 页图 3.2）

　　前后面上、下腹兽面纹中间扉棱的铸造披缝，并未贯通整个兽面纹，而卣内壁，与浮雕兽面纹相应的则是随形下凹，情形与黑豆嘴壶一致，但由于兽面纹中心扉棱的存在，在下凹中心有纵向的突棱（图 8.4），情形与盖内壁相同，说明扉棱先铸，突棱是保证和强化扉棱与器壁铸接的措施。② 如前所论，这样的模芯合作纹，芯需要由原模制作芯盒，再由芯盒翻制而得。

　　提梁应最后铸造，并与腹部链接。浇注时，提梁的某些部位形成缺陷，在器物铸就后进行过铸焊修补，但当非原作工匠而为，故补块粗糙。整个卣的浇注系统等尚不可考。

　　有论者指出其整体造型类似于安阳殷墟妇好墓出土的妇好壶，差别在此器提梁而彼器贯耳。③ 据上述资料，石门卣与黑豆嘴壶无疑更为接近。就壶和卣体

　　① 苏荣誉，董韦．盖钮铸铆式分铸的商代青铜器研究［J］．中原文物，2018（1）：80-94.

　　② 苏荣誉等．湖南省博物馆藏两件大口折肩青铜圆尊的研究：兼及同类尊的渊源与风格、工艺、产地和时代问题［R］．长沙：湖南商与西周青铜器国际研讨会，2015.

　　③ 湖南省博物馆，上海博物馆编．酌彼金罍：皿方罍与湖南出土青铜器精粹器精粹［M］．上海：上海书画出版社，2015：78.

而论，差别在于兽面中间先铸的扉棱，石门卣有而黑豆嘴壶没有，但二者纹饰的高度一致且同属模芯合作纹，表现出二者技术上的同源性。

四、风格相近的壶

根据著录，与黑豆嘴壶造型接近的贯耳壶可列如下六件。

（一）长治西白兔壶

山西长治西白兔出土的一件壶（图9.1）①，从图片看，其基本造型与黑豆嘴壶颇为接近，特别是两壶上、下腹的兽面纹格局相同。西白兔壶次要层面的差别在如下数端：

西白兔壶口较侈、颈略束，上腹向内弧弯，下腹圆鼓。没有扉棱饰，两侧有纹饰组分界。

兽面纹浮雕略低。上腹兽面纹分离的双耳近三角形，故而冠饰为梯形，上宽下窄。凸出的眼珠为长圆形，中间有横短阴线。四足与兽面合体，足根没有了圆突。吻抵纹带下栏，嘴角深咧，两侧各露出一对尖利獠牙。

下腹兽面的蛹形双角，稍略向上略斜翘。一对分离的双耳为尖叶形，与上腹兽面呼应，但耳根的一个圆突不显。

图9.1　长治西白兔铜壶　　　　　图9.2　首博藏壶（引自
（李零先生惠供）　　　　《北京文物精粹大系·青铜器卷》126号）

（二）首都博物馆藏壶

首都博物馆收藏一件青铜壶（图9.2），标签称出土于昌平白浮，但白浮西

---

①　原器藏长治市博物馆，原始资料未见发表，李零在《上党访古记》中曾提及它（见李零. 回家［M］. 太原：三晋出版社，2015：144.）。

周墓发掘简报未言及此壶①，暂且以传世品对待。这件壶除兽面略窄、颈收束略小、兽面深咧嘴角露出三角形排牙外，和西白兔壶几乎一样。

（三）布法罗科学馆藏壶

陈梦家在《美国所藏中国铜器集录》中著录的壶 A685，原为巴黎 Vingnier Dinsmore 的收藏，后归布法罗科学博物馆（Buffalo Museum of Science，陈梦家译布法罗为"柏弗罗"，图9.3）。② 此器未见诸其他著录，据陈氏照片，其造型和纹饰与西白兔壶接近，尤其是上腹兽面纹的近三角形耳和下腹兽面纹的尖叶形耳，但兽面纹的凸起则高于彼，而鼻翼上的一对小圆突则近于黑豆嘴壶和下述布伦戴奇壶。上、下腹兽面吻两侧均有棱形凸起，含义有待深究。

图9.3 布法罗藏壶（引自
《美国所藏中国铜器集录》A685）

图9.4 大英博物馆藏壶
（引自《中国青铜器全集》第4卷图147）

（四）大英博物馆藏壶

大英博物馆收藏有一件青铜壶（编号1956，1016.1，图9.4），系 P. T. Brooke Sewell 于1956年捐赠品之一，馆方将器年代定为西周③，《中国青铜器全

---

① 北京市文物管理处. 北京地区的又一重要考古收获：昌平白浮西周木椁墓的新启示 [J]. 考古，1976（4）：246-258，228；北京文物精粹大系编委会. 北京文物精粹大系：青铜器卷 [M]. 北京：北京出版社，2002：126.

② 陈梦家. 美国所藏中国铜器集录 [M]. 北京：金城出版社，2016：A685.

③ JONES M，CRADDOCK P，BARKER N E D. Fake? The Art of Deception [M]. Los Angles：University of California Press，1990：38.

集》将之定为商晚期①。林巳奈夫定为西周 IA。② 这件壶的造型和纹饰更接近于西白兔壶，上腹也竖近三角形耳，但兽面两侧根部具小圆突的足在此壶则贴在兽面侧边，连同两兽面的鼻翼都没有圆突，下腹兽面的双耳也不是尖叶形，不与上腹兽面呼应。另外，特别之处是圈足的单层勾云纹带，与其他壶的双层勾云纹不同。

（五）旧金山亚洲艺术馆藏壶

布伦戴奇（Avery Brundage）收藏的青铜器中有一件贯耳壶，原系日本白鹤美术馆旧藏，后归旧金山亚洲艺术博物馆（Asian Art Museum of San Francisco，编号：B60B973，图 10.1，后文简称旧金山壶），壶内壁铸两字铭文"乡宁"。③ 这件壶造型近于黑豆嘴壶，主要差别在于：没有扉棱；浅浮雕兽面纹，凸起矮于西白兔壶；兽面的脸略窄，但两兽面纹的结构和配置，尤其是兽面纹各器官如耳、足根部和嘴角、鼻翼，甚至填饰的夔纹的鼻根、角根均有圆突，和黑豆嘴壶颇为一致，西白兔壶仅在耳根有此特征。

图 10.1　乡宁壶（引自《海外遗珍·青铜器续》63 号）

① 中国青铜器全集编辑委员会. 中国青铜器全集：第 4 卷［M］. 北京：文物出版社，1998：图 147.
② 林巳奈夫. 殷周青铜器综览：第一卷：殷周时代青铜器之研究［M］. 上海：上海古籍出版社，2017：300.
③ 吴镇烽. 商周青铜器铭文暨图像集成：第 21 卷［M］. 上海：上海古籍出版社，2012；"国立"故宫博物院编辑委员会. 海外遗珍·青铜器续［M］. 台北："国立"故宫博物院，1985；D'ARGENCÉ L R Y. Bronze Vessels of Ancient China in The Avery Brundage Collection［M］. San Francisco：Asian Art Museum of San Francisco，1977：44-45，24；中国社会科学院考古研究所. 殷周金文集成［M］. 北京：中华书局，2007：9482. 言此器收藏在神户白鹤美术馆，不确。

（六）上海博物馆藏壶

上海博物馆收藏一件壶（图10.2）[1]，造型风格接近于布伦戴奇壶，但上腹兽面的一对突出长圆形眼珠，且中间有短横阴线则同于西白兔壶。较为特别的是上腹兽面两侧还有一对开口向内的小C形耳，上、下腹兽面均有一对连体足从面颊向下伸出，根部也有小圆突。下腹兽面的圆吻侧可见成排的三角形牙齿。陈佩芬还指出此壶冠两侧的叶形为角，面两侧的C形为耳。[2] 对照上述各壶及下腹兽面纹，蛹形角，面两侧为树叶形耳，可知叶形为耳的造型，此壶上腹兽面两侧的小C形耳当为误植，或对竖立的叶形耳不解之故。

图 10.2　上海博物馆藏壶（引自《中国青铜器全集》第4卷图146）

　　上述六件壶，前四件上腹兽面竖一对近三角形尖耳，后两件为叶形耳，其余差别不大，风格相近，和黑豆嘴壶有相当的一致性，如兽面纹均是近乎十字形，浮雕或浅浮雕。上腹的兽面纹竖一对大耳，叶状或尖叶状，方形冠饰。下腹兽面纹均有一对横伸的大角，叶形或尖叶形耳，其形状与上腹兽面纹耳相呼应。上下兽面纹的这种配置，在商周青铜器中并不很多，南方风格大口折肩尊腹部与圈足兽面，有相近的构图。[3] 黑豆嘴壶和石门卣均是如此，但上海博物馆壶上腹兽面两侧的"耳"形，则不明就里。

　　南方风格青铜器纹饰的一个特点是器官根部有圆突，如兽面纹的鼻翼、足根、耳根和嘴角等，夔纹的角根、足根甚至鼻根，有的直接凸起，有的则为阳线盘旋而凸。张昌平早已指出这是南方青铜器纹饰的一个特点。[4] 颇具洞见。他在分析

①　中国青铜器全集编辑委员会．中国青铜器全集：第4卷［M］．北京：文物出版社，1998：图146.

②　陈佩芬．夏商周青铜器研究：上海博物馆藏品：夏商篇［M］．上海：上海古籍出版社，2004：304-305；上海博物馆青铜器研究组．商周青铜器纹饰［M］．北京：文物出版社，1984.

③　苏荣誉等．湖南省博物馆藏两件大口折肩青铜圆尊的研究：兼及同类尊的渊源与风格、工艺、产地和时代问题［R］．长沙：湖南商与西周青铜器国际研讨会，2015.

④　张昌平．论殷墟时期南方尊和罍［M］// 中国社会科学院考古研究所．考古学集刊：第15集．北京：文物出版社，2004：116-128. 张昌平．方国的青铜文化［M］//张昌平．张昌平自选集．上海：上海人民出版社，2012：185.

旧金山壶和上海博物馆壶时，指出它们具有南方风格并产于南方。① 但旧金山壶有铭文"乡宁"，据严志斌统计，殷商青铜器中有二十九件具此铭，并延续到西周时期，其含义可能是一种事死如事生的享礼。② 所以铸造于南方的可能性不大。

上述八件壶和卣中，西白兔壶仅兽面的耳根有圆突，大英博物馆壶几乎没有圆突，虽然纹饰构图依然具有南方特点，可认为表现出南方风格的退化。此外，后六件壶兽面纹的浮雕都不高。图录均未介绍器内壁，张昌平曾亲自考察过旧金山壶，器内壁平光。也就是说，浮雕纹饰的内壁相应下凹这一典型南方风格器物特征，在旧金山壶上没有表现。相信上海博物馆壶、大英博物馆壶和布法罗壶也是如此，西白兔壶纹饰浮雕虽略高，但从圆突的退化看，内壁也应平光。就此一点，与石门卣、黑豆嘴壶产生了距离。

内壁下凹高浮雕纹饰是南方风格因素，技术上的合理性在于符合铸件壁厚均一的设计原则，有效避免凝固造成的热裂和浇不足缺陷，但工艺上要求也更高，芯须由翻范的模翻出芯盒，再由芯盒制作泥芯，整个工艺可以称之为模芯合作纹。根据对妇好墓青铜器的研究，内壁平光高浮雕纹饰器是殷墟本土的风格因素，解决凝固缺陷的方法则是加厚器壁，浮雕变矮，使得浮雕纹饰造成的厚度梯度变小。以殷墟本土方式表现南方风格纹饰，应是殷墟本土铸工对南方工艺排斥的结果。武丁时期迁入殷墟的南方铸工，很少有机会以模芯合作纹铸器。③ 上述六件壶，或可认为是南迁铸工设计的纹饰以殷墟工艺铸造的作品，或者他们徒子一代的作品，且旧金山壶还铸了殷墟铭文。至于西白兔壶，当是殷墟铸就流入晋东南之器，年代属殷墟早期。这些壶中纹饰趋简的取向，很可能反映了殷墟早期三重花纹向中期平铺花纹过渡的开始。

五、扉棱分铸诸器与上端伏鸟的勾牙形扉棱

黑豆嘴壶两侧有扉棱，上、下腹侧各一，长度与纹带宽度一致，均以伏鸟为上端，以下为C形勾连。石门卣不仅上腹和下腹的兽面纹中间饰同样的扉棱，下腹两侧饰三伏鸟构成的扉棱，而盖面的四道扉棱则为普通的勾牙式，没有伏鸟；至于提梁的棱脊，则属低矮和细密的勾牙式。很明显，虽然黑豆嘴壶的扉

① 张昌平. 北美地区所见中国商时期南方或南方特征青铜器［M］//张昌平. 张昌平自选集. 上海：上海人民出版社，2012：206.
② 严志斌. 商代青铜器铭文研究［M］. 上海：上海古籍出版社，2013：203.
③ 苏荣誉. 妇好墓青铜器与南方影响：殷墟青铜艺术与技术的南方来源与技术选择新探［M］//河南省文物考古研究院. 商周青铜器铸造工艺研究，北京：科学出版社，2019：1-68.

棱与石门卣扉棱具有密切关系，但前者仅设计在侧边，只调整正面的轮廓，不似后者还调整侧面轮廓，且前后兽面的扉棱以及盖面扉棱均先铸成形，侧面的扉棱则都浑铸成形。

襄汾陶寺和二里头文化墓葬出土的铜铃，往往在一侧有片状扉，含义不明，或者为最早的青铜扉棱饰。明确具有青铜器装饰含义的扉棱出现在二里岗晚期，表现在尊的肩和腹部，高而宽，为勾云形，郑州人民公园和阜南月儿河均出土过①，这些扉棱都浑铸成形。

青铜卣也出现在二里岗时期，早期造型为细长颈，有盖，绳索状提梁多而带状提梁少，一链节将盖钮与提梁链接在一起，没有扉棱装饰。青铜壶出现略晚，大约在中商早期，颈部出现勾牙式扉棱装饰，如弗利尔收藏的一件壶（V49-5，图11.1），在盖面和颈部均有四道扉棱装饰，盖扉棱先铸（图11.2），颈部经深度修复，多条扉棱经过焊接，其中一条系脱掉后再经焊接（图11.3）②，颈部扉棱很可能也是分铸的。安阳小屯 M331 出土的一件方腹卣 R2066（图11.4），长颈圆形截面，腹方形截面。折肩，肩四隅饰圆雕兽首，勾牙形扉棱自口沿垂抵兽首后颈。扉棱透空，勾牙形扉棱贯通提梁，腹部四隅兽角卷曲突出，穿盖中央站立圆雕鸟钮。③ 年代也应属中商晚期④，其颈部扉棱是

图 11.1　弗利尔艺术馆藏壶 49.5　　　图 11.2　弗利尔艺术馆藏壶 49.5（引自
（引自《中国青铜器全集》第 3 卷图 91）　　*The Freer Chinese Bronzes*，Vol. 1，p. 43）

---

① 河南省文物考古研究所. 郑州商城：1953—1985 年考古发掘报告［M］. 北京：文物出版社，2001：818；葛介屏. 安徽阜南发现殷商时代的青铜器［J］. 文物，1959（1）：封二.

② POPE J A, GETTENS R J, CHIHILL J, et al. The Freer Chinese Bronzes, Volume Ⅰ: Catalogue［M］. Washington D. C.：Smithsonian Institution，1967：40-45.

③ 李济，万家保. 古器物研究专刊：第五本：殷墟出土五十三件青铜容器之研究［M］. 台北："中央研究院"历史语言研究所，1972.

④ 苏荣誉，董韦. 盖钮铸铆式分铸的商代青铜器研究［J］. 中原文物，2018（1）：80-94.

否分铸以及形式均有待深探。很明显，弗利尔壶颈部扉棱的脱落、盖扉棱穿透盖壁（图 11.2），均表现出了技术风险，可视为扉棱初分铸的形态。

图 11.3　弗利尔艺术馆藏壶 49.5　　　　图 11.4　　小屯 M331 方腹卣 R2066
（引自 *The Freer Chinese Bronzes*，　　　　（引自《殷墟出土五十三件
Vol. 1，p. 45）　　　　　　　　　青铜容器之研究》图版 44）

陕西岐山贺家村墓地出土的凤柱斝（图 12.1），腹部分上下两段，各饰兽面纹带，均由三组兽面纹构成。三组未透空勾牙形扉棱分别为兽面纹的鼻（图12.2），纹饰以之对称展开，两组扉棱和錾作为三组纹饰的分界。在腹内壁，即可见到与三组作为兽面鼻的扉棱相应的突棱（图 12.3），另两组作为纹饰组分界的扉棱则没有这一现象，与錾结合处可见到一对饰涡纹的凸出内表的圆形铆头。说明錾后铸并以铆头加强联系，三组作为兽面纹鼻的扉棱也先铸，腹内壁的突棱目的在于加强扉棱的铸接（图 12.4）①，其功能和石门卣内壁贯过下凹的突棱一致。无独有偶，弗利尔艺术馆收藏的一件凤柱斝（07.37），造型和工艺与贺家村斝一致（图 13.1—13.2），而錾以铸铆式后铸与盘龙城和龙头村出土的二里岗时期簋的双耳具有紧密联系，可推定铸铆式铸接发端于南方，工艺的一致性将贺家村凤柱斝的年代拉到了中商早中期之际，弗利尔凤柱斝踵其后。② 弗利尔壶的造型颇早，其扉棱的分铸具早期形态，年代当在二里岗与商中期之际，

---

① 苏荣誉，岐山出土商凤柱斝的铸造工艺分析及其相关问题的探讨［C］//陕西省考古研究院，上海博物馆．两周封国论衡：陕西韩城出土芮国文物暨周代封国考古学研究国际学术研讨会论文集．上海：上海古籍出版社，2013：551-563.
② 苏荣誉．安阳殷墟青铜技术渊源的商代南方因素：以铸铆结构为案例的初步探讨兼及泉屋博古馆所藏凤柱斝的年代和属性［M］//泉屋博古馆，九州博物馆．泉屋透赏：泉屋博古馆青铜器透射扫描解析．北京：科学出版社，2015：365-374，385；苏荣誉．青铜工艺与青铜器风格、年代和产地：论商末周初的牛首饰青铜四耳簋和出戟饰青铜器［M］//艺术史研究：第 16 辑．广州：中山大学出版社，2014：97-143.

为迄今所知年代最早的扉棱分铸实例。

图 12.1　岐山贺家村斝

（引自《中国青铜器全集》第 4 卷图 59）

图 12.2　岐山贺家村斝扉棱

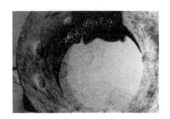

图 12.3　岐山贺家村斝内壁

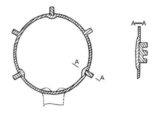

图 12.4　岐山贺家村斝扉棱与鋬分铸示意图

（引自《艺术史研究》第 16 辑第 126 页图 42）

图 13.1　弗利尔凤柱斝 7.37

（引自 *The Freer Chinese Bronzes*,
Vol. 1, p. 21）

图 13.2　弗利尔凤柱斝 7.37 腹内

（引自 *The Freer Chinese Bronzes*,
Vol. 1, p. 129, fig. 15）

　　如果将弗利尔壶扉棱先铸、铸接时器内壁没有起棱称为平背式的话（起棱的可称之为突棱式），江西新干大洋洲青铜器群中，应有八件鼎腹部的扉棱，即虎饰扁足圆鼎 XD：15、XD：17、XD：14、XD：16 和 XD：18，虎饰方鼎 XD：12、XD：11 和 XD：10 的腹部扉棱是先铸成形，再为鼎体铸接的。① 方鼎 XD：11（图 14.1）具斜折沿，方唇，一对拱形立耳顶上各饰一圆雕卧虎。腹直壁下收，唇沿饰燕尾纹一周，腹壁四面满布纹饰，中心饰兽面纹，有高起的镂空扉棱为兽面之鼻（图 14.2），兽面纹以之对称展开。兽面纹四周均饰夔纹，并以连珠纹为夔纹带的边框。圆柱形足中空，足下部有凸弦纹，足根部饰兽面纹，面向四角，有高起的镂空扉棱做兽面纹之鼻，和腹部四隅相应。② 四壁的镂空扉棱先铸，皆对开分型，后为鼎腹所铸接（图 14.3）。鼎耳的虎形饰后铸，在铸造鼎耳时须在耳内外侧与爬虎结合处铸出凹槽，且要在耳顶面的中间铸出预留孔，后铸虎形饰时，对鼎耳形成"捆绑"结构。③ 扉棱分铸这一现象虽在新干大洋洲青铜器群中并非个案，但在整个商周青铜器中，却属凤毛麟角，掌握此一工艺的人极少，可以认为是商代南方风格青铜器的一个特点。④ 广汉三星堆二号器物坑出土的罍盖 K2②：32，盖面有四条勾牙式扉棱，盖内壁相应有四道突棱，表明扉棱为先铸式，充分体现了三星堆青铜容器的南方风格。⑤

　　诚若贝格立的分析，勾牙式扉棱是南方青铜器的地域特征，与之相对，殷墟青铜器的扉棱多为长条形⑥，它们不透空，但两侧常有 I、T、L 阴线勾勒。殷墟妇好墓出土两件一对妇好壶（M5：795 和 M5：863），盖、腹截面椭圆，长、

①　苏荣誉，彭适凡，贾莹，等．新干商代大墓青铜器铸造工艺研究［M］∥江西省博物馆，江西省文物考古研究所．新干商代大墓．北京：文物出版社，1997：257-300；苏荣誉．新干大洋洲商代青铜器群铸造工艺研究［M］∥苏荣誉．磨戟：苏荣誉自选集．上海：上海人民出版社，2012：109-110.

②　江西省博物馆，江西省文物考古研究所．新干商代大墓［M］．北京：文物出版社，1997：32.

③　苏荣誉．新干大洋洲商代青铜器群铸造工艺研究［M］∥苏荣誉．磨戟：苏荣誉自选集．上海：上海人民出版社，2012：68。

④　苏荣誉．安阳殷墟青铜技术渊源的商代南方因素：以铸铆结构为案例的初步探讨兼及泉屋博古馆所藏凤柱斝的年代和属性［M］∥泉屋博古馆，九州博物馆．泉屋透赏：泉屋博古馆青铜器透射扫描解析．北京：科学出版社，2015：384-385.

⑤　四川省文物考古研究所．三星堆祭祀坑［M］．北京：文物出版社，1999：263. 关于此盖的具体研究待刊。

⑥　BAGLEY R W. Shang Ritual Bronzes in the Arthur M. Sackler Collections［M］. Washington D. C.：The Arthur M. Sackler Foundation，1987：544-546.

短轴各有一直条形扉棱（图14.4）。① 而京都国立博物馆收藏的一件鬲鼎，袋足外饰浮雕兽面纹，中间有以伏鸟开头的勾牙式扉棱②，应是另一件南方风格器物。在安阳，殷墟早、中期之交出现的脊棱式扉棱渐成主流，窄而矮，往往作为兽面纹的鼻，如西北冈 M1005 出土的壶 R1081。③ 但勾牙式扉棱甚至在西周早期经历了一度繁荣后才消失，更多的是在殷墟中期演变为列旗式，用以装饰尊和卣。④

图 14.1　虎耳方鼎 XD：11
（引自《新干商代大墓》彩版 9.1）

图 14.2　虎耳方鼎 XD：11 扉棱

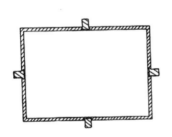

图 14.3　虎耳方鼎 XD：11 扉棱分铸示意图
（引自《艺术史研究》第 16 辑第 128 页图 46）

图 14.4　妇好壶引自
（《中国青铜器全集》第 3 卷图 88）

① 中国社会科学院考古研究所．殷墟妇好墓［M］．北京：文物出版社，1980：64，66；中国社会科学院考古研究所．殷墟青铜器［M］．北京：文物出版社，1985：23；中国青铜器全集编辑委员会．中国青铜器全集：第 3 卷［M］．北京：文物出版社，1998：图 88.
② 梅原末治．日本蒐储支那古铜精華：第三册［M］．大阪：山中商会，1961：191.
③ 李济，万家保．古器物研究专刊：第五本：殷墟出土五十三件青铜容器之研究［M］．台北："中央研究院"历史语言研究所，1972：图版 30.
④ 苏荣誉．扉棱分铸青铜容器初论［M］//青铜文化研究：第十辑．合肥：黄山书社，2022：10-39.

晚清王懿荣（1845—1900）收藏、吴大澂（1835—1902）著录的亚兽鸮尊，最后收藏于赛克勒艺术馆（V-49，图15.1）①，著录此器者十数家，只有贝格立注意到与鸟首盖上三道勾牙式扉棱相应，内壁有三道突棱（图15.2），惜他没能指出扉棱的先铸。② 此器盖、腹对铭亚兽，应是殷墟早期安阳铸器。

泉屋博古馆所藏方壶（彝25，图15.3），盖、腹的四角均有变形的勾牙式扉棱，两耳为片状兽形，中有圆穿。③ CT扫描结果证实与片状耳相应的内壁有纵向的突棱，耳与器壁系分铸关系，器壁钳着耳（图15.4）。④ 很明显，器耳属于突棱式先铸。这是扉棱先铸向器耳先铸的扩展，目前尚属孤例。

《宣和博古图》著录的一件"周百乳彝"（图16.1）⑤，两无珥耳犹存，相对的两耳脱落失却，正前方设耳位置凸榫明显，故属四耳簋。四耳之间设四道扉棱，将器表的长乳丁纹带八等分。内壁可见两道垂直的突棱，与扉棱相应，当是为铸接扉棱而设，和贺家村斝、石门卣腹内壁一致。

图 15.1　亚兽鸮尊
（引自《中国青铜器全集》
第 4 卷图 136）

图 15.2　亚兽鸮尊（引自 *Shang Ritual Bronzes in the Arthur M. Sackler Collections*，p. 48）

①　王懿荣. 王文敏公遗集：卷七［M］. 南林刘氏求恕堂斋印本，8；吴大澂. 恒轩所见所藏吉金录［M］. 自刻本. 1885：47；中国青铜器全集编辑委员会. 中国青铜器全集：第4卷［M］. 北京：文物出版社，1998：图136.

②　BAGLEY R W. Shang Ritual Bronzes in the Arthur M. Sackler Collections［M］. Washington D. C.：The Arthur M. Sackler Foundation，1987：406-411.

③　泉屋博古馆. 泉屋博古：中国古铜器编［M］. 京都：泉屋博古馆，2002：121.

④　泉屋博古馆，九州博物馆. 泉屋透赏：泉屋博古馆青铜器透射扫描解析［M］. 北京：科学出版社，2015：304-305.

⑤　王黼. 宣和博古图：卷八［M］. 亦政堂重修板. 乾隆十八年（1753）：26.

图 15.3 泉屋方壶

（引自《泉屋博古：中国古铜器编》121 号）

图 15.4 泉屋方壶（引自

《泉屋透赏》305 页图 102-4）

图 16.1 《宣和博古图》

四耳簋（卷八第 26 页）

图 16.2 弗利尔四耳簋 31.10

（引自 *The Freer Chinese Bronzes*, Vol. 1, p. 369）

图 16.3 弗利尔四耳簋 31.10 扉棱分铸

（引自 *The Freer Chinese Bronzes*,

Vol. 1, p. 372）

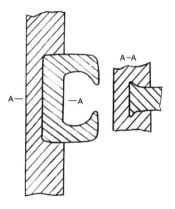

图 16.4 弗利尔四耳簋 31.10

（引自《艺术史研究》第 16 辑，

第 102 页图 10）

　　弗利尔艺术馆收藏的四耳簋（31. 10，图16. 2），被认为是早年宝鸡戴家湾盗掘之物，腹部纹饰分上中下三段，上、下为三行长乳丁组成的纹带，四耳在十字方向插入长乳丁纹带中，八条勾云形宽扉棱以上下两组，各自设置在乳丁纹带的四耳间，圈足上部均饰八条片状短扉棱，分别与四耳和腹部四道扉棱相应，扉棱两侧有阴线勾勒的云纹。① 簋腹与耳的结合处，腹部明显叠压着耳根，说明耳先铸；扉棱也被腹部叠压（图16. 3—16. 4），② 说明扉棱亦先铸。无独有偶，2013年宝鸡石鼓山四号墓也发现了一件四耳簋（M4k2：208，图17. 1），造型与弗利尔四耳簋如出一辙③，扉棱和耳明显先铸（图17. 2），两器的技术核心一致且独特，表现出高度的同源性和时代的一致性。

　　《宣和博古图》四耳簋下落不明，耳无珥，扉棱以突棱式分铸，结合上述两件凤柱斝，它们有同源的技术联系，时间距离不应过长，年代或不应晚于殷墟中期。④ 至于弗利尔和石鼓山出土的两件四耳簋，时代一致，扉棱属于平背式分铸，造型或较《宣和博古图》四耳簋略晚，但比宝鸡纸坊头强国墓地出土四耳簋（BZFM1：9）为早。⑤ 安阳孝民屯铸铜遗址出土了与此簋形相近的腹范（2000AGH31：9，图17. 3）⑥，有学者指出

图17.1　石鼓山簋
（引自《周野鹿鸣》99页）

① POPE J A, GETTENS R J, CHIHILL J, et al. The Freer Chinese Bronzes, Volume Ⅰ: Catalogue［M］. Washington D. C.: Smithsonian Institution, 1967: 368-371；中国青铜器全集编辑委员会. 中国青铜器全集：第5卷［M］. 北京：文物出版社，1998：55.

② GRTTENS R J. The Freer Chinese Bronzes, Volume Ⅱ: Technical Studies［M］. Washington D. C.: Smithsonian Institution, 1967: 92-93.

③ 陕西考古研究院，上海博物馆. 周野鹿鸣：宝鸡石鼓山西周贵族墓出土青铜器［M］. 上海：上海书画出版社，2014：98-101.

④ 苏荣誉. 论西周初年的牛首饰四耳簋［M］//陈昭容. 宝鸡戴家湾与石鼓山出土商周青铜器. 台北："中央研究院"历史语言研究所，2015：521-523；苏荣誉. 读青铜器图录札记：牛首饰四耳簋［M］//北京大学出土文献研究所. 青铜器与金文：第一辑. 上海：上海古籍出版社，2017：432-449.

⑤ 卢连成，胡智生. 宝鸡强国墓地［M］. 北京：文物出版社，1988：30-33.

⑥ 岳占伟，岳洪彬，刘煜. 殷墟青铜器的铸型分范技术研究［M］//陈建立，刘煜主. 商周青铜器的陶范技术研究. 北京：文物出版社，2011：58-60.

"这类风格的铜器是在殷墟铸造的"①。其年代自然晚于《宣和博古图》四耳簋，可能在殷墟中期与晚期的过渡阶段或略晚。

图 17.2 石鼓山簋扉
棱分铸痕

图 17.3 簋范 2000AGH31：9
（引自《商周青铜器陶范技术研究》图 4.1)

在平背式铸接扉棱器中，赛克勒艺术馆藏有一件铙（V-49，图 18.1），合瓦形，舞中央有拱形钮，两铣有鱼尾式透空高扉棱，顶端伏卧高冠凤鸟，但凤鸟和扉棱不连贯；前后钲部中心的兽面纹中间，设伏兽开端的勾牙式高扉棱（图 18.2），扉棱上有对开的铸造披缝，但在钲面并未上下延伸，特征和石门卣相同，可推知扉棱先铸，未见报告内腔有突棱，推测扉棱属于平背式先铸。很明显，伏兽是伏鸟的转型，形式和工艺均一致。贝格立推定此铙年代属商②，颇有见地，但两铣的伏鸟扉棱不如石门卣兽面中间的连贯，究属曲解还是别有内涵有待深究。铙两铣设鸟开端的扉棱，可能以新干大洋洲铙 XD：63 为早③，伏鸟向后退到舞边，故不与勾牙扉连贯。此后南方多地出土扉饰铙，大抵如此。至于铙钲部兽面中间的扉棱，赛克勒铙以兽开头，显然是石门卣伏鸟的转型，尔后又转向倒爬虎形扉棱，但都是浑铸成形了。此类演变，当另外为文讨论。

---

① 李永迪，岳占伟，刘煜. 从孝民屯东南地出土陶范谈对殷墟青铜器的几点新认识 [J].
考古，2007（3）：56，58.

② BAGLEY R W. Shang Ritual Bronzes in the Arthur M. Sackler Collections [M]. Washington D. C.：The Arthur M. Sackler Foundation，1987：540-551.

③ 江西省文物考古研究所. 新干商代大墓 [M]. 北京：文物出版社，1997：63，80.

图 18.1　赛克勒镈 V-49
（引自 *Shang Ritual Bronzes in the*
Arthur M. Sackler Collections，p. 538）

图 18.2　赛克勒镈 V-49
（引自 *Shang Ritual Bronzes in the*
Arthur M. Sackler Collections，p. 540）

七、扉棱分铸器的铸地和年代蠡测

关于黑豆嘴壶，很少有研究讨论其年代和产地问题。清理简报认为属于西周早期，但并未有清楚举证和讨论。

对于密切关联的器物，除杰西卡·罗森认为与石门卣关系密切外，未涉及年代问题，而对石门卣年代的认识，上海博物馆据纹样推定其纹饰属殷墟中期[1]，《中国青铜器全集》定之为商晚期[2]，朱凤瀚定其年代为殷墟二期二段[3]，熊建华推定其年代在殷墟二期二段或二三期之际[4]。殷墟中期似乎已成共识，而对其产地，张昌平指出应是南方地区的产品[5]，贝格立等均明确指出以鸟为扉棱在南方青铜器中相当普遍，此卣是一例[6]。

青铜器扉棱装饰出现的动因还不甚明了，初期的扉棱浑铸成形，铸造质量

① 上海博物馆青铜器研究组. 商周青铜器纹饰［M］. 北京：文物出版社，1984：74，81.
② 中国青铜器全集编辑委员会. 中国青铜器全集：第 4 卷［M］. 北京：文物出版社，1998：图 142.
③ 朱凤瀚. 中国青铜器综论［M］. 上海：上海古籍出版社，2009：1182.
④ 熊建华. 湖南商周青铜器研究［M］. 长沙：岳麓书社，2013：127-129.
⑤ 张昌平. 北美地区所见中国商时期南方或南方特征青铜器［M］//张昌平. 张昌平自选集. 上海：上海人民出版社，2012：206.
⑥ BAGLEY R W. Shang Ritual Bronzes in the Arthur M. Sackler Collections［M］. Washington D. C.：The Arthur M. Sackler Foundation，1987：36；湖南省博物馆，上海博物馆. 酌彼金罍：皿方罍与湖南出土青铜器精粹［M］. 上海：上海书画出版社，2015：78.

上乘，没有出现技术问题。从弗利尔壶扉棱的分铸，年代或在早商与中商之交，可以想见是工匠为了炫技，将扉棱先铸，为壶体铸接，属平背式铸接。由于器壁甚薄，不易控制先铸扉棱位置，以致盖的一个扉棱穿透盖壁，颈部一条扉棱后来脱落。

对于解决诸如弗利尔壶扉棱分铸的缺陷，铸工所采取的措施有两途，一个（组）铸工是在器内壁设突棱，加厚铸接处的器壁，形成了突棱式铸接；另一（组）铸工不是单加厚铸接处，而是整个器壁均加厚，形成了平背式铸接，两个工艺流派均流传到商晚期。突棱式一流，所铸造的器物包括贺家村凤柱斝，从其鋬的铸铆式后铸，可推定其年代在中商早期或稍晚；与之紧密衔接的是弗利尔凤柱斝，两件凤柱斝分铸的扉棱均是勾牙式，后继者为了炫技，将扉棱设计成伏鸟开头甚至三伏鸟连续，如石门卣和黑豆嘴壶。石门卣和三星堆罍盖扉棱的分铸也属此类，年代稍晚于弗利尔斝，应在中商晚期到晚商早期，而亚兽鸮尊是典型的殷墟早期器。

《宣和博古图》所著录四耳簋，扉棱也是突棱式分铸，但造型晚，或者晚到晚商中晚期。这类器不多，工艺难度很大，颇似工匠个人秘（绝）技，单传徒弟，一旦没传下去，即导致技艺失传。所铸器物，有待稽考。目前所知弗利尔所藏与石鼓山所出四耳簋，是该工艺末期的产品。

至于平背式铸接的扉棱，由于难以观察判断，所知材料不多。新干大洋洲出土的八件鼎扉棱以此式分铸，堪为大宗，器壁明显较弗利尔壶为厚，技艺难度略小。从新干大洋洲器群看，似乎不止一个工匠掌握此技，年代应在殷墟早期，具体可推定在武丁前期。

弗利尔藏四耳簋和石鼓山四耳簋，制作年代属商晚期，铸地或在安阳殷墟。可看作是武丁时期毁弃南方铸铜作坊，迁工匠于殷墟，南方技术北传并延续的结果。[①] 当然，三重花纹饰、高浮雕纹饰、散列式兽面纹等也自南方传到安阳殷墟。

扉棱分铸青铜器，大多具有商代南方风格特征，应是南方铸铜作坊的产品。亚兽鸮尊具铭，是较突出的殷墟风格因素，而三件四耳簋是殷墟晚期新出现的类型，其风格因素的来源尚不清楚，但勾牙式扉棱、大量牛首饰则更近于南方风格，特别是扉棱的分铸可以推定是南方铸工的发明，包含着南方的工艺技术要素。然而，四耳簋中夔纹和乳丁纹与南方风格有别，且安阳铸铜作坊有相应

---

① 苏荣誉. 论扉棱分铸的青铜器 [R]. 北京：宝鸡戴家湾、石鼓山与安阳出土青铜器及陶范学术研讨会，2015.

的范出土，说明它们铸造于殷墟。

　　殷墟早期青铜器突兀出现的三重花纹和丰富多样的造型，应该不是商王朝在频繁流徙过程中取得的艺术和技术突破所致，自洽的解释是殷墟早期的青铜器设计和铸造被注入了新鲜活力的结果。结合武丁卜辞中对四方的征讨，毁却南方铸铜作坊、将其工匠迁到安阳最为合理。这样将南方铸工的动物装饰和三重花纹设计，以及铸铆式后铸、扉棱先铸、模芯合作纹等绝技带到了安阳，造就了殷墟早期青铜器的鼎盛。但北迁的工匠受到了本地工匠的排斥，有些工艺如模芯合作纹鲜有用武之地，铸铆式铸接和扉棱分铸的应用也逐渐减少，表明这些工匠未充分发挥作用，或者追随者很少。殷墟中期，或许突棱式分铸工匠的徒子或徒孙在安阳作坊设计铸造了《宣和博古图》四耳簋，扉棱以突棱式先铸；此后，平背式分铸工匠的重孙和曾孙辈徒子，在安阳作坊设计铸造了弗利尔四耳簋和石鼓山四耳簋。如果这一推测合理，典型的南方风格青铜器的年代，都应铸造于武丁末年之前，而改造过的或者具有部分南方风格与技术特征者，很大可能是殷墟所铸造的产品。据此可判，石门卣和黑豆嘴壶是殷墟之前及早期南方铸铜作坊的产品，而与之相近的六件壶，则是南方铸工迁至殷墟所铸，为殷墟早期或早中期之交产品。

　　至于泉屋方壶，一种可能其年代并非通常所认为的晚到西周时期，是未迁殷墟的南方铸工的徒子徒孙，试图在南方恢复青铜铸造时，在很差条件下的铸件。或者西周灭商后迁铸工去沣镐和成周，不排除有铸工私逃南方，在较为简陋条件下铸造的产品。

　　李峰讨论陕西出土的商代青铜器的分期与分区，没有涉及黑豆嘴墓地，或者他认为其年代属于西周。他认为"西区范围（按：指西安以西）出土的大部分铜器，至少第二期铜器中的大多数应属于早周文化范畴，是早周铜器或称为先周铜器"[①]。但他并未明确早周或先周铜器的内涵和风格，也未说明这些铜器是先周人自铸抑或定制，但从黑豆嘴这件壶和岐山贺家村凤柱斝看，它们是由南方输入的。[②]

　　再回头看黑豆嘴墓地所出器物，既有北方草原风格器物，也可能有西北风格器物，也有典型的殷墟和西周器物，除殷墟器铸于安阳外，其他器物的铸地均有待稽考。从本文对三号墓出土的贯耳壶的分析，推定它是在殷墟早期南方

　　①　李峰. 试论陕西出土商代铜器的分期与分区 [J]. 考古与文物，1986（3）：62.

　　②　苏荣誉. 安阳殷墟青铜技术渊源的商代南方因素：以铸铆结构为案例的初步探讨兼及泉屋博古馆所藏凤柱斝的年代和属性 [M]// 泉屋博古馆，九州博物馆. 泉屋透赏：泉屋博古馆青铜器透射扫描解析. 北京：科学出版社，2015：384-385.

铸铜作坊的产品，增加了黑豆嘴墓地青铜器来源的多样性和复杂性，反映了边界地区的文化特点。

黑豆嘴墓墓主身份已完全失考，所遗留的谜团很多，难以知道他是如何搜集到各式器物，或者不知道各式器物如何葬于他们墓中的。大胆假设，墓主是以铜器流通为营生的商贾亦未可知。昌平白浮三座墓的情形，与黑豆嘴墓有惊人的相似之处，或许体现着它们的地缘和墓主身份相近。这可说明处于边疆地区人群文化认同的复杂性和随意性。黑豆嘴位于陕北地区进入关中的通道上，几座墓葬中出土的銎内戈、环首刀与晋陕高原石楼—绥德铜器群的同类器近似；云形金耳饰则也在黄河东岸出土的铜器群中出现。黑豆嘴 M2 銎内丁字形孔青铜钺与卡约文化潘家梁墓地墓 M117 形制近似。居住在黑豆嘴的人群不一定有稳定的铜礼器来源，几座墓中礼器的使用并不符合典型商墓中的组合特点。这些墓主或为泾水流域本地贵族，或许来自晋陕高原一带。他们以输入的铜壶入葬，或许更多地强调的是对外来资源的占有。

由此引发了新的问题，我们往往以所葬器物确定墓主的族属、推定墓主身份、推断墓葬的时代，但对于复杂现象如淳化黑豆嘴和昌平白浮墓，哪类、哪些器代表了作者的族属和身份呢？

附记：感谢武汉大学张昌平教授惠予旧金山壶照片，此壶南方风格的纹饰与殷墟式铭文和做法引起苏荣誉思考和探讨南方与中原青铜器的关系问题。此文在写作期间，承蒙大英博物馆王全玉博士惠寄馆藏壶资料。长治西白兔壶的照片是李零教授惠赐的，为亲睹此壶，在李零先生安排下，苏荣誉随他于 2018 年 3 月 13 日上午参观长治市博物馆，见此壶口有补铸痕迹，内壁平光。在此特别感谢李零先生。

说明：此文删节本发表于《文博》2019 年第 1 期，第 27—42 页。今稿系原本，经陆晶晶同学校改格式。

妇好墓青铜器与南方影响

——殷墟青铜艺术与技术南方来源与技术选择新探

苏荣誉

一、引子：殷墟之前的青铜器格局与问题

关于中国青铜器的起源及其渊源，迄今仍然是一个未解之题。近东地区在公元前6000纪发明炼铜术，经历了漫长的铜石并用时期，在公元前3500年左右两河流域率先进入青铜时代。中原何时掌握冶铜术并不清楚，鉴于最早的冶金实物是临潼姜寨仰韶文化遗址中出土的黄铜片和管，中原新石器文化中玉器的加工和使用十分独特，制陶术至为发达和多彩，为冶铜术提供了产生的技术条件，不排除通过在还原性高温下对含铜玉的"火试"偶然发明炼铜的可能。[①]但这些偶然发明是否传诸后世仍未可肯定，倡言中国冶铜术来自近东或中亚者并未有确实证据。新石器时代为数有限且研究得十分简略的冶铜材料，尽管可以用于讨论中国的铜石并用时代[②]，但其冶铜技术的内涵还较贫乏，线条粗糙[③]。

中原进入青铜时代，即持续生产和使用青铜器，并具有自身特色者，当以青铜礼器的出现为标志。《西清古鉴》著录的一件鬶（《西清古鉴》卷三十二，页十六），康捷已注意到它和新石器时代的陶鬶如出一辙，并认为时代相近[④]；

---

① 苏荣誉.论中国冶铜术的起源与早期冶铜术［M］//苏荣誉.磨戟：苏荣誉自选集.上海：上海人民出版社，2012：1-62.

② 严文明.论中国的铜石并用时代［M］//严文明.史前考古论集.北京：科学出版社，1998：35-47.

③ 苏荣誉，华觉明，李克敏，等.中国上古金属技术［M］.济南：山东科学技术出版社，1995：51.

④ 康捷.关于唐山大城山遗址文化性质的讨论［J］.考古，1960（6）：22.

考古学家邵望平认为是公元前 2000—公元前 1500 年东夷文化的青铜礼器，是当地陶鬶的仿制品①。但因器物下落不明，难以深究。河南登封王城岗龙山文化四期灰坑中出土一件残铜片 WT196H617：14，被认为可能属一青铜鬶的袋足②，说明《西清古鉴》著录之鬶或有旁证。

目前所知最早的青铜容器，出自河南偃师二里头遗址三期墓葬中，三件分别出自三座墓。其中一件爵 81VKM8：1 长流长尾，三锥形足，鋬存部分泥芯并有二透空，口沿无柱，壁薄不足两毫米，素面无纹（图 1.1）。③ 虽然质朴，但确由泥范块范法铸造，铸型至少由三块泥范和两块泥芯组成，而且范芯组合定位精准，青铜浇注时充型良好，非一定技术积累不可造就。结合二期出土的青铜嵌绿松石兽面牌饰 81YLVM4：8 铸造技术的难度④，容器铸造或会上溯到二里头文化二期，但青铜器制作的繁荣是在四期，器类增多，出现了鼎（图 2.1）、鬲、角、斝（图 2.2）、盉（图 2.3）、觚等，不仅数量增大，器表出现了细阳线纹饰⑤。二里头遗址发现有规模在一万平方米的铸铜作坊，从铸铜遗物和青铜器本身可知，二里头青铜器几乎全部是泥范块范法铸造成形的，没有采用锻造法和失蜡铸造法成形，和其他文明判然有别。根据新近碳十四测年，二里头遗址二至四期的年代为公元前 1680—公元前 1530 年⑥，主体尚属于传统认识的商文化纪年范围。

---

① 邵望平．铜鬶的启示［J］．文物，1980（2）：86-89．
② 河南省文物研究所，中国历史博物馆考古部．登封王城岗与阳城［M］．北京：文物出版社，1992：99．
③ 中国社会科学院考古研究所．偃师二里头：1959 年—1978 年考古发掘报告［M］．北京：中国大百科全书出版社，1999：252．
④ 中国社会科学院考古研究所二里头工作队．1981 年河南偃师二里头墓葬发掘简报［J］．考古，1984（1）：37-40．
⑤ 陈国梁．二里头文化铜器研究［M］//中国社会科学院考古研究所．中国早期青铜文化：二里头文化专题研究．北京：科学出版社，2008：134-137，151-153．
⑥ 中国社会科学院考古研究所．二里头（1999—2006）［M］．北京：文物出版社，2014：1236．

图 1.1　爵 81VKM8：1（引自
《偃师二里头》1999 彩版 1）

图 1.2　嵌绿松石兽面纹牌饰 81YLVM4：5
（引自《中国青铜器全集》第 1 卷图 20）

图 2.1　1987 年出土网纹鼎
（引自《中国青铜器全集》
第 1 卷图 1）

图 2.2　1984 年出土斝
（引自《中国青铜器全集》
第 1 卷图 14）

图 2.3　1987 年出土盉
（引自《中国青铜器全集》
第 1 卷图 19）

　　考古学家一般认为续接二里头文化的是二里岗文化，通常认为属于商早期，
都于郑州商城。这一时期可划分为二里岗上层和下层两段，每段还划分为早晚
两期。年代约在公元前 1600—公元前 1400 年。[1] 在郑州商城发现了两处铸铜遗

---

① 夏商周断代工程公布的早商年代为公元前 1600 年左右。根据甲骨所载商王世系，包括
　大乙（汤）至雍己八王。中商包括仲丁至卜任二王，河亶甲至虎甲七王，以及盘庚至
　小乙三王。后者年代为公元前 1300—公元前 1251 年，前两段年代不清楚。晚商包括武
　丁至帝辛七王，年代在公元前 1250—公元前 1046 年（夏商周断代工程专家组. 夏商周
　断代工程：1996—2000 年阶段成果报告 [M]. 北京：世界图书出版公司，2000.）。《中
　国考古学：夏商卷》给出早商年代为公元前 1600—公元前 1400 年，中商年代大约在公
　元前 1400—公元前 1250 年，晚商沿用前说（杨锡璋，高炜. 中国考古学：夏商卷
　[M]. 北京：中国社会科学出版社，2003：188，254，294.）。虽然问题不少（唐际根.
　商王朝考古学编年的建立 [J]. 中原文物，2002（6）：56-58.），且较《左传·宣公三
　年》言商"载祀六百"为短，本文姑采用后者说法。

址（图3.1），墓葬和窖藏出土了的青铜器表明，器类上续有增加，出现了方鼎（图3.2）、盂、卣、尊、罍、盘等。器表从素面向装饰发展，纹饰由铸造细阳线浅浮雕带状纹饰向宽阳线浮雕纹发展，兽面纹渐为装饰母题；器的体量急遽增大，如张寨杜岭方鼎DLH1：1，通高达1米，重逾86千克[1]，充分表现出二里岗时期青铜器的勃兴局面；其技术支撑则是分铸铸接工艺的应用，化复杂为简单，降低了工装的难度。[2] 也是在这一阶段，中原的青铜技术和器物向四周扩散，最重要的是长江之滨的湖北黄陂盘龙城遗址的发现，不仅发现大批青铜器，且其中出现了瓿（图3.3）、簋等新类型[3]，虽然风格和技术与郑州商城一脉相承，但铸铆式后铸、泥芯头的使用并导向垫片的发明，可以认为是南方青铜技术的创新，并继而形成了南方风格，具有更强的辐射力[4]。

图3.1　郑州南关外铸铜
遗址出土鬲范C5.3H310：19
复原（引自《郑州商城》
图版58.2）

图3.2　张寨杜岭方鼎
DLH1：1（引自《中国
青铜器全集》第1卷图34）

图3.3　黄陂盘龙城瓿
LZM2：45（引自
《盘龙城》彩版16）

　　介于郑州商城和殷墟之间的中商文化是较晚才被明确提出的，唐际根分析这一时期的典型遗址包括郑州白家庄、河北藁城台西、济南大辛庄、郑州小双

---

[1] 河南省文物考古研究所.郑州商城：1953年—1985年考古发掘报告［M］.北京：文物出版社，2001：307-384，793-824.

[2] 苏荣誉，华觉明，李克敏，等.中国上古金属技术［M］.济南：山东科学技术出版社，1995：102-110.

[3] 湖北省文物考古研究所.盘龙城：1963年—1994年考古发掘报告［M］.北京：文物出版社，2001.

[4] 苏荣誉等.湖南省博物馆藏两件大口折肩青铜圆尊的研究：兼及同类尊的渊源、风格、工艺、产地和时代问题［R］.长沙：湖南商西周青铜器国际学术研讨会论文，2015.

桥和安阳洹北商城等，并划分为三期①，年代大约为公元前1400—公元前1250年。这一阶段尚未发现明显的中心，但延续了早商晚期青铜器的扩张态势，出土器物广布，重要的器群除中原所出外，还包括东方的济南大辛庄（代表器物如卣 M139：7，图 4.1）、北方的藁城台西（代表器物如罍，图 4.2）和平谷刘家河、西北的晋陕高原诸器、西部关中诸器、西南汉中盆地的城固（代表器物如四足鬲，图 4.3）和洋县、南方的盘龙城和新干、东南的淮南和连云港所出者。这一阶段的青铜器，类别增加了四足鬲和提梁壶，器物几乎都有纹饰，结构变得复杂且装饰面积增加，从平铺浅浮雕发展出高浮雕纹饰，个别器物内壁相应下凹②，并开始出现底纹；附饰增多且突出；垫片开始在南方普及，泥范块范法青铜铸造技术体系基本完备。

图 4.1　济南大辛庄卣 M139：7（引自《考古》2010 年第 10 期第 5 页图 4）　　图 4.2　藁城台西罍（引自《中国青铜器全集》第 1 卷图 134）　　图 4.3　城固龙头鬲（引自《中国青铜器全集》第 1 卷图 60）

上述考古学建立的框架体系基本上是基于陶器类型，特别是不同地域陶器类比而为的，较为细密的青铜器年代还未解决，青铜器的铸地也多想当然地以为出土地自产，几个关键问题需要深入研究。

首先是青铜器年代问题，为青铜器第一要素。自宋金石学起至 20 世纪初，在金石学的范式（paradigm）下，若青铜器没有铭文或铭文不载王或相关人、事，无从断代。自释读甲骨文后，日名被认为是区隔夏商与周之要津，现在所

① 唐际根. 中商文化研究 [J]. 考古学报，1999（4）：393-420.
② 马承源. 中国青铜艺术总论 [M]// 中国青铜器全集编辑委员会. 中国青铜器全集：第 1 卷. 北京：文物出版社，1996：13. 在此"总论"中，马承源单辟一节论及商代中期青铜器。

知不仅粗疏，且乖谬不少；而居多数的无铭之器，仍无办法断代。安阳发掘出铜器才使得与之相类之器可比而归殷，但商周之交器迄今尚无法分辨。郭沫若（1892—1978）光大并概括的"标准器断代"法，"专就彝铭器物本身"考求其年代，循"人名事迹"的"一贯之脉络"，"更就文字之体例，文辞之格调，及器物花纹之形式以参验之，一时代之器大抵可以追踪"。再佐以历朔，推定了162件有铭铜器的年代。① 铭文中"不待辨而自明"者寥寥无几，考订王年谈何容易？据张政烺（1912—2005）研究，郭氏的断代1/3以上不确。② 容庚（1894—1983）虽然顾及多数没有铭文者的断代，但提出的方法仍然主要依赖铭文，即铭文书体和文体类似甲骨文、记殷商事迹、出土于安阳者为殷商器。③

很明显，直到20世纪中叶，青铜器的断代还在金石学范式上，往往模棱两可。随着大量考古发现和青铜器出土，很多学者致力从不同角度展开断代研究，虽然殷墟青铜器积累最多，但到21世纪，各家意见仍互有出入。岳洪彬深刻分析了其中原因，指出除了个人的主观因素之外，更多是与各家所用的分析方法和对商代青铜器整体认识的侧重点不同有关。在分析具有代表性的各家的分期方法后，他对之进行了检讨，指出：地层关系"极为重要"甚至有时"起着决定性作用"，但"具有重要意义的层位关系并不多见"；甲骨文的分期已然精确，但与青铜器共出现象不多；青铜器与陶器共出较多，陶器可佐断代。

青铜器断代最常用的方法是共出陶器断代和青铜器形制与风格断代。殷墟陶器可分六期十二段，对应273年则每段20年，可谓绵密，出土陶器的墓葬年代已获解决，岳洪彬清楚地揭示了以陶器断青铜器年代的纠葛：

青铜器与陶器质料不同，具有明显的自身特点，有传代的特质。因此，在说到青铜器的年代时，一般应考虑到青铜器自身的生产年代、使用的时间区间以及它的埋藏年代。我们通常所说的青铜器分期，是指其使用年代（或者说是流行的时间区间），而通过陶器断定的墓葬的年代则往往是青铜器的埋藏年代。通过与青铜器共存的陶器分期来确定的青铜器年代，实际上是指青铜器的埋藏年代，即个例青铜器或某一青铜器群的使用下限，这一年代并不代表青铜器的使用和流行的时间区间。

此外，他还揭示了铜器与陶器变化的规律与节奏的不同，而对于青铜器风

---

① 郭沫若. 两周金文辞大系序 [M]. 东京：文求堂书店，1935：3-4.

② 张政烺. 张政烺批注《两周金文辞大系考释》[M]. 北京：中华书局，2011；郭理远.《张政烺批注〈两周金文辞大系考释〉》的重新整理与初步研究 [D]. 上海：复旦大学，2014.

③ 容庚，张维持. 殷周青铜器通论 [M]. 北京：文物出版社，1984：13-14.

格的断代分析，岳洪彬指出：较早的青铜器胎质较薄，略显轻飘，纹饰多呈条带状，少见文字；后来胎质较厚，显得庄重，纹饰多满装，常见铭文；最后胎质又变薄，器形、纹饰制作粗糙，明器化，偶有厚胎庄重者，则铸长篇铭文。[1]

　　岳洪彬也指出青铜器组合的变化也应是"分期断代的重要依据"，也提及纹饰的演变、铭文的多少和字体的变化、"铸造技术的更新、青铜成分的差异等"的断代手段，多未展开。[2] 万家保顾及早晚器物的组合，并认为的的确确在青铜器的铸造工艺中有着演变的痕迹可寻，也分别给出了三足器和圈足器的演变如下：

　　Y 形披缝鼎→斝形器→弧三角披缝鼎形器及甗→爵形器→具錾鼎→盉形器→盨鼎

　　锅形器→盘形器→瓶形器→觯形器→壶形器→罍形器→簋形器→盂、尊形器→提梁卣及中柱盂→R1071 提梁卣[3]

图 5.1　城固苏村尊 64：1　　图 5.2　妇好墓尊 M5：862　　图 5.3　妇好墓子束泉尊
（引自《汉中出土商代　　　（引自《殷墟妇好墓》　　　　M5：320（引自
青铜器》第 1 卷 52 页）　　　图版 23.1）　　　　《殷墟妇好墓》图版 22.1）

　　虽然殷墟青铜器断代的很多问题未解决，但对于殷墟之外的青铜器，学界几乎都是以殷墟为标尺推断年代。如 1955—1976 年，城固苏村出土五起青铜器，李峰即认为"苏村出土的铜器时代都比较一致，器形多与小屯 M5、M18 所出同类器相同，说明它们在时代上是接近的"，相当于盘庚迁殷至祖庚、祖甲、

①　岳洪彬. 殷墟青铜礼器研究 [M]. 北京：中国社会科学出版社，2006：128-136.
②　岳洪彬. 殷墟青铜礼器研究 [M]. 北京：中国社会科学出版社，2006：135-136.
③　万家保. 安阳青铜容器的铸造及技术的发展 [M]// 李济，万家保. 古器物研究专刊：第五本：殷墟出土五十三件青铜容器之研究. 台北："中央研究院"历史语言研究所，1972：47，49，53，60.

廪辛时期。① 例如尊 64：1（图 5.1）"圈足甚高，肩饰交错的三牛首与三鸟首，与小屯 M5：862、M5：320 等尊（图 5.2～5.3）近似，但细部花纹略异"②。很明显，这里涉及怎样权衡"一致""相似""相同"，哪些因素体现时代风格的问题。实则苏村尊 64：1 属于南方风格，年代、产地和妇好墓两件尊都不一致。③

和年代密切相关的还有铸地问题。商代青铜器的出土地域辽阔、空间巨大，但迄今所发现的铸铜遗址寥寥无几，除上文提及的偃师二里头、郑州南关外和紫荆山铸铜遗址，规模最大、布点最多的在安阳殷墟。山西夏县东下冯遗址属于二里头文化的一个类型，出土有 20 多件青铜镞、刀和凿，并发现了 10 块石范。这些石范可铸造青铜工具和兵器，发掘报告指出Ⅳ期地层出土有 10 余小块"铜炼渣"④，既无描述，也无图片，更未经检测，究属炼铜的炼渣，抑或熔青铜的熔渣，或者只是铜块的锈块，均不清楚，尚不能肯定东下冯文化具有青铜工业。

属于中商阶段的西安老牛坡遗址，据发掘报告，Ⅰ区有一处冶铜炼渣堆积和一处铸范出土地点，二者相距 80 米，属于"同一作坊的不同遗存"。炼渣堆积在Ⅰ区南部，已被筑路破坏大半，断面呈东西条带状，长 18 米，厚 0.5～2 米，距地表 3 米。内涵为铜炼渣，间或夹杂少量红烧土颗粒及商代鬲、盆、罐等陶片，显然为一次性堆积而成。炼渣为核桃般不规则形状的小块，均呈褐绿色，比重较大、外表附有厚绿色铜锈。铸铜遗物包括泥范、炉渣、红烧土块、木炭屑和残炉壁等。出土泥范残块 20 多件，包括容器、人面形、牛面形、戈、钺和镞及圆形泡范，尚有 2 件泥芯和 5 件可能的泥模。材质为泥质红陶和夹砂红陶，偶含有米粒般细砂，除商早期的一件镞范和戈范外，属于商晚期者质地疏松，"触手往往有粉末状土质脱落"；发掘报告认为这些范分模制和手制两种，模制还有泥胎和夯筑之别。结论是："老牛坡商代文化已拥有比较发达的制作铜器的手工业，不仅在铸造技术上采用了组合陶范来铸造器形简单的青铜器，而

---

① 李峰. 试论陕西出土商代铜器的分期与分区 [J]. 考古与文物, 1986 (3)：55-58.（56 误为 M8，据 58 改为 M18）
② 李峰. 试论陕西出土商代铜器的分期与分区 [J]. 考古与文物, 1986 (3)：56.
③ 苏荣誉等. 湖南省博物馆藏两件大口折肩青铜圆尊的研究：兼及同类尊的渊源、风格、工艺、产地和时代问题 [R]. 长沙：湖南商西周青铜器国际学术研讨会, 2015.
④ 中国社会科学院考古研究所, 中国历史博物馆, 山西省考古研究所. 夏县东下冯 [M]. 北京：文物出版社, 1988：74-75, 78-79, 121-122, 125, 147, 166-167, 169, 195-196.

且在处理铜液的物化性能、提高铸件的质量上也表现出了一定的智慧和进步。"① 这些材料发表既欠充分，所谓的渣未经分析，定性可疑。所谓模似乎并非铸铜所用，范几乎都呈长方形，属于商晚期，范之成形方法和疏松均不具备铸铜要求，所谓的容器范也很可疑。诸多疑点均赖深入研究才能释惑。即使能证实老牛坡遗址曾经铸造青铜器，也许只能铸造青铜镞、戈等之类的武器。济南大辛庄遗址的情形与之相若。那么，如此广大空间出土的青铜器都是哪里铸造的呢？

　　马承源（1928—2004）还提出了另外一个问题，即古代对青铜器的改制。他将新干大洋洲青铜器群分为三类，第一类为商代器物，第二类为经改造的商代器物，第三类系其他器物，并明确指出："兽面纹方鼎（XD：008，图6.1）耳上的立虎，不是一范所铸，而是后来铸造第三类器物时补铸的。方鼎的铸作和纹饰都比较粗率，而立虎的形状和纹饰与第三类器物上的虎完全相同，……式样属于二里岗上层或稍晚；……不一定是殷墟青铜作坊中的产品。"锥足提梁壶（XD：049，图6.2）的"形式极为精细，双目特巨，下承三锥形足，殷墟出土的器物中，锥形足器多属早期，此器纹饰为殷墟中期偏早而足为锥形，但是提梁的龙首是殷墟中期的典型式样，而且提梁过薄，疑器身为殷墟早中期之际，而提梁为相当于殷墟中期时损坏所配铸，但是值得注意的是壶盖，盖上的纹饰非常粗犷，和器身完全不协调，而和大洋洲第三类的器物纹饰一致。由此可知，

图6.1　虎耳兽面纹方鼎 XD：008
（引自《中国青铜器全集》第1卷图47）

图6.2　锥足提梁壶 XD：049
（引自《新干商代大墓》彩版18.1）

---

① 刘士莪. 老牛坡 [M]. 西安：陕西人民出版社，2001：161-165，199-201，333.

第二次配铸壶盖的时间是在殷墟中期之后，器物到了新干地区再次修配的"①。那么，提梁的配铸是在殷墟？

此外，以普通的块范法铸造二里头文化简朴无纹无饰青铜器，到殷墟早期多种铸接工艺并用、多种铸型形式铸造三重花纹饰和多重立体附饰，是怎么发展起来的？哪些文化因素或技术因素或二者一同营造了晚商青铜器的鼎盛局面？在工艺与艺术两要素间，是技术进步获得了艺术结果，还是艺术创新的要求促进了新工艺的发明？社会需求和环境对青铜技术和艺术起怎样的支配作用？铸造技术的持有者是铸工，他们在技术进步中承担了怎样的角色？他们在各个时段如何表现？这些问题涉及青铜器的功能、生产、制作、风格、产地和流动等重大问题。有些问题可能还是首次提出，本文以对妇好墓中具南方因素的几件铜器进行分析，对某些问题进行探索，以求教于识家。

二、妇好墓青铜器及其问题

安阳殷墟是商晚期都城，据《古本竹书纪年》："自盘庚徙殷至纣之灭，二百七十三年更不徙都。"根据考古发现和研究，目前认为殷墟洹河之南的小屯等地，是武丁时代营建的②，夏商周断代工程定其年约为公元前1300—公元前1046年，历武丁至帝辛九世，而武丁之前的小乙、小辛、盘庚三世，当在洹河北岸③，即盘庚迁洹北，武丁迁小屯。武丁朝开启了青铜器的鼎盛时代，而其代表作即妇好墓所出青铜器。由于殷墟王陵俱遭盗掘，妇好墓是唯一完整的王室陵墓，材料尤显珍贵。

（一）妇好墓出土青铜器概略

1976年，在安阳小屯发掘的妇好墓是迄今所见唯一完整的商王室墓葬，也是所能确知唯一的商王配偶墓，随葬品众多，青铜器多达468件（另有铜泡109个），重约1605千克，分礼、乐、工具、用具、武器、马器、艺术品和杂器八类。其中如三联甗（图7.1）、妇好鸮尊（M5：806、M5：785，图7.2）和偶方彝（M5：791）等均属孤品。本文只涉及礼器。

---

① 马承源. 吴越文化青铜器的研究：兼论大洋洲出土的青铜器 [C] // 马承源. 吴越地区青铜器研究论文集. 香港：两木出版社，1997：19.

② 杨锡璋. 安阳殷墟西北冈大墓的分期及有关问题 [J]. 中原文物，1981（3）：47-52.

③ 杨锡璋，徐广德，高炜. 盘庚迁殷地点蠡测 [J]. 中原文物，2000（1）：15-19.

图7.1 妇好三联甗
（引自《殷墟妇好墓》彩版 3）

图7.2 妇好鸮尊 M5：785
（引自《殷墟妇好墓》彩版 7）

妇好墓青铜礼器 210 件，其中 190 件有铭文。铭文分九种，分别隶定为："妇好"（102 件）被认为是墓主作器的自名，"好"（7 件）被认为是"妇好"的省称，而"妇女"（2 件）被认为属缺笔；"司母辛"（5 件），"辛"为庙号，为子辈为祭祀其母妇好所铸祭器；"司𡥱母"（26 件），"𡥱母"推测为妇好的字，可能是妇好母族为其所铸祭器；"后𡥱母癸"（2 件）被推测为妇好生前为癸所铸的祭器，未予癸而后人用以陪葬妇好；"亚弜"（3 件），"弜"被考为豫西部族；"亚其"（21 件）不明；"亚启"（1 件，另有 2 件同铭钺），似一武官；"束泉"（15 件）和"子束泉"（7 件），前者是后者省称，可能与多子族有关，器物可能在妇好生前束泉献与妇好或王室；"武"（1 件）和"官𡦝"（1 件），均可能为人名或族名，可能属于陪葬人的随葬品。

大部分礼器饰有精细繁缛的花纹，而以"妇好"为铭的器物尤为突出。一般主纹多为"三层花"，即以云雷纹衬底，主纹高浮于地纹之上，在它的上面又饰以相应的阴线；次要的辅助花纹多与地纹平。纹饰以动物纹为主，有抽象的兽面、夔、龙、凤等和写实的虎、牛、蛇、鸮、鸟、鱼、龟、蝉、蚕等，也偶有人面纹，还有几何纹、圆涡纹、凸弦纹、目雷纹、乳钉纹、蕉叶纹、四瓣花纹、叶脉纹等。在多数大、中型礼器和铜斗上，还分别铸造各种凸起的动物形象，能辨识的有龙、虬、牛、蛇、羊、鸟、蝉，但为数极少，大多数十分抽象，只好笼统地称之为兽面纹。①

---

① 中国社会科学院考古研究所 . 殷墟妇好墓［M］. 北京：文物出版社，1980：1-2，15，31-33，18-20.（报告估计铜器总重 1625 千克）

（二）妇好墓青铜器的材质

对于妇好墓出土的青铜器，曾对 91 件器物进行取样，以化学湿法分析其成分，结果可归纳如下：

材质可分为锡青铜和铅锡青铜两类，前者占 73%，礼器的一半和全部武器属此类。青铜礼器的成分远较兵器等集中，铜含量在 80%~82%、锡含量 16%~18%；后者占 27%，以礼器居多，铜含量 78%~82%、锡含量 14%~18%、铅含量 3%~6%，大件器含锡量略低而含铅量略高，小件器含锡量高而含铅量低。关于其中的铅，报告明确是有意加入，并推测用意在于"降低熔点"和"增加流动性"，虽指出降低熔点的作用有限，但似可增加流动性，或意味着"为节省锡料起见，以廉价铅代昂贵的锡"。铸有相同铭文的礼器，锡、铅含量各不相同。

经对多组成对、成套的礼器分析，它们的铜、锡、铅含量比较接近。大鼎的成分"鼎上部与鼎下部的含铜量和含铅量依次逐渐减少，含锡量依次逐渐增加"，反映了凝固时的结晶偏析和比重偏析，但小件器物凝固迅速，材质均匀。①

（三）妇好墓青铜器铸造工艺

华觉明等对妇好墓青铜器群的铸造工艺研究后，归结出十点：

1. 所有这些铸件都用经高温焙烧的陶范浇铸而成，没有采用失蜡法。

2. 陶范一般为一次型，只有少数形制简单的器件如刀、凿的铸型可能重复使用若干次。

3. 许多器件是一模一范，如五件"亚其"爵经检验，腹部饕餮纹均不相同，它们的铸范显然由不同的模翻制而成。成对的器物或件数较多的，可能有第一代模和第二代模，因而，主体花纹大体相同，地纹却不可能一致。供镶嵌用的花纹和镂孔花纹在范面或芯表面加工。

4. 重要礼器都是三层花纹，部分实用器具有素面的，如甑和甗。

5. 铭文没有完全相同的，都是在芯上塑出阳文（或用泥片嵌入），铸后成阴文。

---

① 中国社会科学院考古研究所实验室. 殷墟金属器物成分的检测报告（一）：妇好墓铜器测定 [J]. 考古学集刊, 1982 (2)：181-193.（作者按：常说青铜中增加铅可以增加流动性，但并未有严肃研究证明此说）

6. 复杂器件的成形，主要是依靠分铸。各种分铸型式，在这一时期已基本齐备。榫卯式后铸法是这一时期分铸法的主流。

7. 泥芯的使用非常广泛和熟练，长仅 20 毫米的柱钮以及很小的兽头竟都空心，目的是使壁厚均匀，花纹饱满清晰。芯的安装定位主要是依靠芯头和芯座的榫卯式结构。

8. 器壁一般较厚，但也有很薄的，如甗 M5：767 等。

9. 铸造方法、铸型工艺、浇注位置和合金成分都已规范化。例如，兽头一般在器体上加铸，分型面、浇口的开设有一定规律。成对的器物，应是一起浇注的。

10. 铸造质量相当良好，特别是重要的礼器很少铸造缺陷，花纹清晰、完整，器形规整、美观，达到很高的技艺水平。也有少数实用器具比较粗糙的，如罐 M5：852 分型面铸缝宽 4 毫米，基本未予清除；甗的上口很小，泥芯定位难度较高，器底常穿孔、铸补。①

这一研究相当全面，且重点突出，为商代青铜器的铸造工艺建立了一个可靠标尺。研究者的意图在于分析器物的铸造工艺技术，而可资采信以进行对比和历史构建的资料十分有限，妇好墓青铜器技术来源问题没有顾及。

妇好墓发掘已四十周年，所出器物名满天下，见于多种图录和著作，相关的研究论文或在百篇之谱，但依然有许多问题有待探讨。例如，妇好墓至少随葬九组青铜器，发掘报告虽然给出了主要组别器物的解释，也不都是自洽圆通的。如束泉和子束泉，报告认为是妇好子辈（同时也认为或与多子族有关），铸器 22 件，数量相当可观，但却从未见诸他器的存在，亦不见于甲骨文字。司母帚组是除妇好组外数量最多的一组，且两组风格一致，推测是母家所作的祭器，但妇好母家何处？为何不见这家别的器物？后帚母癸两件器物，若是妇好为癸作，为何著其字（帚母）？与癸可能有怎样的关系，才会为其铸这两件青铜器？又为何没给予癸？亚弜、亚其、亚启及另外的组别器物为何要随葬妇好？包括 200 多件礼器、总数近 500 的青铜器，是一次祭祀陪葬，还是多次祭祀的结果？

因为妇好墓青铜器有多组，自然会涉及殷墟早期青铜器的生产。对此，除为数不多的研究指出成对成套的器物可能是同时同地铸造外，未见更多的讨论。妇好组 109 件器，究竟可分为几组？它们风格大体一致，是一个作坊所铸，还是几个作坊生产？尤其是铭"好"的 7 件和铭"妇女"的 2 件。若是一个作坊，

---

① 华觉明，冯富根，王振江，等．妇好墓青铜器群铸造技术的研究［J］．考古学集刊，1981（1）：270-271.

作坊主是谁？生产能力如何？铸造这些器物需要多长时间？若是多个作坊，作坊主又各为何人？后母组和妇好组风格一致，妇好母族有自己的作坊，还是在王的或其他作坊订制？同样，子束泉、亚弜、亚其、亚启等各组又在哪里铸造？报告指出子束泉和束泉组器形小工粗，作器者地位较低，其含义是地位低者在自己作坊铸器，还是有专门作坊为地位低者铸器？妇好墓数百件青铜器重达1600多千克，铸造持续了多长时间？若是这批青铜器铸造于三五十年内，首先对于思考青铜器断代具有重要价值，不同风格的器物可以并存，其次对于思考殷墟早期的铸造能力十分重要，妇好墓青铜器重逾一吨六，多达数百件，若假定只占殷墟早期青铜器铸造的十分之一或更小比例，可以考虑当时的生产规模十分庞大，司母戊鼎之类超大器物的出现，十分自然，有理由期待更大器物出土。

　　妇好墓青铜器的多个组别，据研究，既有自作器还有包括子辈的不同祭器，是否有掳掠器不得而知。这些器物风格虽有差异，但主体属于殷墟早期型，自然也引发了青铜器设计问题。谁是青铜器设计者？妇好自作的大批器物最为华美，和中商青铜器明显有别，是形成殷墟早期风格的主要代表。那么，是妇好还是御用美工，抑或是铸工设计了器物？其他各组如何，为什么会如此一致？

　　再进一步，殷墟初期的铸铜技术，也即铸工来自何方？是郑州商城的铸工的徒孙辗转迁徙而来，还是有多重来源？这对理解中商时期青铜器巨大的分布空间颇为重要。

　　上述诸多问题，笔者虽想到但力不逮，有赖高明贡献智慧。本文仅着眼于妇好墓中具有南方风格和技术要素——主要是铸铆式铸接和芯作透空纹饰、模芯合作纹的器物，对殷墟早期青铜器的艺术和技术来源做一番爬梳。

三、铸铆式铸接青铜器及其源流

　　妇好墓青铜器群中，偶方彝和分体甗的双耳以及一件卣的盖钮采用了铸铆式后铸，即在耳与腹壁结合点或钮与盖结合点的内壁，可见铆头，它们与耳或钮一体，是为强化耳或钮与腹壁或盖面结合的特殊结构，颇不寻常，渊源在长江流域的二里岗时期，器物不多，但流传有序。

　　最早注意到铸铆式铸接的铆头的是凯利（Charles F. Kelley，1885—1960）和陈梦家（1911—1966），在他们1946年编纂的《白金汉（Buckingham，陈梦家译作柏景寒）所藏青铜器图录》中，已注意到一件方罍盖内的蝉形凸起，并给出了图片。① 1952 年，高本汉（Bernhard Karlgren）在皮斯伯里（Alfred Pillsbury）收藏青铜器图录中，注意到一件乡宁方彝的盖内有同样的结构（未有图片）。② 1962 年，陈梦家在《美国所藏中国铜器集录》中同时著录了上述两件器物，指出其特殊性③，但上述几种著录都没有说明其成因和功能。1972 年，李济（1896—1979）和万家保（1926—2009）研究殷墟青铜礼器时，方彝 R2067 盖内的铸铆块形状不规则，被认为是补铸痕迹④，显然不够确切。直到 1980 年，贝格立研究盘龙城双耳簋，指出耳分铸并且具有"自销"（interlock）结构，才确认了这一现象。⑤ 华觉明等研究妇好墓青铜器时，指出分体甗之甑的双耳，内壁铆头属铸铆式铸接的遗存⑥；周建勋和苏荣誉等均讨论过盘龙城双耳簋的铸铆式后铸⑦，但此后胡家喜等讨论盘龙城双耳簋的铸造工艺时，虽正确指出了耳的分铸，却将铸铆头视作浇口痕迹，不但没能在贝格立、华觉明等的研究基础上有所深化，还有可能导向认识和研究的简单化⑧。笔者近来对铸铆式铸接现象进行爬梳，才发现这一工艺的特殊性并流传有序⑨，随着更多材料的揭示，对以妇好墓青铜器为代表的殷墟青铜器的南方来源逐步有了较为清晰的认识。

① KELLEY C F, CHEN M J. Chinese Bronzes from the Buckingham Collection [M]. Chicago：The Art Institute of Chicago，1946：28.
② KARLGREN B. A Catalogue of the Chinese Bronzes in the Alfred F. Pillsbury Collection [M]. Minneapolis：University of Minnesota Press，1952：110.
③ 中国科学院考古研究所. 美帝国主义劫掠的我国殷周铜器集录 [M]. 北京：科学出版社，1962：A781.
④ 李济，万家保. 古器物研究专刊：第五本：殷墟出土五十三件青铜容器之研究 [M]. 台北："中央研究院"历史语言研究所，1972.
⑤ BAGLEY R W. The Zhengzhou Phase (The Erligang Period) [M]// WEN F. The Great Bronze Age of China：An Exhibition from the People's republic of China. New York：The Metropolitan Museum of Art，1980：105-106.
⑥ 华觉明，冯富根，王振江，等. 妇好墓青铜器群铸造技术的研究 [J]. 考古学集刊，1981（1）：262，264.
⑦ 周建勋. 商周青铜器铸造工艺若干探讨 [M]//北京市文物研究所. 琉璃河西周燕国墓地. 北京：文物出版社，1995：256-257；苏荣誉，华觉明，李克敏，等. 中国上古金属技术 [M]. 济南：山东科学技术出版社，1995：110.
⑧ 胡家喜，李桃元，李秀辉，等. 盘龙城遗址青铜器铸造工艺探讨 [M]//湖北省文物考古研究所. 盘龙城 1963—1994 年考古发掘报告（附录七）. 北京：文物出版社，2001：586-587.
⑨ 苏荣誉. 安阳殷墟青铜技术渊源的商代南方因素：以铸铆结构为案例的初步探讨兼及泉屋博古馆所藏凤柱斝的年代和属性 [M]//泉屋博古馆，九州国立博物馆. 泉屋透赏：泉屋博古馆青铜器透射扫描解析. 北京：科学出版社，2015：352-386.

（一）渊源：二里岗晚期双耳簋

青铜簋出现于二里岗时期。在这一阶段的晚期，簋的造型从无耳发展到一对卷耳。初期的耳宽而较小，位置也高，往往生自口沿。湖北黄陂盘龙城遗址李家嘴两座墓分别出土一件簋 PLZM2：2 和 PLZM1：5。前者呈钵形，有圈足无耳；后者呈盆形，有圈足和一对 C 形耳。

双耳簋 PLZM1：5 系斜折沿、方唇、腹微鼓、腹上部饰一周由三组兽面纹组成的纹带，纹带以凸弦纹为边界，在腹部的兽面纹带之上、口沿之下饰两道凸弦纹，兽面纹带下也有一道凸弦纹（图 8.1）。对生的一双 C 形兽耳，做卷板状，兽头硕大，厚度从口沿到腹部兽面纹带上沿递减，尾部较细弱，但与腹壁结合处又略为粗壮（图 8.2）。腹底较平，下接圈足。圈足根部略细，上有均匀分布的三个十字形透孔，一道细凸弦纹从十字形孔中间穿过；下部略厚，底沿近平，通高 174 毫米、口径 220 毫米。[①]

特别值得关注的是簋耳，耳与腹壁中间有缝隙，说明双耳分铸（图 8.3），而耳叠压在腹壁纹带上（图 8.4~8.5），说明双耳后铸。[②] 在耳与腹壁结合处，腹内壁都有三个排列成倒"品"字形、形状不太规则的饼状凸起，即铆头，位于口唇之下（图 9.1~9.2）。华觉明等早就指出，该簋是当时所知"最早使用分铸法的青铜器件"，"簋体先铸，簋耳后接，属于后铸法中薄壁件的铆接式铸接"，还进一步对比盘龙城李家嘴 PLZM2 出土的无耳簋，并指出后者年代较早，而分铸就发生在二者之间。[③] 贝格立和其他学者也注意到这一点，并认为此簋双

①　湖北省文物考古研究所．盘龙城 1963—1994 年考古发掘报告 [M]．北京：文物出版社，2001：174-175，199-203；张昌平，丹羽崇史，广川守．商周期における青铜簋の铸型技术について [M]∥泉屋博古馆．泉屋博古馆纪要，2013：39-40.

②　湖北省文物考古研究所．盘龙城 1963—1994 年考古发掘报告 [M]．北京：文物出版社，2001：199；胡家喜，李桃元，李秀辉，等．盘龙城遗址青铜器铸造工艺探讨 [M]∥湖北省文物考古研究所．盘龙城 1963—1994 年考古发掘报告（附录七）．北京：文物出版社，2001：587.（胡文的分析是正确的，但附图表明后铸的双耳从簋腹内浇注则缺乏依据。鉴于簋腹内操作空间狭小，或许外边浇注更为方便。早年的研究认为这件簋"应是分铸附件后再通体合铸"，其含义是双耳先铸，显然有误）见：湖北省博物馆．盘龙城商代二里岗期的青铜器 [J]．文物，1976（2）：37.

③　华觉明，冯富根，王振江，等．妇好墓青铜器群铸造技术的研究 [J]．考古学集刊，1981（1）：264.

耳的分铸是最早的部件分铸实例。① 而这种铆头设计，目前所知以此为最早，铆头形状也不规则。②

图 8.1　盘龙城双耳簋 PLZM1：5
（引自《黄陂盘龙城青铜容器
工艺技术研究》）

图 8.2　盘龙城簋 PLZM1：5 双耳
（引自《黄陂盘龙城青铜容器
工艺技术研究》）

图 8.3　盘龙城簋
PLZM1：5 双耳
后铸痕迹（引自
《黄陂盘龙城青铜容器
工艺技术研究》）

图 8.4　盘龙城簋
PLZM1：5 双耳
分铸痕迹（引自
《黄陂盘龙城青铜容器
工艺技术研究》）

图 8.5　盘龙城簋
PLZM1：5 双耳
叠压腹壁纹饰（引自
《黄陂盘龙城青铜容器
工艺技术研究》）

---

① BAGLEY R W. Shang Ritual Bronzes in the Arthur M. Sackler Collections［M］. Washington D. C.：The Arthur M. Sackler Foundation，1987：42；河南省博物馆. 河南三门峡市上村岭出土的几件战国铜器［J］. 文物，1976（3）：5.（此文认为具体工艺是"器身和耳饰分开铸造，然后铆合成为一体"。分铸的认识是正确的，但铆合的看法不确，应是铸铆结构）

② 苏荣誉. 安阳殷墟青铜技术渊源的商代南方因素：以铸铆结构为案例的初步探讨兼及泉屋博古馆所藏凤柱斝的年代和属性［M］//泉屋博古馆，九州国立博物馆. 泉屋透赏：泉屋博古馆青铜器透射扫描解析. 北京：科学出版社，2015：380-381，384-385.

图 9.1　盘龙城簋 PLZM1：5 内壁铆头　　　图 9.2　盘龙城簋 PLZM1：5 内壁铆头
（引自《黄陂盘龙城青铜容器　　　　　　（引自《黄陂盘龙城青铜容器
工艺技术研究》）　　　　　　　　　　　工艺技术研究》）

图 10.1　城固龙头双耳簋　　图 10.2　城固龙头双耳簋　　图 10.3　城固龙头双耳簋
（引自《黄陂盘龙城青铜　　　　　双耳　　　　　　　内壁铆头
容器工艺技术研究》）　　（引自《黄陂盘龙城青铜　　（引自《黄陂盘龙城青铜
容器工艺技术研究》）　　容器工艺技术研究》）

无独有偶，1980 年，在陕西南部城固龙头村发现一个青铜器窖藏，出土了成百件青铜器，其中包括一件双耳青铜簋（图 10.1）。① 造型与盘龙城簋相同，纹饰有别且满布器表，或较盘龙城簋 PLZM1：5 时代略晚。

---

① 关于城固青铜器，李伯谦将其分为三组。一组是容器，既有中原传入的，也有模仿中原的；一组是兵器，基本上模仿中原器型，但有自身特点；还有一组是面具、镰形器和钺等，具有浓厚本地特点。总体而言，城固青铜器主要成分具有浓厚地方色彩，其性质可能属于更早的蜀文化，并认为绝大多数是当地铸造的（李伯谦．城固铜器群与早期蜀文化 [J]．考古与文物，1983（2）：66-70.）。黄尚明根据城固青铜器群中有二里岗时期器物，言其年代早于广汉三星堆物坑，提出制造城固青铜器的人，在二里岗上层到殷墟一、二期，分别生活在今汉中地区和川西平原一带，但在将城固与三星堆青铜器进行比较后，他认为城固青铜器群属于早期巴人（黄尚明．城固洋县商代青铜器群族属再探 [J]．考古与文物，2002（5）：40-45.）。

　　城固龙头村窖藏出土的双耳簋，也是斜折沿、方唇，也是从口沿向下对生C形兽耳，同样是兽头肥硕而下半部分细弱（图10.2），所不同的是此簋腹壁较直，器表几乎满布纹饰。上腹饰窄斜角目纹带，其上有一道细凸弦纹置于纹带和口沿之间；腹部主纹带较宽，由菱形云雷纹和乳丁构成，纹带下有一周凸弦纹；二纹带之间有一窄间隔；簋腹底也较平，下接的圈足较高。圈足上段略细，也有均匀分布的三个十字形透孔，一周弦纹贯穿其中；圈足下段略厚，上饰由三角云纹组成的纹带。① 从造型看，和盘龙城李家嘴簋接近，但从纹饰看则显得略晚。

　　在簋腹内壁，双耳与腹壁结合处，也各有三个铆头。结构和分布情形相同，都是倒"品"字形排列，上边的两枚与口沿平齐，且都被口沿的铸型切去一角，下边的铆头为不规则圆饼形，凸起于器表约2毫米（图10.3）。很明显，这件簋双耳分铸的形式，和盘龙城双耳簋的工艺思想和手法完全一致。迄今仅见此二例，且器物风格一致，时代相近，可以推定它们在铸造技术上同源，或为同一工匠在不同年份所铸，或者铸造李家嘴簋工匠的儿子或徒子铸造了龙头村双耳簋。②

　　盘龙城李家嘴双耳簋 PLZM1：5 双耳的铸铆接属于成熟形式，同墓出土的斝 PLZM1：12，鋬的后铸也是铸铆式铸接，结合同出的另一件斝 PLZM1：13 鋬的后铸可能属于榫接式后铸，应揭示了铸铆式略晚于榫接式。③ 若此推论成立，铸铆式铸接的发明大约在二里岗晚期。

　　（二）转承：中商时期的凤柱斝

　　二里岗晚期的双耳簋在中商阶段还没有发现，但铸铆式铸接表现在凤柱斝的鋬的后铸上，迄今所知仅三件。

　　1973年冬，农民在陕西岐山贺家村平整土地发现了十座墓，其中一号墓形制特殊：长4.1米、宽2.9米、深3.94米。四周有熟土二层台，宽0.7米、高0.72米。墓南头二层台0.5米之上有一壁龛。壁龛东西长1.8米、宽0.72米，

① 王寿芝. 陕西城固出土的商代青铜器［J］. 文博，1988（6）：3-9；曹玮. 汉中出土商代青铜器：第1卷［M］. 成都：巴蜀书社，2006：40-41.

② 近来山西博物院缴获一件双耳簋，与盘龙城和龙头村双耳簋具有相同的工艺和相近的风格，已有文章予以讨论。见：中国社会科学院考古研究所夏商周考古研究室. 三代考古：九［M］// 苏荣誉. 论商前期青铜双耳簋的风格与工艺：兼及早期青铜风格与工艺的地域性问题. 北京：科学出版社，2021：569-609校注.

③ 苏荣誉，张昌平. 盘龙城青铜器的铸接工艺研究［C］// 盘龙城遗址博物院，武汉大学青铜文明研究中心. 盘龙城与长江文明国际学术研讨会论文集. 北京：科学出版社，2016：118-137.

放置随葬器物，计铜鼎一、簋一、卣二、瓿一、斝一及若干兵器和工具，其中鼎 M1：4 直耳，口微敛，沿外折，颈饰一周两两相对的夔纹，细云纹衬底。腹外鼓，遍饰乳丁雷纹，三柱足。发掘简报将墓葬年代定为西周初期的武、成之世。壁龛中所出斝 M1：10，侈口的一对立柱顶端各伏卧一凤鸟，故称之为凤柱斝（图 11.1），通高 410 毫米。①

这件凤柱斝侈口不很圆整，两方形立柱，柱顶各伏一凤鸟，两鸟方向一致，造型相同。硕头眼凸，喙细，凤头顶排列三齿高冠，做脊棱状从脑后延伸到背中，有随形的阴线纹；双翼小而收敛，饰盘旋纹。鸟身满饰细密鳞纹，鸟尾短而粗壮，略呈板形（图 11.2）。凤冠上有纵向贯通的铸造披缝，与喙上的披缝一致，说明凤鸟铸造时是对开分型。凤鸟与方柱结合面上有清晰的铸造披缝，表明凤鸟应当先铸。②

斝腹分上下两段，中间以宽而浅的凹槽束腰界开，底略外鼓。三只弧三角形截面足弧形外撇支撑于腹底，足根外面较腹底边缘内缩约 1 毫米，足端略尖利。其中一足端部有早期补铸痕迹。

图 11.1　贺家村凤柱斝
（引自《中国青铜器全集》第 4 卷图 59）

图 11.2　贺家村凤柱斝凤鸟
（笔者摄）

① 陕西省博物馆，陕西省文物管理委员会．陕西岐山贺家村西周墓葬［J］．考古，1976（1）：31-38.（发表的考古简报只包括一号、三号、五号和六号四座墓葬）
② 苏荣誉．岐山出土商凤柱斝的铸造工艺分析及相关问题探讨［C］//陕西省考古研究院，上海博物馆．两周封国论衡：陕西韩城出土芮国文物暨周代封国考古学研究国际学术研讨会论文集．上海：上海古籍出版社，2014：552-553.

图 11.3　贺家村凤柱斝鋬
（笔者摄）

图 11.4　贺家村凤柱斝腹部扉棱
（笔者摄）

　　腹部一 C 形兽头鋬，截面中略外鼓而两侧微内收成槽形，其中尚保存部分泥芯。兽首高起的鼻翼与兽眼凸出，并贴着鋬上部向后伸出双角。自鼻向额后立一冠状扉棱，两侧均有阴线。似自兽首口中伸出舌构成鋬的下半部分，外面饰两列鳞纹，中间分界当是分型线位置（图 11.3）。上腹和下腹均饰一周兽面纹带，布局一致，下腹纹带较上腹略宽，微凸起于器表，均由三组兽面组成，位置和三足相应，眼珠明显凸出，两侧填饰夔纹。纹带上均布五组垂直的勾云形镂空扉棱，两组与鋬作为兽面纹组界，三组作为兽面纹的鼻。上、下腹同组兽面纹的扉棱大体保持同一垂线。只是作为兽面纹鼻的扉棱，上、下两条有一夹角，不完全垂直（图 11.4）。所有的扉棱都有纵向的铸造披缝。在鋬下腹壁上，也有一条垂直的披缝。有著录指出该斝纹饰具有殷墟早期的特点。[1]

　　斝腹内壁十分特别。鋬与腹壁的上结合点有两个铆头，直径约 15.5 毫米、凸起高度 4.6~5.5 毫米、相距 56 毫米，表面饰阴线涡纹（图 12.1）。与作为兽面纹鼻的扉棱相应，内壁都有垂向的突棱（图 12.3），尺寸各有所差，长、宽均大于扉棱；但作为兽面纹组界的扉棱，内壁则没有突棱。

---

　　① 中国青铜器全集编辑委员会. 中国青铜器全集：第 4 卷［M］. 北京：文物出版社，1998.

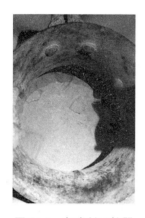

图 12.1　贺家村凤柱斝　　　　图 12.2　贺家村凤柱斝　　　　图 12.3　贺家村凤柱斝
腹内壁铆头与突棱　　　　　　　腹内壁铆头　　　　　　　　腹内壁突棱一组
（笔者摄）　　　　　　　　　（笔者摄）　　　　　　　　　（笔者摄）

这件斝腹内的信息值得特别关注。鋬内侧两个铆头表明该鋬是后铸成形的。即在铸造器腹时，在与鋬上端结合处，预铸两个小孔（工艺孔，估计为圆形），在铸接鋬时，将鋬的铸型组合在相应位置，使得鋬的型腔与此工艺孔相通。在腹内，则有一范，上端做出铆头铸型，估计是用模子直接压出圆窝且未修整，故涡纹不十分清晰和完整，形状不规则、深度不等。浇注鋬时，熔化的青铜通过鋬的型腔注入铆头型腔，冷凝后鋬就牢固地铸接在斝腹上并形成铆头。至于腹内壁上的六道三组突棱，则是铸接作为兽面纹鼻的三组扉棱的特殊设计。因器壁厚度不足 2 毫米，很难成功铸接扉棱。因此，在铸造工艺设计上，巧妙地在腹芯相应位置挖出六道槽，加厚铸接扉棱的部位至 4~6 毫米，确能安全将先铸的扉棱铸接在一起。这也是腹内壁突棱的长度和宽度大于扉棱的因由。[①]

贺家村凤柱斝三足中空，顶端未封闭，泥芯仍存（见图 12.1）。空心足并与腹腔贯通，是二里岗期青铜斝的特点，郑州及其周围、黄陂盘龙城所出土的青铜斝，足的结构大多如此，和早期的陶斝有渊源关系。林沄认为这件斝和同出的瓿属于二里岗向殷墟早期过渡的形式[②]，很明显，这件斝的年代，应可早到中商时代。

---

① 苏荣誉. 岐山出土商凤柱斝的铸造工艺分析及相关问题探讨 [C]//陕西省考古研究院，上海博物馆. 两周封国论衡：陕西韩城出土芮国文物暨周代封国考古学研究国际学术研讨会论文集. 上海：上海古籍出版社，2014：552-556.（此器出土时被探铲在下腹打破，测得壁厚 1.4 毫米）

② 林沄. 商文化青铜器与北方地区青铜器关系之再研究 [M]//林沄. 林沄学术文集. 北京：中国大百科全书出版社，1998：262-288.

与贺家村凤柱斝同形的两件斝，分别收藏于华盛顿弗利尔艺术馆和京都泉屋博古馆。

弗利尔收藏的凤柱斝（07.37），系弗利尔1907年购自日本。此斝除腹部兽面纹的角粗壮且更浮起外，与贺家村斝的造型、纹饰及其布局几乎一致，一对方柱上也各伏卧一鸟，一鸟的冠残缺，一鸟完整。鸟冠脑后一齿向后平伸，而贺家村斝则是环起。通高419毫米，形体较贺家村斝略大（图13.1）。从底部取样测得主要成分为82.3%铜、12.2%锡和1.0%铅。①

鸟身的铸造痕迹和X射线成像分析，都证明鸟是先铸的。② 斝腹内迹象与贺家村斝相同之处颇多：首先是腹内壁也有两个圆形涡纹铆头，说明鋬是和贺家村斝以同样形式后铸；其次是内壁也有三条与兽面纹鼻相应的凸起（图13.2），说明这三组扉棱是先铸成形，在浇注器腹时铸接的。弗利尔凤柱斝三足中空③，

图 13.1　弗利尔凤柱斝
（引自 *The Freer Chinese Bronges*，Vol. 1，pl. 21）

图 13.2　弗利尔凤柱斝内壁铆头
（引自 *The Freer Chinese Bronges*，Vol. 1，p. 129，fig. 15）

---

① 容庚. 商周彝器通考［M］. 上海：上海人民出版社，2008：293，640；POPE J A, GETTENS R J, CHIHILL J, et al. The Freer Chinese Bronzes, Volume Ⅰ：Catalogue［M］. Washington D. C.：Smithsonian Institution, 1967：127-131.

② POPE J A, GETTENS R J, CHIHILL J, et al. The Freer Chinese Bronzes, Volume Ⅰ：Catalogue［M］. Washington D. C.：Smithsonian Institution, 1967：131.

③ POPE J A, GETTENS R J, CHIHILL J, et al. The Freer Chinese Bronzes, Volume Ⅰ：Catalogue［M］. Washington D. C.：Smithsonian Institution, 1967：128-129；GETTENS R J. The Freer Chinese Bronzes, Volume Ⅱ：Technical Studies［M］. Washington D. C.：Smithsonian Institution, 1967：92，112，Fig. 138.

斝根部未封闭，泥芯暴露于器腹且部分被挖去而形成三角形凹陷。这一点和贺家村斝相同，说明其年代也是可以早到中商的。其产地被认为是商代的南方。①

泉屋博古馆收藏的一件凤柱斝，形制和上述二器大同小异（图 14.1）。② 也是侈口尖唇，口沿上一对方形截面的短立柱，柱顶伏卧凤鸟。凤鸟的造型和纹饰与上述二斝颇接近，所不同者在于冠。这件斝的冠不单是四个立齿，而且齿顶设有一横梁，将四齿联系起来。而凤鸟脑后的垂冠，也和鸟首、鸟颈分离开来，顶部最后一齿下垂，在凤尾上部回转内卷，且在回转处下生一棘和凤尾相接。腹内的口沿伪刻一周铭文。通高 298 毫米、口径 172 毫米，小于上述两斝。

斝腹部设计成不同的两段。上腹做杯形，饰兽面纹带，并以细密的云雷纹衬底。此斝没有扉棱。下腹做鬲形，外鼓，分裆，三组兽面纹分布在三袋足正面，兽眼、兽鼻和兽角均十分凸出，硕大的双角和相对萎缩的身躯向两侧伸展，角端回转外翘，也以细密的云雷纹衬底（图 14.2）；而内壁，与高浮雕兽角和凸出的眼珠则相应下凹（图 14.3），这正是商代南方风格青铜器的一个特点。③ 兽面沿袋足向下内收，噙住弧三角形截面的足。足弧形外撇，端尖利。尺寸相对较小的 C 形鋬和一足相应，上半段做高浮雕兽头形，起于口沿下而高于上腹纹带，下半段饰鳞纹接于一袋足兽面纹的冠饰上。

①　POPE J A, GETTENS R J, CHIHILL J, et al. The Freer Chinese Bronzes, Volume Ⅰ: Catalogue ［M］. Washington D. C.: Smithsonian Institution, 1967: 128.

②　泉屋博古馆. 泉屋博古: 中国古铜器 ［M］. 京都: 泉屋博古馆, 2002: 47, 195; 滨田耕作. 泉屋清赏 ［M］. 京都: 泉屋博古馆, 1918; 容庚. 商周彝器通考 ［M］. 上海: 上海人民出版社, 2008: 293, 641.

③　苏荣誉. 龙虎尊发微 ［M］// 中国青铜文化研究会, 《青铜文化研究》 编辑部. 青铜文化研究. 合肥: 黄山书社, 2013: 13-22.

图 14.1　泉屋罍

（引自《泉屋博古》图 52）

图 14.2　泉屋罍底内壁下凹

（引自《泉屋透赏》373 页图 34）

图 14.3　泉屋罍内壁铆头

（引自《泉屋透赏》372 页图 31）

图 14.4　泉屋罍下腹高浮雕兽面纹

（引自《泉屋透赏》371 页图 30）

　　值得强调的是，泉屋罍和上述两件罍一样，腹部内壁同样可以看到两个铆头，其上也有涡纹（图 14.4）。此罍的 CT 扫描结构（图 15.1），表现出立柱和鸟均中空（图 15.2），其设计目的在于使得铸件的壁厚尽可能一致，符合现代铸造工艺原理，也清楚地揭示出了錾及其后铸铸接于器腹的结构（图 15.3～15.4）。① 很明显，其铸造工艺源自二里岗期双耳簋，和上述二罍完全相同，说明它们年代相近。从器物的纹饰看，这件罍接近于阜南月儿河龙虎尊，时代应属于中商晚期，不晚于殷墟前期。

---

　　①　今津節生. 青銅器の内部を探る：X 線 CT スキるヤナによる中國古代青銅器の構造技法解析［M］. 福岡：九州国立博物館，2012：52-53.

图 15.1　泉屋斝

（引自《泉屋透赏》图 42-1）

图 15.2　泉屋斝凤鸟中空与铸接

（引自《泉屋透赏》图 42-10）

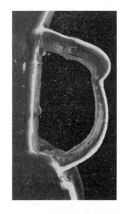

图 15.3　泉屋斝鋬的铸接

（引自《泉屋透赏》图 42-7）

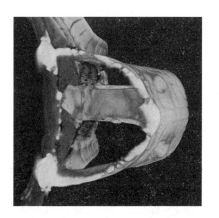

图 15.4　泉屋斝鋬铸铆式铸接

（引自《泉屋透赏》图 42-8）

　　这三件凤柱斝，只有贺家村斝有明确的出土地点，另外两件出土地点不明。弗利尔斝与贺家村斝在形制上十分接近，都是杯状腹，腹底略外鼓，凤鸟造型一致，所不同者在于后者有底纹而前者没有。泉屋斝的造型和它们差别较大，腹底分裆，腹部没有扉棱，却有底纹，凤鸟造型和下腹纹饰均更为华丽。需要指出的是，这类斝迄今没有在安阳殷墟出土的记录，或许暗示着这类斝不会出自殷墟。从形制看，贺家村斝年代最早，可到中商前期；泉屋斝略晚，或在中商晚期；弗利尔斝居中，或在中商中段。

　　从铸造工艺看，三件凤柱斝的铸造技术路线和工艺措施完全一致，都是泥范块范法铸造成形。凤鸟与斝腹分铸；鋬与斝体分铸，是在斝体成形后，后铸于斝体上的。制作上的差别主要在于扉棱的处理。贺家村斝和弗利尔斝，作为兽面纹鼻的扉棱与斝体分别铸造，是扉棱先铸后为斝体铸接的。泉屋斝没有扉棱，却唯其独具袋足。①

（三）转衍：中商—晚商过渡期的铸铆式铸接

可以归入这一时期的铸铆式铸接青铜器，包括上海博物馆收藏的一件斝、国家博物馆收藏的一件斝和安阳小屯 M238 出土的一件方彝 R2067。

上海博物馆收藏的一件兽面纹斝，侈口，口沿有一对粗而略高的方柱，柱头上有伞状柱帽，帽顶饰涡纹。腹部略鼓，折底，三只粗壮足承器腹，足弧形外撇，外面饰蝉纹。颈部和上、下腹各饰兽面纹带，兽面纹两侧下方均配鸟纹，器表几乎满布纹饰。兽面纹的鼻系窄矮的扉棱。纹饰属平铺型，仅兽面纹眼珠凸起（图 16.1）。腹一侧设鋬，鋬上端是一个较宽的兽头，嘴微张，露出牙齿，口虚空（图 16.2）。通高 324 毫米、口径 190 毫米，重 3.04 千克。陈佩芬指出该斝"三组兽面纹的鼻都不到下栏"是殷墟早期青铜器兽面纹的一个特征，而"鋬的形式见于盘龙城商中期兽面纹的耳饰"，但结论却是"殷墟早期的青铜斝"。②

图 16.1 上海博物馆
兽面纹斝
（周亚先生惠供）

图 16.2 上海博物馆斝鋬
（周亚先生惠供）

图 16.3 上海博物馆斝
内壁铆头
（周亚先生惠供）

上海博物馆周亚先生惠示，这件斝腹内壁也有一对铆头，铆头上锈层较厚，隐约有涡纹（图 16.3）。说明鋬的后铸和上述三斝一致，但造型变化较多，介

---

① Su R Y. On the Cast-on with Rivet Structure in the Bronze Foundry in Ancient China ［J］. 亚细亚铸造技术史学会研究发表资料集，2013（7）：84-98.

② 陈佩芬. 夏商周青铜器研究：夏商篇：下 ［M］. 上海：上海古籍出版社，2004：269.

于中商与殷墟之间。① 国家博物馆收藏的一件双环耳釜，著录于《中国青铜器全集》，说明中记其"传 1964 年出土于安阳高楼庄"，年代为"商代晚期"（图 17.1）。② 该器做甑形，圈底，圆口、口微侈，尖沿，方唇，口下微束颈，上腹饰细线兽面纹，兽面各部均不突出，或许纹带由四组兽面纹组成；下腹饰细线三角纹。上腹纹带上对生两组半圆环耳，垂向，两两成组在水平方向排列，各自套着似蛇头回卷而成的 U 形环，环身饰阴线菱形纹（图 17.2）。通高 247 毫米、口径 324 毫米。

这件釜的其他信息无从知晓，罗森在北京参观展览时拍有一张照片，表现了部分腹内壁，右侧可见与半圆环相应内壁的一个完整凸起的铆头，旁边的只可看到小半个（图 17.3），有清晰的涡纹（图 17.4）。③ 这铆头显然和半圆环一体，是后铸半圆环为加强与器腹连接的结构。因每侧有两个半圆环，与腹壁有四个节点，推测腹内壁应有两组凸起的铆头，每组四个，也为水平排列。具体若何，有待验证。

图 17.1　双环耳釜（引自
《中国青铜器全集》第 2 卷图 81）

图 17.2　双环耳釜的双环耳
（引自《中国青铜器全集》第 2 卷图 82）

---

① 苏荣誉 . 安阳殷墟青铜技术渊源的商代南方因素：以铸铆结构为案例的初步探讨兼及泉屋博古馆所藏凤柱斝的年代和属性［M］//泉屋博古馆，九州国立博物馆 . 泉屋透赏：泉屋博古馆青铜器透射扫描解析 . 北京：科学出版社，2015：374. 再次感谢周亚先生。

② 中国青铜器全集编辑委员会 . 中国青铜器全集：第 2 卷［M］. 北京：文物出版社，1997：图 81-82.

③ RAWSON J. Western Zhou Ritual Bronzes from Arthur M. Sackler Collections［M］. New York：The Arthur M. Sackler Foundation，1990：462.

图 17.3　双环耳釜（引自 *Western Zhou*
Ritual Bronzes from Arthur
M. Sackler Collections，**p. 246**，
罗森夫人惠允使用）

图 17.4　双环耳釜内壁铆头
（据图 17.3，局部放大）

　　此釜纹饰细而平，具有中商末期或殷墟早期特点。两组四只半圆形环吊双耳，在殷墟青铜器中似属孤例，或可说明别有渊源。

　　安阳小屯 M238 出土的一件方彝 R2067，反映了铸铆式铸接钮的另一种形式。该彝出土时腹部残缺但盖完整，圈足四面饰夔纹带，四底边中心各有一倒 U 形缺。腹部四角和四面中心均有勾牙形扉棱，并随上下两段纹饰分段，上段饰一周夔纹带，下段饰一周兽面纹带。盝顶形盖的四角脊、四面中心和通脊是同样的扉棱，通脊中央有缺口，置钮，钮顶同为盝顶式，盖四面饰倒置兽面纹，全体纹饰以细线云雷纹衬底（图 18.1）。通高 255 毫米、口 163 毫米×123 毫米，重 3.95 千克。盖面锈蚀严重，盖内壁平光，但中央有一疵（图 18.2），万家保等认为"盖内面钮下方有不规则的补缀痕迹"[1]，实则应该是钮铸铆式后铸的铆块。勾牙形扉棱是殷墟早期之前的形式[2]，小屯墓的年代应属中商晚期，不晚于与殷墟的过渡时期，此方彝的年代可如是观。

①　李济，万家保. 古器物研究专刊：第三本：殷墟出土青铜斝形器之研究［M］. 台北："中央研究院"历史语言研究所，1968.
②　苏荣誉. 扉棱分铸青铜容器初论［M］//青铜文化研究编辑部. 青铜文化研究：第十辑. 合肥：黄山书社，2022：10-39.

图 18.1 安阳小屯方彝 R2067
（引自《殷墟出土五十三件
青铜容器之研究》图版 14）

图 18.2 铸铆式铸接钮之
铆块（引自《殷墟出土五十三件
青铜容器之研究》图版 14 附图）

（四）妇好偶方彝 M5：791

妇好偶方彝有盖，因其形似两件方彝联成一体，故名。口部呈长方形，稍内敛，方唇，长边一面有方形槽七个，另一面则有七个尖形槽。有肩。腹呈长方形，两端有对称的附耳，腹下部略内收。体腔中空，底近平。体四面中部、四转角以及圈足的相应部位都有扉棱。圈足两长边中部均有一个长方形缺口，两短边中部也各有一个小缺口。口沿下长边两面中部各有一个凸起的兽头，兽头两侧饰以鸟纹。方形槽的一面共饰六鸟，每边三鸟；尖形槽的一面则为四鸟，每边各二。鸟做站立状，钩喙圆眼，短翅长尾，鸟头均朝向兽头。两长边腹中部各饰大饕餮纹一个，在它的口部两侧各有一夔和做站立状的小鸟；两端又分别饰一较大的夔，头向外，钩喙有角，长尾垂卷，做站立状，形较奇特。圈足长面的两端各有一形体较大的夔，夔头向外；中部又有两夔，夔头相对，尾端做蛇头形。短边两面附耳之上各铸象头一个（其中一个残损，经复原），大耳长鼻，有长牙一对，在象头的两侧各饰一鸟，象头之下饰一大饕餮纹。圈足短边两面各饰对称的夔纹。方槽面部饰阴线饕餮纹，尖槽面部饰对称的小夔纹。内底中部有铭"妇好"二字。

盖似四阿式屋顶，两端有对称的四阿式短柱钮，中脊和四坡角以及四面中部均有扉棱，下部长边一面有方形榫七个；另一面为七个尖形榫（中间的一榫与鸱喙巧妙地结合为一体），恰好与器身上的槽口相合。两长边中部各有一个凸起的鸱鸮面，在它的两侧各饰一鸟，鸟头相对，形象生动。在鸟的上下侧又分别饰以夔纹，但不甚清晰；短边两面饰倒夔两条。短柱钮表面饰三角形纹。盖面下短边两端有长条形子口，与器口相合（图 19.1～19.2）。通高 600 毫米、通长 882 毫米、器高 410 毫米、口长 692 毫米、口宽 175 毫米、圈足高 117 毫米、重 71 千克。① 此器重大，造型独特，满布装饰且富于层次，未见有与之相同者，是一件不可多得的珍品。

图 19.1　偶方彝正面　　　　　　　图 19.2　偶方彝侧面

（引自《中国青铜器全集》第 3 卷图 62）　（引自《中国青铜器全集》第 3 卷图 60）

有关偶方彝的信息披露得很少，其铸造工艺仅有华觉明等指出耳、兽头和盖钮后铸。② 仔细考察线图，发现两侧附耳与器腹的结合，在腹内壁相应位置有凸起的铆头（图 20.1~20.2），结合上述簋、斝和釜的耳与鋬的铸接，可知偶方彝双耳的后铸也是采取了铸铆接形式，但铆头是否具有涡纹装饰，有待考察。

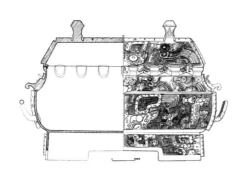 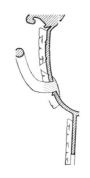

图 20.1　偶方彝线图（引自　　　图 20.2　偶方彝铸铆结构

《殷墟妇好墓》图 33）　　　　　（来自图 20.1 局部）

① 中国社会科学院考古研究所. 殷墟妇好墓 [M]. 北京：文物出版社，1980：50-51；中国社会科学院考古研究所，首都博物馆，河南博物院. 王后·母亲·女将：纪念殷墟妇好墓考古发掘四十周年 [M]. 北京：科学出版社，2015：134-135.

② 华觉明，冯富根，王振江，等. 妇好墓青铜器群铸造技术的研究 [J]. 考古学集刊，1981（1）：268.

（五）妇好分体甗 M5：767+864

妇好墓出土分体甗两套四件，一套的甗铭"妇好"（分体甗 M5：767+
864），另一套则铭"好"（M5：797+768）。二者铭文有差，但结构相同，下半
部的形状和甗上的纹饰都有所不同，当有不同来源。

妇好分体甗 M5：767+864，下半部鬲 M5：864，圈口略外侈，平肩，宽边，
鼓腹分裆，三足较矮，足上端中空。腹饰双重人字形凸弦纹。肩面一侧有"好"
字铭。底有烟炱痕，一足缺，经复原。高 226 毫米、口径 135 毫米、裆高 107 毫
米。上半部甑 M5：767 敞口，上腹饰一周两组夔纹组成的纹带，云雷纹衬底，
下垂十个三角纹。一对 C 形兽耳起于纹带而终于下腹，叠压着三角纹之尖。发
掘报告注意到，因"器壁较薄，为加固器耳，在器之内壁、两耳的上下，分别
铸有凸起的圆涡纹"。内壁铸铭"妇好"。高 146 毫米、口径 222 毫米、底径 90
毫米。二者扣合后通高 348 毫米，重 6.7 千克（图 21.1~21.2）。① 出土时一耳
脱落，铆头断脱（图 22.1），腹壁暴露出形状较为规则的透孔。另一耳连同甑
壁的一部分一同残断，耳亦残破，表现出薄壁，可清晰看到内壁的铆头依然存
在（图 22.2），内壁的耳与腹结合处，有凸起的铆头，上饰涡纹（图 22.3 ~
22.4）。②

图 21.1 妇好分体甗
（引自《王后·母亲·女将》135 页）

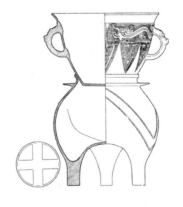

图 21.2 妇好分体甗线图
（引自《殷墟妇好墓》图 31.4-5）

---

① 中国社会科学院考古研究所. 殷墟妇好墓 [M]. 北京：文物出版社，1980：46，49.
② 华觉明，冯富根，王振江，等. 妇好墓青铜器群铸造技术的研究 [J]. 考古学集刊，
1981（1）：262.

图 22.1　出土时耳断脱　　　　　图 22.2　出土甗壁残片内壁铆头
（引自《考古学集刊》1981 年　　（引自《考古学集刊》1981 年
第 1 期图版 47.1）　　　　　　　第 1 期图版 47.2）

图 22.3　妇好分体甗甑内壁铆头　　图 22.4　妇好分体甗甑内壁铆头
（笔者摄）　　　　　　　　　　（笔者摄）

　　华觉明等仔细研究了甗 M5：767 的铸造。指出出土时耳脱落，甑体上有相应的接痕，接痕中心有一中心孔，周缘轮廓清晰，有和甑耳断开的铆钉状残件。铆钉状残件的形状和甑体铸出孔相吻合，可见它是在甑体上铸出的。它的做法是在器壁预铸孔洞，然后于器壁合模、制范与浇注，依靠金属液的凝回收缩使连接构件紧贴器壁。用铸造的方法形成和铆接相同的连接结构，是这种分铸形式的特点。器壁内外有接触面较大的金属构件来保护，使铸接较为牢固，器壁不易受损。和榫卯式铸接一样，器体和铸型部必须预热到较高的温度，才能减少金属液和器体的温度差，达到较好的铸接质量。① 从妇好墓这件甗看，可能是一耳的铆头断脱导致了该耳的断脱，说明工艺控制的失误；而另一耳即使腹壁残破，依然牢固连接在器壁，铸接质量上乘。②

（六）妇好墓提梁卣 M5：765

殷墟妇好墓出土两件提梁卣（M5：765、829），发掘报告认为属于一对，均有龙头提梁，提梁中有纵向的扉棱。有隆盖，以子母口与卣扣合，盖中央有鸟形钮，并通过夔形与鸟形片与提梁链接。M5：765 小口，口下饰一周雷纹带，但大部模糊不清；颈细长，饰兽面纹带；鼓腹饰兽面纹带，圜底；矮直圈足，上端两侧有长方形小孔各一，饰兽面纹带。颈、腹及圈足，在前后面均有一条脊棱。腹两侧生对称半圆环，提梁与之链接（图23.1）。盖面隆鼓，中央设鸟形钮（图23.3）。通高 364 毫米、口径 88 毫米，重 3.2 千克。M5：829 残缺较多，在颈、腹兽面纹带之间有一云雷纹带。通高 354 毫米、口径 89 毫米，重 3.1千克。③

图 23.1　卣 M5：765
（引自《中国青铜器全集》第 3 卷图 114）

图 23.2　卣 M5：765 线图
（引自《殷墟青铜器》15 页）

① 华觉明，冯富根，王振江，等 . 妇好墓青铜器群铸造技术的研究 [J]. 考古学集刊，1981（1）：262-263.
② 苏荣誉 . 安阳殷墟青铜技术渊源的商代南方因素：以铸铆结构为案例的初步探讨兼及泉屋博古馆所藏凤柱斝的年代和属性 [M] // 泉屋博古馆，九州国立博物馆 . 泉屋透赏：泉屋博古馆青铜器透射扫描解析 . 北京：科学出版社，2015：362.
③ 中国社会科学院考古研究所 . 殷墟妇好墓 [M]. 北京：文物出版社，1980：66-67，65.

　　盖钮的分铸在线图上未能表现（图 23.2），华觉明等指出该卣成形经过了多次铸接（图 23.4），而钮采用了铸铆式后铸，形式与上述分体甗之甑耳相同。[①]

图 23.3　卣 M5：765 盖钮（引自《殷墟青铜器》123 页）

图 23.4　卣 M5：765 盖钮分铸（引自《考古学集刊》第 1 期 263 页图 22）

（七）殷墟早期的其他铸铆式铸接青铜器

　　考古发掘和传世的青铜器中，还有若干件属于殷墟早期，其附件采用了铸铆式铸接。包括弗利尔艺术馆收藏的方斝（编号 36.12）、早年西北岗 M1022 出土的觯 R1075、芝加哥艺术馆（The Art Institute of Chicago）收藏的方罍（38.17）等。

　　弗利尔艺术馆收藏的方斝（36.12，图 24.1），有盖。盖面微凸，饰两侧面龙纹，以细密云雷纹衬底。中心有鸟形钮，做站立状，足踏盖面，长尾后扬再下收于盖面，形成桥状钮。鸟首大，喙粗壮，眼大而圆睁，有硕大上翘的双耳，双翅收敛上翘，前胸与后背饰鳞纹。器腹截面呈方形，束颈鼓腹，口沿外侈并向内收，沿上对生一双方截面立柱，柱顶有高束腰柱帽，盝顶饰兽面纹，方形截面，柱帽四角有细窄扉棱，束腰处饰回纹带，下面饰三角纹带，柱帽底平，可见铸造披缝，柱上有水平的铸接痕迹。X 光片表现出柱帽中空，泥芯仍在，两次铸接痕迹一个在柱帽下沿、一个在柱的中段，而柱中的泥芯仍存。其铸接的方式是先铸柱帽，然后掏出帽内部分泥芯；同时铸出斝体（连同部分柱，柱中空），掏出柱中部分泥芯，再制作柱上段铸型，且包含一短芯，将它们与柱帽和斝体组合并浇注，一头铸接进柱中，另一头铸接进柱帽，完成铸接。

---

　　① 华觉明，冯富根，王振江，等 . 妇好墓青铜器群铸造技术的研究［J］. 考古学集刊，1981（1）：264，262.

器腹的四角有窄扉棱，两侧均有直阴线使之有百节效果。四腹面中心，除一面设置錾外，另三面具有相同的垂直扉棱为下腹兽面纹之鼻和上腹夔龙纹带的对称轴。口沿下饰一周蝉纹。上腹为夔龙纹带，每面四只，以扉棱为对称排列。下腹饰大散列兽面纹，角与眼稍凸出，兽面两侧的下方填饰立起的夔龙纹，以细密云雷纹衬底。

图 24.1　乡宁方斝

（引自 *The Freer Chinese Bronzes*,

Vol. Ⅰ, p. 133）

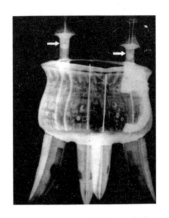

图 24.2　乡宁方斝 X 光片

（引自 *The Freer Chinese Bronzes*,

Vol. Ⅱ, p. 94）

錾做 C 形，位于一面的中线位置，替代另三面的扉棱。錾生于上腹纹带并打破了两夔龙纹的头部，收于下腹，几与下腹纹带下栏平齐。錾上部饰圆雕兽头，有硕大的双角和拱起的嘴，两侧饰细密几何纹。錾中泥芯犹存。四足承器于四角，粗壮、外撇、端部略尖，截面为四边形，外面中线饰窄扉棱和器腹四角扉棱相应，以之为对称，满饰一只蝉纹，也以细密云雷纹衬底，足两侧面平光。足中空，泥芯仍在，X 光片显示出足两侧面上段有长方形泥芯撑孔，下端似为一圆形孔（图 24.2）。通高 410 毫米、重 9.1 千克。器内底面有两字阴铭"乡宁"。从錾下取样进行湿法分析，含铜 75.1%、锡 15.6%、铅 8.8%。[1]

特别需要指出的是，盖面的鸟形钮分铸（图 24.3），在盖钮内侧有两个凸起的铆头，上有涡纹（图 24.4）。[2] 说明盖钮后铸，后铸形式和上述诸器一致。

① POPE J A, GETTENS R J, CHIHILL J, et al. The Freer Chinese Bronzes, Volume Ⅰ: Catalogue [M]. Washington D. C.: Smithsonian Institution, 1967: 132-137.

② GETTENS R J. The Freer Chinese Bronzes, Volume Ⅱ: Technical Studies [M]. Washington D. C.: Smithsonian Institution, 1969: 84-85.

图 24.3　乡宁方罍盖钮
（引自 *The Freer Chinese Bronzes*,
Vol. Ⅰ, p. 135）

图 24.4　乡宁方罍盖钮内侧铆头
（引自 *The Freer Chinese Bronzes*,
Vol. Ⅰ, p. 135）

商代方罍并不多见。早年安阳小屯 M238 出土一件 R2040、西北岗 M1220 出土两件 R1113 和 R1114。R1113 具长方腹，而 R1114 和 R1220 则是椭圆形腹，四足，或可认为是方罍与圆罍的过渡形式。R1114（图 25.1）有平板状盖，盖面和器口尺寸一致，满饰两组兽面纹，中央有虎形桥钮，两端有缺口以纳柱，但二缺口深浅不同（图 25.2）。一对方形立柱起于口沿，柱顶为腰鼓形柱帽，底面平，有"熔铜"痕迹，圆突顶饰涡纹，帽周饰弦纹和锯齿纹，有两垂直的对开披缝。器腹四角和未置鋬的三面的中线，均有垂直的窄扉棱，扉棱两侧有 L、T 形勾画。颈部饰三角蝉纹，上腹饰夔纹，下腹饰兽面纹带。兽鋬做 C 形，上部有大兽头，两侧饰云雷纹，鋬中残存有泥芯，在腹部投影有两条垂直披缝。四足接于罍底四隅，粗壮而外撇，截面为四边形，外脊有垂直的与腹部相同的扉棱，向外两面饰蝉纹。通高 314 毫米、口径 142 毫米×174 毫米。此罍信息缺乏，通过万家保的描述，知道柱帽底有"熔铜"的痕迹，推知柱帽可能分铸。①因他未及盖钮，姑认为其浑铸。

妇好墓出土方罍四件，三件铸铭"妇好"，形制相同，体大无盖，高俊而修长。另一件 M5：845 形小敦实，四角圆弧。有盖，大小与口一致，两侧有缺口便于与柱扣合；盖面饰对称的兽面纹，中央有两鸟构成的拱形钮，钮上纹饰不清晰。器腹尖沿方唇，一对方形立柱起于短边沿口，顶为四阿柱帽，饰三角纹。腹束颈，颈部饰三角蝉纹一周；下腹外鼓，满饰兽面纹和夔纹，没有鋬的三面中心有鱼鳃状垂直的窄脊棱。C 形兽头鋬，底略外鼓，四隅设粗壮外撇的足。足截面为四边形，光素，两侧面有锥形浅槽（图 25.3）。通高 210 毫米、口径

---

①　李济，万家保. 古器物研究专刊：第三本：殷墟出土青铜罍形器之研究 [M]. 台北："中央研究院"历史语言研究所，1968：12.

144 毫米×123 毫米，重 3.2 千克。① 华觉明指出柱帽先铸，錾后铸②，推测盖浑铸成形。

图 25.1　西北岗 M1220
方斝 R1114（引自《殷墟
出土青铜斝形器之研究》
图版 13）

图 25.2　方斝 R1114 盖
（引自《殷墟出土青铜斝
形器之研究》图版 14）

图 25.3　妇好墓方斝
M5：845（引自
《殷墟妇好墓》
图版 34.1）

方斝出现应不会早于中商，多见于晚商早期。上述三件斝，弗利尔的和西北岗出土者共同点多，年代相近。它们具有窄扉棱，敦实矮壮，或较妇好墓另三件大方斝略早，而妇好墓斝 M5：845 可能年代略早，但较上述上海博物馆斝略晚。这件方斝的錾没有采用后铸铆头结构而盖钮采用，可能是具铆头铸接工艺转型的结果，在方斝的铸造中偶尔使用，随后再未见之使用于斝。

西北岗 M1022 中的觯 R1075，出土时完整，椭圆形截面，束颈鼓腹矮圈足，满纹饰。隆鼓盖中心置伞状钮，钮顶面饰涡纹，盖面饰浮雕夔纹，下出子口扣合于器口。腹部纹饰分三组，口下饰蕉叶纹一周，叶中为浮雕蝉纹；颈部饰一周鸟纹；下腹饰兽面纹带，兽面两侧有夔纹。圈足饰一周勾连 S 纹带（图 26.1）。通高 170 毫米、口径 90 毫米×69 毫米，重 830 克。万家保等考察此觯的铸造工艺，指出沿长轴对开分型（图 26.2），圈足设计的透孔一个没有穿透，仅在圈足内有一凹痕。钮的工艺特殊，非同寻常的浑铸成形，伞状钮盖下与柱衔接处有缩孔，"盖内面与柱相接处有一不规则的饼状凸起（图 26.3），表面亦

① 中国社会科学院考古研究所. 殷墟妇好墓 [M]. 北京：文物出版社，1980：68-69.

② 华觉明，冯富根，王振江，等. 妇好墓青铜器群铸造技术的研究 [J]. 考古学集刊，1981（1）：268.

有涡纹"，"钮与盖之结合甚与铆钉相似，兹假定先铸盖，在盖的中央预留一孔，然后再塑钮与柱的范铸柱钮，唯因柱钮两端皆有圆涡纹，浇口究应置于何处是一个问题"。① 言语略微含糊，但线图却清楚表明钮系铸铆式后铸成形（图26.4）。

图 26.1　觯 R1075

（引自《殷墟出土五十三件青铜容器之研究》图版 38）

图 26.2　觯 R1075 侧面

（引自《殷墟出土五十三件青铜容器之研究》图版 38 附图 A）

图 26.3　觯 R1075 盖内铸铆接钮之铆头（引自《殷墟出土五十三件青铜容器之研究》图版 38 附图 B）

图 26.4　觯 R1075 线图

（引自《殷墟出土五十三件青铜容器之研究》图版 55.11）

芝加哥艺术馆收藏的一件方罍（38.17），据传出自安阳，截面为方形，平口沿，长颈直壁，外饰浮雕鸟纹带。弧肩，内侧饰凸弦纹，外饰涡纹与夔纹组

---

① 李济，万家保．古器物研究专刊：第五本：殷墟出土五十三件青铜容器之研究［M］．台北："中央研究院"历史语言研究所，1972：图版 38.

成的纹带，四角为低矮长条形扉棱，前后纹带中间饰圆雕牺首，两侧中间兽耳
为 C 形。腹部纹饰由上段的夔纹带和下接的三角形兽面纹组成，夔纹的四角和
每面中间有矮长条形扉棱。下腹设一兽耳和两肩兽耳造型相同。无圈足。盝顶
形盖的四角、四面中间和通脊有矮长条形扉棱，四面饰倒置兽面纹（图 27.1）。
通脊中间设钮，矮方柱顶置盝顶式柱帽，四面设简化的倒置兽面纹（图 27.2）。
通高 450 毫米、口边长 132 毫米。凯利和陈梦家注意到盖内近顶处有一凸起之蝉
（图 27.3）①，实则是铸铆式铸接钮的铆头②，与前述器不同的是铸铆头为榆叶
形，上饰蝉纹。

图 27.1 芝加哥方罍
38.17（引自 *Chinese
Bronzes from
The Buckingham
Collection*, pl. 9）

图 27.2 芝加哥方罍盖
（引自 *Chinese Bronzes
from The Buckingham
Collection*, pl. 11 top）

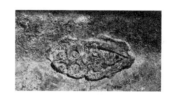

图 27.3 芝加哥方罍盖内铸铆
式铸接钮铆头（引自 *Chinese
Bronzes fromThe Buckingham
Collection*, pl. 11 bottom）

　　殷墟妇好墓出土有一对两件妇好方罍（M5：856、866），二者形制相同，
均长方形截面，有盖。M5：856 长方直口平沿，外饰阴线兽面纹带，每面中有
窄脊棱；弧肩内侧饰两周凸弦纹，外侧饰一周夔纹带，其前后面中置圆雕牺首，
两侧中对生牛首状 C 形耳。腹壁斜直内收，上端饰一周凸起的涡纹带，其下设
夔纹与蝉纹组成的三角形纹，下腹后面中置相同的牛首状 C 形耳。盖为盝顶式，

---

① KELLEY C F, CHEN M J. Chinese Bronzes from The Buckingham Collection [M]. Chicago：
The Art Institute of Chicago，1946：28；陈梦家 . 美国所藏中国铜器集录 [M]. 北京：金
城出版社，2016：A781.

② 柳扬 . 殷商中原青铜器象纹的南方源头 [M]// 湖南省博物馆 . 湖南省博物馆馆刊：第
12 辑 . 长沙：岳麓书社，2016：13，12.

并有盝顶形钮，四面均饰倒置兽面纹，但盖四面中均有脊棱，兽面纹以之为对称展开（图28.1）。底与盖内同铸铭"妇好"，通高525毫米、口159毫米×133毫米，重14.8千克。M5：866（图28.2）盖铭"妇好"而底铭"好"，通高514毫米、口156毫米×136毫米，重约14千克。① 这两件方罍盖钮未见铸接信息。

图28.1　妇好方罍	图28.2　妇好方罍	图28.3　妇好方罍
M5：856	M5：866	M5：866线图
（引自《殷墟妇好墓》图版32.1）	（引自《殷墟青铜器》31页）	（引自《殷墟青铜器》18页）

（八）殷墟早中之交：铸铆式铸接青铜盉双耳

美国明尼阿波利斯艺术馆（Minneapolis Institute of Art）收藏的一件方彝（50.46.6，图29.1），系收藏家 A. Pillsbury 于1931年购自古董商卢芹斋，方形截面，腹直壁，四角和四壁中均有垂直长条形扉棱，口沿下饰虎纹带，腹部饰兽面纹。圈足四底边中间有倒 U 形缺口，饰象纹。有盖，盖下出子口扣合于彝口中。盖隆鼓，盖面为盝顶式，四角、前后面中间及水平脊均饰长条形扉棱，两侧面中间的扉棱较短，不及脊角。四面均饰倒置兽面纹，脊中设豁口，置盝顶形钮（图29.2）。内底铸铭"乡宁"。这件通高297毫米、口160毫米×123毫米、壁厚4毫米，重5.3千克。② 陈梦家指出此方彝盖内有和前述芝加哥艺术馆藏方罍相同的蝉形凸起。③ 柳扬指出实则为钮铸铆式后铸的铆块。④

① 中国社会科学院考古研究所. 殷墟妇好墓［M］. 北京：文物出版社，1980：67.

② KARLGREN B. A Catalogue of the Chinese Bronzes in the Alfred F. Pillsbury Collection［M］. Minneapolis：University of Minnesota Press，1952：110，56—67.

③ 陈梦家. 美国所藏中国铜器集录［M］. 北京：金城出版社，2016：A636.

④ 柳扬. 殷商中原青铜器象纹的南方源头［M］//湖南省博物馆. 湖南省博物馆馆刊：第12辑. 长沙：岳麓书社，2016：12.

和明尼阿波利斯艺术馆方彝钮的铸铆式铸接一致的，柳扬还指出瑞典斯德哥尔摩远东古物馆藏的鸢方彝（OM-1971-0016）具有同样的结构。斯德哥尔摩方彝（图 30.1）通高 300 毫米，重 4.3 千克。①

图 29.1　乡宁方彝 50.46.6
（引自《湖南省博物馆馆刊》
第 12 辑 2 页图 1.2）

图 29.2　乡宁方彝盖内钮铸铆接
铆头（引自《湖南省博物馆馆刊》
第 12 辑 11 页图 18）

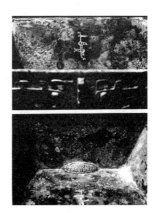

图 30.1　鸢方彝 OM-1971-0016
（引自《湖南省博物馆馆刊》
第 12 辑 11 页图 19）

图 30.2　鸢方彝盖内钮铸铆式铸接铆头
（引自《湖南省博物馆馆刊》
第 12 辑 11 页图 19）

妇好墓出土方彝四件，其中一件无盖，一件亚启方彝和两件妇好方彝有盖，以子口扣合于器，后者成对。三件有盖方彝均为长方形截面，长方形口，平沿，平底，四角和四面中间均设长条形扉棱，盖通脊也有同样扉棱，但中间有设钮

①　柳扬. 殷商中原青铜器象纹的南方源头［M］∥湖南省博物馆. 湖南省博物馆馆刊：第
12 辑. 长沙：岳麓书社，2016：12.

的缺口，长方形短钮柱上置盝顶式帽；均有圈足，每面底沿中间有∩形缺口。器表满布纹饰，口沿下饰兽面和鸟纹带，中腹饰兽面纹，圈足饰鸟纹带。盖面和钮帽饰倒置兽面纹，除钮帽纹饰，均有云雷纹衬底。方彝 M5：825（图 31.1）四壁略向下斜收，底外一素带区隔开腹部与圈足，也将八道扉棱打断。盖内壁铸铭"妇好"；通高 366 毫米、口 189 毫米×146 毫米，重 10.1 千克。M5：828与之形态相同，口稍残缺，一面纹饰不够清楚，铸铭"妇好"亦不够清晰（图31.2），通高 365 毫米、口 190 毫米×145 毫米，重 10 千克。亚启方彝 M5：823造型和妇好方彝接近，但腹壁略直，八道扉棱从口沿贯通到圈足，口沿下为鸟纹带，腹和盖内壁均铸铭"亚启"（图 31.3）。通高 260 毫米、口 150 毫米×122毫米，重 5.25 千克。[①]

图 31.1　妇好方彝 M5：825　　图 31.2　妇好方彝 M5：828　　图 31.3　亚启方彝 M5：823

（引自《中国青铜器全集》　　（引自《殷墟妇好墓》　　　（引自《殷墟妇好墓》

　　第 3 卷图 63）　　　　　　　图版 19.2）　　　　　　　图版 18.2）

　　上述三件方彝造型颇为一致，当是殷墟早期的典型风格。关于这三件方彝的铸造工艺，未见研究报告，特别盖钮的成形，华觉明等没有涉及[②]，或许与明尼阿波利斯所藏方彝有所不同。

　　2000—2001 年发掘的安阳花园庄 M54，出土青铜盂两件。其中亚长盂 M54：169 出土于棺椁间，残破严重（图 32.1）。此器圆形侈口、方唇、深腹、弧形腹壁收束成圜底、底外接高圈足。上腹对生 U 形双耳，耳端上翘，饰细密菱形纹。

①　中国社会科学院考古研究所. 殷墟妇好墓［M］. 北京：文物出版社，1980：53.
②　华觉明，冯富根，王振江，等. 妇好墓青铜器群铸造技术的研究［J］. 考古学集刊，1981（1）：244-272.

腹上部饰一周兽面纹，前后两组兽面纹以长条形扉棱为对称展开，除一对凸起眼睛外，纹饰属平铺形；兽面纹的尾部各饰站立的夔纹，整个纹带均以云雷纹衬底。兽面纹带下为一周细密线条形成的蕉叶纹，十二组蕉叶纹均匀排列，一对附耳设置在兽面纹带和蕉叶纹结合线上。圈足饰同样一周兽面纹带。值得注意的是在盂腹内壁，与两耳结合部位，有一对圆形铆头状凸起，上饰涡纹（图32.2~32.3）。盂内底上铸两字阴文"亚长"。口径413毫米、通高295毫米、腹壁厚3毫米，重12.9千克。

考古发掘报告分析M54的时代属于殷墟二期晚段，相当于祖庚、祖甲时期，晚于妇好墓。墓主为"长"姓高级贵族，生前驰骋沙场，死后葬于宫殿宗庙区附近。[①]

图 32.1 亚长盂 M54：169（何毓灵先生惠供）

图 32.2 亚长盂 M54：169耳（何毓灵先生惠供）

图 32.3 亚长盂 M54：169内壁铆头（何毓灵先生惠供）

从发表的考古资料看，该器具有轴对称结构，腹部兽面纹带和圈足兽面纹带应各为两组，和同出的另一件青铜盂M54：157相若。所不同则是后者在口沿下还有一对垂直的小C形兽状耳，与中腹的附耳相错90°分布。二者都具有典型的安阳时期的纹饰风格。

20世纪30年代曾在安阳西北冈发掘出四件盂，其中两件和亚长盂关系密切。1934—1935年，殷墟第十次发掘中于西北冈M1400（被认为祖甲墓）中出土寝小室盂R1092，有盖，以子口与盂腹扣合，盖中央有蘑菇状钮。盖面有一周夔纹带，以细密云雷纹衬底；盖内中央铸铭"寝小室盂"。盂口圆而外侈，尖沿方唇。上腹饰宽夔龙纹带，云雷纹衬底，纹带下接的三角形蝉纹直抵腹底。从夔纹带下沿伸出一对半环耳，耳端弧形上翘，饰蛇纹，蛇身为菱形纹。器底微外鼓，中央铸同铭"寝小室盂"。腹下接圈足，饰一周夔纹带，云雷纹衬底，圈足底沿平齐（图33.1），器底外饰阳线夔纹。腹内壁的耳与腹结合处，有相应

---

① 中国社会科学院考古研究所. 安阳殷墟花园庄东地商代墓葬［M］. 北京：科学出版社，2007：124–127，227，231.

的两个圆铆头，上有涡纹（图33.2）。器通高413毫米、口径402毫米。据万家保等研究，盖钮与盖浑铸，钮很可能中空，内有盲芯。器腹和圈足铸造披缝明显，器腹铸型当由六范拼为三块与一块腹芯和一块圈足芯组成，双耳后铸（图33.3）。① 石璋如在发掘报告特别指出：两耳结构，尤其壁内面之凸圆泡，似非与盂身一次铸成者，但焊接之痕不可寻。②

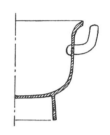

图33.1　寝小室盂R1092
（引自《殷墟出土五十三件
青铜容器之研究》
图版9、53.3）

图33.2　寝小室盂内壁铸接铆头
（引自《殷墟出土五十三件
青铜容器之研究》
图版9附图）

图33.3　寝小室盂
耳铸接示意图
（引自《殷墟出土五
三件青铜容器之研究》
41页图23右）

西北冈M1005：4也出土了一件盂R1091，形体结构和纹饰与R1092相若，虽无盖无铭外底无纹（图34.1），一耳残失，但与耳结合处腹内壁有相同的一对铆头（图34.2）。通高189毫米、口径250毫米×267毫米。此盂耳的铸接和R1091完全一致。③

妇好墓出土的一件好盂M5：811，侈口方唇，腹壁较直，口下对生牛头C形耳，腹对生绹索纹附耳，高圈足顶面均布四个长方形透孔。口下有两条突棱，腹、足各有细棱四条。口下饰饕餮纹和夔纹各四组，两者相互间隔，夔纹每组两夔，头相对。腹、足各饰饕餮纹四组，口皆向下，均以云雷纹衬底，口下内壁有铭"好"（图35.1）。通高439毫米、口径545毫米、口壁厚6毫米、圈足径375毫米，重32.9千克。④ 如此重大的盂，仅此一例。此盂出土时耳残断，

① 李济，万家保.古器物研究专刊：第五本：殷墟出土五十三件青铜容器之研究［M］.台北："中央研究院"历史语言研究所，1972：图版9.
② 石璋如.中国考古报告集之三：侯家庄（第九本）1129号、1400号、1443号大墓［M］.台北："中央研究院"历史语言研究所，1996：72-73.
③ 李济，万家保.古器物研究专刊：第五本：殷墟出土五十三件青铜容器之研究［M］.台北："中央研究院"历史语言研究所，1972：图版12.
④ 中国社会科学院考古研究所.殷墟妇好墓［M］.北京：文物出版社，1980：91-92.

断口可见两层包络（图35.2），其中心部分是铸接耳的接榫，说明耳属榫接式铸接。①

图34.1　盂 R1091
（引自《殷墟出土五十三件
青铜容器之研究》图版 11）

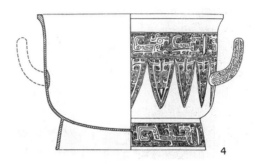

图34.2　盂 R1091 线图
（引自《殷墟出土五十三件
青铜容器之研究》图版 53.4）

图35.1　好盂 M5：811
（引自《殷墟妇好墓》彩版 11）

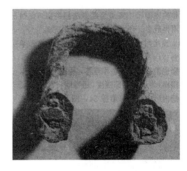

图35.2　好盂 M5：811 出土时耳断脱情形
（引自《考古学集刊》第 1 期图版 47.7）

安阳西北冈 M1005 出土了一对中柱旋龙盂 R1089 和 R1090，两器形态一致，大小相若，纹饰几乎相同。圆侈口，尖沿，小方唇。腹壁弧曲，在口沿下饰一周细线目纹带，外撇的圈足饰夔纹带，云雷纹衬底。腹中对生倒 U 形索状曲耳，下端饰兽面纹。盂 R1089（图36.1~36.2）右耳与腹有隙，可见所包络的凸榫，知其亦是接榫式铸接；盂 R1090（图37.1）左耳残断，暴露出凸榫断面（图37.2），可见此簋双耳虽然后铸，但和上述二盂之耳铸接方法不同。此二盂是在铸腹部时，在与耳结合处预铸凸榫，再于凸榫上组合耳的铸型，分别铸造之，

---

① 华觉明，冯富根，王振江，等. 妇好墓青铜器群铸造技术的研究 [J]. 考古学集刊，1981（1）：244-273.

属于榫接式铸接（图 37.3），故有以上现象。

　　然而，盂 R1089 的左耳，腹内壁的耳与腹结合处，有二不规则形状的铆头，没有涡纹（图 36.3），万家保认为是因该耳断脱，后于腹壁上钻孔，再行浇注的。[①] 言之成理。这一补救措施，恰好与盂 R1091 和 R1092 双耳的铸铆式铸接工艺一致。补铸时没有再采用榫接而是铸铆接，在商代青铜器补铸中，目前所知仅此一例，可以认为当时工匠认识到具有铆头结构的铸接要比榫头铸接牢靠。

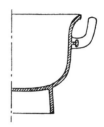

图 36.1　中柱旋龙盂
R1089（引自《殷墟出土
五十三件青铜容器之
研究》图版 10）

图 36.2　中柱旋龙盂
R1089（引自《殷墟出土
五十三件青铜容器之
研究》图版 53.5b）

图 36.3　中柱旋龙盂 R1089
耳铸接示意图
（引自《殷墟出土
五十三件青铜容器之
研究》41 页图 23 左）

图 37.1　中柱旋龙盂
R1090（引自《殷墟出土
五十三件青铜容器
之研究》图版 11）

图 37.2　中柱旋龙盂
R1090（引自《殷墟
出土五十三件青铜容器
之研究》图版 11 附图 A）

图 37.3　中柱旋龙盂
R1090（引自《殷墟
出土五十三件青铜容器
之研究》图版 11 附图 B）

　　以上对于安阳出土的几件青铜盂的工艺分析，概而言之，殷墟出土的盂，可早到武丁时期。其耳基本上是分铸铸接的，多为后铸。铸接的形式有两种，一种是铸铆式，在铸造盂腹时，在设置耳处预铸两个工艺孔。铸接耳时，在相

---

① 李济，万家保.古器物研究专刊：第五本：殷墟出土五十三件青铜容器之研究［M］.台北："中央研究院"历史语言研究所，1972：图版 10.

应位置组合铸型，工艺孔是耳铸型的一部分，盂腹内的泥范有两个窝，窝内有涡纹，浇注耳时，铜液流过工艺孔充满两窝、工艺孔和整个型腔，冷凝后不仅使耳成形，还完成了铸接。腹内壁则形成了两个铆头，上有涡纹。由于铆头的存在，铸接牢固，耳与腹部结合紧密。

安阳刘家庄北地出土的卣 94ALNM637：7，直口微敛，长颈饰一周浅浮雕夔纹带，前后置浮雕兽首，两侧对生扁圆形环耳，为索状提梁环节；腹光素，下腹圆鼓，高圈足饰浅浮雕夔纹带，前后置长条形扉棱，下接高裙。盖扣合器口上，含颈，外饰一周三角纹带。角抵突出盖沿。盖面外饰一周夔纹带，前后有低矮的条形扉棱，盖中央置蘑菇形钮（图 38.1）。有图录指出钮先铸，铸接时在盖内壁置一柿蒂形垫片（图 38.2），通高 300 毫米、重 3.49 千克，年代在殷墟三期。① 实则盖钮也系铸铆式后铸，盖内中央有近乎圆片的铆头，其上也有涡纹饰（图 38.3），与弗利尔方罍盖钮工艺一脉相承，为其余绪。

图 38.1　卣
94ALNM6M637：7
（引自《殷墟新出土
青铜器》147 页）

图 38.2　卣
94ALNM6M637：7
盖内钮铸铆接铆头
（岳占伟先生惠供）

图 38.3　卣
94ALNM637：7
盖内铸铆

华盛顿赛克勒艺术馆（Arthur M. Sackler Gallery of Art, Smithsonian）收藏的壶 V–323（图 39.1），细长体，圆形截面，有盖，盖出子口插入器口扣合。壶颈饰一周纹带，前后兽面纹而两侧设贯耳，云雷纹衬底；腹部光素；矮圈足外饰细线雷纹带，底沿较平。半穹形盖周一圈雷纹带，中央有伞状盖钮，盖内中央

---

① 中国社会科学院考古研究所，安阳市文物考古研究所. 殷墟新出土青铜器［M］. 昆明：云南人民出版社，2008：147，286；岳占伟，岳洪彬，刘煜. 殷墟青铜器的铸型分范技术研究［M］//陈建立，刘煜. 商周青铜器的陶范铸造技术研究. 北京：文物出版社，2011：73.

相应可见一块不规则饼形凸起（图39.2），紧贴盖内壁而其上有狭缝形浇道残留凸起于"饼"上。① 此"饼"有若铆头，和上述诸器銴、耳铸铆式铸接的功能一致。因饼上浇口，与它们不同，可推知此壶钮的铸铆式铸接，浇道是从盖内导入的。这样的设计使得铆头无法设计涡纹。

图 39.1　壶 V-323

（引自 *Shang Ritual Bronzes in the Arthur M. Sackler Collections*，p. 348）

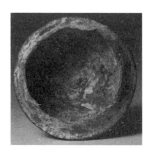

图 39.2　壶 V-323 盖内铸铆式铸接钮之铆头

（引自 *Shang Ritual Bronzes in the Arthur M. Sackler Collections*，p. 349）

　　几乎同时，还有另一类铸接工艺，似乎主要是铸造中柱盂。其工艺也是后铸双耳，但却是榫接形式，即在铸造盂腹时，在设置双耳处铸出凸榫，后铸铸接耳时，在凸榫上组合耳的铸型，凸榫暴露在耳的型腔之中。浇注时，铜液充满型腔，也就包络着凸榫，冷凝后耳成形且完成铸接。由于腹部纹饰的存在，为保护纹饰，或于其上涂泥或其他耐火材料，铸接的效果往往使得耳与腹壁结合不够紧密。此外，耳根本来尺寸有限，凸榫必然更细，铸接的牢固度自然也就略逊一筹。盂 R1089 的耳本采用榫接法铸接，但由于结合不牢，修复时采用了铸铆法，当为一证。这两种工艺虽都是后铸耳，但处理的思路判然有别，当是不同的工匠各自铸造的。当榫接法发生脱耳后，可能是铸铆法的工匠进行修补，才出现了铸铆的结构，由于仅脱一耳，所以没有在补铸时，在铆头铸出涡纹。

　　从盂 M54：157 看，似乎还有附耳先铸、再为盂腹铸接的情况，这当是另一（组）工匠所为，其渊源有待探索。是否还有别的工艺，即擅长其他工艺的工匠在安阳铸器，也是值得研究的问题。本文所关注的是铸铆工艺。

---

① BAGLEY R. Shang Ritual Bronzes in the Arthur M. Sackler Collections ［M］. Washington D. C. ：The Arthur M. Sackler Foundation，1987：34，349.

（九）关于铸铆式铸接的小结

前文曾及，铸接技术是二里岗期青铜技术勃兴的技术支撑，它源于补铸，说明后铸首先被发明。目前所知最早的铸接实例是传出河南洛宁、收藏于陕西历史博物馆的一件青铜角①，其流属于后铸，年代在二里头文化晚期。在盘龙城所出铜器上，可以见到从补铸到铸接的轨迹，并很快即有强化铸接联系的铸铆式铸接的发明。② 郑州商城出土青铜器的研究很不充分，但多件大方鼎确实以铸接成形③，尚未发现铸铆式铸接的器物。所以，铸铆式铸接的发明，于二里岗晚期在多大程度上被当时工匠所掌握尚不清楚，在盘龙城所出青铜器中亦属于罕见，推测是南方铸工作坊某个工匠发明的个人秘技。或许，正是掌握了这一秘技才导致了双耳簋的铸造。不独盘龙城，龙头村的双耳簋与之如出一辙，犹如出自一人之手。如果考虑到龙头村簋的纹饰略微细密，属于晚一代人的产品的话，可以认为它出自盘龙城双耳簋铸工之徒之手。这样类型的双耳簋再现仅见新干大洋洲一例（043），年代大约在中商与晚商之际或晚商早期，腹部和圈足均饰有勾牙式高扉棱，双耳与扉棱先铸。④ 虽然扉棱分铸是南方工艺传统⑤，但双耳不再采用铸铆式后铸。这三件簋可能包含着这样的事实，南方作坊某工匠发明了铸铆式铸接，铸造盘龙城双耳簋，其第一代传人铸造龙头村双耳簋，第二代传人铸造双耳簋与否不清楚，但此后在南方作坊中，另一位发明平背式先铸扉棱的铸工或其传人铸造了新干双耳簋。

铸铆式铸接工艺的第二代传人铸造双耳簋与否不得而知，但极有可能铸造了岐山贺家村凤柱斝，或者说铸造青铜斝，特别是有扉棱和凤鸟装饰的斝，成为铸工逞其才华、显示其独门秘技的途径。铸铆接的铆头形状为圆泡形，上面铸造了阴线涡纹饰，美化和突出了铸铆铆头。而弗利尔馆所藏的凤柱斝，与贺家村斝仅在凤鸟造型的细部、腹部纹饰的线型和局部构图上有些微差别，可视

---

① 中国青铜器全集编辑委员会．中国青铜器全集：第 1 卷［M］．北京：文物出版社，1996：11.

② 苏荣誉，张昌平．盘龙城青铜器的铸接工艺研究［C］//盘龙城遗址博物院，武汉大学青铜文明研究中心．盘龙城与长江文明国际学术研讨会论文集．北京：科学出版社，2016：118-137.

③ 河南省文物考古研究所，郑州市文物考古研究所．郑州商代铜器窖藏［M］．北京：科学出版社，1999：9-16，86.

④ 苏荣誉．新干大洋洲商代青铜器群铸造工艺研究［M］//苏荣誉．磨戡：苏荣誉自选集．上海：上海人民出版社，2012：85-86.

⑤ 苏荣誉，傅举良，吴小燕，等．石门皂初探［M］//湖南省博物馆．湖南省博物馆馆刊：第 12 辑．长沙：岳麓书社，2016：46-59.

为第三代传人的作品，体现着这一工艺转向了斝的铸造。泉屋博古馆凤柱斝的造型和纹饰，与上述二斝大同小异，尽管没有先铸的扉棱，却有高浮雕纹饰且内壁相应下凹，具有南方青铜器的工艺和风格特点，可以看作第四代传人的代表作。上海博物馆所藏兽面纹斝，虽然没有凤鸟而代以伞状柱帽，造型风格具有中商晚期特点，可以视为下一代（第五代）传人的作品，放弃了凤鸟饰和扉棱（仅有兽面纹鼻的脊棱），但鋬仍以铸铆式铸接，或可认为是殷墟作坊的初期产品，但也并非没有可能出自南方作坊。与之同样纠结的是国家博物馆收藏的双环耳斝，出自安阳，但仅此孤例，没有相类器物见诸著录。它很可能是第六代传人的作品，殷墟早期铸造于安阳作坊。

　　至于安阳小屯 M238 出土的方彝 R2067，年代可能为中商晚期或中商与晚商之交，盖钮属铸铆式铸接成形，而铆头如薄片贴附在盖内壁，形状不规则，和上述两簋的钉头状和四件斝的涡纹圆泡状铆头不同，其渊源可以上溯到南方风格大口折肩尊和折肩罍牺首的后铸上[①]，或者方彝 R2067 本来就是南方作坊的产品，属于第五代传人的作品，或者出于同一工艺宗谱某一支系的铸工之手，虽然辈分或有先后，但时间上相当于此（下同）。然而，明尼阿波利斯艺术馆方彝 50.46.6 和斯德哥尔摩远东古物馆藏鸢方彝 OM-1971-0016，二者长条形扉棱的造型明显晚于 R2067 勾牙式扉棱，铸铆式后铸的盖钮、铆头为突起的蝉形。从不规则形状贴片到蝉形，显然是一种唯美的改造。而目前所知最早的是芝加哥艺术院收藏的方罍 38.17，其年代和妇好方罍一致而早于前两件方彝，可以认为是安阳早期对中商器物的改造和美化。方罍铸铆头上侧的飞边，使之不及两件方彝整齐，或者是开始时期的特征，相当于第六代传人的作品。也就是说，蝉形的铸铆头可以认为是安阳铸工对贴片式铸铆头的改进。

　　殷墟早期青铜器的繁荣，器物种类的增加是其一个表现。铸铆式铸接青铜器中，妇好墓的一组器物很具有代表性。精美的妇好偶方彝是孤品，两侧置∩形耳，铸铆式后铸，有圆泡形涡纹铸铆头，可能属于第六代传人或第七代传人的作品。类似的器耳，在殷墟早期和早中期之交，较多施于青铜盂。安阳花园庄亚长盂 M54：169 双耳的工艺手段与偶方彝完全一致，西北冈 M1400 寝小室盂 R1092 和西北冈 M1005：4 盂 R1091 与之如同出于一个铸工或两代之手，也可能是第七代传人之作品，后者造型上腹部略深、腹壁较直，或许略晚，系第八代传人作品，但相差不出四五十年。西北冈 M1005 盂 R1089 左耳以榫接式铸接

---

　　①　苏荣誉，李建毛．华容大口折肩青铜尊研究：兼及挂饰管形牺首饰诸器（上）［J］．美术研究，2016（6）：42-44．

成形再以铸铆式铸接补铸（或为第七代传人铸工所为），说明这一工艺在铸接的牢靠性上优于榫接法。这些铆头都是圆泡形饰涡纹，盉 R1089 补铸的耳，圆泡式铸铆头都饰涡纹。说明其工艺具有同源性。

商代中期四件斝的铸铆式铸接之后，不见这一工艺再施于斝，但在妇好墓出土的分体甗上，则用于铸接甑之两个錾，其造型和斝錾有近似之处，铸铆头均为圆泡式饰涡纹，当是第六代传人所铸。需要指出的是，甗设有这样的双耳十分罕见。和妇好分体甗相近的是妇好墓出土的一对提梁卣 M5：765 和 M5：829，图像不清、语焉不详，难以确知腹部纹饰和枢之详情，但可从中推演得知卣颈部与提梁套接的两枢系铸铆式铸接，铸铆头上隐约可见涡纹，或者是第七代传人所铸。弗利尔馆藏乡宁方斝，盖钮是铸铆式铸接，铸铆头为圆泡式，饰涡纹，可能为第六代传人所铸。

很明显，第六代传人以铸铆式铸接附件的器物，数量大为增加，这可能和安阳时期商王朝，特别是武丁一代的强大与繁盛密切相关，青铜铸造规模空前。铸铆式后铸工艺，不仅铸造器物的錾、耳，还铸造器物的枢和钮，后者为数颇不少。

安阳西北冈 M1022 出土觯 R1075 的盖钮，也是铸铆式后铸成形，但铸铆头不圆，凸起似饼形，似乎与安阳小屯 M238 方彝 R2067 钮的贴片式铸铆头有关，也有可能系第七代或第八代传人所铸。安阳刘家庄卣 94ALNM637：7，钮的铸铆式后铸形式与其他器物有些差别，钮根设有垫片，但其铸铆头是圆饼形，饰阴线涡纹，和觯 R1075 则情形一致，但铆头一周有不少飞边，属于第八代传人所铸。赛克勒艺术馆所藏壶 V-323，铸铆式铸接钮在盖内的铸铆块，又回到方彝 R2067 的现状，若钮非补铸，其年代可能晚到殷墟晚期，或出自第九代传人之手。

盖钮的铸铆接，初期的形式是钮榫穿出盖内壁较长，湖南石门卣①、湘潭船形山豕尊②盖钮即是如此，前者的年代当不晚于殷墟早期。四川广汉三星堆器坑中出土的方罍 K2③：205 的残盖钮③和罍盖 K2②：32 的钮④，铸铆接形式一

① 苏荣誉，傅举良，吴小燕，等. 石门卣初探［M］//湖南省博物馆. 湖南省博物馆馆刊：第 12 辑. 长沙：岳麓书社，2016：46-59.
② 苏荣誉. 湖南商周青铜器铸造工艺初论［M］//湖南省博物馆. 三湘四水集萃：湖南出土商、西周青铜器展. 北京：中华书局，2017：191-207.
③ 余健，苏荣誉. 三星堆青铜方罍 K2③：205 初探［R］. 德阳：三星堆与世界上古文明暨纪念三星堆祭祀坑发现三十周年国际学术研讨会，2016.
④ 四川省文物考古研究所. 三星堆祭祀坑［M］. 北京：文物出版社，1999：263.

致，铆头没有装饰且粗糙，表现了早期形态。此后，工匠移借了凤柱斝鋬的后铸工艺，在铸铆头上设计涡纹或蝉纹，但在商周之际和西周青铜器中，则未能见到铸铆式后铸的器物，此一沿用了两百多年的工艺，可能已然失传了。

四、工艺选择：芯作纹的采用与模芯合作纹的摈弃

根据李济、万家保研究，青铜器纹饰的铸造可分为四种形式：

1. 范作纹；

2. 模作纹；

3. 模范合作纹；

4. 复杂模作纹（包括堆雕和浮雕）。①

事实上，随着新材料的发现和认识的深化，商周青铜器纹饰中还有两类，一类是纹饰由泥芯实现的，姑且称之为芯作纹。其表现为两种形式：一是容器或乐器内壁、圈足容器外底纹饰，一是镂空纹饰（镂空纹饰属于范形成者依然归入范作纹）。另一类是范和芯合作完成的，因为二者必须精准配合，范必须从模翻制，而芯也需源自同一模，姑且将这类纹饰称为模芯合作纹，其表现是器表的高浮雕纹饰而内壁相应下凹。这两种现象，芯作纹及模芯合作纹，可能都源自南方。在妇好墓青铜器中，前一种现象有所表现，反映了对南方工艺的继承；而对后一种则刻意回避与摈弃，反映了安阳早期的技术选择，是理解殷墟时期青铜技术和风格的不可多得的资料。

（一）芯作纹：透空纹饰

就现有资料，芯作纹形成透空纹饰的青铜器，以黄陂盘龙城李家嘴一号墓出土的瓿 LZM1：19（图 40.1～40.2）为最早，发掘报告定为盘龙城五期。器中腰饰一周由两组兽面纹组成的纹带，下栏或与瓿底平齐；纹带上有三周平行的凸弦纹，下有镂空的勾连云纹，镂空为规则的细狭缝（图 40.3），圈足饰两组夔纹组成的纹带。发掘报告称"器身有铸痕两道，腹及圈足内各一"②，器表纹饰部分有对开分型披缝，不知器内所指。万家保认为此瓿纹饰属于模范合作纹。③ 两组纹饰的瓿形器，铸型往往是对开分型。此器的纹饰组界有两条垂直披缝，其一窄细，其一略宽且表面较毛糙（图 40.3），当是胡家喜等指出的浇道

① 万家保. 安阳及黄陂两商代遗址铜器纹饰之比较 [J]. 中国艺术史集刊, 1977 (7): 8.
② 湖北省文物考古研究所. 盘龙城: 1963—1994 年考古发掘报告 [M]. 北京: 文物出版社, 2001: 189.
③ 万家保. 安阳及黄陂两商代遗址铜器纹饰之比较 [J]. 中国艺术史集刊, 1977 (7): 14.

遗迹，长 22 毫米、宽 1.8 毫米①。此器的特色在于圈足上部的镂空外狭内阔（图 40.4），说明镂空是由圈足泥芯形成的，或可以认为是"芯作纹"。②

图 40.1 盘龙城觚 LZM1：19
（引自《黄陂盘龙城青铜容器
工艺技术研究》）

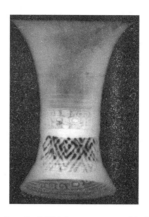

图 40.2 盘龙城觚 LZM1：19 铸造披缝
（引自《黄陂盘龙城青铜容器
工艺技术研究》）

图 40.3 盘龙城觚 LZM1：19 透空足及
其纹饰（引自《黄陂盘龙城青铜
容器工艺技术研究》）

图 40.4 盘龙城觚 LZM1：19 透空足内侧
（引自《黄陂盘龙城青铜容器
工艺技术研究》）

---

① 胡家喜，李桃元，李秀辉，等. 盘龙城遗址青铜器铸造工艺探讨［M］//湖北省文物考古研究所. 盘龙城：1963—1994 年考古发掘报告（附录七）. 北京：文物出版社，2001：589.

② 常怀颖认为形成于范，欠确.（常怀颖. 盘龙城铜器群与"二里岗风格"的确立［M］//陈建立，刘煜. 商周青铜器的陶范铸造技术研究. 北京：文物出版社，2011：147.）

　　妇好墓出土了 53 件青铜瓿，其中 6 件妇好瓿为圈足透空纹饰型（M5：603、
601、602、605、604、611）。它们造型和纹饰相当一致，都是喇叭口，细颈细
腹，平底，圈足喇叭形外张，顶部有相对的两个十字形透孔，底沿有直壁窄裙。
口下饰蕉叶纹，腹饰两组兽面纹，圈足饰两组透空兽面纹，腹与圈足间饰两周
凸弦纹，腹与颈之间饰一雷纹带，圈足内壁铸铭"妇好"。瓿 M5：601 腹部与
圈足均饰 C 形透空扉棱，腹部扉棱多未透，且有残缺（图 41.1），圈足扉棱透
空清晰，与透空兽面纹形成玲珑剔透的效果（图 41.2）。通高 257 毫米、口径
142 毫米，重 1.1 千克。M5：602 腹、足的扉棱都是条形，两侧有短阴线（图
41.3）。M5：605 与之相同，扉棱两侧阴线为横短线与 T 形线交替布置①，视觉
上求得与透空扉棱相同的效果，说明透空扉棱的形式较条式为早。前者是中商
青铜器的普遍特点，后者是殷墟初期出现的新形式，到殷墟中期，勾牙式扉棱
（C 形透空扉棱是勾牙式扉棱的晚期类型）基本上被条式扉棱所取代。② 华觉明
等对这几件瓿的铸造工艺进行了考察，指出"圈足镂空花纹之透孔，应是先以
外形为芯盒配出泥芯，然后按泥芯上复印出的花纹刻镂去皮，浇铸后，几芯上
被刻去的部分成为实体，未刻部分形成镂空"③。

　　在殷墟出土和传世的大量青铜瓿中④，透空圈足的实例并不多。上海博物馆
藏黄瓿，造型、纹饰以及圈足的透空，与上述妇好瓿一样，腹部和圈足饰四道
条式扉棱，两侧有较深的短横阴线和 T 阴线，尺寸略大，通高 273 毫米、口径
160 毫米（图 42.1）。⑤ 陈梦家曾著录巴拉德收藏的一件透空圈足瓿，造型和纹
饰与妇好瓿及黄瓿一致（图 42.2），通高 259 毫米、口径 147 毫米，据传此瓿出
自殷墟，陈梦家指出透空圈足瓿是"可以信为安阳的"。⑥ 加拿大安大略皇家博
物馆收藏的一件瓿，造型与妇好瓿 M5：602 等及黄瓿很一致（图 42.3），高 254

① 中国社会科学院考古研究所 . 殷墟妇好墓 ［M］. 北京：文物出版社，1980：74-75.

② 苏荣誉 . 扉棱先铸青铜容器初论 ［R］. 宝鸡：石鼓山与安阳出土青铜器及陶范学术研讨
　 会，2015.

③ 华觉明，冯富根，王振江，等 . 妇好墓青铜器群铸造技术的研究 ［J］. 考古学集刊，
　 1981（1）：269.

④ 岳洪彬统计为 245 件。（岳洪彬 . 殷墟青铜礼器研究 ［M］. 北京：中国社会科学出版
　 社，2006：73.）

⑤ 中国青铜器全集编辑委员会 . 中国青铜器全集：第 2 卷 ［M］. 北京：文物出版社，
　 1997：125.

⑥ 陈梦家 . 美国所藏中国铜器集录 ［M］. 北京：金城出版社，2016：A488.

毫米①，应属同时之物，或出于同一（批）工匠之手。

图 41.1　妇好觚 M5：601

（引自《王后·母亲·女将》116 页）

图 41.2　妇好觚 M5：601 圈足透空

（笔者摄）

图 41.3　妇好觚 M5：602

（引自《殷墟妇好墓》图版 43.2）

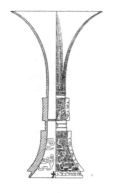

图 41.4　妇好觚 M5：605 线图

（引自《殷墟青铜器》21 页）

---

①　ACKERMAN P. Ritual Bronzes of Ancient China ［M］. New York：The Dryden Press, 1945：
42, 102. 陈梦家曾言安大略皇家博物馆藏两件透空圈足觚（藏品号：NB4033, NB4034），
传出安阳大司空村，此为其一，见：陈梦家. 美国所藏中国铜器集录［M］. 北京：金
城出版社，2016：1131.

图 42.1　黄觚（引自
《中国青铜器全集》第 2 卷图 125）

图 42.2　巴拉德藏觚（引自
《美国所藏中国铜器集录》A488）

图 42.3　安大略藏觚（引自 *Ritual
Bronzes of Ancient China*，pl. 42）

图 42.4　妇觚（引自
《中国青铜器全集》第 2 卷图 126）

　　赛克勒艺术馆收藏一件妇觚（V-15），腹部略粗，圈足底的裙略高，但其
上没有纹饰。口沿下饰蕉叶纹及雷纹，腹部饰两组兽面纹，圈足顶面有一周凸
起菱形块组成的纹带，主体是两组透空兽面纹组成的宽纹带，除凸出的眼珠外，
均有细线雷纹构成。此觚没有扉棱，但腹部兽面纹有脊棱形鼻（图 42.4）。器
外底铸阳文铭"妇"，圈足内壁均布四道加强筋。通高 256 毫米。贝格立的图录
指出圈足的透空属于范作纹，即范上泥线足够高抵在芯上而为。① 陈梦家注意到
圈足的"镂空制法"②，年代略晚，或为妇好觚铸工的徒孙所为亦未可知。

①　BAGLEY R W. Shang Ritual Bronzes in the Arthur M. Sackler Collections［M］. Washington
　　D. C.：The Arthur M. Sackler Foundation，1987：230-233.
②　陈梦家. 美国所藏中国铜器集录［M］. 北京：金城出版社，2016：A505.

殷墟晚期的透空圈足觚尚未得见，其他类型的透空器，在整个商代青铜器中都颇为罕见。更有理由推测它们在工艺上具有同源性。西周时期，这一现象有所改观，如西周早期的青铜禁和斗柄、西周中期的铺和鼎、西周晚期的器座和铺，但为数并不多。1976 年陕西扶风庄白一号窖藏中，有两件透空圈足觚76FZJ1：18 和 76FZJ1：83，年代属西周早期，都是喇叭口和喇叭足，颈与腹一体，均细且素面。前者的腹较粗，圈足饰透空夔纹，上下均有目纹和三角纹组成的窄纹带，透空纹线较宽，腹与圈足纹带过渡平滑（图 43.1），通高 234 毫米、口径 130 毫米；后者腹更细，圈足饰透空兽面纹带，与腹部过渡处有一凸箍，通高 228 毫米、口径 120 毫米（图 43.2）。① 这两件透空圈足觚，铸造工艺与前述妇好觚具有关联性。西周透空青铜器多出现在周原地区，或许体现了该地区与江南有较为密切的联系。

图 43.1　庄白觚 76FZJ1：18

（引自《周原出土青铜器》

卷三 587 页）

图 43.2　庄白觚 76FZJ1：83

（引自《周原出土

青铜器》卷三 589 页）

（二）模芯合作纹源流与妇好墓青铜器的技术选择

青铜器纹饰出现于二里头文化晚期而发展于二里岗时期，大体趋向是从简单几何线条向抽象动物纹发展，纹线从细到宽，从低到高，从无地纹到有地纹，从局部浮雕到整单元高浮雕或整个纹带高浮雕。其技术含义则可能反映了从徒手在范上刻画到自模上塑纹翻范，再到范、芯配合制作高浮雕纹饰，范与芯的

---

① 曹玮. 周原出土青铜器：第三卷 ［M］. 成都：巴蜀书社，2005：587-590.

制作有若李济所构建的从范作纹到深刻模作纹。①

　　殷墟阶段突出的装饰特征是多个附件饰器物，技术上赖于铸接，包括先铸、后铸以及混合分铸；纹饰特征是所谓"三层花"满装纹饰，工艺赖于模范合作纹或模作纹，有很少模芯合作纹，而后者是南方工艺的典型特征。本文仅对模芯合作纹的工艺源流略梳理，再看其在殷墟和妇好墓青铜器的表现，以说明工匠的技术选择。其他问题候诸来日。

　　1. 模芯合作纹渊源探析

　　局部浮雕纹饰出现在二里岗晚期，郑州商城和黄陂盘龙城都发现了实物，而且都在尊或罍上。郑州白家庄出土的小口龟纹罍 C8M2：1②，口侈，尖沿、方唇，束颈上均布三个"龟纹"，肩部饰勾云纹带；折肩，下腹近半球形，饰宽兽面纹带，上下侧以云雷纹带镶边；兽面浮雕但紧凑成团，若肩部牺首。兽面高冠，一对 C 形兽角开口向下，角稍回卷，一对甚小的臣字眼，眼珠如豆但凸出，宽鼻的鼻翼为阳线螺旋形凸出，鼻两侧的兽面纹之足浮雕凸出。宽线勾云纹向两侧铺展，而兽面的角、足、鼻、冠等勾勒卷云纹。圈足仅两周凸弦纹通过上部的三个十字形透孔（图 44.1）。盘龙城王家嘴出土的一件罍 WZM1：2③，造型和白家庄罍一致，但束颈饰三周凸弦纹，肩面饰由三组宽线目云纹组成的纹带。折肩深腹，腹部饰宽兽面纹带。兽面纹构图依然拘谨，宽鼻高冠，一对角硕大，斜向外耸出后下折回勾，上饰鳞纹；一对眼不大，眼角尖而眼珠凸，鼻翼、角根、嘴角同样为外凸的螺旋线，兽面纹两侧各半幅宽线兽面，与相邻

①　根据万家保对青铜觚纹饰做法的研究，李济概括青铜器纹饰的做法为五种：1. 刻画范（作）纹，凹的阳线条组成的纹饰，包括小圆圈饰；2. 模范合作纹，凹的和宽的阳线条组成的纹饰，包括小圆圈带饰；3. 堆雕模（作）纹，已经有地纹出现，唯地纹和主纹饰仍在一水平面上，纹饰大部皆在模上形成；4. 浮雕模（作）纹，出现了不同水平的纹饰，可能已在模上应用了堆砌方法；5. 深刻模（作）纹，这是较少有的例子，表现出来的是镂空花纹。见：李济，万家保. 古器物研究专刊：第一本：殷墟出土青铜觚形器之研究［M］. 台北："中央研究院"历史语言研究所，1964：X，69-114. 这种基于技术的纹饰分类，较罗越基于视觉（也可能有技术意味）的五种风格理论内容应更扎实，但很少有人讨论。关于罗越的中国青铜器风格，参见 LOEHR M. The Bronze Styles of the Anyang Period［J］. Archives of the Chinese Art Society of America，1953（7）：42-53. 对罗越安阳青铜器风格的新认识，参见 BAGLEY R W. Max Loehr and the Study of Chinese Bronzes Style and Classification in the History of Art［M］. New York：Ithaca，2008.
②　河南省文物考古研究所. 郑州商城：1953—1985 年考古发掘报告［M］. 北京：文物出版社，2001：821；中国青铜器全集编辑委员会. 中国青铜器全集：第 1 卷［M］. 北京：文物出版社，1996：128.
③　湖北省文物考古研究所. 盘龙城：1963—1994 年考古发掘报告［M］. 北京：文物出版社，2001：138. 报告称此器为尊。

的一半构成倒置兽面纹。主兽面纹凸出，形成浅浮雕，其余纹线平铺。圈足上部也是两周凸弦纹穿过三个均布的十字透孔（图44.2）。此罍肩、腹纹饰流畅，是典型的模作纹。[①] 从其 X 光片得知（图44.3），此罍残失较多，修复过甚，内壁是否相应凹下尚不明确。

1980 年城固苏村窖藏中的一件罍 CH71-2[②]，造型与上述二罍相同但纹饰有别，颈部也饰三周凸弦纹，但肩部饰宽线夔纹带，腹部饰宽线兽面纹带，形式接近王家嘴罍，然兽面布局舒展，高冠两侧竖叉形角，眼角后隐有兽身，阔鼻，两侧是兽面无目，圈足结构同上（图45.1~45.2），通高369 毫米、口径 198 毫米，重 6.28 千克。值得重视的是，器内壁可见与器表高浮雕兽面纹相应下凹（图45.3）。很明显，这样的纹饰必须由范与芯贯通完成，范面以兽面形凹下、芯表相应以兽面形凸起。范和芯必须通过同一个模成形，才能使得范与芯的组合准确，不致错位导致孔洞。范可以从模直接翻制，而芯则需从模翻出芯盒，再由芯盒翻制出芯。故称这类纹饰为模芯合作纹。

  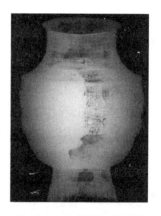

图 44.1　郑州白家庄罍　　　图 44.2　盘龙城王家嘴罍　　图 44.3　盘龙城王家嘴罍
C8M2：1（引自《中国　　　WZM1：2（引自《盘龙城　　WZM1：2X 光片（引自
青铜器全集》第1卷图128）　青铜容器工艺研究》）　　　《盘龙城青铜容器工艺研究》）

---

① 苏荣誉，张昌平．盘龙城青铜器的铸接工艺研究［C］//盘龙城遗址博物院，武汉大学青铜文明研究中心．盘龙城与长江文明国际学术研讨会论文集．北京：科学出版社，2016：118-137.
② 曹玮．汉中出土商代青铜器：第 1 卷［M］．成都：巴蜀书社，2006；102-103.

图 45.1　罍 CH71-2
（引自《汉中出土商代
青铜器》第 1 卷 102 页）

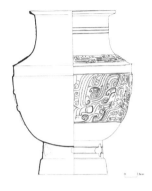

图 45.2　罍 CH71-2 线图
（引自《汉中出土商代
青铜器》第 1 卷 103 页）

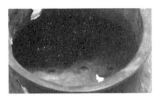

图 45.3　罍 CH71-2
内壁凹陷（笔者摄）

　　模芯合作纹的精髓在于保证器壁厚度一致，也是铸造工艺设计的基本原则之一，目的使得铸件尽可能同时凝固，以避免和减少浇不足之类缺陷以及厚度梯度处形成裂纹。具体到城固苏村罍 CH71-2，腹部的兽面纹虽为高浮雕，但凸起的高度比较有限，加之纹线深，浮雕造成的器壁厚度梯度很小，远小于器耳和口沿或器壁、器足与底的梯度变化，不至于凝固时造成浇不足和热裂缺陷。这件器物的工艺，可以视为某个工匠认识到壁厚变化导致的铸造缺陷，发明了模芯合作纹工艺可以有效地防止此类缺陷的发生。或者，某铸工炫技性地发明了铸造高浮雕纹饰的模芯合作纹工艺，成为他自己的"knowhow"（技术诀窍）。

　　对比这两三件罍，大同小异，从纹饰结构看，白家庄罍腹部纹带为两重，若依唐兰意见，颈部的龟纹为铭文"黾"[①]，可能略晚，而另外两件，或许盘龙城王家嘴罍较城固苏村罍略早，但后者明确属模芯合作纹。

　　安阳小屯 M333 出土一件罍 R2060，造型与上述三罍相若，束颈饰三道凸弦纹，肩面饰宽线九幅三组夔纹，云雷纹衬底；腹部饰宽兽面纹带，兽面纹结构颇近王家嘴罍，兽面的"角、鼻、眼及獠牙部分凸出器面很高，而器身内部之对应部位则凹入"。此外，兽面纹两侧的半幅兽面有所不同，有凸出的眼珠；云雷纹衬底。圈足上部一周凸弦纹穿过三个均布的十字形透孔（图 46.1~46.2）。出土时，此器变形严重，通高 294~301 毫米、口径 182~186 毫米，残重 3.33 千克。[②] 张昌平曾指出，该器是中原青铜器中所知年代最早的内壁随器表纹饰浮凸

①　唐兰. 从河南郑州出土的商代前期青铜器谈起 [J]. 文物，1973（7）：5-14.
②　李济，万家保. 古器物研究专刊：第五本：殷墟出土五十三件青铜容器之研究 [M].
　　台北："中央研究院"历史语言研究所，1972.

而凹陷的实例。①

图 46.1　罍 R2060（引自
《殷墟出土五十三件青铜
容器之研究》图版 22）

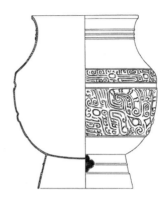

图 46.2　罍 R2060 线图（引自
《殷墟出土五十三件青铜
容器之研究》图版 54.12）

图 46.3　台西瓿 M112：4
（引自《藁城台西
商代遗址》彩版 3）

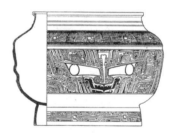

图 46.4　台西瓿 M112：4
（引自《藁城台西商代
遗址》131 页图 78.1）

更北的藁城台西商代墓地出土一件瓿 M112：4，直口、方唇、沿外侈，短颈饰两道凸弦纹，宽肩饰三组细线目雷纹带，两侧以圆圈纹镶边；弧肩，腹部饰宽兽面纹带。兽面长目多素白、尖眼角、眼珠圆突；鼻梁凸起，下有大鼻头，两端向内卷螺旋线并突出为鼻翼；鼻下有宽阔的微张大嘴，獠牙出露；额上有宽冠饰，两侧各有三竖立的羽刀纹，一对不大的几字形角在其外，眼外为 S 形分离的兽身，前端螺丝卷，尾端向下折勾；眼珠下有分离的兽足，其外填补无

①　张昌平. 论殷墟时期南方的尊和罍 [J]. 考古学集刊，2004（2）：122.

目变体夔纹。圈足矮，饰三组目雷纹组成的纹带（图 46.3~46.4），通高 263 毫米。兽面的鼻、角、身、眼、足及夔纹均浮雕，器内壁相应下凹。①

　　上述这三件模芯合作纹罍和瓿的年代序列，前人很少讨论，从纹饰的简率繁密关系看，小屯 M333 罍 R2060 应较早，其次为苏村罍 CH71-2，再次为台西瓿 M112：4，台西年代在中商晚期，另外两件自然较早，但早到何时？

　　1957 年安徽阜南月儿河农民发现了一批青铜器，包括一件龙虎尊和一件兽面纹尊。兽面纹尊侈口尖沿方唇，束颈上饰三周凸弦纹；宽斜肩上饰六组目云纹带，眼珠圆突，内外侧以凸弦纹为界，纹带上均布三个勾云形扉棱，扉棱较厚但完全透空，长度与纹带宽度相若；与扉棱相间均布三个圆雕牺首，扣在纹带上并向前探出肩沿；兽面具有一对大 C 形角，开口向下，内端有凸起较高的圆突，一对臣字眼眼珠圆突，鼻头伸出肩沿（图 47.1）。肩沿锐折，沿下窄素面下为三组高浮雕兽面纹。兽面纹方冠上和两侧具有冠饰，一对弯勾大角自冠饰两侧竖立再向外侧弯勾，也是一对臣字眼眼珠圆突，眼外伸出蜿蜒的兽体，端头细线回转并外突，尾则斜抵纹带上栏再回折下勾，与角相对。沿下的阔鼻头几抵纹带下栏，鼻翼也是细线盘绕并外突，其两侧有深咧的嘴角，露出三角形排牙，嘴角也有细线盘绕的圆突，其外可能是足。纹饰的兽面、冠饰、角、身、鼻、嘴角和足俱是高浮雕形，其上再以较宽阴线勾勒，使得这些部件繁密、精致，而平处则填以同样宽阴线勾勒的纹饰，但整个纹带均浮在器表。上下以矮窄凸弦纹为边（图 47.2）。下腹弧收成平底，以圈足承器。圈足壁直略外撇，上半部一周均布三个十字形透孔，两道平行的凸弦纹穿过透孔；圈足下半部素面但加厚，约与上半部的凸弦纹顶面平齐。底沿平。通高 470 毫米、口径 293 毫米。器内壁不平，随器表凸凹而凹凸②，属于典型的模芯合作纹。

①　河北省文物研究所.藁城台西商代遗址［M］.北京：文物出版社，1985：129.
②　安徽省博物馆.安徽省博物馆藏青铜器［M］.上海：上海人民美术出版社，1987：No. 2.

图 47.1　阜南月儿河兽面纹尊
（引自《中国青铜器全集》
第 1 卷图 115）

图 47.2　阜南月儿河兽面纹尊腹部
高浮雕兽面纹
（引自《中国青铜器全集》第 1 卷图 115）

　　龙虎尊则是大敞口，口径大于腹径，圆唇沿，从口沿向下收束形成颈，饰三道平行凸弦纹（图 48.1）。颈部向下弧张并斜折出宽肩，肩面饰一周纹带，由三条逆时针蜿蜒的高浮雕龙身组成，龙身三曲三折，浮雕高度自颈至尾渐低，尾端向前卷曲回勾；身饰阴线三角纹。龙尾后置一浅浮雕夔纹，整个纹带以云雷纹衬底。圆雕龙首伸出肩沿并与之垂直，向下大张口，下颌悬在腹部扉棱顶面。肩沿锐折，腹壁向下缓慢弧收，深腹。肩沿下一周窄素面带，再下为宽纹带。龙头下各垂一道勾云形扉棱，将腹纹三等分。扉棱宽，尽管两侧阴线极深，但未透空（图 48.2）。腹壁弧面下收接圈足。腹部主纹在两道扉棱之间，与龙首相错 60°，主题是虎—人纹（图 48.3）。自虎头后向两侧对称地伸展高浮雕颈部和躯体，颈部硕壮，前爪向前平伸，后腿曲蹬；尾粗壮，有力垂下，尾稍回卷。虎身和腿饰阴线云纹，尾上曲折阴线勾出鳞纹，尾稍有随形阴线。高浮雕虎身的上下侧都饰云纹。虎头中空，后有一不大规则的透孔，与虎口相通透。石志廉明确指出，龙虎尊上的人形和安阳所出一些铜器上人形的粗眉、隆鼻、宽口、厚唇者有所不同。[①] 虎身下、人两侧以扉棱为对称饰兽面纹，位置和龙首相应。有圆而凸出的眼珠和细瘦的身躯，尾部回卷，眉硕大，角高耸，前足接于口后，粗大前卷，鼻头宽阔遮着上唇，上牙呈稀疏的三角形露出在鼻翼侧。腹部凸起的浮雕和高浮雕纹饰，内壁相应下凹（图 48.4）。下腹素面，大弧面内收出平底，下接圈足。圈足壁直，向外略斜。圈足上部素面，与扉棱相应处

　　① 　石志廉 . 谈谈龙虎尊的几个问题 [J]. 文物，1972（11）：66.

各设一十字形透孔，一条凸弦纹从正中穿过。圈足下部有三组兽面纹组成的纹带，纹带上下都有凸起的扁弦纹边界，整个纹带高起于圈足表面。兽面纹带主体为宽线条，除一对凸出的眼珠外，都和扁凸弦纹平齐。兽面造型和腹部兽面相若，但身体修长，以宽线卷云纹填空。圈足底沿平齐。通高 505 毫米、口径450 毫米。①

图 48.1 龙虎尊（引自
《中国青铜器全集》第 1 卷图 119）

图 48.2 龙虎尊腹部高浮雕纹饰
（引自《中国青铜器全集》第 1 卷图 117）

　　贝格立认为阜南龙虎尊纹饰是缓地隆起形成浮雕状，兽面、人纹和虎纹造型圆润，似要融入底面一般；其阴线均匀地蔓延在主纹和底面，和殷墟时期高浮雕的两层花明显不同，足部具有标准的二里岗期纹饰②，年代无疑应属二里岗时期③。罗越将月儿河两件尊纹饰的凸起称为"高浮雕"，而贝格立称之为"缓地隆起形成浮雕状"，这种说法更加写实，更能描绘出月儿河尊纹饰凸起的特别之处。阜南月儿河尊，其凸起纹饰多成坡面，一侧翘起而另一侧隐于底面之中，与殷墟时期底纹与主纹高低层次清晰的"二重花"不同，年代应早于殷墟时期，属二里岗时期，介于无底纹浮雕向有底纹高浮雕的过渡阶段。

① 葛介屏. 安徽阜南发现殷商时代的青铜器 [J]. 文物，1959（1）：封二.
② 贝格立. 南方青铜器纹饰与新干大洋洲墓的时代 [C] // 马承源. 吴越地区青铜器研究论文集. 香港：两木出版社，1997：125.
③ BAGLEY R W. Shang Ritual Bronzes in the Arthur M. Sackler Collections [M]. Washington D. C.：The Arthur M. Sackler Foundation，1987：274.

图48.3　龙虎尊高浮雕虎　　　　图48.4　龙虎尊内壁相应下凹
（引自《中国青铜器全集》第1卷图118）　（引自《商周铜器群综合研究》图版32）

月儿河兽面纹尊与城固苏村罍CH71-2相同处在于，冠两侧都为羽刀纹，但月儿河尊的角为向内卷曲的羊角式，这一点又与盘龙城王家嘴一号墓所出罍相同，但其冠两侧又无羽刀纹，可见，月儿河兽面纹尊的纹饰构成有可能来源于盘龙城王家嘴一号墓罍和城固苏村罍CH71-2二者的结合，二者所处时间大致相同，都具有南方风格，且月儿河兽面纹尊腹部整体兽面纹都是缓地隆起形成浮雕状，肩部饰有扉棱和兽首，因此，单就这一点看，月儿河尊似比盘龙城王家嘴罍、城固苏村罍CH71-2、安阳小屯罍R2060和郑州白家庄出土的兽面纹罍都要晚，大致在二里岗与殷墟的过渡时期。

很明显，以阜南月儿河两件龙虎尊为代表的青铜器，就透空勾云形扉棱和高浮雕纹饰的内壁相应下凹这两点南方风格要素已经发展成熟，特点鲜明。

2. 中商阶段南方风格青铜器生产的繁荣

由于郑州商城衰落的原因不详，此后几次迁徙的都城都不十分明确，考古学家认为中商文化可以分为郑州白家庄、邢台曹演庄、藁城台西、济南大辛庄、济宁潘庙、徐州高皇庙、含山大城墩、黄陂盘龙城、耀县北村和长治小神十个类型。① 地域广阔，中心却不明，有些类型中所出土的青铜器年代也需进一步辨析。总体来看，上述典型遗址的青铜器面貌基本上是郑州商城的延续，但没有郑州商城的王都气象。

事实上，中商时代是南方风格青铜器的大发展时代，器物出自尚不清楚所在的南方铸铜工场，当然，那工场晚期有可能也铸造中原风格的青铜器，只是

---

① 唐际根. 中商文化研究［J］. 考古学报，1999（4）：393-420.

尚且无法辨识。而南方风格的青铜器，最典型的是大口折肩尊和折肩罍、大型铙和鼓，以及一些圆雕动物装饰的各类青铜器。以前在中原中心论支配下，将这些器物断代在商晚期或末期，与事实不符。

南方代表性的大口折肩尊，可以湖南华容东山和安徽六安淠河两件作为代表。前者大口，尖唇，长颈上饰三道凸弦纹。颈下出较宽的平肩，所饰宽纹带上均置三圆雕片状伏卧鸟，肩部半浮雕夔纹带在鸟饰间（图49.1）。折肩沿上饰三个巨大的圆雕兽头，中空做管状，顶透空，有巨大且中空的几字形角（图49.2）。尊腹饰浮雕含体无耳散列式兽面纹，五官分离①，兽面鼻矮而短，鼻翼圆突。兽面两侧有C形浮雕形角，两端向下回卷并凸出；眼珠圆突，眼外有浮雕S形兽身和尾，其下饰变体夔纹。兽面咧嘴露出牙齿，嘴角外突。兽面各部均较宽，上饰卷云纹，以云纹衬底。三组兽面纹之间以勾云形扉棱为界，扉棱位置与鸟相应而与兽首相间，由若干C形构成，两侧有T、L阴线勾勒。圈足壁微外弧，顶端一周均布三十字形透孔，为两道凸弦纹穿过，透孔下各置一勾云形扉棱。两扉棱间饰半散裂式连体兽面纹，与腹部兽面纹上下排列。兽面鼻翼圆突，嘴深咧露齿，嘴角圆突。有方冠，冠两侧有树叶形耳，耳根有圆突；大眼珠圆突；兽身曲折。兽身及两侧夔身上均饰云纹，以细卷云纹衬底。通高728毫米、口径611~612毫米。②

兽头两侧叠压着上腹壁，说明后铸。③ 管状兽头内部光素，在腹壁外有突台，高出腹壁3~6毫米不等，兽头实挂在腹壁。在腹内壁，三兽首处均可见不规则形状的薄片凸起，叠压着腹壁（图49.3），犹若铸铆块。肩部鸟饰和腹、圈足扉棱均可见清晰的铸造披缝并且一致，说明尊沿扉棱—鸟饰垂直分型，其铸型由三范和一腹芯及一圈足芯组成。尊腹和圈足内壁十分特别，腹部浮雕凸起4~6毫米，宽度不等，内壁下凹相若（图49.4）。圈足兽面纹凸出的部分，如身（含冠饰、鼻、眼珠、尾、嘴角）、耳和夔，在内壁也相应下凹，深约3毫米（图49.5）。④

---

① 陈公柔和张长寿划分的Ⅳ型兽面纹，认为最早见于殷墟一期青铜器，如小屯M331方卣R2066颈部兽面纹。陈公柔，张长寿. 殷周青铜容器上兽面纹的断代研究［J］. 考古学报，1990（2）：155.

② 苏荣誉，李建毛. 华容大口折肩青铜尊研究：兼及挂饰管形牺首饰诸器（上）［J］. 美术研究，2016（6）：42-44.

③ 难波纯子认为牺首先铸，不确。见：难波纯子. 华中型青铜彝器的发达［J］. 向桃初，译. 南方文物，2000（3）：30.

④ 苏荣誉，李建毛. 华容大口折肩青铜尊研究：兼及挂饰管形牺首饰诸器（上）（上）［J］. 美术研究，2016（6）：46.

图 49.1　华容东山尊（引自　　　　图 49.2　华容东山尊肩牺首饰（引自
《美术研究》2016 年第 6 期 42 页图 1)　　《美术研究》2016 年第 6 期 43 页图 2.3)

图 49.3　华容东山尊腹内后铸　图 49.4　华容东山尊腹内壁　图 49.5　华容东山尊圈足
牺首"铆块"（引自《美术研究》　下凹（引自《美术研究》　内壁下凹（引自《美术研究》
2016 年第 6 期 43 页图 4.2)　　2016 年第 6 期 44 页图 5.1)　　2016 年第 6 期 44 页图 5.2)

　　虽然此类尊仅此一件，但具有管式牺首饰的罍在广汉三星堆、岳阳鲂鱼山
和平江套口等地均有发现，清宫旧藏的两件器也具有这样的装饰，表明它们技
术同源，当在一个不长的时段内铸造于南方青铜工场。① 熊建华指出此尊在同类
器中最为高大，兽面轮廓粗大，其上饰有卷云纹，加之衬底云纹属典型"三重
花"。② 的确，器纹饰与圆雕鸟、兽首饰成为罗越 V 型的典型③，贝格立认为此

① 苏荣誉，李建毛. 华容大口折肩青铜尊研究：兼及挂饰管形牺首饰诸器（上）（上）
　　[J]. 美术研究，2016 (6)：42-52；苏荣誉，李建毛. 华容大口折肩青铜尊研究：兼及
　　挂饰管形牺首饰诸器（上）（下）[J]. 美术研究，2017 (1)：45-50.
② 熊建华. 湖南商周青铜研究 [M]. 长沙：岳麓书社，2013：90.
③ LOEHR M. The Bronze Styles of the Anyang Period [J]. Archives of the Chinese Art Society of
　　America，1953 (7)：42-53.

尊具有风格属 Va，开散列式兽面纹的先河，故可肯定此尊是长江流域铸造的。①傅举良早已指出，腹部散列式兽面纹的高浮雕和浮雕部分，如鼻、角、身、眼珠、嘴角和夔，在器内壁均有相应下凹。② 王恩田指其属甲群第一期，年代属殷墟文化三四期。

　　1999 年，安徽六安市郊淠河附近出土一件青铜尊（图 50.1），通高 700 毫米、口径 605 毫米，属同类器中形体最大者。③ 尊大口、尖沿、方唇，长颈饰三道突弦纹。颈根出斜折肩，所饰宽纹带由六组夔纹与三片状鸟饰和三圆雕兽头相间构成，云纹衬底。与三鸟相间的圆雕牺首跨在肩沿，凸起较高，一对大角呈 V 形后耸到颈根部；一片状高冠耸在两角之间，前低后高；一对大眼眼珠外突。在牺首与肩的结合面，发现二者分离且牺首叠压肩部（图 50.2），牺首后铸。腹内与牺首相应处有一方形"铆块"（图 50.3），是为牺首后铸牢固的特殊设计。折肩下腹部布满纹饰。三条垂直的勾云形扉棱将纹饰分三组。纹饰结构相同，均是浮雕型散列式兽面纹和两侧下方竖立的变体夔纹构成，以勾连云纹衬底。衬底的云纹和器表平齐，高浮雕部分凸出于器表。鼻翼有一对圆突，冠饰两边有外侧出歧的立刀形高浮雕，其下端有圆突，而外侧是向内回卷的高浮雕 C 形角，内侧端头有同样的圆凸；眼大体在兽面一侧的中心，眼珠圆突，眼外布高浮雕的躯体，成 S 形并在端头回卷，起端圆突。咧开上翘的高浮雕嘴角圆突。这些高浮雕饰，除眼珠外均饰勾连云纹。高圈足接在腹底，顶一周均布三个不规则方孔，两道凸弦纹穿过。孔下各有一垂直的勾云形扉棱，将圈足纹带分成三组，也是高浮雕半散列式兽面纹与变体夔纹的组合，且和腹部兽面纹位置相应，构成上下重叠效应。高浮雕部分也是凸起于圈足表面。与腹和圈足的高浮雕兽面纹相应，腹内壁和圈足内壁均相应下凹（图 50.4～50.5）。此外，在颈部、肩沿均可见垫片，每周可能六枚，形状不规则。很明显，此尊的牺首与华容东山尊不同，但铸造工艺一致。与此尊相一致的，还有出土自岳阳费家

---

①　BAGLEY R W. Shang Ritual Bronzes in the Arthur M. Sackler Collections［M］. Washington D. C.：The Arthur M. Sackler Foundation，1987：270-272，104；王恩田．湖南出土商周铜器与殷人南迁［C］//中国考古学会．中国考古学会第七次年会论文集：1989. 北京：文物出版社，1992：112-126.

②　傅聚良．谈湖南出土的商代青铜器［J］.考古与文物，2001（1）：45.

③　安徽省皖西博物馆．安徽六安出土一件大型商代铜尊［J］.文物，2000（12）：65-68. 事实上，华容尊高 732 毫米，较此尊为大。

河、江陵八姑台、枣阳新店、广汉三星堆等地的大口折肩尊①，巫山李家滩尊也一样，体现了它们同源、同时的高度一致性。②

明显的事实是，大口折肩尊虽然在殷墟早期还有发现，并可能沿用到殷墟中期，但殷墟早期的大口折肩尊，颈部凸弦纹被蕉叶纹所取代，口径和鼓腹逐步变小，纹饰从三层花逐步变为平铺式，不再浮雕，面积也有缩小的倾向，导致了筒形尊的出现。这样的演变轨迹，表明南方类型的大口折肩尊年代不晚于殷墟早期。③

图 50.1　六安溰河尊
（引自《李下蹊华》343 页图 1）

图 50.2　六安溰河尊肩牺首饰
（引自《李下蹊华》344 页图 5）

图 50.3　六安溰河尊
腹内后铸牺首"铆块"
（引自《李下蹊华》
349 页图 14）

图 50.4　六安溰河尊
腹内壁下凹
（引自《李下蹊华》
347 页图 8）

图 50.5　六安溰河尊
圈足内壁下凹
（引自《李下蹊华》
347 页图 7）

---

① 苏荣誉，宫希成.六安溰河青铜大口折肩尊的风格与工艺研究：兼及同类器物的时代与产地等问题［C］∥何驽.李下蹊华：庆祝李伯谦先生 80 华诞论文集.北京：科学出版社，2017：359-422.

② 苏荣誉.巫山李家滩出土大口折肩青铜尊探微：兼据同类尊的风格和关键工艺探讨其年代和扩散［J］.南方民族考古，2017（1）：131-187.

③ 苏荣誉等.湖南省博物馆藏两件大口折肩青铜圆尊的研究：兼及同类尊的渊源、风格、工艺、产地和时代问题［R］.长沙：湖南商西周青铜器国际学术研讨会，2015.

3. 中商晚期青铜方腹提梁卣

20 世纪 30 年代的安阳小屯考古，在小屯 M331 出土一件方腹提梁卣 R2066（图 51.1），圆颈方腹，有盖和提梁。卣口略侈，尖沿方唇，长颈中间收束，颈部饰四道勾牙形扉棱，从口沿贯止颈肩结合处。口沿下饰一周窄云纹带，颈部饰兽面纹带，颈下还有一周 W 形折线中间填细线云雷纹带，颈根部为窄云纹带。这些纹带均为扉棱穿过。颈下出宽斜肩，截面为方形，四角饰圆雕龙首，双角粗壮斜翘，肩前后面中间各置一圆雕牺首，两侧面中间置垂向半圆环儿，为提梁端龙首下的横梁穿过实现环接。肩部圆雕的四角的龙首和前后面的牺首，叠压在肩面纹饰带上，腹部纹饰在四角方向，为高浮雕卷曲双角的兽面，双角巨大而角稍回卷且外翘，角上及肩沿而伸向两侧面的中间，高及方腹一半；兽面也属高浮雕，眼珠凸出，嘴唇抵在方腹下栏（图 51.3）。圈足为圆形截面，直壁，外饰双排云纹带。底沿平。盖面隆鼓，一子口插入卣口扣合。盖中央伫立一鸟为钮，鸟首有一对钝角。鸟下柱与盖面结合处，有圆形涡纹，其外的主纹为三组牛纹构成的环形纹带（图 51.4）。提梁为 ∩ 形，两端有大龙头饰，双角大且上耸，眼珠外突，龙头中空，其中一梁套入卣肩两侧中部半环耳与之环接。提梁面中间起脊，为勾牙形扉棱形式，脊棱两侧各饰一道鳞纹。提梁一侧的内壁铸造水平的半圆环，一虎形片饰两端有环，一端连接提梁内的半环，另一端当链接一环套在鸟钮柱上，但已遗失。此卣提梁变形，通盖高 303 毫米、口径 67 毫米、壁厚 5 毫米，残重 2.67 千克。①

图 51.1　方腹卣 R2066
（引自《殷墟出土五十三件
青铜容器之研究》图版 44）

图 51.2　方腹卣 R2066 线图
（引自《殷墟出土五十三件
青铜容器之研究》图版 57.4a）

---

① 李济，万家保. 古器物研究专刊：第五本：殷墟出土五十三件青铜容器之研究［M］. 台北："中央研究院" 历史语言研究所，1972：图版 44.

图 51.3　方腹卣 R2066 顶视图
（引自《殷墟出土五十三件
青铜容器之研究》图版 57.4b）

图 51.4　方腹卣 R2066 角
（引自《殷墟出土五十三件
青铜容器之研究》图版 44 附图 B）

四隅的龙首与四道勾牙形扉棱构成完整的龙，提梁端头的龙首和其脊棱也组成两条龙。可见这件卣的造型充满了动物，仅附饰部分，就有一只鸟、一只虎、六条龙、两个牺首或为虎头，以及四羊首形兽。附饰动物应该是南方青铜器的传统，而此卣的扉棱，和湖南石门卣的如出一辙，二者时代相近，不能排除该卣出自南方铸铜作坊的可能，但是，腹部高浮雕且扭转的羊角内壁，从线图（图 51.2）看平直无下凹，属于模作纹，和月儿河罍以降的南方尊、罍模芯作纹的工艺体系大相径庭，是否南方工场在中商晚期发生了改变，是值得探索的问题。

4. 妇好墓高浮雕纹饰诸器

进入殷墟早期，以妇好墓出土的青铜器为代表，"主纹多为复层花"，"浮于地纹之上"，"辅助花纹多为单层花，少量则为复层花"①，浮雕纹饰流行。妇好方斝 M5：855（图 52.1）、M5：752 和 M5：854，一对妇好扁圆壶 M5：795（图 52.2）和 M5：863（图 52.3），一对妇好瓿 M5：830（图 53.1）、M5：796（图 53.2）和瓿 M5：778，妇好方尊 M5：792 和后母方尊 M5：806 与 M5：868 都是典型的三重花装饰②，主纹高浮雕；方斝的扉棱甚至饰到柱帽的四棱，圆雕兽首附饰几乎占满了肩部，但内壁均平光③，并没有因纹饰的高浮雕而在内壁下凹、从模作纹变为模芯合作纹。这里仅就方尊略做介绍。

---

① 郑振香，陈志达. 殷墟青铜器的分期与年代［M］//中国社会科学院考古研究所. 殷墟青铜器. 北京：文物出版社，1985：49.
② 中国社会科学院考古研究所. 殷墟妇好墓［M］. 北京：文物出版社，1980：67，64，66，55-56.
③ 中国社会科学院考古研究所. 殷墟妇好墓［M］. 北京：文物出版社，1980：66，53-55.

图 52.1　妇好方斝
M5：855（引自《中国
青铜器全集》第 3 卷图 55）

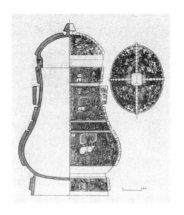

图 52.2　妇好扁圆壶 M5：795
（引自《中国青铜器
全集》第 3 卷图 88）

图 52.3　妇好扁圆壶
M5：863（引自
《殷墟青铜器》19 页）

图 53.1　妇好瓿 M5：830
（引自《中国青铜器全集》第 3 卷图 76）

图 53.2　妇好瓿 M5：796
（引自《殷墟青铜器》页 17）

妇好方尊 M5：792①口呈长方形，外侈，口下饰蕉叶纹，颈、腹和圈足四角及四面正中均有扉棱。束颈窄肩，肩饰夔纹带，四面中间均置一圆雕兽首；四角均铸一伏卧圆雕鸟，身形怪异，鸟身向外，大钩喙，竖耳，短翅长尾，做伏卧状；中空，底座内凹。腹下部略内收出平底，四面饰高浮雕散列式兽面纹，兽角约占兽面高度 2/5，向下内卷并朝外翘出，而深咧的嘴角下端也有向外翘出的意味，与兽角作风相呼应。高圈足，圈足上端四面中部各有一个长方形小孔，

---

①　中国社会科学院考古研究所 . 殷墟妇好墓［M］. 北京：文物出版社，1980：66-67，53，55.

四面也饰高浮雕散列式兽面纹，但浮起高度不如腹部，大角亦收敛，长边兽面纹短足，短边的无足，内底中部铸铭"妇好"（图54.1）。通高430毫米、口355毫米×330毫米，重25.15千克。华觉明等指出此尊肩部中间的圆雕牺首系榫接式后铸。① 这里需要提请注意的是，虽然尊内壁平光，没有随腹、圈足所饰高浮雕兽面纹而下凹，属于典型的模作纹，但对于肩角圆雕鸟，须中空，自然采用了泥芯，而且内壁不封闭，说明鸟泥芯与腹芯合一，即是说腹芯伸出鸟芯。这样的做法，和二里岗时期大口折肩尊肩部的高浮雕或圆雕牺首的做法一致。

后姈母癸大方尊两件成一对②，较上述妇好方尊挺拔修长，截面近于方形，四角和四面中间从口沿至圈足置长条形扉棱，扉棱两侧有阴线勾勒，在口下出沿，端头近斜平面。八道扉棱在颈根、折肩和圈足根折断。尊大口外侈，方唇，束颈，口下饰蕉叶纹，接在颈根部浅浮雕夔纹带上，蕉叶纹中间的叶脉浮凸，下端有圆突。窄肩上饰兽纹带，四面中间置圆雕兽首，一对几字形大角较为突出，龙形兽身为浮雕型向两侧伸展，双身结构颇类于前述的月儿河龙虎尊。折肩，腹壁斜直下收出平底，四面饰高浮雕散列式大兽面纹，一对C形大角开口向下，角尖回转外翘，端部有圆突，鼻翼有同样的圆突。高圈足壁斜直外撇，顶端四面中部各有一十字形透孔，下饰散列式高浮雕兽面纹带，但整个兽面纹凸起程度略低，没有圆突，角尖亦平。底中部铸铭两行，一行为"后姈母"，另一行"癸"字。M5：806此器稍有缺损，通高556毫米、口375毫米×370毫米，重约31千克。尊M5：868（图54.2）出土时兽头的角略有缺失，通高560毫米、口375毫米×369毫米，重32千克。这对方尊内壁平光，高浮雕纹饰属模作纹。

这三件方尊的信息披露很不充分，难以进行深入的工艺研究，但可以肯定的是，腹、圈足的高浮雕兽面纹，其相应的内壁平光，没有下凹，系模作纹形式，和中商南方的模芯合作纹有别，可能和商晚期或殷墟初期的工艺变革有关，这三件尊之厚重，是否与此变革有关尚待探讨，但是，三件尊的散列式兽面纹、后母尊肩部的双身兽饰、蕉叶纹和兽面纹的圆突，都是南方风格的特征，非本文所关切，不赘。

① 华觉明，冯富根，王振江，等. 妇好墓青铜器群铸造技术的研究［J］. 考古学集刊，1981（1）：268-270.
② 中国社会科学院考古研究所. 殷墟妇好墓［M］. 北京：文物出版社，1980：55-56，66-67.

图 54.1 妇好方尊 M5：792
（引自《中国青铜器全集》第 3 卷图 108）

图 54.2 后䍙母癸方尊 M5：868
（引自《中国青铜器全集》第 3 卷图 109）

妇好墓青铜器中，附饰多者不仅有前述的偶方彝，一对司䍙母方壶的造型和装饰亦十分华丽，也很高大，属孤品。两件方壶被认为属于一对，形状和纹饰相同，均有盖，截面为长方形，盖、肩、腹和圈足浮雕纹饰均以细密云雷纹衬底。司䍙母方壶 M5：807 肩部和鸟角有缺损，器口稍变形，盖的子口不能很好扣合于腹（图 55.1~55.2）。方唇束颈，颈部凹弧张开出折肩，四角和四壁中间各有一道长条形扉棱，四边扉棱长，而四角扉棱仅及圆雕鸟饰脑后；四角的圆雕鸟饰有一对几字形大角，粗大喙向上弯翘，面向四角，一对浮雕翅伸向两侧壁，而长尾几抵四面中间的扉棱，四鸟构成的纹带立体形强。鸟纹带上有三角形向上蝉纹（图 56.1）。折肩下的腹壁微弧，下部略收束出平底。腹部四角有同样的扉棱，纹饰分上下两段，上段是较窄的龙纹带，圆雕龙首双角高耸，位于四面中间，龙首向两侧伸出 S 形高浮雕龙身，尾上折回勾（图 56.2），形式与月儿河龙虎尊接近，但有地纹。下腹纹带宽由四角各饰一高浮雕大兽面纹组成，扉棱为鼻，一对向下回卷外翘的高浮雕大角占据大半空间，眼珠小耳圆突，树叶形耳和嘴唇浮雕均不高，嘴角深咧；下腹四面中间有扉棱，位于龙首之下，也与龙虎尊结构相似（图 56.3）。高圈足壁斜直，向下微张，顶部四面中间置一不规则透孔，四角和四面中间均置一道扉棱，四面的扉棱是浮雕兽面纹鼻。壶盖为盝顶形，顶面平，中间置钮，长方形柱上设盝顶形柱帽，四面细线勾纹。盖四角和四面中间各有一道扉棱，四面微倒置的兽面纹，一对高浮雕大角同样回卷外翘，与上述安阳小屯 M331 方腹提梁卣 R2066 腹部四角羊首相同。此壶底中部铸铭“司䍙母”，通高约 640 毫米、口 235 毫米×195 毫米，重约 31 千克。

壶 M5：794 通高 644 毫米、口 234 毫米×198 毫米，重 35 千克。① 经考察，壶内
壁平光，未有凸凹起伏（图 55.3）。

图 55.1 司䍐母方壶

M5：807

（引自《中国青铜

器全集》第 3 卷图 93）

图 55.2 司䍐母方壶

M5：807 线图

（引自《殷墟妇

好墓》65 页图 43.1）

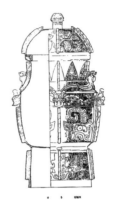

图 55.3 司䍐母方壶

M5：794 线图

（引自《殷墟

青铜器》26 页）

图 56.1 司䍐母方壶肩角与腹部局部纹饰
（笔者摄）

图 56.2 司䍐母方壶腹侧壁
（笔者摄）

---

① 中国社会科学院考古研究所. 殷墟妇好墓 [M]. 北京：文物出版社，1980：64-65，彩
版 8.2，图版 23.2.

图 56.3　司㚸母方壶腹部纹饰

（引自《中国青铜器全集》第 3 卷图 93）

图 56.4　司㚸母方壶盖

（笔者摄）

　　这对壶的圆雕附饰、高浮雕纹饰与月儿河龙虎尊及安阳小屯方腹卣 R2066 风格一致，但长条形扉棱则要晚于二者，虽司母铭表明属殷墟早期，但确反映了较早的风格。关于它们的工艺研究未见发表，不知钮、鸟首和龙首是否分铸，但鸟身和龙身确是浑铸的，腹、盖的高浮雕纹饰，属于模作纹形式。

　　但是，模芯合作纹工艺，在殷墟青铜器中也有，只是罕见而已。西北冈大墓 M1004 南墓道北端出土的牛方鼎 R1750 和鹿方鼎 R1751，这两件方鼎造型一致，只是纹饰主题前者为牛首、后者为鹿首，纹饰布局有别、大小不同而已。它们都具有长方形截面，斜沿方唇出檐，沿口对生两∩形耳，耳外面饰龙纹。腹壁斜直下收，满布纹饰。四角的长条形扉棱从沿下贯至腹底，四壁中间亦设同样扉棱，但有间断。腹壁纹饰分上下两段，上段夔纹带窄，浅浮雕夔纹以短扉棱对称展开，细密云雷纹衬底。下腹纹带很宽，图式各不相同。底平，四柱足承器。柱足中空，顶端未封闭，空足与鼎腹贯通。柱足根粗而端略细，两鼎的足饰不同。牛方鼎 R1750（图 57.1）四面均饰高浮雕牛首形兽面，以直条形扉棱为鼻对称展开，一对粗壮弯角占据兽面 1/3 空间，牛角内侧均饰有内向的鸟纹，牛面两侧则有竖立的浅浮雕鸟纹，长壁的鸟纹舒展、短壁的鸟纹窄缩，均以细密云雷纹衬底。柱足上半部饰高浮雕牛首纹，造型与腹部牛首相近，下半段饰三角纹（图 57.2）。底面中心铸铭"牛"，四壁内与高浮雕牛首相应凹陷（图 57.3）。牛方鼎通高 732 毫米、口 644 毫米×456 毫米，重 62.6 千克。鹿方鼎 R1751（图 58.1）下腹四壁饰高浮雕鹿首，鹿角架几乎占据鹿首高度一半，角内也有内向的鸟纹，但鹿首两侧各有两浅浮雕立鸟。足上半部饰高浮雕鹿首，下半部为三角纹。底中铸铭"鹿"，四壁内也有与高浮雕鹿首相应的下凹，但面积甚小（图 58.2）。方鼎通高 608 毫米、口 510 毫米×380 毫米，重 60.4 千克。

这两件方鼎均系浑铸成形，铸形由八块腹范、一块底范和一块腹足合一芯组成。① 腹内壁可见牛或鹿首形下凹，正与高浮雕牛和鹿首相应，说明此鼎腹部纹饰是模芯合作纹形式，但属局部类型。华觉明等早已指出它们和月儿河尊的做法一致。②

图 57.1　牛方鼎 R1750（引自《殷墟出土青铜鼎形器之研究》图版 25）　图 57.2　牛方鼎 R1750 角一足纹饰（引自《殷墟出土青铜鼎形器之研究》图版 26.1）　图 57.3　牛方鼎 R1750 腹内壁下凹（引自《殷墟出土青铜鼎形器之研究》图版 27.1）

妇好墓中出土五件方鼎，其中两件司母辛大方鼎 M5：789 和 M5：809 成一对。也是长方形截面，斜沿方唇，∩形沿立耳，四角均饰长条形扉棱，口下有浮雕式夔纹组成的八组兽面窄纹带，四面中间置短长条形扉棱，兽面纹以之和四角扉棱对称展开，细云雷纹衬底。其下侧边和底边置三行乳丁纹组成的纹带，中间空白。平底下四柱足承器，柱足上略粗而下略细，足上部饰高浮雕兽面纹，有矮长条形扉棱鼻，一对内卷的大角较突出；足中部饰三道凸弦纹，下部素面，腹壁铸铭"司母辛"。M5：789（图 58.3）通高 801 毫米、口 640 毫米×480 毫米，重 128 千克；M5：809 通高 800 毫米、口 640 毫米×476 毫米，重 117.5 千克。③ 华觉明等对其铸造工艺进行了细致研究，认为其模的足部纹饰和口下纹带是堆塑的，纹带的地纹、腹部的乳丁和足部的凸弦纹是在范上加工的，铭文是

---

① 李济，万家保 . 古器物研究专刊：第四本：殷墟出土青铜鼎形器之研究 [M]. 台北："中央研究院"历史语言研究所，1970：图版 25-29.

② 华觉明，冯富根，王振江，等 . 妇好墓青铜器群铸造技术的研究 [J]. 考古学集刊，1981（1）：252.

③ 中国社会科学院考古研究所 . 殷墟妇好墓 [M]. 北京：文物出版社，1980：34-35，38.

制作专门铭文模而翻制铭文范，再嵌入鼎芯（四足芯与之一体，空足与鼎腹贯通）为铸型，整个铸型由四壁范和一底范与一块芯组成，腹范的厚度可达 120 毫米，范上的花纹有可能是嵌入的范块，组合的铸型烘干后从足端倒立浇注。①

图 58.1　鹿方鼎 R1751　　图 58.2　鹿方鼎内壁下凹（引自　　图 58.3　司母辛方鼎
（引自《殷墟出土青铜　　《殷墟出土青铜鼎形器之　　（引自《中国青铜器
鼎形器之研究》图版 29）　　研究》图版 31.1）　　全集》第 2 卷图 39）

　　司母辛方鼎兽面纹带与乳丁纹组合的装饰类型，和郑州窖藏的几件大方鼎一致，和新干大洋洲大方鼎 008 相若，表明其风格的稳定性。辽宁喀左北洞二号窖藏出土的方鼎②，1984 年山东滕州庄里西村出土的百乳龙纹方鼎等③，以及 1996 年湖北蕲春新屋塆窖藏出土的盂方鼎和珑方鼎、1977 年黄陂鲁台山 M30 出土的公太史方鼎④，均延续了这一风格。或许可以看作商都城风格，从郑州商城辗转到殷墟，而新干大方鼎 XG：001 是南方对北方的改造。牛方鼎和鹿方鼎的装饰则有所区别，接近司母戊方鼎，不采用乳丁纹带，而使用兽面纹、鸟纹和夔纹带。这种形式与新干大洋洲方鼎 XG：010、011、012 接近⑤，并延续到西周时期，洛阳北窑西周墓地出土鼎 M686：1、蕲春新屋塆窖藏出土的酉方鼎、

①　华觉明，冯富根，王振江，等. 妇好墓青铜器群铸造技术的研究 [J]. 考古学集刊，1981（1）：247-252.

②　喀左县文化馆，朝阳地区博物馆，辽宁省博物馆，等. 辽宁喀左县北洞村出土的殷周青铜器 [J]. 考古，1974（6）：364-372；中国青铜器全集编辑委员会. 中国青铜器全集：第 6 卷 [M]. 北京：文物出版社，1997：图 2.

③　中国青铜器全集编辑委员会. 中国青铜器全集：第 6 卷 [M]. 北京：文物出版社，1997：图 75.

④　吕章申. 江汉汤汤：湖北出土商周文物 [M]. 北京：时代华文书局，2015：82，86.

⑤　江西省文物考古研究所，江西省博物馆，新干县博物馆. 新干商代大墓 [M]. 北京：文物出版社，1997：32-48.

1967 年甘肃灵台白草坡 M1 出土的刂方鼎即是如此。① 这样的风格类型是否与南方有关，尚难定论，但从工艺上看，前者腹内壁平光而后者腹内壁可能随高浮雕纹饰而下凹，后者属于南方工艺特点，但并不意味着南方没有铸造前者，只是还不能分辨而已。明显的事实是，南方工艺的模芯合作纹，在殷墟偶尔一用。这一现象或许暗示着属南方工匠所为，当地工匠习用模作纹。

妇好墓青铜器中，富有纠葛的是妇好鸮尊，出现的原因并非其器形独特，工艺难解，而在于信息公布十分有限。

妇好墓出土了一对两件鸮尊，造型和纹饰相同，大小有差。器做鸮站立态，头微昂，宽大喙。自喙上面隆穹为鸟头，前半为面，饰兽面纹，眼珠圆突，一对片状高冠耸立头顶，冠背饰阴线倒夔纹，冠后设半圆形口，有盖。一窄条形扉棱起于冠间抵于喙根，与前胸中间的扉棱在同一平面，前胸扉棱起于喙下而伸向两足间，两侧各有一条蛇盘卧，饰菱形纹。鸮颈微束，两侧各饰一身两头的夔一条。鼓腹两侧为并拢的双翅；一双粗短足并立，四爪着地。颈后设 C 形兽錾，上半兽头较大，中间饰蝉纹，起于口沿下而接于后背。颈后及錾下饰一大兽面纹，錾下、尾上有鸥鸮一只，圆眼尖喙，双足内屈，两翼展开，做飞翔状。再下为鸮宽尾，C 形截面，弧形下垂与两足支撑全器。尊口半圆形，盖依然。盖形为隆穹一部分，内侧周缘有内折的子口，可与器口扣合；盖前面置一立鸟，尖喙高冠，鸟后站立一龙，拱身卷尾，头上有两钝角（参见图 59）。口下内壁铸铭"妇好"。妇好鸮尊 M5：785 一冠缺失，经复原，盖上的龙尾稍残，通高 463 毫米、口径 160 毫米、盖高 140 毫米，重 16 千克。鸮尊 M5：784 通高459 毫米、口径 164 毫米、盖高 134 毫米，重 16.7 千克。②

发掘报告几乎没有妇好鸮尊的工艺信息，也没有剖视图，器内结构不清楚。据华觉明等研究，耳、錾后铸而盖钮先铸。③

① 洛阳市文物工作队. 洛阳北窑西周墓［M］. 北京：文物出版社，1999：73；吕章申. 江汉汤汤：湖北出土商周文物［M］. 北京：时代华文书局，2015：84；中国青铜器全集编辑委员会. 中国青铜器全集：第 6 卷［M］. 北京：文物出版社，1997：138.
② 中国社会科学院考古研究所. 殷墟妇好墓［M］. 北京：文物出版社，1980：56，59.
③ 中国社会科学院考古研究所. 殷墟妇好墓［M］. 北京：文物出版社，1980：53；华觉明，冯富根，王振江，等. 妇好墓青铜器群铸造技术的研究［J］. 考古学集刊，1981（1）：262.

图59 妇好鸮尊线图（引自《殷墟青铜器》14页）

（三）芯作纹、模芯合作纹与技术选择小结

纹饰问题十分复杂，而且往往与器物造型和附饰相关，与纹饰图案布局相关，本文所讨论的仅仅是芯作纹形成透空圈足和外高浮雕而内壁相应凹陷的类型。对于第一种，技术较为简单，概念可能来源于木器的镂空雕刻，技术则可能源于嵌绿松石牌饰的铸造和青铜容器圈足的透孔的形成，均可以上溯到二里头文化时期，但前者由两块范铸造，背面的范自带透空部分的泥芯，属于范作纹，而后者至少由两块范和圈足芯组成铸型，基本上是圈足芯自带孔芯铸造，属于芯作孔（纹）。

盘龙城二里岗时期青铜觚的勾连纹透空圈足，是迄今所知最早的芯作纹实例，技术上未必有多么复杂，是否需要从模翻制芯有待研究，但工艺思想有所不同。南方作坊的这一发明，对于铸工不难掌握，何时传入中原不得而知，但妇好透空圈足觚，透空图案为兽面纹，当系芯作纹。因铭文亦由芯形成，透空的设计需要协调，但还没有其圈足芯为自模翻制的证据。工艺是否确如华觉明等所言，有待进一步研究。在已知的数百件商周青铜觚中，透空纹饰圈足属于极少数，不超过20件，若不属技术壁垒所限，则应是风格认同问题。透空圈足觚，从二里岗末期，以较弱之脉一直传至西周时期而不辍，说明认同此类风格者始终存在。

高浮雕纹饰而内壁相应凹陷，十分符合铸造原理，对于薄壁铸件的成形尤为重要。青铜器纹饰的立体化发展，在商早期呈现出阶段性，从平铺到浅浮雕、浮雕，再到高浮雕。浮雕的程度越高，越有可能导致壁厚梯度增大，铸件不易按设计凝固而生缺陷以至报废，对于薄壁铸件更不安全。所以，针对薄壁件铸造高浮雕纹饰，内壁需要设计得相应下凹。目前虽然尚不能确定这是南方作坊的工艺发明，但它的出现不晚于中商早期，而且成为商代南方风格的一个主要特点，突出的铸件是月儿河龙虎尊、兽面纹尊和一大批散列式兽面纹大口折肩尊和折肩罍，后者是南方普及的器类，并广布到长江流域、巴蜀、陕南、关中、晋中，以至于幽燕地区，但在殷墟青铜器中属于凤毛麟角。安阳西北冈 M1004 牛方鼎 R1750 和鹿方鼎 R1751，与高浮雕牛首和鹿首纹相应的内壁下凹，虽然属于模芯合作纹鼎的形式，但下凹远小于牛首纹和鹿首纹，其芯未必是从模翻制的。也就是说，殷墟虽然知晓这一工艺，但几乎不予采用，所用也行之马虎。他们宁可采用模作纹铸造内壁平的高浮雕纹饰，为解决凝固问题，不断加厚器壁。

这一工艺的思路，在安阳小屯 M331 方腹卣 R2066 的腹壁就有清晰的表现，但这件卣盖中央的鸟形钮、颈部的勾牙式扉棱、四角卷曲外翘的兽角、提梁脊的勾牙形扉棱式脊棱，以及脊棱两侧的麟纹等，都表现出南方风格特征，因此，这件卣的铸地在何处尚不得而知。也就是说，高浮雕纹饰内壁相应凹陷是显著的南方风格特征，但南方作坊未必不铸造内壁平的高浮雕纹饰，工艺特色在于工匠。

然而，在成千殷墟风格青铜器中，作为早期风格特性的高浮雕三重花纹饰，器腹内壁平光，以模作纹铸造成形，说明安阳铸铜的工艺认同这种形式，以至十分高浮雕的司母方壶 M5：807 和 M5：794 的腹、盖均平背，其他如妇好方尊、司母方尊、妇好瓹以及一批妇好鼎就更不在话下。

这是一种典型的工艺选择，安阳风格认同内壁平光者。当然，这样的认同是以器壁大为增厚为前提的。安阳殷墟区域原料充足，器壁可以很厚。当然，这也是铸造诸如司母戊方鼎的材料基础。

五、余论

中国考古学的实践和研究，虽然对中国青铜器的发展阶段有了较为清楚的认识，但如开篇所及，尚有不少缺环有待弥补，很多问题还未解决甚至尚未触及。二里头文化与二里岗期之间的承继关系，尤其是二里岗期与殷墟阶段的演变还相当含糊不清。一个重要原因是二里岗的衰落原因不明，文献所载此后都城的几次迁徙地也不清楚。诚然，自二里头文化开始，二里岗期证明的都城铸造青铜器这一现象，是否在中商阶段延续，由于没有考古资料作为依据，对中商阶段青铜器生产的中心即王作坊所在茫然无知。也就是说，郑州商城的铸铜工匠去向不明，后人在哪里继承了二里岗期青铜技术，以及是否有所发明、怎样的发明均无从知晓，商代青铜器研究于此难以推进。

据笔者的理解，泥范块范法铸造青铜器的技术体系，和锻造以及石范铸造不同，甚至和小型失蜡铸造也相左，不适合小规模的家庭手工业作坊，因其资源调动多，技术复杂（图60），需要长时间学习；铸造生产可以规模很大，适宜王或国家的工场，尤其是青铜礼乐器的铸造也需要如此。当然，这一生产形态自然会导致器物风格较为一致，也适合垄断，这是先秦青铜器制作体系的技术和社会基础与态势。① 此一特性是中国青铜时代，在广大如欧洲的版图内，铸铜遗址发现得很少的原因，也是青铜器风格与制作技术一致的根本。

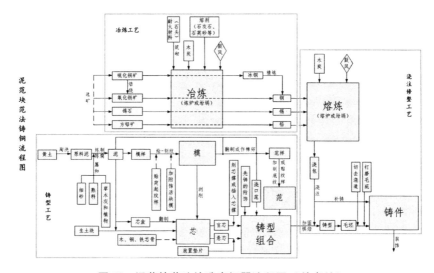

图60　泥范块范法铸造青铜器流程图（笔者绘）

青铜铸造首先需要青铜原料，即铜、锡和铅。铅赋存较广，不是难题；锡中原基本不产，有赖南岭和西南，但目前还没有头绪；铜需要最多，中原的秦岭、中条山、太行山、燕山，都有一些小规模铜矿赋存，但尚未发现先秦开采的证据。因为一座矿山有铜赋存和可以开采不同，可采和便于开采也不同，从考古调查发掘知道，先秦大规模开采的是长江中下游铜矿，集中在湖北黄石至安徽芜湖一线。因为这里的铜矿不仅赋存量大，而且品位高、出露好、破碎强，易于采选，而且长江流域树木生长快，能提供所需大量木料和冶炼必需的大量木炭；而东北和西北的铜矿，古代即使开采，人力、环境因素和经济性方面也

① 苏荣誉. 二里头文化与中国早期青铜器生产的国家性初探：兼论泥范块范法铸造青铜器的有关问题［M］//许宏. 夏商都邑与文化（一）. 北京：中国社会科学出版社，2014：342-372.

限制了生产规模和持续性。

虽然不清楚二里头文化和二里岗阶段的青铜资源来自何处，但从其铸铜遗址看，冶、铸已然分离，冶炼在矿山，铸造在都邑，材料制备的经济性能良好。从盘龙城遗址所出土青铜器看，与二里头文化器物联系密切，若盘龙城是商人开发江南铜而营建之说成立，商人抵达长江不晚于二里岗时期。在那里采铜、炼铜铸锭的实践，很快发展出铸铜工业，并有一些技术发明，如泥芯撑、垫片，以及本文特别讨论的铸铆式铸接和芯作纹、模芯合作纹。正是这些技术发明，一方面巩固了泥范块范法的技术传统，另一方面形成了南方风格青铜器。作坊可能在鄂皖赣交界地区。①

南方铸铜作坊尚未发现，准确的地点、使用的时限、生产的品类等都无从知晓，只能基于南方风格青铜器进行类推，但需要指出的是，南方作坊既能铸造南方风格的青铜器，当然也就可以铸造中原风格器物，只是难于甄别而已。从南方类型大口折肩尊和折肩罍的分布看，苏、皖、赣、湘、鄂、陕、川、渝等地都有出土，而且一些具有南方工艺特色的器物，还出土于关中平原、晋陕高原等地，可谓分布广大。这些器物具有同源性和共时性，说明是在一个不长的时段内在一个作坊内铸造的，产品被运输各地。此外，这些器物几乎都不出自墓葬，说明其功能和中原器有所差别。

田野考古揭示：与早商和中商文化扩张相对的是晚商的收缩，但晚商殷墟的政治、经济和文化均十分繁荣昌盛。这一现象一方面可以提醒我们，是否将晚商文化的内涵错认了，否则难以理解一个鼎盛王朝的文化影响范围在收缩；另一方面，从青铜器的出土地域看，所谓的收缩，或者可以认为是青铜器生产垄断的结果，或者可以认为殷墟时期，权力与财富高度集中在大邑商安阳。面对所谓收缩态势下青铜器的繁荣鼎盛，笔者认为是外来技术与文化注入的结果。

艺术和科学、技术一样，在一个封闭体系内的进化是十分缓慢的，甚至会出现退化的情形，飞跃性的发展在于多元化和多元要素的整合与创新。青铜器作为艺术与技术的综合体，在自二里头至西汉初大约一千五百年的发展过程中，总体来看变化应属缓慢。即是如此，变化也不是匀速的，而在于几个关键节点，每个节点又有关键的技术突破。

第一个节点是二里头文化与二里岗期之间，分铸技术导致了青铜器的复杂化和大型化，并派生出了一个南方分支，形成了南方风格。第二个节点是殷墟

---

① 苏荣誉等. 湖南省博物馆藏两件大口折肩青铜圆尊的研究：兼及同类尊的渊源、风格、工艺、产地和时代问题 [R]. 长沙：湖南商西周青铜器国际学术研讨会，2015.

的统一，将南北两个技术与文化整合起来，造就了青铜技术的繁荣，也形成了王对青铜礼器生产的垄断。第三个节点是指春秋中晚期的革命，各诸侯先后打破王对青铜器生产的垄断，为适应大批新贵，生产格局呈现批量化和极端奢侈化两极，多种工艺并用导致了革命性变革。

本文涉及前两个节点。

青铜器纹饰和附饰出现于二里头文化晚期，直到二里岗期的晚期之前，青铜器纹饰都是浅浮雕纹带，纹饰平铺展开。二里岗晚期出现了局部高浮雕纹饰，器内壁相应下凹，但属于局部，不是兽面普遍下凹，即在内壁不可见兽面轮廓。到中商早期，以月儿河为代表的龙虎尊和兽面纹尊，包括龙、虎和人形的高浮雕兽面纹，在器内壁均下凹，轮廓清楚，而且肩部有圆雕龙首、腹部有圆雕虎头、腹或肩部有勾云形扉棱，这些装饰在郑州商城没有发现过，但这一模芯合作纹形式以及某些附饰类型，在后继的南方大口折肩尊和折肩罍中，成为确定的形式。这些器物往往饰高浮雕散列式兽面纹，和特殊的工艺有何关系有待探讨。

殷墟青铜技术的来源问题很少讨论，似乎自然认为传自前一阶段，但盘庚迁殷之前甚至更早的都城不曾发现，据说有三四次迁徙，一百多年中如此辗转播迁，居无定所，各地是否铸铜值得质疑，但对照郑州商城青铜器，和安阳青铜器的风格和装饰有巨大差别是不言而喻的。

这之间的过渡，最重要的是南方工艺和风格的融入。

盘庚迁洹北，理应筹划并铸造青铜器。武丁迁殷，励精图治，国力日强、权御日大，号称盛世。据甲骨文所载，武丁一朝武力东平西掳、南征北战。其中一个主要的举措是征服南方。一方面，确保青铜原料的大量供给；另一方面，毁灭南方的铸铜作坊，迁其工匠于都城，大量生产青铜器。更重要的是，从此独占了青铜礼乐器铸造。

南方工匠北迁，带来了各自绝技，包括铸铆式铸接附件工艺、芯作纹铸造透空圈足工艺和模芯合作纹铸造高浮雕纹饰而内壁下凹的工艺（别的工艺如垫片和扉棱分铸将另文讨论），但内壁下凹的青铜器在安阳认同度很低，相应的工艺被极少采用，但充足的材料供给可以铸造壁厚较大的器物，从另一方面减轻了工艺不够合理的影响。

但铸铆式后铸工艺却被采用了。这一工艺可能是南方铸工在二里岗期晚段的个人发明，为其秘技，流传不广但十分有序。在中商早期或早中期之交，这一工艺可能演化为两支，一支表现为圆泡形涡纹铸铆头，而另一支为不规则片状铸铆头。在迁到殷墟的铸工中，这两类工艺形式的传人都有，前者铸造了较多器物，后者铸造得较少，均集中在殷墟早期和早中期之交，只有个别可能属于殷墟晚期，其中有些器物还被输往山西等地。殷墟晚期，铸铆式铸接的器物已属罕见，西周还没有发现，可能意味着掌握这一工艺的铸工，还没能将秘技传下即已在商末离世，这一流传了两百多年的工艺，就此湮灭。

由此可以推想殷墟铸铜工场的组织，工匠具有较高的自由度和创造性，各种精品正是他们创造的结晶。工匠高度的自由才可以保守一些秘技，使之流传有序。

需要说明的是，本文只是从铸铆式铸接、芯作透空纹饰及模芯合作高浮雕纹饰这三个工艺现象讨论南方对殷墟青铜器的影响，纹饰的结构、扉棱的形式、纹样的组合搭配以及动物附饰等方面还未能展开，相信随着这些问题的深入探讨，针对南方青铜工艺对安阳殷墟的影响的研究将会更为全面。

补记：在修改校对文稿中，关于铸铆式铸接，又有发现若干，因插入正文会导致大量图的重排，为简便起见，在此补记。2016 年香港瀚海秋季拍卖中，一件卣有盖有提梁，满装纹饰（图 61.1）。椭圆形截面，提梁置于短轴方向，端头设圆雕牛头形牺首，含卣颈部的短枢，提梁可前后摆动，提梁面饰浮雕龙纹，细云纹衬底。卣腹口敛、平沿，高子口插入盖内与之扣合。两侧有长条形扉棱。颈壁较直，饰夔纹带，与提梁结合的两短枢位处纹带前后面正中。下腹垂鼓，前后面饰大兽面纹，与颈部纹带以素带区隔，扉棱亦间断。兽面为浅浮雕型，以宽平的直鼻对称布局，鼻头抵纹带下栏，额中有菱形凸起，其两侧一对大角向两侧横伸，角尖上翘。一对臣字形大眼，圆鼓的眼珠大而凸出，中间有圆坑形瞳；眼外有树叶形小耳，耳外向上则为离散的 S 形兽身，向下布局离散的 S 形足，足外填饰倒立的夔纹。兽面的嘴深咧，露出獠牙，嘴角有不显眼的小圆突。矮圈足饰夔纹带，四向设短条式扉棱。盖面隆鼓，长轴方向出"檐角"，与腹部和圈足扉棱呼应。盖中央置蘑菇形钮，盖面饰高浮雕兽面纹，形式与腹部相同，左右对称布局，两兽面以条形扉棱界开。通高 300 毫米、腹颈 220 毫米 × 170 毫米。① 腹内壁虽口颈曲折，颈内壁有饰涡纹的圆形铸铆凸起，位置与枢相应（图 61.2），知枢以铸铆式后铸。在安阳刘家庄北地一灰坑中，出土的卣 2008ALNH326：1，造型接近于卣，提梁为索状，纹饰与之有所不同。② 但枢的

---

① 匿名 . 青铜时代Ⅱ：香港瀚海 2016 年秋季拍卖会［Z］. 香港瀚海，2016：No. 168.
② 中国社会科学院考古研究所安阳工作队 . 河南安阳市殷墟刘家庄北地 2008 年发掘简报［J］. 考古，2009（7）：24，32.

结构和工艺相同，也是铸铆式后铸于器壁的。① 对这类器物，将另文讨论。

图 61.1　卣（引自《青铜时代 II：
香港瀚海 2016 年秋季拍卖会》168 号）

图 61.2　卣内壁铸铆（同上）

妇好墓出土的一对提梁卣 M5：765 和 829，由于腹部资料图像不清、语焉不详，难以确知，但可从中推演得知卣颈部与提梁套接的两枢系铸铆式铸接，铸铆头上隐约可见涡纹。或者是铸铆式铸接工艺的第七代传人所铸。那么卣和刘家庄卣 2008ALNH326：1 也应相同，或出自相同的铸工之手，后者或许略晚。

1984 年山西灵石旌介一墓出土卣 M1：33，造型与前述安阳刘家庄卣 94ALNM637：7 高度一致，钮除根部的花形"垫片"外也相同，最大差别在纹饰，旌介卣 M1：33 盖和上腹饰细线雷纹带、两侧以圆圈纹镶边、纹带前后置圆雕牺首、圈足饰两道凸弦纹（图 61.3），且底中和盖内铸铭" "，盖内中央有一不规则饼形铆块，无纹（图 61.4）②，颇近于小屯 M238 方彝 R2067。而刘家庄卣盖面为浮雕夔纹带、盖周三角纹带、上腹和圈足也是夔纹带，盖内的铸铆头为圆饼式，饰涡纹。很明显，这两件卣的盖钮虽都是铸铆式后铸，但方式略有出入，或者属于不同的支系，年代大约同出于第八代传人之手。

① 岳占伟. 殷墟青铜器铸造的几个相关问题［M］//河南省文物考古研究院，香港承真楼. 商周青铜器铸造工艺研究. 北京：科学出版社，2019.

② 山西考古研究所. 灵石旌介商墓［M］. 北京：科学出版社，2006：43-47.

图 61.3　灵石旌介卣 M1：33（引自
《灵石旌介商墓》44 页图 44)

图 61.4　灵石旌介卣 M1：33 盖内铸铆
（引自《灵石旌介商墓》46 页图 46.1)

附识：2016 年 3 月 8 日，"王后·母亲·女将：纪念殷墟妇好墓考古发掘四十周年"展在首都博物馆举行，妇好墓及其出土器物立即成为热点。笔者也带着一系列问题多次参观展览，并与不少朋友和同学分享过它们的学术背景和自己的思考。虽然特别想求证的偶方彝藏于国家博物馆没能列展、妇好鸮尊的盖没有掀开看不到里边，但还是窃喜妇好分体甗在展且位置较低，内壁易观，获得了较为满意的内壁铸铆头照片。2016 年 9 月 12 日，和武汉大学张昌平先生、湖北省文物考古研究所陈立新女士，以及中国社会科学院考古研究所安阳工作队岳占伟先生一道欣赏殷墟博物苑陈列，重点考察了其中的妇好墓青铜器，特别是司母方壶，并蒙苑方惠允，我们站在凳子上看到了光滑的壶内壁，颠覆了此前的想象，便重新思考殷墟早期青铜器的技术选择问题，便不揣浅陋，开始撰写此文。在此，首先向上述诸友致谢。在拙文的修改过程中，拜读到明尼阿波利斯艺术馆柳扬先生讨论青铜器象纹的大作，他馆藏方彝与拙文主旨相关，蒙其惠赠图片并允许使用。芝加哥艺术院汪涛先生惠允使用它们的图片，均令笔者铭感。初稿呈请师友斧正，美国路易维尔大学（University of Louisville）艺术史教授赖德霖先生逐字修改了本文摘要，认真、细致和恰切令人感动。时在中国社会科学院考古研究所工作的董韦女士则耐心通读全文，指出误植和不够规范之处，使本文减少了许多舛误。当然，本文所存在的问题和错误，应由笔者承担，并期待学界批评指正。在此还需说明，香港承真楼于 2016 年 11 月 4—5 日在港举办第二届中华文化研讨会，以"商周青铜器暨铸造工艺研究"为主题并接受拙文与会，与会诸君的讨论与批评使笔者受益匪浅；论文的修改耗时数月，论文集编者耐心等待，在此一并致谢。

　　说明：此文收录于河南省文物考古研究院、香港承真楼编《商周青铜器铸造工艺研究》，科学出版社，2019 年，第 1—68 页。今稿承王涛博士惠告凯利生卒，承董逸岩同学校改脱漏和格式。

侯马铸铜遗址与铸鼎

——兼论铸鼎技术的鼎革与侯马铸铜作坊

苏荣誉

鼎在中国古代青铜器中具有特殊的地位，从青铜时代开始的二里头文化出现，此后便作为主要品类贯穿于青铜时代、铁器时代，直到汉代和其他青铜礼器一道退出历史舞台，有一千五六百年的繁荣史。北宋的古器物复兴，鼎作为核心礼器再度被制作，直到清朝覆亡。西汉及其以后，鼎在文献中往往具有古制、祥瑞的象征意义，在当代社会还可见到孑遗。

按照路国权先生的概括，商周时期的青铜鼎可概括为如下五个阶段：

1. 二里头文化至商前期，约公元前 17 世纪至公元前 14 世纪。鼎立耳折沿，深腹，呈圆形或方形；早段足为锥形，晚段为上粗下细的柱形，少数为扁足。纹饰简朴，仅在腹部饰网纹或带状兽面纹，并镶以圆圈纹；方鼎饰乳钉纹。

2. 商后期至西周早期，大约公元前 14 世纪初至公元前 10 世纪中。鼎绝大多数立耳折沿，新出现鬲鼎、附耳带盖鼎、足间加铜盘的温鼎。这期鼎腹较上期稍浅，柱足上下粗细一致，或足根装饰兽面纹。腹部多满布纹饰，母题往往是兽面纹填以云雷纹，有"三层花"效果。纹饰还有夔、龙、蝉、乳钉等。

3. 西周中期至春秋初期，约公元前 10 世纪中至公元前 7 世纪末。主要流行立耳折沿鼎，次为附耳折沿鼎。鼎腹再变浅，多圆底或垂腹，足多蹄形。纹饰较上期退化，腹部多凸弦纹、重环纹、波带纹、垂鳞纹、窃曲纹，腹内多铸铭文。晚段开始地域性增强。

4. 春秋中期至战国早期，约公元前 7 世纪末至公元前 4 世纪中。这期鼎的统一性衰退、地方性兴起，新形式不断出现。

5. 战国中期至秦代，约公元前 4 世纪中至公元前 3 世纪，基本延续Ⅳ期鼎的特点。立耳鼎数量更少，双耳外侈更甚，蹄足粗矮，主要分布于三晋、两周地区。附耳鼎数量最多，在三晋、两周和秦文化区腹扁圆，蹄足粗矮，双耳外侈，素面或饰蟠螭纹；楚文化区棱足更高；齐文化区蹄足矮，出现敦形鼎。小口鼎和束腰平底鼎流行于楚。越地多细长外撇足附耳鼎。①

　　从技术上，包括青铜鼎的商周青铜器的制作，可以春秋中期为界划分为前后两个阶段。前一阶段可称之为古典期，青铜鼎基本以泥范块范法浑铸成形，个别大方鼎采用了分铸工艺，纹饰和铭文也都铸造成形。后一阶段可称之为新兴期，鼎依然赖于泥范块范法铸造，但鼎耳、足往往分铸，并以铸接或焊接形式与腹部结合。鼎的附饰有采用失蜡法铸造成形，再铸接或焊接于主体者。纹饰惯常以活块范铸造，铭文铸、刻并用。当然，装饰上还出现了镶嵌、鎏镀、错、绘、刻等手法。②

　　从古典期向新兴阶段的变化，和东周社会的政治、经济变革密切相关。美国普林斯顿大学中国考古学和艺术史教授贝格立（Robert W. Bagley）先生认为还应和青铜器生产的经济性有关。因缺乏文献资料，转变的过程只能从器物及其铸造作坊遗迹中去探求。③ 本文即是对侯马铸铜作坊中青铜鼎铸造材料的整理和初步研究，在复原其铸造工艺过程、探讨其工艺手段和措施的同时，也提出一些相关的社会经济问题。

一、古典期铸鼎

　　中国青铜器的古典期包括二里头文化，商、西周时期到春秋早期，跨度近千年。

　　铸鼎始于二里头文化，也是在那里肇建了中国青铜器生产的泥范块范法技术体系。青铜鼎的铸型由对开分型与一块泥芯的组合④发展成为沿三足分型、三

① 路国权. 夏商周时期铜鼎概述 [M] // 河南博物院. 鼎盛中华：中国鼎文化. 郑州：大象出版社，2013：221-227. 本文引用时对年代略做修改。
② 苏荣誉，华觉明，李克敏，等. 中国上古金属技术 [M]. 济南：山东科学技术出版社，1995：371-372.
③ BAGLEY R W. Replication Techniques in Eastern Zhou Bronze Casting [M] // LUBAR S, KINGERY W D. History from Things：Essays on Material Culture. Washington and London：Smithsonian Institute Press，1993：238-239.
④ 苏荣誉，华觉明，李克敏，等. 中国上古金属技术 [M]. 济南：山东科学技术出版社，1995.

范与一块泥芯的组合（称之为 3-0+1 式①，图 1），并为二里岗时期所继承②，直到殷墟时期还在沿用，鼎底会有 Y 形披缝③。

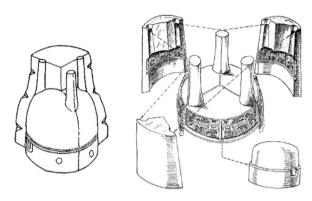

图 1　早期圆鼎 3-0+1 式铸型（左引自《考古学集刊》第一集 251 页图 9，右引自《殷墟出土青铜鼎形器之研究》5 页图 5)

二里岗时期的青铜大方鼎都有底范，而圆鼎向殷墟的过渡阶段，足逐步由锥形向柱形演变，其铸型遂增加了一块底范，成为三腹范、一底范与腹芯的组合（称之为 3-1+1 式，图 2)④，对于个别体形较大的鼎，会采用六块腹范，甚至可能会水平分范。李永迪、刘煜和岳占伟根据安阳孝民屯铸铜遗址出土的鼎下腹范 2000AGH31：3 上端平直，显示在水平方向分范的事实，指出容器的水

①　此系作者采用的一套分析鼎铸型的描述方式，B×n-S+b-l-e。第一组 B 数字表示腹范数字，若腹范分段，则×段数 n；第二组 S 数字与第一组以 "-" 间隔，表示底范形状，若为 0 则无底范；第三组 b 数字以 "+" 与第二组隔开，表示腹芯数字；第四组 l 数字与第三组以 "-" 间隔，表示鼎足芯数，无此组表示不确定，0 表示实心足，无芯；第五组 e 数字表示耳芯数，与第四组以 "-" 间隔，无此组数字表示不确定，0 表示实心耳。见：苏荣誉，廉海萍．安阳殷墟时期青铜铸造与青铜鼎 [M]//河南博物院．鼎盛中华：中国鼎文化．郑州：大象出版社，2013：230-247．

②　郭宝钧．商周铜器群综合研究 [M]．北京：文物出版社，1981：7；胡家喜，李桃元，李秀辉，等．盘龙城遗址青铜器铸造工艺探讨 [M]//湖北省文物考古研究所．盘龙城：1963—1994 年考古发掘报告．北京：文物出版社，2001：579-581．

③　万家保．殷墟出土青铜鼎形器的铸造及其有关问题 [M]//李济，万家保．古器物研究专刊：第四本：殷墟出土鼎形器之研究．台北："中央研究院" 历史语言研究所，1970：2-5．

④　华觉明，冯富根，王振江，等．妇好墓青铜器群铸造技术研究 [J]．考古学集刊，1981 (1)：244-272；苏荣誉，廉海萍．安阳殷墟时期青铜铸造与青铜鼎 [M]//河南博物院．鼎盛中华：中国鼎文化．郑州：大象出版社，2013：230-247．

平分范是"普遍现象"。① 其铸型为 3×2-1+1
形式。这一现象被张昌平等先生称为"范型
复杂化"，并认定分档鼎范 T1907⑦：1-2 在
交档垂直分范，腹范数为六，与之相应的还
有鼎足中盲芯的应用②，铸型为 6-1+1+3 式。
安阳孝民屯铸铜遗址的这些发现无疑具有重
要价值，问题是这些水平分范的痕迹几乎都
无法在青铜器中找到，若是打磨去除，为何
仅仅保留了传统认知的沿三足的垂直披缝，
而且器物上也没有清晰可辨的打磨痕迹，X
光片中也未见发现。同样，即使可以以卡尔
贝克（O. Karlbeck）的解释，以泥弥合或遮
掩范块间隙③，为什么单单弥合了水平分型

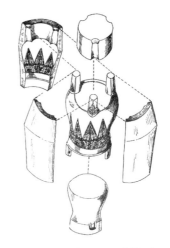

图 2　圆鼎 3-1+1 式铸型
（引自《殷墟出土青铜鼎形器
之研究》6 页图 6）

的间隙而保留了垂直的？显然，孝民屯铸铜
遗址的发掘，为青铜器铸造工艺研究在提供新材料的同时，也提出了新问题。

　　3-1+1 式铸型是殷墟时期铸鼎的基本形式，不仅为西周早期所延续④，西
周中期、晚期以至春秋早期依然如此，虽然从西周开始，带盖鼎和附耳鼎逐渐
增多，而且鼎耳与鼎足中空的比例也在增高，即鼎耳和鼎足更多使用了盲芯，
铸型演变为 3-1+1-3-2 式或 6-1+1-3-2 式，或者鼎足内侧不封闭，足内泥芯
和底范合为一体，成为 3-1+1-0-2 或 6-1+1-0-2 式⑤。

　　上述关于鼎的铸型结构的认识，多来自青铜鼎上遗留的痕迹，部分也可与
安阳与洛阳发掘的殷商和西周早期的铸铜遗址相印证，但关于模、范、芯究竟
是如何制作的，目前所公布的材料还很有限，更缺乏对这些有限材料的研究。

①　李永迪，刘煜，岳占伟. 从孝民屯东南地出土陶范谈对殷墟青铜器的几点新认识［J］.
　　考古，2007（3）：60.
②　张昌平，刘煜，岳占伟，等. 二里岗文化至殷墟文化时期青铜器范型技术的发展［J］.
　　考古，2010（8）：79-86.
③　KARLBECK O. Anyang Moulds［J］. The Museum of Far Eastern Antiquities Stockholm：
　　Ostasiatiska Samlingarna，1935（7）：39-60.
④　苏荣誉，廉海萍. 西周早期青铜铸造与青铜鼎［M］∥河南博物院. 鼎盛中华：中国鼎
　　文化. 郑州：大象出版社，2013：248-263.
⑤　苏荣誉，胡智生，卢连成，等. 强国墓地青铜器铸造工艺考察和金属器物检测［M］∥
　　卢连成，胡智生. 宝鸡强国墓地. 北京：文物出版社，1988：530-638.

二、侯马铸铜遗址及其铸型材料

山西侯马是晋国最后的都城新田（公元前585—公元前376年）所在地，所发现的铸铜遗址位于侯马牛村古城南，是春秋晋国国家铸铜作坊遗存，面积近5万平方米。该遗址是迄今所知规模最大、保存最好的春秋战国时期诸侯国铸铜作坊遗址，自20世纪50年代发现以后，经历了多次发掘，揭示了该作坊的宏大规模和丰富内涵（图3），但对该遗址及其遗物的研究，依然很不充分。

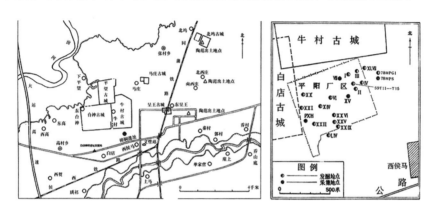

图3　侯马铸铜遗址分布（左引自《侯马白店铸铜遗址》2页图1，
右引自《侯马铸铜遗址》5页图3）

（一）发掘与分期

1957—1960年，田野考古在侯马牛村古城南平阳机械厂建设工地的LIV、XLVII、I、VI、XIV、II等地发掘面积近2000平方米，遗址II遗存丰富，出土了大量铸铜遗物。1960—1961年，在继续对遗址II进行发掘外，还对遗址III进行了发掘，面积为2100平方米。1961年下半年发掘了平阳机械厂遗址XXV、XXVI、XXIX等，面积575平方米。1962—1964年发掘了平阳机械厂遗址XXII，面积2600平方米，并于1965年完成了遗址XX和XXI的发掘。后二遗址属石圭作坊和祭祀建筑基址，出土有少量铸铜遗物，发掘简报没有说明何以在石圭作坊和祭祀建筑基址出土泥范。[1] 1993年出版的《侯马铸铜遗址》，仅是遗址II和XXII两处的发掘报告和零星发掘、采集的范与空首布等的介绍。[2]

---

[1]　山西省考古研究所侯马工作站. 晋国石圭作坊遗址发掘简报 [J]. 文物, 1987（6）: 73-81；山西省考古研究所侯马工作站. 山西侯马牛村古城晋国祭祀建筑遗址 [J]. 考古, 1988（10）: 894-899.

[2]　山西省考古研究所. 侯马铸铜遗址 [M]. 北京: 文物出版社, 1993.

　　遗址Ⅱ和ⅩⅫ堆积单纯，20 厘米耕土层下为 30 厘米宋元文化层，其下即是厚约 1 米的东周文化层，再下为属于 Q4 次生黄土的原生土。东周文化层内容主要和铸铜有关，包括房子、水井、灰坑、窖穴、活动面、路和墓葬，遗迹之间的叠压打破关系比较复杂，且没有发现明显的间歇性地层，可见当时的铸铜生产繁荣且持续的时间相当长。所出遗物可分两类：一类与铸铜生产有关，包括熔炉、模范等，遗址Ⅱ所出铸型以铸造礼乐器和车马器为主，另有少量兵器、工具范和熔炉残块；遗址ⅩⅫ所出模范以镢、锛类工具为主，有少量空首布和兵器等范，熔炉残块甚多。另一类为有关的陶器、骨器等。所出陶器中的"一些器物的早晚变化与特点明显"，考古学家"根据地层关系和陶器演变，并结合其他遗迹遗物的变化"进行分期断代。对照的是洛阳中州路二、三期春秋墓和涧滨东周城址，凤翔八旗屯和高庄春秋墓及南古城所出土的陶鬲、陶甗和陶豆，长安客省庄战国遗址和凤翔高庄战国墓所出陶鬲，"将遗址的年代定为春秋中期偏晚到战国早期，即公元前 6 世纪初至公元前 4 世纪初"，延续约 200 年。"早、中、晚三期所包括的年代可能相差不多，每期 70 年左右，即早期当公元前 600 年至公元前 530 年前后，中期当公元前 530 年至公元前 450 年前后，晚期当公元前 450 年至公元前 380 年前后"，每期又分为前后两段共六段，每段也就 35 年左右。[①]

　　遗址ⅩⅫ早期一段遗迹很少，未发现铸铜遗物；二段遗迹增多，范围扩大，有少量兵器、空首布及工具范发现，可能已扩展为一处铸铜作坊；晚期五段遗迹丰富，铸造遗物数量最多；六段遗迹数量显著减少且大部集中于遗址的东北和西北，反映出规模有所收缩和转移。遗址Ⅱ缺少早期一段遗迹，二段遗迹较多，普遍发现礼乐器范等遗物。中、晚期遗迹和遗物都较多，尤其四、五段最多，六段的遗迹集中于遗址北部，其中 59T10H92 属于遗址最晚单位，基本未发现铸铜遗物，而其他的六段遗迹中出土较多铸铜遗物，发掘报告据以推断"晚期时可能突然地停顿、废弃"[②]，但所指含糊，或意味着在遗址Ⅱ的铸铜生产突然停顿。根据这两个遗址，可知侯马铸铜作坊始于早期二段并迅速发展、繁荣，规模扩展，晚期六段时突然废弃，铸铜生产持续约 160 年，鼎盛期约 100 年。

　　遗址所出遗物和铸铜生产及生活有关。前者包括熔炉炉缸残块 5558 块、炉身残块 3819 块和鼓风管残片 3819 块，以属于五段的最多，六段和四段远逊于

① 山西省考古研究所. 侯马铸铜遗址［M］. 北京：文物出版社，1993：9，21，441-442，444.

② 山西省考古研究所. 侯马铸铜遗址［M］. 北京：文物出版社，1993：27.

彼。相对来说，熔渣（按：报告作"炼渣"，不确）数量不多，遗址Ⅱ仅出数十块，约 0.05 立方米，遗址ⅩⅩⅡ多达 0.9 立方米，而属于五段的占 0.85 立方米，T675H95 和 H369 出土了 70% 渣。遗物中出土泥铸型的数量最大，遗址Ⅱ出土 14117 块，其中 10989 块残碎不可辨，约 1049 块属礼乐器，1036 块属工具和用具，435 块是空首布芯，167 块属兵器，143 块属车马器，其中模占 1/3。范多未经浇注，少数已合范待铸，数千块模范有纹饰，数量上从早期向晚期递增。遗址ⅩⅩⅡ出土铸型 24640 块，模很少，绝大多数为范和芯，其中镤铸型 21632块、空首布芯 2319 块，另有少量属兵器、工具、用具、车马器和钟枚等，数量上晚期占绝对优势，次为中期，早期很少。遗址 LIV 曾发掘出大量浇注后打下的空首布的芯头，数量估计在 10 万件以上。遗址ⅩⅩⅡ西北曾清理一灰坑 PXH，出土带钩范 13667 块、车害范芯 407 块及其他类型 1747 块，似可表现出作坊的内部分工。其他地点发掘或采集的铸型约 1000 块。① 上述数字说明，侯马铸铜遗址的主要功能还在于铸造空首布、工具和用具，兵器、车马器以及青铜礼乐器应处于次要地位。② 这一现象也说明，春秋晚期和战国初期的青铜生产中，货币、工具和用具铸造的特别重要性。根据张万钟先生的估计，侯马铸铜作坊铸造镤、锛类工具在 3 万件之谱。③ 晋与三晋货通天下，晋国生产的青铜用具如带钩等，也有可能是重要的输出商品。

1992 年，配合基建在原ⅩⅩⅡ遗址北 200 米处再次发掘 600 平方米，遗址遭受破坏，局部受到彻底破坏。共清理灰坑 152 个，残窑 1 处，墓葬 4 座，出土了不少陶片、泥模、泥范和石、骨及角器。泥模范出自 27 个单位，23 个出自第三层下开口的灰坑，较残碎，计 3000 块左右，可辨器形约 700 块，能配套的有 15组。相关器形有鼎、钟、环、簪、合页、带钩、削、匕、镞、戈、鐏、铲、镤、当卢、车害、节约、盖弓帽等。发掘简报将之分为三期五段，第一期在春秋中晚期之交，第二期相当于春秋晚期，第三期为战国早期，泥模范多处在第二和第三期，以第三期量大。绝对年代也是公元前 600 年至公元前 376 年。发掘简报

① 山西省考古研究所.侯马铸铜遗址［M］.北京：文物出版社，1993：62-63，76，79-80.

② 《侯马铸铜遗址》指出遗址Ⅱ"以钟鼎等礼乐器范为主，其次有车马具范、生活用具范以及少量工具范"（79 页），但和分类分期统计表（表九，80 页）对照，礼乐器（鼎 364、钟 431、壶 55、豆 20、舟 13、簠 4、匜 3、鬲 2，计 892 块；加上圈足 14、匕 63 计 969 块，再加铺首 29、器钮 25、虎衔环 24 为 1047 块）较之用具（1036 块）并不占优势，况且礼乐器一器多块铸型。

③ 张万钟.从侯马出土的工具范试论青铜农具的铸造与使用［J］.中国历史博物馆馆刊，1997（1）：60-62.

总结出十条铸铜遗物特征："（1）从发现的鼎耳模、钟范及其他器物的附件模范均可看出分铸法的进一步发展；（2）从发现的蟠螭纹、绹纹及斜角云雷纹等模块可看出，模块印制花纹的技术相当普及；（3）突出动物题材，如兽面模、蟠螭模、虎、鸟、蛇、兽等，特别是兽面种类较多；（4）制作方法多样，如带钩的制作至少有四种；（5）分工较细，雕刻技术高超，专业化程度较高；（6）车马器范突出；（7）错嵌工艺比较发达，从发现的蟠螭纹模块、带钩模和戈镈模等足以说明这一问题；（8）动物造型独具匠心，如当卢模、蟠螭形模、虎形模等；（9）装饰纹样丰富；（10）注重提高功效，如扁环的制作、模块制范的普及和模范的互相翻制等。"①

　　1994 年在侯马程王路中段、2002 年在平阳中学西面也发现了大量铸铜遗存，资料未见发表。2003 年在侯马修筑与大运高速的连线过程中，发现了位于侯马白店村西北、原铸铜遗址西南的白店铸铜遗址并已遭到破坏，随即进行了发掘，开了六条探沟，发掘面积约 220 平方米，发现了 24 个灰坑和 4 座墓，出土泥模范 3069 块，可辨识的有鼎、豆、壶、鉴、带钩、印章、匕、镜、戈、镈、剑、镞、弩机、壹、环等模和范，没有发现芯。发掘报告称，"从出土陶范的数量来看，这里的铸铜业持续了相当长的一段时间"，和以往侯马铸铜遗址是一体、连续发展的。其年代与太原赵卿墓的时代接近或者可能略晚，范的年代相当于春秋晚期后段到战国早中期之交，其中以战国早期和战国早中期之际遗存最为丰富。②

　　白店遗址所出土的模，表面大都涂有一层黑色物质，推测它可能是在翻制范时的脱模剂；情形和 20 世纪五六十年代发现的模相似。据张子高和杨根观察，"脱模材料用的是草灰或是稻糠灰"③。同样，也在白店所出模上发现很多设计的阴线，说明当时已经具有等分圆的方法，并在多件模的背面发现有以陶片加固的现象。范的分型面都细腻光整，部分范上也黏附有黑色分型（脱模）剂，范面大多有榫卯且形式多样，有三角、长条和曲尺形多种，侧面也有合范线。范的设计复杂，阴线和阳线巧妙运用，纹样繁缛华丽，对称性极强，浮雕与平面、主纹与底纹巧妙结合，线条流畅，制作精细、规整，有些纹饰是以往不曾发现的。模块印范、一模翻制多块是这个时期范的主要特点，而预先设计

① 山西省考古研究所侯马工作站.1992 年侯马铸铜遗址发掘简报［J］.文物，1995（2）：29-53.

② 山西省考古研究所.侯马白店铸铜遗址［M］.北京：科学出版社，2012：289，303.

③ 张子高，杨根.从侯马陶范和兴隆铁范看战国时代的冶铸技术［J］.清华大学学报（自然科学版），1979（3）：42.

是重要环节。范有带浇口和不带浇口的区别，背后往往凸凹不平，组合成铸型后，外面糊泥进行加固。附件单独铸造，再以先铸或后铸法铸接。①

董亚巍对白店铸铜遗址所出的部分遗物进行了研究，指出模多是从"阴模"翻制的，泥芯是由"芯盒"制作的，模表面的黑色物质不是脱模剂而是为提高对比度的涂抹等。② 关于后一点，否定了脱模剂观点，但论证乏力，而新发"提高对比度"之论完全没有论证。对于模由母模（董氏称之为"阴模"）翻制之说，则没有说明母模是如何制作出来的。

（二）铸型材料

侯马铸铜遗址所出铸型材料以土和砂为主，少量范和芯羼和了少量植物。土是深 3 米以下的次生黄土，质地比较纯细，含细砂粒及少量料姜石，经淘洗沉淀为墡泥，干后呈灰白色。遗址Ⅱ的 T35H103、T37H422、T49H510 都出土了这种墡泥块。范中沙子的粒度均匀，显然经过了筛选，呈米黄色或白色。遗址七八米下有沉积砂层，砂粒质地与之相同。遗址所发现的一些井可能和采砂有关，如井ⅩⅫT627H337 深 10.8 米，井壁有相对的两行脚窝供人上下攀爬。

发掘报告指出，铸铜所用的模、范和芯功能不同，材质有差。模质地细腻，表面光洁。范材多有面、背之分，范面料和模相若，与墡泥相似；范背略粗，可能是黄土略经淘洗羼和以砂粒或植物质而成。芯较疏松，材质多样。盲芯表层 1~2 毫米，质地细腻，呈红褐色，内部疏松呈海绵状，多孔，可能羼和了大量植物质，故质轻；悬芯质地或若盲芯，或接近于范。经分析，泥范的粒度小于 270 目，烧结点在 1100℃。③ 张万钟也认为范的面料即是墡泥所为。④

谭德睿分析了侯马的泥范、泥料和原生土后，指出将墡泥看作铸范材料的看法欠妥，其材料应是"原生土中除去部分过细组分——泥之后，另外加入一定数量 100 目到 260 目的以石英为主成分的细砂，则不仅其粒度组成和陶范相似，并且化学成分也和陶范、陶模相当了"。并进而指出，"细砂的加入，不仅改变了原生土的粒度构成，还提高了原生土中二氧化硅的含量，降低了氧化钙、氧化镁等的含量，从而调节了范、模中矿物成分的配比，起到提高陶范的耐火度，降低发气量并减少收缩、变形、开裂的作用。在侯马铸造遗址多处发现米

①　山西省考古研究所．侯马白店铸铜遗址［M］．北京：科学出版社，2012：298-300．
②　董亚巍．对侯马白店陶模陶范的研究［M］∥山西省考古研究所．侯马白店铸铜遗址．北京：科学出版社，2012：323-329．
③　山西省考古研究所．侯马铸铜遗址［M］．北京：文物出版社，1993：281-282，58．
④　张万钟．从侯马出土陶范试探东周泥型铸造工艺［M］∥中国科学院自然科学史研究所．科技史文集：第 13 辑．上海：上海科学技术出版社，1985：35．

黄色或白色细砂，应即供此用"。①

（三）模范制作与铸鼎遗物

侯马铸铜作坊遗址出土的模，有整体模和分体模之分，均经过烘烤。有的表面粗糙，有的表面光滑并刻画出一些轮廓线，也有的表面光滑并划出附件、纹带位置，可能还有些是模或芯的半成品、废品或习作。

遗址出土的范，绝大部分是从模翻制而成的，有整模翻范和分模翻范的分别。翻范时，模上需先抹上油或草木灰之类的脱模剂，然后紧密贴覆一层厚1~2毫米细腻的面料，外层敷多孔的背料。范在半阴干状态从模脱下，再修整纹饰，并在分型面上做出形状不同、数量不等的榫卯，两侧或刻画记号便于准确合范。为了与泥芯组合，范上设计制作了芯座，当然，还需设计制作出浇口和浇道。

纹饰普遍是以分块拼合的方式制范铸造的，即将翻制的纹样范块按需要拼接成一定长度和弧度的纹带或纹饰范片，再将它们嵌入器物范的相应部位，纹饰单元之间或有间隙，铸造后在器身遗留有披缝，往往被认为是"模印"的痕迹。通常这种间隙很小，不足1毫米，甚至精致到在器物中难以察觉。

侯马铸铜遗址出土的泥芯，形状不规则者多手工塑制，大批量生产且形状规则者多由芯盒翻制，批量大但形状不规则者或采用手塑与芯盒翻制相结合的方式。体大的圆形芯还可能经过慢轮加工，有些可能是泥模翻范后被刮削而成。

悬芯需要做出芯头，和范上的芯座配合而实现固定，或者采用芯头与自带泥芯撑相结合的方式固定；盲芯则采用自带泥芯撑固定，泥芯撑多为三棱锥体，数量较多。芯的固定是铸造工艺的难题，古代工匠往往在铸件上设计出某些孔洞，以便泥芯凸出并延伸芯头实现固定。当然，使用垫片也可起到支撑泥芯并起辅助固定的作用。

侯马铸铜遗址出土的泥模、泥范和泥芯，成形阴干后，绝大多数经过了烘烤，多呈红褐色，少数青灰色，个别黄褐色。烘烤可能在窑中进行，模和范烘烤温度稍高，个别接近陶器烧成温度，多数在600℃左右。

然后，范和芯即可按照预先的设计，依据它们的榫卯和结合的记号，连同先铸的附件组装铸型，组装前范面多曾刷有耐火涂料。组装的铸型外面逐层糊泥或草拌泥并烘烤固定，以备浇注。浇注前铸型可能进行了预热。浇注冷凝后，去除泥范（铸后范面呈灰白色或灰蓝色）和容器的泥芯，打掉浇道和毛疵，补铸浇不足和大气孔的孔洞，并进行了必要的磨砺，青铜器方告铸成。

---

① 谭德睿. 侯马东周陶范的材料及其处理技术的研究［J］. 考古，1986（4）：358-359.

根据遗址Ⅱ和XXⅡ的统计，前者出土可辨的铸鼎铸型364块，后者没有。鼎的铸型包括模、范和芯；模包括耳模、足模和盖模；范包括腹范、足范、耳范和盖范；芯包括耳芯和足芯。当然还包括盖上钮及其衔环的模范。① 1992年的发掘发现有鼎耳和鼎足模②，2003年在白店遗址发现了鼎腹模、鼎足模、鼎盖模、鼎耳模和鼎足范③。这是研究春秋晚期和战国早期青铜鼎铸造难得的材料，下文将举例构建侯马铸铜作坊的铸鼎工艺。

但必须看到，在已经发表的材料中，和铸鼎相关的遗物是很少的。Ⅱ和XXⅡ两遗址所出可辨的鼎的铸型仅364块，若按照1/3属模算，仅240余块是鼎的铸型。若按3-1+1-3-2的铸型形式，一件浑铸鼎的铸型由四块范和六块芯组成，这些遗物约属于24件鼎的铸型；若三足分铸，一件鼎的铸型由四块腹底范、六块（或者九块）足范与六块芯组成，上述遗物约属15件鼎；若是耳也分铸，一件鼎的铸型由四块腹底范、六块（或者九块）足范、四块耳范与六块芯组成，上述遗物则当属12件鼎。因此，既不能说遗址Ⅱ重点铸造青铜礼乐器，更不能认为已发表的材料就是晋国铸铜的全部。

三、侯马铸铜遗址出土的鼎模

春秋晚期的青铜鼎往往有盖，盖自然单独铸造。带盖鼎在春秋中期后流行，且盖上附饰多变，故本文特加关注。至于鼎体，虽有浑铸成形者，但大多足或者包括耳则分别铸造。或者先铸为鼎腹铸接，或者鼎腹成形后在相应部位后铸鼎足或者还有双耳。下文先以盖、耳、腹、足的顺序论述模，再以相同的顺序论述范和芯，若有比较完整铸型的，则优先论述。

《侯马铸铜遗址》将所出的泥（按：报告皆作"陶"）模分为"样模"和"块模"两类。前者又称为"坯模"，是按铸件形状制出的整体或局部雏形，均经烘烤。有的表面粗糙未经进一步加工，有的表面光洁刻画出一些轮廓线。推测模的作用有三：一是"可用来设计、控制范的形状、位置、分块、尺寸并用以翻出模盒，或直接翻出块模坯"；二是"很小型的或者作为小样"；三则"可以进一步作为设计、制作芯使用"，"用'刮皮法'控制其形状、尺寸、胎体厚

① 山西省考古研究所. 侯马铸铜遗址［M］. 北京：文物出版社，1993：80，105-112，284-286，123.

② 山西省考古研究所侯马工作站.1992年侯马铸铜遗址发掘简报［J］.文物，1995（2）：50.

③ 山西省考古研究所. 侯马白店铸铜遗址［M］. 北京：科学出版社，2012：141-150，157，175，283.

薄并以此翻出芯盒"。① 简而言之，模的功能在于设计、翻制铸型或第二代模，制作芯或芯盒。至于是否使用"刮皮法"，似乎没有在铸铜遗址找到证据。

　　而其所称的"块模"，又称其"母范""翻范模"，指直接用以翻制范的模，比铸件大出一个金属收缩量。模质地坚固、表面光整，纹饰清晰。"小件器物或附件一般做整模，大件器物则采用分模。"整模的做法或"先塑出雏形，然后细部加工雕刻纹饰"；对小件器物，"先做一块底板，然后按铸件形制在上面做成凸起的半体铸件。或将做好的半体模件镶于底板上。有的在底板上同时做出浇口及榫卯，在底板外侧划出合范号"。形状对称的器物只做一块模，不对称的或同时做出榫卯的则要做两块以上模。还有一部分整模是用模盒翻制的，有的一次成功，有的翻出雏形再进行细部加工，而分模"只做出铸件的一部分模"，"整个铸件的分块以及每块模的位置、形状、分型面的斜度都要有准确合理的设计和计算……其制作过程大体是先根据要求做出完整的或半个样模作为雏形，然后在样模上设计并刻出各部位的结构、纹饰布局及分块部位"。有两种做法，一种是"在样模上涂上油类或植物灰类作为分型剂，再将备好的泥料贴紧抹平，按块修好分型面，待其半阴干取下即成。最后在块模上进一步修整、雕刻纹饰。这种模多较规整，纹饰清晰，多属浮雕式纹饰，常显刀修痕迹"。另一种可能直接用"模盒翻制"，模块边缘凸出，多不甚规整，纹饰相对模糊，无明显刀刻痕迹，多属细缛的单层纹。②

　　侯马铸铜遗址发掘者之一张万钟将模称为"母范"，他记载曾在一个灰坑内发现很多模，"堆放整齐，保存比较完整，器形有钟、鼎、壶等。其中鼎腿、鼎耳的大小、花纹均不同，腹部的母范只有其中的一段"。做法分手制和模制两种，前者"按照器物的形状，做好雏形，再用刮刀进行修整，放到没有太阳处阴干，然后放到炉内烘烤。有花纹的母范，要在完全阴干以前，将花纹刻好"。后者"有一部分花纹的模范，……花纹的线条，多非常浑圆均匀。尤其是凸起的花纹特别显著，看不出有一点刀刻过的痕迹。其中有一个饕餮纹的鼎腿母范，不仅具备以上的特点，而且在它的花纹中间，有一条竖直高出花纹的'披缝'。从花纹的组合来分析，这条披缝不属于花纹的一部分，这应是用模子翻制后未经修整所留下的痕迹。根据这些情况，我们认为很多实心的母范，都可能是用模子翻制出来的。这种做母范的方法，可以节省大量时间，技术要求不高，一

---

① 山西省考古研究所. 侯马铸铜遗址［M］. 北京：文物出版社，1993：283.
② 山西省考古研究所. 侯马铸铜遗址［M］. 北京：文物出版社，1993：293，295.

般工人就可以从事工作，这就给大量生产创造了有利条件"。①

（一）鼎盖模

春秋时期的鼎多有盖，扣合于鼎腹之口。盖面或平或微鼓或隆鼓，盖中央或有衔环钮，或有圆形握手。同心环状的纹带环绕钮或握手，纹饰以绹索纹和蟠螭纹居多。盖面外侧通常装饰或环形，或云形，或兽形立钮，也有个别鼎盖没有装饰。应该说，鼎盖的流行当和附耳具有密切关系。

鼎盖模ⅡT9F30：61大部分残缺，含砂或植物质较多，表面似涂一层细泥，部分涂层剥落，可见本体光洁而多细孔。盖面上有两周突棱，沿厚25毫米、盖直径200毫米（图4上）。由于不完整，无法确知这件盖模上的附饰情形。鼎盖模ⅡT83H489：2大部分残失，盖中心有圆孔，设钮处有长圆形浅槽，面径220毫米、厚25毫米（图4下）。而这件模清楚地表明，盖有钮，而钮模单独制作，盖的主体模上在设钮处开槽，用以嵌入钮模。也就是说，钮模是活块模。用活块钮模单独制作钮的铸型，嵌入盖铸型中，说明盖浑铸成形。当然，如果盖钮衔环，环是独立铸造的，浇注时与盖钮环接。②

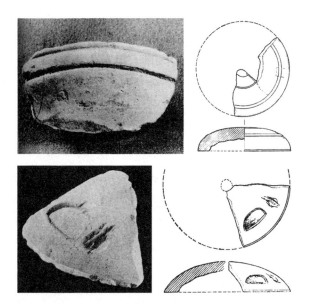

图4　鼎盖模ⅡT9F30：61（上）和ⅡT83H489：2（下）

（引自《侯马铸铜遗址》图版213.1、213.5，285页图158.3、158.5）

---

① 张万钟. 侯马东周陶范的造型工艺 [J]. 文物，1962（21）：38-39.

② 山西省考古研究所. 侯马铸铜遗址 [M]. 北京：文物出版社，1993：284.

活块模的使用曾在宝鸡强国墓地出土的西周早期方座簋的兽角、伯各卣兽角和提梁的牛头，以及燕国伯矩鬲的兽角中发现过①，到这一时期已经普及开了。

ⅡT213③：1可能是鼎盖握手模，青灰色，近于扇形，外周有绚索纹，内侧有螭衔着边缘。纹饰约为握手的1/6。握手外径140毫米、螭高24毫米。模背不平，有手抹泥的痕迹②（图5）。是一个局部模制作整体铸型的实例。

图5　鼎盖握手模ⅡT213③：1
（引自《侯马铸铜遗址》图版65.3）

2003年侯马白店铸铜遗址出土的几件纹饰模，可能是用以翻制盖面纹饰块的。如H15：46是一完整纹饰模，褐黄色，扇形，纹样凹进但模面外弧。纹样为宽带状勾连云纹，以斜角云纹衬底，纹样外有边框。模背部有摁压痕。上弧长165毫米、下弧长120毫米、厚约20毫米（图6）。③而ⅡT81H126：37为鼎盖的一周的1/6，体厚重，火候高，周围有宽而较平的边，纹饰清晰，无浇注痕迹，即应是盖纹饰的模盒。④侯马风格青铜器普遍使用此一技术，英文称之为 block pattern，凯泽（Barbara W. Keyser）对分别收藏在弗利尔艺术馆（The Freer Gallery of Art，Smithsonian Institution）和明尼阿波利斯艺术院（The Minneapolis Institute of Arts）的两件"智君子之弄鉴"进行了全面对比研究，指出其纹饰也是范块法所为。⑤

侯马铸铜遗址还出土了铸造铜环的模，或可用于铸造鼎盖钮所衔之环，也有可能铸造盖面之钮环。环模ⅡT81H429：2有浇口，底板长75毫米，型腔环内径35毫米、外径45毫米。发掘报告将之划分为"整模"中的小件，先做底板，再塑凸起的半个环，但照片和线图均未表现出这些信息。模未见浇道和浇口（图7），发掘报告推测"可能翻范后另修"⑥，果若如此，为范的制作工序增加了新资料。

①　苏荣誉，卢连成，胡智生，等. 强国墓地青铜器铸造工艺考察和金属器物检测［M］// 卢连成，胡智生. 宝鸡强国墓地. 北京：文物出版社，1988：534-548.

②　山西省考古研究所. 侯马铸铜遗址［M］. 北京：文物出版社，1993：125.

③　山西省考古研究所. 侯马白店铸铜遗址［M］. 北京：科学出版社，2012：181.

④　山西省考古研究所. 侯马铸铜遗址［M］. 北京：文物出版社，1993：295.

⑤　KEYSER B W. Decor Replication in Two Late Chou Bronze Chien［J］. Ars Orientalis，1979（11）：127-162.

⑥　山西省考古研究所. 侯马铸铜遗址［M］. 北京：文物出版社，1993：187，293.

图 6 盖面纹饰模 H15：46（引自《侯马白店铸铜遗址》181 页图 163、图版 81.1）

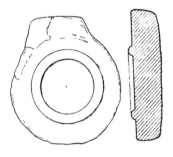

图 7 侯马环模 Ⅱ T81H429：2（引自《侯马铸铜遗址》图版 110.5、186 页图 95.5）

环模 H5：91 出自侯马白店铸铜遗址，形状完整，近乎圆形并出流。圆环模圆整，饰斜角云纹。面均匀涂黑色物质，圆心处有小凹坑，并有十字阴线，环外有米字方向的六道短阴线，浇道方向有三道阴线。直径 75 毫米、厚 20 毫米（图 8）。①

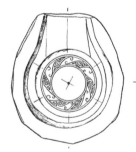
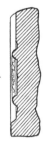

图 8 侯马环模 H5：91（引自《侯马白店铸铜遗址》138 页图 1、图版 39.1）

很明显，圆整的环需要规划，圆心自会下凹。环内的十字形阴线，可能和环模纹饰的设计有关，而环外的六道短阴线，则应与翻制泥范的定位有关。作为圆环铸件，对开范本易于定位，而强调两范在周向的定位，说明铸工要求所

① 山西省考古研究所. 侯马白店铸铜遗址［M］. 北京：科学出版社，2012：138.

铸圆环两面的纹饰位置一律，达到这一要求的则是以这块模翻制相同的两块范，也就是说这类环以半模制作铸型。

鉴于模上烟灰色均匀，董亚巍以为提高视觉对比度使纹饰易于雕刻来否定传统的脱模剂①之论显然没有根据，因为模上的斜角云纹也是烟灰色。此模烟灰色在纹饰上略淡，但在环模 H15：14 和 H15：89 等实物上，纹饰处乃至纹线内的烟灰色一律。②

侯马铸铜遗址出土的纹饰模大小不一，占一周纹饰从 1/2 到 1/12。③

（二）鼎耳模

鼎耳模ⅡT19H47：1 基本完整，素面，残高 50 毫米、宽 72 毫米、厚 15 毫米，耳孔宽 23 毫米（图 9）。ⅡT47H125：1 呈青灰色，侧面饰斜角云纹，高 65 毫米、残宽 30~33 毫米，下部内侧有一小横梁（图 10）。④ 此横梁目的是铸造的鼎耳下端带有横梁，使得和鼎腹铸接后结合牢固，属于工艺结构部分。这件模的发现，充分体现了古代铸工工艺设计的缜密，也说明工艺设计的一些结构，如榫卯，如孔、梁，在模中已经做出，当然所制范也须包含它们。另外表现出这个鼎耳是先铸成形的。

鼎耳模ⅡT81H126：31 基本完整，是鼎耳的半边，蟠螭纹清晰规整。高 120 毫米、宽 80 毫米（图 11 左）。⑤ 这件模说明耳上的纹饰是从范上翻制的。结合上述二模，可知当时鼎耳模有两种，一种全形如ⅡT47H125：1，另一种只塑制模的一半，利用耳的对称性翻制全部泥范。⑥ 侯马白店铸铜遗址出土的鼎耳模 G6③：1 虽残，但可辨出也是半个鼎耳模，饰蟠螭纹填云纹（图 11 右），和ⅡT81H126：31 同理。

① 董亚巍．对侯马白店陶模陶范的研究［M］//山西省考古研究所．侯马白店铸铜遗址．北京：科学出版社，2012：323-329.
② 山西省考古研究所．侯马白店铸铜遗址［M］．北京：科学出版社，2012：138.
③ 山西省考古研究所．侯马铸铜遗址［M］．北京：文物出版社，1993：296.
④ 山西省考古研究所．侯马铸铜遗址［M］．北京：文物出版社，1993：113.
⑤ 山西省考古研究所．侯马铸铜遗址［M］．北京：文物出版社，1993：207.
⑥ 山西省考古研究所．侯马铸铜遗址［M］．北京：文物出版社，1993：112. 马承源先生曾指出过钟的半模问题，见：马承源．商周青铜双音钟［J］．考古学报，1981（1）：142-144. 笔者曾提出怀疑，见：苏荣誉，华觉明，李克敏，等．中国上古金属技术［M］．济南：山东科学技术出版社，1995：174. 今据鼎模实物，说明马说有据。

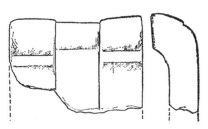

图 9　鼎耳模 II T19H47：1（引自《侯马铸铜遗址》111 页图 49.8、图版 54.2）

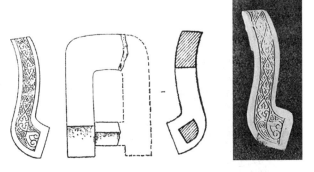

图 10　鼎耳模 II T47H125：1（引自《侯马铸铜遗址》111 页图 49.9、图版 54.1）

图 11　鼎耳模 II T81H126：31（左）和 G6③：1（右）（左引自《侯马陶范艺术》227 页
黑白图版 385，右引自《侯马白店铸铜遗址》图版 154.3）

（三）鼎腹模

腹是鼎的主体，对于无盖鼎，腹部的比重很大。对于耳、足浑铸或其中一
项浑铸的鼎，模的结构和鼎的设计制作关系密切，值得关注。

20 世纪五六十年代发掘的侯马铸铜遗址，使人们首次认识到鼎腹模是中
空的。

237

鼎腹模Ⅱ T87H436：6 中空，壁厚 22~26 毫米，内胎疏松，内面不平；外面似涂一层细泥，光整坚硬，底部有一圆孔（图 12 上）。模Ⅱ T87H436：7 大部分残缺，也中空，壁厚 10~20 毫米。微鼓腹，圜底，底部也有一孔。表面光洁，上阴刻四条横向平行线，残存三条垂线，间距为一周的 1/8，左下部相当于垂叶纹位置为一扁圆圈，沿面外侧刻一周细线，有三个长条形卯，可能用以衔接芯座（图 12 下）。①

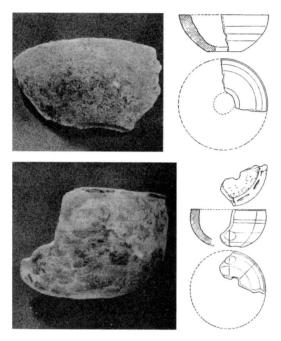

图 12　鼎腹模Ⅱ T87H436：6（上）和Ⅱ T87H436：7（下）
（引自《侯马铸铜遗址》图版 214.1、214.2，287 页图 159.1、159.2）

值得注意的是，模外的水平方向和垂直方向的浅阴线，应是设计外表纹饰的分割线或定位线。从模表面光洁细密、里面粗糙疏松看，模的基材或许就是原生土块，多孔，表面为墐泥，可以细雕纹样或设计划线。反映出了相当的经济性。

这一时期的青铜鼎，形小者的腹部范可从一个模翻制；对于中型和大型鼎，腹部多有纹饰，或一周，或几周（重），侯马铸铜遗址出土了大量用于翻制纹饰块的模范，说明这些纹带范是分块翻制再拼接而成。发掘报告指出，下腹一周

————————
① 山西省考古研究所. 侯马铸铜遗址［M］. 北京：文物出版社，1993：284.

分三或六块，上腹一周可分为四、六、八或十二块。每周纹带是同一块模翻制的。

如蟠螭纹模 II T81H429：7 用于翻制鼎腹纹带，多螭相互缠绕，螭身由三条平行细线勾勒，其上为一道凸起的绹索纹带（图 13 下左）。① II T213H241：1 弧面长 327 毫米、宽 92 毫米，为鼎腹八分之一。六组蟠螭水平同向排列，上下层交错相交，云纹填白。模面与模背材料明显不同（图 13 上右）。② 蟠螭纹模 II T81H126：46 则制作鼎的下腹（1/4），宽 102 毫米（图 13 上左）。③ 而 II T17H37：2 略呈球形，残长 70 毫米、宽 60 毫米、厚 15～25 毫米。每组两虺互相缠绕，上下侧均刻画出细边线，模表面残留有翻范时所涂黑色分型剂痕迹（图 13 下右）。④

图 13　鼎腹纹带模 II T81H126：46（上左）、II T213H241：1（上右）、
II T81H429：7（下左）、II T17H37：2（下右）
（引自《侯马铸铜遗址》图版 144.2、138.2、138.3、148.4）

21 世纪发掘的侯马白店铸铜遗址，获得了一组鼎腹模，难能可贵。

鼎腹模 H15：54 出土时残，但可复原。球形腹中空，壁厚 16 毫米，内壁不平滑，有刮痕。褐黄色，敛口，平沿，三蹄形足中一足完整、一足断脱、另一足端残断，发掘报告认为足前端和残存部分是对接关系。腹外涂黑，有多重水

① 山西省考古研究所. 侯马铸铜遗址［M］. 北京：文物出版社，1993：214.

② 山西省考古研究所. 侯马铸铜遗址［M］. 北京：文物出版社，1993：214. 但发掘报告（442 页）在对纹饰变化进行梳理时，却指 II T213H241：1 为范，认为和辉县琉璃阁 M60 所出钟的鼓部纹饰近似.

③ 山西省考古研究所. 侯马铸铜遗址［M］. 北京：文物出版社，1993：217，220.

④ 山西省考古研究所. 侯马铸铜遗址［M］. 北京：文物出版社，1993：223，225.

平刻画，且上腹和下腹各有一周阴线圆圈纹。口沿上一侧有两个不规则长条形卯，近旁还有一个三面体的凸榫，底部中间有两个近方形透孔（图14）。口径160毫米、高106毫米。①

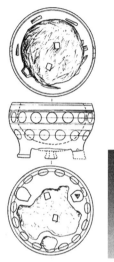

图14　侯马鼎腹模 H15：54（引自《侯马白店铸铜遗址》
141页图 127.1，图版 43.1、43.2）

　　鼎腹模 H15：248 则有所不同，鼎腹形状属扁球形，中空，发掘报告没有提供厚度数据，根据绘图的比例尺，估计厚度接近 20 毫米。呈红褐色，敛口，平沿，腹微外鼓，较浅。口沿上大体均布四个形状不规则的长条形和一个方形卯，腹外表涂黑色，多已剥落。腹外设三周水平方向凹弦纹，分别位于口沿下、中腹和下腹。同样也有两周阴线圆圈，上腹一周上切口沿下凹弦纹却被中腹凹弦纹穿过下部；下腹一周圆圈纹被下腹凹弦纹穿过上部。三矮蹄足中的两个与鼎腹模一体，但端头似乎残缺部分，另一蹄足单独制作，足根有梯形凸榫与鼎腹模相应的卯配合（图15），口径212毫米、高135毫米。②

　　①　山西省考古研究所. 侯马白店铸铜遗址［M］. 北京：科学出版社，2012.
　　②　山西省考古研究所. 侯马白店铸铜遗址［M］. 北京：科学出版社，2012.

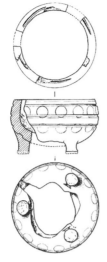

图 15　鼎腹模 H15：248（引自《侯马白店铸铜遗址》144 页图 130、图版 43.6）

侯马白店铸铜遗址出土的鼎腹模，虽然一些信息还没法解读，需深入研究，但业已提供的信息足够重要。首先是早期铸铜遗址中发现的模数量有限而且残碎，甚至有人提出青铜器纹饰是"管线"而非模。① 事实上，安阳孝民屯铸铜遗址出土的一件鼎模 H683：1 已被公布，虽残，但可辨其属分挡鼎，淡红色但表面被烟熏成黑色，空心，厚约 52 毫米，折沿上设立耳且有划痕，腹部饰兽面纹和倒夔龙纹，以云雷纹衬底。②

白店遗址所出鼎腹模几乎都是空心，但厚度不过 20 毫米，较之安阳孝民屯所出远为经济。更为重要的则是一些特别现象在其他铸铜遗址不曾发现，而东周青铜器研究也未曾注意的。

白店遗址出土有九件鼎腹模，器腹均有多条水平阴线刻画，道数不等，它们可以看作设计纹饰的标线。和水平刻画相应的，则是所谓的圆圈纹带，事实上不是纹饰而是阴线刻画，且浅如水平刻画。圆圈刻画多是上、下腹各一周，如 H15：54、H15：235、H15：247、H15：246、H15：248 和 H15：249，而 H15：253 仅上腹有一周圆圈，H15：237 则仅下腹有一周圆圈。推测这些圆圈和鼎腹表面的纹样设计有关，圆圈所起的作用同样是布局和定位。另一件模

---

① NICKEL L. Imperfect Symmetry：Re-thinking Bronze Casting Technology in Ancient China [J]. Artibus Asiae, 2006, 66（1）：5-39.

② 殷墟孝民屯考古队. 河南安阳市孝民屯商代铸铜遗址 2003—2004 年的发掘 [J]. 考古，2007（1）：18.

H15：251 腹外没有圆圈而现出一幅盾形阴线刻画（图 16 左、中）①，或许可说明这一推论的合理性，而 H15：248 腹外圆圈纹带被两道凹弦纹打破（图 16右）②，也能说明上述推测合理。

白店遗址出土的鼎腹模，除 H15：249 和 H15：251 三足与鼎腹一体外，另外 7 件均有一足单独制作再通过榫卯结合在一起，而且榫几乎都在足根、卯在鼎腹。例外的一件是 H15：54，半截足接在一足中腰，榫卯状况不明。组合的足如活块模，其工艺是在研究宝鸡青铜器时提出的③，其渊源或可追溯到商代，白店遗址这些模说明在侯马成批量使用活块模，但这里的活块模所针对的问题是什么，现在还不明就里。同样，鼎底的一对方透孔的功能依然不明。

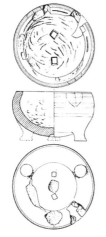

图 16　鼎腹模 H15：251（左、中）和 H15：248（右）

（引自《侯马白店铸铜遗址》145 页图 131.2，图版 43.3、43.4）

（四）鼎足模

如果鼎足分铸或者鼎足模组合于鼎腹模，即应有独立的鼎足模。

1992 年发掘的鼎足模 T9H79：59 完整，蹄形足，足内侧平，素面。高 145

①　山西省考古研究所．侯马白店铸铜遗址［M］．北京：科学出版社，2012：141-146.
②　山西省考古研究所．侯马白店铸铜遗址［M］．北京：科学出版社，2012.
③　苏荣誉，胡智生，卢连成，等．弦国墓地青铜器铸造工艺考察和金属器物检测［M］//卢连成，胡智生．宝鸡弦国墓地．北京：文物出版社，1988：534-548.

毫米、足根宽 80 毫米、蹄宽 50 毫米（图 17）。① 1956 年发掘的鼎足模 56T102⑤：2，青灰色，足根的兽面纹中间即有一条披缝，两侧纹饰模糊不清，未见加工修整，是模盒翻制的例证。②

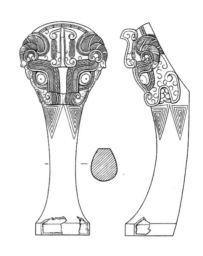

图 17　鼎足模 T9H79：59

（引自《侯马陶范艺术》126 页图 53-54）

　　2003 年发现的侯马白店铸铜遗址，出土的鼎足模 H15：209 完整，呈红褐色但外表涂黑，做蹄足状，足根粗、足端略粗而中腰细，素面，背平直。顶面弧形光洁，中间有不规则小型卯与腹模相配（图 18 左、中）。通高 70 毫米。同出的另一件鼎足模 H15：226 情形与之相若，褐黄色质外涂黑色，足根背有台阶形缺口，足端有小圆坑，高仅 30 毫米（图 18 右）。③

　　模 H15：226 高仅 30 毫米，且背后有台阶形缺，或是铸造漆斝之类的青铜足之模，发掘报告仅归为器足模是科学慎重的。上述两件足模均素面且外表涂黑，足证所谓涂黑是为提高视觉对比度而易于雕刻之说④属于臆测。

① 山西省考古研究所侯马工作站. 1992 年侯马铸铜遗址发掘简报 ［J］. 文物，1995（2）：29-53，页 39 图 20、页 47 图 41. 此模也著录于《侯马陶范艺术》（页 126 黑白图版 53、54），编号误为 92H4T9H79。

② 山西省考古研究所. 侯马铸铜遗址 ［M］. 北京：文物出版社，1993：227、293.

③ 山西省考古研究所. 侯马白店铸铜遗址 ［M］. 北京：科学出版社，2012：156.

④ 董亚巍. 对侯马白店陶模陶范的研究 ［M］//山西省考古研究所. 侯马白店铸铜遗址. 北京：科学出版社，2012：323-329.

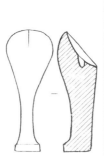

图 18　鼎足模 H15：209（左、中）和 H15：226（右）
（引自《侯马白店铸铜遗址》页 157 图 143.1、图版 52.4、51.4）

　　20 世纪五六十年代发掘的鼎足模ⅡT17③：2 下半部残失，足根有兽面纹，与鼎腹结合凹面有不规则形状下凹，是与腹模相应凸榫结合的卯（图 19）。[①] 说明尽管足模单独制作，但塑模之初是与腹模配合进行的，以确定足模的形状、尺寸、纹样等是否满足整体设计，然后再对足模进行精细加工而成。和盖面钮模的处理思路和方式相同。

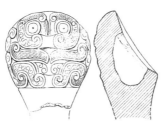

图 19　鼎足模ⅡT17③：2（引自《侯马铸铜遗址》页 229 图 120.3、图版 152.4)

　　从侯马铸铜遗址出土的有关鼎模，虽明晰了相关鼎的铸造方法，但并非全部。从出土的铸型（范、芯），既可以印证从鼎模所获取的信息，也可发掘出鼎模所未包含的内容。当然，铸型的制作及其浇注，需要从铸型本身去研究。

四、侯马铸铜遗址出土鼎的铸型

　　铸型通常由范、芯及其定位系统组成。

　　对于范的制作工艺，以往罕有讨论。张万钟指出，范是从模翻制的，"在翻范前，先将材料配好，然后糊在母范上。我们推测在翻范时，还要在母范上涂

　　① 　山西省考古研究所.侯马铸铜遗址［M］.北京：文物出版社，1993：229.

一层油或其他物质，以便于取下。翻范时，要使泥糊得均匀平正，……将泥糊好后，放到没有太阳的地方阴干，然后放到炉内烘烤。在实心的母范上翻范时，还要根据铸件的情况，在它未完全干燥以前，用刀划分为数块。块数的多少，以利于铸好后易于取下外范为准"①。这一推测显然缺乏考古材料的支持，尤其是所推测的模上糊泥后以刀剖分为范，如何完成范块间的榫卯，分块的数量不取决于铸后易于取范块，而是翻范时易于脱模。当然，也和工艺传统有关。

《侯马铸铜遗址》清楚指出，范"绝大部分是利用模翻制而成的"，分"整模翻范和分模翻范"两类，可能与整体模与分块模相应。"为了合范准确，分型面上大多做出形状不同、数量不等的榫卯，两侧则刻画合范号。有些范为了适应固定芯头的需要，在范上同时要设计并做出芯座。自带浇口的范则要设计并做出各式浇口、浇道。大部分范制作时仅范腔表面一层使用经过筛选加工的细腻的'面料'，背面则使用较粗的'背料'。模板翻制的纹饰范块一般全部用'面料'制作，再用背料拼接。翻范时模上需抹分型剂（油或草木灰）以保护模面并易于取范。范块半阴干后从模上取下，经过修整纹饰和分型面上的榫卯以后，还需再次合好范继续阴干，以免变形。"②

至于芯，"一般为手制或芯盒翻制，有的两者兼用，圆形芯可能用慢轮加工"。大量的工具和空首布铸型的芯，都是用芯盒翻制的，用量不大的芯则多手制，芯头大，两侧有翻制残留的披缝，一面有榫卯以便固定，另一面做出浇道。至于器耳铸型Ⅱ T81F4：2 中的芯是否如报告所言是"以范翻制芯"③，有待研究。

张万钟也曾讨论了侯马作坊泥芯（他称为"内范"）的做法。他观察到内范做得比较粗糙，掺的植物质较多，在烘烤时植物质经过燃烧，便出现很多气孔。其做法分模制和手制两种。前者需先做模盒（张氏称"外模"），然后翻出泥芯。这类泥芯"表面光滑平正，多用于空心的铸件，如钟腹、鼎腹等。这种铸件铸好后，要取出内范，所以制作时还要考虑到容易取出"。手制是直接塑形，然后用刮刀修正。这类芯"都比较粗糙，形状也不甚准确，如鼎腿、鼎耳等。因为这种内范铸好后包在铸件里边，成为铸件的一部分，内范的精粗对铸件的影响不大"。④

铸型中芯的固定是铸造工艺的一个重要环节。侯马作坊表现出多种固定芯

---

① 张万钟. 侯马东周陶范的造型工艺 [J]. 文物，1962（21）：39.
② 山西省考古研究所. 侯马铸铜遗址 [M]. 北京：文物出版社，1993：296-297.
③ 山西省考古研究所. 侯马铸铜遗址 [M]. 北京：文物出版社，1993：298-299.
④ 张万钟. 侯马东周陶范的造型工艺 [J]. 文物，1962（21）：40.

的方式，普通芯以芯头固定，盲芯采用自带泥芯撑固定，芯撑的高度接近铸接的壁厚，并且均匀一致，为尽量少影响铸件外观，这些芯撑都是三棱锥形。还有的泥芯采用芯头和芯撑一同固定的方式。①

（一）鼎盖及盖钮铸型

ⅡT24H24：7 是鼎盖环立钮的铸型，镶嵌在一块残盖范上，未曾浇注。铸型略呈楔形，高 25 毫米、上宽 26 毫米、厚 18 毫米、下宽 20 毫米、厚 10 毫米。平面对开分型，分型面上有对称的三棱锥状榫卯。范外面平整，两侧各有两条合范记号。环钮型腔直径 18 毫米、厚 5 毫米，中间为一凸出的圆形芯。此铸型嵌入盖范，说明盖钮浑铸。合范后，型腔底部有二小圆洞，以便浇注时导铜液入型腔（图 20）。② 四立钮弧盖铸型ⅡT31F13：11 保存比较完整（图 21）③，做法一致。张万钟曾指出过这一做法。④

图 20　鼎盖环立钮铸型ⅡT24H24：7

（引自《侯马铸铜遗址》图版 64.1，124 页图 59.4、59.5）

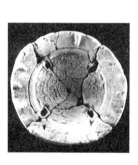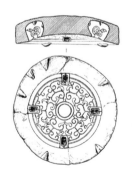

图 21　鼎盖范ⅡT31F13：11（引自《侯马陶范艺术》403 页黑白图版 958、959）

上述鼎盖钮与盖浑铸，是以盖钮采用活块模翻制活块范和芯，活块范与芯

① 山西省考古研究所．侯马铸铜遗址［M］．北京：文物出版社，1993：299-300.
② 山西省考古研究所．侯马铸铜遗址［M］．北京：文物出版社，1993：123-124.
③ 山西省考古研究所．侯马铸铜遗址［M］．北京：文物出版社，1993：122.
④ 张万钟．侯马东周陶范的造型工艺［J］．文物，1962（21）：39.

组成铸型，嵌入盖面铸型进行浇注，或可相应地称钮的铸型为"活块铸型"。

动物形钮也有如此制作者，如卧牛钮范Ⅱ T24H24：8 是出土的五件之一（图22），且与 T24H24：9 和 T24H24：10 构成列鼎盖。长 78 毫米、宽 54 毫米、最厚 30 毫米，背不平，故曲面分型。范面的一边凹下并做出榫，以备与另一范结合；另一边呈球形。范上无浇注系统，可能系组成活块铸型嵌入盖范浑铸。卧牛长 60 毫米、宽 26 毫米，身饰圆点纹衬底的 S 形纹。[①] 此范说明盖面兽钮浑铸成形。

图 22　鼎盖卧牛钮范Ⅱ T24H24：8、9、10、11、12（引自《侯马铸铜遗址》图版 64.5）

还有一些盖钮是分铸的，且几乎都是先铸成形，然后嵌入盖铸型中，在盖体成形时实现铸接。环钮铸型Ⅱ T92F14：2 未经浇注，两侧及边各二范，发现三块，缺一侧范。铸型近似椭圆形，长 55 毫米、高 42 毫米，范厚 2～10 毫米。中间有一独立的圆柱形芯，芯两面有榫，与两侧范面的卯结合，范外侧有合范记号。所铸环外径 41 毫米×33 毫米，内径 20 毫米，饰以备错镶的斜角云纹（图23）。[②] 这组铸型反映出该环铸型由二范一芯组成。如此小的泥芯独立制作而不由范自带，既体现了这一时期晋地铸型工艺的讲究，也反映了这些铸工技艺的高超与娴熟，不惧范与芯数量多所导致工艺难度增大、失误增加的困难。

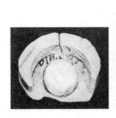

图 23　鼎盖环钮范Ⅱ T92F14：2（引自《侯马铸铜遗址》图版 64.2、64.3）

环的铸型Ⅱ T31F13：38 则不同，也是对开分型，二范各自带环孔泥芯的一

---

①　山西省考古研究所．侯马铸铜遗址［M］．北京：文物出版社，1993：125.

②　山西省考古研究所．侯马铸铜遗址［M］．北京：文物出版社，1993：124-125.

半。分型面上设置四对榫卯。范宽 56 毫米、高 76 毫米，铸型厚 26 毫米。有扁锥形浇口，长 25 毫米、宽 16 毫米、高 24 毫米。环型腔外径 41 毫米、内径 31 毫米。环的一面饰斜角云纹。芯面有很细的十字刻画，应是合范记号（图 24）。①

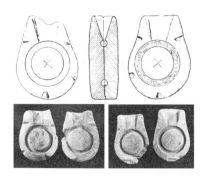

图 24　鼎盖环钮铸型 II T31F13：38（引自《侯马铸铜遗址》186 页

图 95.1，《侯马陶范艺术》436 页黑白图版 1087、1088）

侯马白店铸铜遗址曾出土一块鼎盖范 H21：1，虽残缺较多亦可辨形状。红褐色，中心饰团状蟠螭纹并以云纹环为周缘，外周一圈宽带蟠螭纹。蟠螭纹均以细线勾勒，相互缠绕，依次衔尾。残长 94 毫米、残宽 83 毫米、厚 27 毫米（图 25）。②

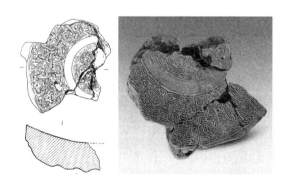

图 25　鼎盖范 H21：1（引自《侯马白店铸铜遗址》277 页图 258.2、图版 150.1)

（二）鼎耳铸型

鼎耳铸型发现了组合待铸的三套，都是包含浇口的双合范，整体近圆角长

---

① 山西省考古研究所．侯马铸铜遗址［M］．北京：文物出版社，1993：184.

② 山西省考古研究所．侯马白店铸铜遗址［M］．北京：科学出版社，2012：277.

方形。ⅡT32F3：1 即是其一，铸 S 形侧面之方耳。铸型高 148 毫米、宽 115 毫米、厚 45~70 毫米，外敷一层厚约 5 毫米的草泥。浇口呈扁漏斗状，且用草泥接长 25 毫米，口径 77 毫米×35 毫米，底径 35 毫米。底部开出两条浇道。范腔高约 90 毫米、上宽 62 毫米、下宽 70 毫米。范腔所置耳内泥芯是盲芯，分对称的两段，均高 84 毫米，每块上面都自带 15 个三角锥形泥芯撑（侧面 7 个，上下各 4 个）。耳孔芯也是独立的盲芯，故范面刻画出这个芯的位置，其尺寸为高 61 毫米、宽 24 毫米，且于中央做出一榫一卯，连同两侧各设一圆坑的芯座一起固定范、芯（图 26）。芯下端侧面有一透孔，形状不大规则，直径约 5 毫米，当是在芯上随手挖出，以便在耳上铸出横梁，使其为鼎腹铸接后结实牢靠。耳铸型ⅡT31F12：1.2 和上述相若，只是鼎耳上下和两侧都饰有线条粗细不同的云纹（图 27）。①

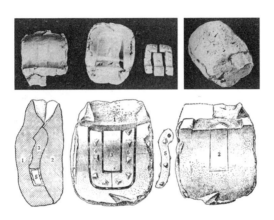

图 26　鼎耳铸型ⅡT32F3：1（引自《侯马铸铜遗址》图版 53.2、1，111 页图 49.5）

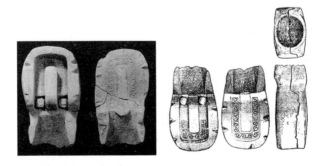

图 27　鼎耳铸型ⅡT31F12：1.2（引自《侯马陶范艺术》401 页
黑白图版 953，《侯马铸铜遗址》111 页图 49.6）

---

① 山西省考古研究所. 侯马铸铜遗址［M］. 北京：文物出版社，1993：110.

　　鼎耳范ⅡT213H243：1 完整，经过浇注，故呈青灰色。耳为 S 形，也曲面分型，外侧有合范记号，高 76 毫米、宽 58 毫米、厚 16~27 毫米。范上做出浇注系统。浇口杯底部伸出两个浇道。范腔高 37 毫米、宽 32 毫米、深约 8 毫米。中置泥芯，范面刻画出芯的位置，且设一榫以固定泥芯（图 28）。①

　　鼎耳芯ⅡT81H429：1 已残，黄褐色，表面有一层厚 1~2 毫米的细泥，中间极松软，多微孔。自带有多个三棱锥形泥芯撑，刀痕明显，说明这些泥芯撑经过修整（图 29）。ⅡT83F9 出土五种鼎耳芯，每种两件共十件，黄褐色，表面极粗糙，每件由左右两块组成，自带泥芯撑 18 个（两面各 6，两侧各 3），均三棱锥形，有刀削痕迹。ⅡT83F9：22 高 105 毫米、宽 77 毫米。

图 28　鼎耳范ⅡT213H243：1

（引自《侯马铸铜遗址》图版 52.1）

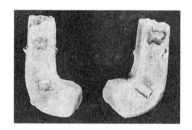

图 29　鼎耳芯ⅡT81H429：1

（引自《侯马铸铜遗址》图版 54.3）

　　鼎耳铸型ⅡT32F3：1 出土时已经组合完整（参见图 26），通高 148 毫米、宽 115 毫米、厚 45~70 毫米。外敷一层 5 毫米厚的草泥，浇口用草泥接长 25 毫米，呈扁锥形，上口径 77 毫米×35 毫米、高 35 毫米。浇口下部中央凸起三角形榫，将直浇口分为两个浇道。型腔高约 90 毫米、上宽 62 毫米、下宽 70 毫米，其中刻出芯的范围，面上有一榫一卯。上部两侧各有一圆坑固定芯座。长条形芯高 61 毫米、宽 24 毫米；左右两块芯高 84 毫米，每块自带泥芯撑 15 个（侧面 7、上下各 4）。芯下端侧面有一透孔，直径 5 毫米，中央较细，目的在于强化与耳的连接。② 从芯下端的透孔可知，当在耳上铸出结构，以强化与铸接的鼎腹的结合，说明鼎耳先铸。

---

① 山西省考古研究所. 侯马铸铜遗址［M］. 北京：文物出版社，1993：110.

② 山西省考古研究所. 侯马铸铜遗址［M］. 北京：文物出版社，1993：110，112，300.

（三）鼎腹铸型

张万钟曾对侯马作坊鼎腹的铸型进行过简要的概括，指出"鼎腹三块，底一块"。①

ⅡT24H24：4是一套未经浇注的鼎腹铸型。铸型含鼎腹与足，说明该鼎足与腹一次浇注成形。其铸型现存两腹范和一底范，黄褐色。两腹范尺寸一致，宽190毫米、高150毫米，壁上部厚50毫米、中部厚30毫米、下部厚40~50毫米；腹范两侧有六道合范记号。芯座位于鼎口沿上部，设三个固定芯头的卯。鼎口沿设有安置先铸鼎耳的缺。两足之间有两个榫。范面近三角形，上宽35毫米、下宽20毫米、高32毫米；外背近方形，边沿齐整，上有三道横向纹饰，中间为贝纹，上下为绚索纹。高50毫米、宽55毫米，糊有一层草泥，上厚下薄，6~10毫米。底范残，略呈三角形，边长约88毫米、厚36毫米。完整的一侧有一长方形卯，残缺的两侧各存一个三角形卯。外面有切挖的三角形浇口，边长约50毫米，但未透。范腔高105毫米、弧面宽160毫米、足高30毫米（图30上）。这是一套比较完整的铸型，发掘报告认为所铸为鬲形鼎。根据复原示意图，铸型尚缺先铸的双耳和三足内的泥芯（图30下）②，是典型的"3−▽+1−3式铸型"。至于是否有盖不得而知，废弃原因不明，因未浇注，故保存完整。

鼎腹范的制作，因器物大小和纹饰复杂程度有所不同。对于形小而纹饰简单的鼎，直接从鼎腹模翻制。对于大而纹饰复杂的器物，主体范依然从鼎腹模翻制，但纹饰则是由纹饰模翻制范块，再于相应位置嵌入纹饰块制作成一块块完整腹范，然后组合铸型。若器物有多重纹带，或纹饰块包含多重纹饰再拼合，或者每重纹都是纹饰块组合而成。鼎腹纹范ⅡT81H429：5有蟠螭纹，明显是腹部纹饰范块。残长210毫米、宽95毫米、厚50毫米，是腹的1/8，范背不平（图31上）。③鼎腹纹范ⅡT96F7：5具螭纹，残长175毫米、宽100毫米（图31下）④，都是翻制以备嵌入腹范的，而后者的弯曲当恰好适合鼎腹的球面。

① 张万钟. 侯马东周陶范的造型工艺［J］. 文物，1962（21）：39.
② 山西省考古研究所. 侯马铸铜遗址［M］. 北京：文物出版社，1993：105.
③ 山西省考古研究所. 侯马铸铜遗址［M］. 北京：文物出版社，1993：214.
④ 山西省考古研究所. 侯马铸铜遗址［M］. 北京：文物出版社，1993：210.

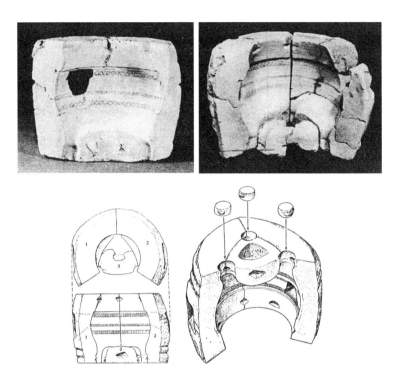

图30　鼎腹范ⅡT24H24：4（上左：单范；上右：合范）及其铸型复原（下）

（引自《侯马铸铜遗址》图版 49.1、49.2，106 页图 47.1、2）

图31　鼎腹纹范ⅡT81H429：5（上）和ⅡT96F7：5（下）

（引自《侯马铸铜遗址》图版 137.1、134.1）

ⅡT49H110：1是一保存较好的鼎腹范，呈黄褐色，高148毫米、残宽155毫米、厚20~30毫米。其断面明显可见嵌入的纹饰范块，纹饰范块的面料层厚4~8毫米，依背料与腹范拼接，近芯座一端有两道绚索纹痕迹。芯座高49毫米，有两个长方形卯。鼎底部与邻范分型面上有一长条形榫。鼎敛口，口径约180毫米。腹部两重蟠螭纹带，浅浮雕式纹饰纤细，并以更细的鳞片纹衬底（图32）。①

图32 鼎腹范ⅡT49H110：1（引自《侯马陶范艺术》315页黑白图版662，《侯马铸铜遗址》108页图48.1）

ⅡT47③：1系一完整鼎底范，略呈三角形，并具有足的内侧型腔、浇道与浇口，宽96毫米、厚38毫米。范面中间略凹，每侧面上有长条形卯两个。外壁在两足之间修出三个浇口，自内向外呈斜坡形（图33）。② 这件鼎的铸型也是"3-▽+1-3式"。

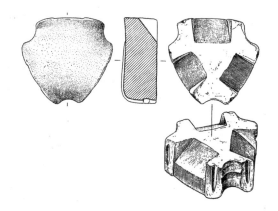

---

① 山西省考古研究所. 侯马铸铜遗址［M］. 北京：文物出版社，1993：107.

② 山西省考古研究所. 侯马铸铜遗址［M］. 北京：文物出版社，1993：105.

图33　鼎底范ⅡT47③：1（引自《侯马铸铜遗址》106页图47.3，图版49.3、49.4）

（四）鼎足铸型

房址ⅡT31F13出土完整鼎足铸型六套，大小各三，都由两范、一芯组成，均未经浇铸。ⅡT31F13：4为蹄足鼎铸型，足一侧高100毫米、另一侧高45毫米；足端径75毫米、范厚15~25毫米。曲面分型，分型面上不设榫卯，但两侧各有四道合范记号。范面上部刻画锯齿形，并有长条形、半月形、长方形、三角形的卯四个。范背不平整，似曾糊过草泥加固。芯的形若蹄足，灰白色；上端圆形内凹，直径130毫米，底面平，直径60毫米，一侧高120毫米、另一侧高65毫米。面上有一榫，长10毫米、宽8毫米。芯上部面有与范配合的榫，并有刀刻画的锯齿形凹槽。可见所铸鼎足的上部呈锯齿状，加大了结合面使得与鼎腹铸接时更为牢固（图34）。① 这类鼎足似都以分铸成形。

这种特殊的鼎足铸接——锯齿形铸接工艺十分特殊，或为侯马铸铜遗址所仅有，是研究侯马作坊铸造青铜器流布的特殊材料，将另文探讨。②

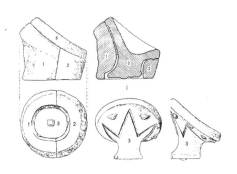

① 山西省考古研究所. 侯马铸铜遗址［M］. 北京：文物出版社，1993：105，107.
② 苏荣誉. 论三足锯齿形铸接青铜鼎：兼论联裆鼎和侯马铸铜作坊生产诸题［M］//北京大学考古文博学院. 高明先生九秩华诞庆寿论文集. 北京：科学出版社，2016：152-187.

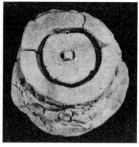

图34 鼎足铸型ⅡT31F13：4（引自《侯马铸铜遗址》106页图47.3，图版49.5、49.6）

鼎足铸型ⅡT87H500：2有所不同，由三范与一泥芯组成，芯亦铸蹄足。发现的二范一整一残，完整的通高235毫米、范厚15~35毫米。曲面分型，分型面上有榫，或二或三。范背有六道合范记号。顶部有浇口，宽约50毫米。范面上部有兽面纹。型腔高223毫米，上部最宽为120毫米，中间最窄为48毫米（图35）。① 如此大的鼎足应中空，铸型当有泥芯，但未发现。

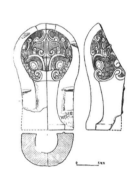

图35 鼎足范ⅡT87H500：2（引自《侯马铸铜遗址》108页图48.7、图版51.2）

T83F9出土了五种规格的鼎足芯，均自带有泥芯撑。同样大小的芯，芯撑完全一样，无刀修痕迹，两侧均有修平披缝的痕迹，说明系用芯盒翻制并略经加工。只是芯盒在侯马发现极少，翻制带芯撑的芯盒，难以想象。其中的T83F9：10系蹄足芯，黄褐色，质松散多微孔，含植物糠秸类，表面有自带的三角形泥芯撑14个，可与足范ⅡT83F9：7配套（图36）。②

---

① 山西省考古研究所. 侯马铸铜遗址［M］. 北京：文物出版社，1993：105，109.
② 山西省考古研究所. 侯马铸铜遗址［M］. 北京：文物出版社，1993：109，298.

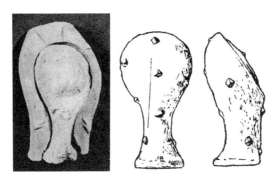

图 36　蹄足芯 T83F9：10（引自《侯马铸铜遗址》图版 51.1）

2003 年侯马白店铸铜遗址出土的鼎足范 H15：196 基本完整，褐黄色，蹄形细高，素面，面涂黑色物质，范面边侧有三个三角形定位卯，一侧一个，另一侧两个，浇口不十分明显，似乎设在范顶，但形状不明，通高 102 毫米、通宽 40 毫米、厚约 20 毫米（图 37）。①

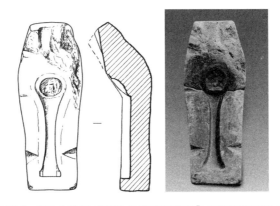

图 37　鼎足范 H15：196（引自《侯马白店铸铜遗址》157 页图 143.3、图版 52.3）

五、侯马铸铜作坊的铸鼎和铸铜

侯马铸铜遗址为我们提供了春秋晚期和战国早期青铜鼎铸造的主要工序以及各种细节，很多内容是以前所不知道的。整体来看，工艺规范，用料讲究而经济，用工精细而节省，设计巧妙而合理，技艺精湛而实用，对经济性的追求有可能蕴含着商业性生产的意味。在考古学和艺术史上，不仅使许多时代不清、

---

① 山西省考古研究所. 侯马白店铸铜遗址［M］. 北京：科学出版社，2012：157.

来历不明的青铜器得以"认祖归宗"①，也确立了侯马风格②。

侯马铸铜遗址出土的遗物，明确揭示的是青铜鼎的大多数足和部分耳是分铸铸接的，且多先铸。为了鼎耳铸接牢固，耳下部铸出了横梁（器物中无法看到）。而鼎盖的附饰既有浑铸，也有分铸，浑铸者多以活块模制作活块范，组成活块铸型嵌入盖面范中实现。分铸者多属先铸，单独制模翻范并铸出接榫，然后将这些附饰嵌入盖范中铸接。

大量发现的腹部纹饰块模和范，说明绝大多数纹饰是单独塑模，由这些模翻制纹饰范块，按照需求将纹饰范块拼接到腹部范相应位置而完成铸型。纹饰范拼接的遗迹，在器物上往往表现为"模印"痕迹，侯马铸铜遗址出土的遗物，证明"模印"说不确，其实是范块法（即英文 block pattern），已有陶正刚做过辨正。③ 器附饰的分铸和纹饰模范的分别制作，降低了泥范块范法的技术难度，减轻了对高超技巧工匠的依赖，可以大批量生产高品质的器物。因此，可以说侯马铸铜作坊具有工业化大批量生产的组织形态，这也是其生产具有商业化的一个脚注。临猗程村墓地和太原金胜村赵卿墓所出土的青铜器，多是侯马铸铜遗址生产的。

至于其内在机制，有待探讨。

当然，关于侯马晋国铸铜遗址，剖析工场的组织和分工、工序的关联和续接，已有常怀颖先生开始了研究④，关于其技艺的来源和流向、外来技艺和风格的本土化、产品的分布和机制、工匠个人创造与风格形成等问题，还几乎鲜有触及，有待深入研究甚至有赖未来的科学发掘和研究，但就春秋战国时期青铜工业的主要技术和工艺而言，基本清楚。

关于侯马铸铜遗址的年代，考古学家不仅从陶器演变说明其连续沿用了 200 多年，也指出所出模、范的"形制、纹饰早晚变化比较清楚"。早期范数量少，"除工具范和一件舟范外，其他多为碎块，器形不辨"；"早期纹饰主要有云雷纹、波纹、叶形纹、蟠螭纹、蟠虺纹，多为平面线刻或浅浮雕式，形式变化较少"，一些范与琉璃阁 M60 出土青铜钟和罍、侯马上马墓地 M13 所出青铜鉴和

---

① 山西省考古研究所. 侯马陶范艺术 [M]. 普林斯顿：普林斯顿大学出版社，1996：3.

② 苏荣誉. 论三足锯齿形铸接青铜鼎：兼论联裆鼎和侯马铸铜作坊生产诸题 [M] // 北京大学考古文博学院. 高明先生九秩华诞庆寿论文集. 北京：科学出版社，2016：152-187.

③ 陶正刚. 晋国青铜器铸造工艺中的两个问题 [J]. 文物，1998（11）：73-74.

④ 常怀颖. 侯马铸铜遗址研究三题 [M] // 北京大学中国考古研究中心，北京大学震旦古代文明研究中心. 古代文明：第 9 卷. 北京：文物出版社，2013：102-131.

鼎、长治分水岭 M269 与 M270 所出鼎上纹饰近似。遗址中晚期所出模范很多，属于后半期的难以分段，一些鼎范与洛阳中州路 Ⅲ、Ⅳ 期鼎腹和盖纹饰接近，晚期鼎范与洛阳中州路 M2717、陕县后川 M2040、汲县山彪镇 M1 所出青铜鼎相似。属于 V 段的足范，与陕县后川 M2040、太原金胜村 M251 所出鼎完全相同。① 一头双身一正一倒缠绕龙纹，见于太原赵卿墓鼎 M251：541、606、611、632、633、634，长治分水岭 M14 鼎，陕县后川鼎 M2040：276，全集 23 蟠龙纹鼎，劫掠鼎 A106；双头一身 S 形蟠螭纹见于陕县后川鼎 M2011：1 和 M2121：7；一正一倒横 S 形蟠螭纹见于太原赵卿墓鼎 M251：587、611、616、632、633、634，长子东周墓鼎 M7：2，陕县后川鼎 M2040：276，全集 22 蟠龙纹鼎；一正一倒横向勾连蟠螭纹见于赵卿墓鼎 M251：587、616，长治分水岭 M14 鼎，长子东周墓鼎 M1：3，陕县后川 M2040：284、M2149：1、M3401：14，全集 22 蟠龙纹鼎；上下多层勾连蟠螭纹见于赵卿墓 M251：559，陕县后川鼎 M2011：4，中山王墓鼎 PM2：13；同向横 S 形蟠螭纹见于长子东周墓鼎 M1：3，劫掠 A106；两 S 形竖向勾连蟠螭纹见于长治分水岭 M20：1。②

据《史记·晋世家》，公元前 453 年，赵、魏、韩三家分晋③，杨宽先生根据临沂银雀山汉简《孙子兵法》，认为在此前六卿早已分晋，六卿政权已属封建形制。④ 三晋势力强大，各自营建有大本营，晋君只占有绛和曲沃，"但铸铜业并没有因此而止步或废弃，毕竟它在这里有着生命力极强的文化传统，战国早中期陶范的纹饰更加精美，工艺技术又达到了一个新的高度，创造了更加丰富多彩的题材，多样性和变化性的特点在该时期的花纹中表现得淋漓尽致"⑤。很明显，这只是猜想。

春秋晚期是东周社会剧烈变动，特别是晋国内部纷争激烈的时期。根据李孟存和常金仓对晋国历史的研究⑥，晋景公（公元前 600—公元前 583 年）十五年（公元前 585 年）自绛迁都新田后，公室和诸卿之间、卿大夫间，就没有停止过纷争，其结果是公室日渐式微，诸卿愈益强大。晋国和其他诸侯国间，也是合纵连横，纷争不断，战事不息。这种情况在晚期更为激烈。所以侯马没有

① 山西省考古研究所. 侯马铸铜遗址［M］. 北京：文物出版社，1993：442-443.
② 山西省考古研究所. 侯马白店铸铜遗址［M］. 北京：科学出版社，2012：302-303.
③ 李零先生赐告，《史记·晋世家》，年代多误。三家分晋一般认为是公元前 376 年。见文末"附识"。
④ 杨宽. 战国史［M］. 上海：上海人民出版社，1991：5；银雀山汉墓竹简整理小组. 银雀山汉墓竹简·孙子兵法下编·吴问［M］. 北京：文物出版社，1985：31.
⑤ 山西省考古研究所. 侯马白店铸铜遗址［M］. 北京：科学出版社，2012：303-304.
⑥ 李孟存，常金仓. 晋国史纲要［M］. 太原：山西人民出版社，1988.

发现大型城址，却有八座小城，也可能是晋公室卑而诸卿强的证明。

若按《侯马铸铜遗址》的分期，三期六段，早期一段大约从晋景公晚期历晋厉公（公元前 580—公元前 573 年）而及晋悼公（公元前 572—公元前 558 年）晚年，铸铜刚开始；铸铜生产在早期二段得到发展，当是晋平公（公元前 557—公元前 532 年）和晋昭公（公元前 531—公元前 526 年）之世，延及晋顷公（公元前 525—公元前 512 年）前半。但昭、顷二世已是六卿专政时期，"晋公室卑，政在侈家"。中期三段和四段约当晋顷公后半、晋定公（公元前 511—公元前 475 年）与晋出公（公元前 474—公元前 452 年）时期，出公时智氏是正卿，公元前 458 年与韩、赵、魏分范氏、中行氏地，而前 453 年，韩、赵、魏分智氏地，次年晋出公流亡，三家事实上已经分晋。晚期五段或在晋哀公（公元前 452—公元前 434 年）与晋幽公（公元前 433—公元前 416 年）时期，幽公时，"反朝韩、赵、魏之君。独有绛、曲沃，馀皆入三晋"（《史记·晋世家》）。而六段则在晋烈公（公元前 415—公元前 389 年）和晋孝公（公元前 388—公元前 369 年）期，烈公十七年（公元前 403 年），周王室正式承认韩、赵、魏三家为诸侯，与晋侯并列；公元前 376 年，韩、赵、魏废晋静公，将晋公室土地全部瓜分，再次分晋，晋桓公迁离新田。晋都迁新田后的态势是公室日卑而六卿日强，大卿不断蚕食、瓜分公室。难以想象在这样的政局环境中，铸铜业日益发展壮大，而且是瓜分公室愈烈而铸铜愈益繁荣。

虽然根据所出陶器乃至泥模范的纹饰断定侯马铸铜作坊持续约 200 年，繁荣百多年，但究竟是谁，又如何维持这一繁荣则不得而知。侯马铸铜作坊面积很大，许多材料尚未发表，各遗址间或有早晚差异，可见铸铜核心作坊的迁移过程。或者每个地点的持续时间并非很长，诸多谜团有待破解。至于侯马铸铜作坊的所有者，以铸铜在当时的地位和遗址以生产铸铜商品为主的形制，在春秋晚期，即使属于晋室，也应由某大卿或几大卿管理，甚或属于某大卿或几位大卿。六卿主政时，赵可以"公无税焉"，不似魏、韩及其他三卿收百分之二十甚或以上的农税[1]，那么赵的花费开销从何而来？想必只能以资源和手工业税入承担。是否从铸铜工业收益，应是探索的一个方向。

附识：2016 年，笔者曾将拙稿《论三足锯齿形铸接青铜鼎——以及联裆鼎和侯马铸铜作坊生产诸题》发表在《高明先生九秩寿庆纪念文集》（北京大学

---

[1] 银雀山汉墓竹简整理小组. 银雀山汉墓竹简·孙子兵法下编·吴问 [M]. 北京：文物出版社，1985：31.

考古文博学院编，科学出版社，2016 年，第 152—187 页）。初稿曾呈诸师友求
正。李零先生赐告："周威烈王封韩、赵、魏为诸侯在公元前 403 年。当时，晋
烈公还住在侯马一带。《史记·晋世家》，年代多误。司马迁说晋君的最后一代
是晋静公。静公是孝公子，《汉书·古今人表》作晋靖公。孝公，《竹书纪年》
作桓公。三家瓜分晋地，一般认为是公元前 376 年。此年，据《竹书纪年》是
晋桓公十三年。晋桓公绝祀则在公元前 369 年。司马迁说，晋静公废为家人后，
韩、赵把他迁往上党，先迁端氏（沁水），后迁屯留。如果桓公后面还有这么一
代，那也是公元前 369 年以后的事了。三家瓜分侯马是哪一年，现在还不好确
定。侯马是三家共管还是一家独占，也不好说。公元前 369 年是魏惠王元年，
当时魏国最强大，要是独占也是魏国独占。"这诸多文献与上古史知识是笔者欠
缺的，所涉及的问题确如李先生所说，"还要研究"。笔者鲁钝，但会努力，并
特先向李零先生致谢。

　　说明：原文刊发于关晓武、苏荣誉主编《中国科学院文化遗产科技认知研
究中心集刊》第一辑，安徽科学技术出版社，2019 年，第 139—171 页。今稿经
盛婧子同学仔细校改文字和格式。

论铰接鸟形青铜壶

苏荣誉　马国庆

　　乾隆帝敕编的《西清古鉴》，于乾隆二十年（1755）由武英殿完成刊刻，著录了清宫收藏青铜器1529件，其中包括3件鸟形铰接提梁壶。百年后，吴云收藏的一件同形壶，造型更华丽，成为一时博雅好古者的论题；而这件壶几经转手后流落海外并多次转手，苏富比曾两度拍卖，可见诸多种著录。王涛博士对其收藏和流传的历史有颇为博洽的考证，其年代、文化和艺术属性以及技术内涵等还有深究的余地。

　　同形的器物曾在诸城臧家庄、临淄相家庄和稷下街道先后出土，相近的器物在临淄齐都镇、稷下街道也有发现，齐文化博物院还征集到相近的器物，关涉材料比较丰富。本文即是在对铰接器梳理的基础上，对出土的和传世的铰接壶进行工艺和风格分析，在揭示它们特性时，归纳它们的共性。试图在齐地出土青铜器和同时期他地青铜器的宏观背景下，认识这组独具特色的器物，指出这批器物是独具特色的齐国铸件，是春秋中期青铜器大变革后的新产品，持续的时间并不长，多在春秋战国之际，可能消失于战国早中期之交。

　　商周青铜器在二里岗上层即已出现了有盖和刚性提梁的青铜容器。盖以子母口扣合在器口，往往通过"8"形链节加以约束；提梁则是两端所设的环和器腹的一对半圆形环耳相连接，可提携容器；早期的器类如卣或壶，盖、提梁俱全，上述结构把各部联系在一起。黄陂盘龙城出土的二里岗期青铜卣 LZM1：9①，瓶状，圆形截面，小口长颈，弧肩上对设二半环耳，下段鼓腹，矮圈足，穿盖子口插入卣口，中央设拱形钮，索状提梁两端环耳连接肩部半环耳，一个"8"形链节连接盖之拱形钮并套在提梁上，以免盖分离或遗失。与之同时的一

---

　　① 湖北省文物考古研究所. 盘龙城：1963—1994 年考古发掘报告［M］. 北京：文物出版社，2001：194，198.

件青铜卣出自郑州商城向阳回族食品厂窖藏 XSH1：11①，也是圆形截面，但为罐形，敛口无肩，最大径在下腹，圜底，矮圈足，上腹对生二半环耳；穿盖子口插入口内，盖中央设伞形钮；带状提梁两端为兽首，其内侧有横梁穿过半环钮链接卣腹，拱形内侧设有一半圆环，以"8"形链节一端连接提梁内半圆环，另一端套在伞状钮柱上。这两件提梁卣的结构和工艺，应该代表了早商情形。

　　大约在中商晚期发展出方腹圆口的长颈卣，随即出现了椭圆形截面的提梁卣，提梁的位置有了横置和纵置的不同。与提梁的连接方式，出现了在颈部设枢与提梁铰接的卣形。这种形式的卣到西周早期归于消失。

　　殷墟时期出现了椭圆形截面、具有贯耳的青铜壶，如殷墟出土的一对妇好壶 M5：795 和 863②，但形状和卣区别无多。身形细高近于瓶形的壶，容庚曾将十件传世器推断属殷商③，未必可靠。洛阳庞家沟西周墓壶 M410：4，盖同铭"考母作簋"，为西周早期器。④ 但西周时期流行的依然是垂腹高鼓、截面为圆形或圆角方形的壶，并延续直到东周，圆形截面壶演变出战国晚期到汉代的锺，方形截面演变出战国的钫。

　　在提梁的设置上，殷墟早期出现的贯耳壶或者以绳索或者以皮条穿系，或者没有提系。西周中期出现的衔环兽耳壶是盛装或陈列的容器，无需提携移动，功能已发生了变化，但春秋时期出现了以青铜链为系的链式壶，或者是齐地的特产。这些壶铸造链节，以铸接成链，再与壶肩的半圆形环耳铸造链接。这类壶不仅出现在齐鲁，在燕地、三晋、淮上诸国和楚地、秦地都有发现。

　　在提梁壶中，另有一类特殊器物，壶颈设一对枢，与提链铰接，而提梁则由三段构成——顶部的几字形提手和两侧臂铰接，侧臂或者一段或者两段铰接，提手均可与侧臂折叠，可称这类壶为铰接提链壶。⑤ 在这类壶中，有一类造型若企鹅，浑圆的器身、口出鸟喙形短流，有鸟首形盖，通常称之为鸟首提梁壶，忽视了器物造型的整体性，姑称之为铰接提梁鸟形壶。本文以斯为对象，讨论其独特工艺和形式、风格的关系，进而分析器物的生产背景和年代。

　　这类壶早在清乾隆朝已被清宫收藏，并见诸《西清古鉴》和《宁寿鉴古》，

---

① 河南省文物考古研究所. 郑州商城：1953—1985 年考古发掘报告［M］. 北京：文物出版社，2001：821-822.

② 中国社会科学院考古研究所. 殷墟妇好墓［M］. 北京：文物出版社，1980：64，66.

③ 容庚. 商周彝器通考［M］. 上海：上海人民出版社，2008：329-330.

④ 洛阳博物馆. 洛阳庞家沟五座西周墓的清理［J］. 文物，1972（10）：20-31.

⑤ 毕经纬以"栓母"描述铰接结构，不易懂。见：毕经纬. 传世有铭铜器辨伪一则［J］. 考古与文物，2015（3）：111-113.

其他的著录中也有这类器物。一件有铭的何壶于晚清出世，正是金石学臻于高潮的时期，其铭文被收入多家著录之中，从中可窥知晚清吉金收藏与考释的多个方面，更因为其又流历欧、日、美诸地，也可反映西方学者和藏家对其的态度和研究，爬梳这段历史，对于认识晚清金石学家、收藏家和器物学有所助益，也可反思青铜器著录、鉴别、断代等方面的问题。汪涛对何壶收藏、著录和流布的梳理①，是引发本文探讨新问题的基础，他还有不少新的想法，值得期待②。

一、清廷收藏的鸟首铰接提梁壶

王室从来是最大的艺术品收藏家，清王室至乾隆朝青铜器收藏可谓登极。乾隆帝敕编的乾隆四鉴（《西清古鉴》《西清续鉴甲编》《西清续鉴乙编》《宁寿鉴古》），是清宫（包括内府、盛京等）收藏的绝大部分铜器的图录，既体现乾隆皇帝收藏、鉴赏的志趣③，也反映18世纪中国青铜器的认识和研究水平④。为行文方便，器物名称一仍其旧。在乾隆帝的带动下，清代青铜器收藏、著录和研究迅速繁荣起来，超越前代，涌现出一批重要收藏家和金石大家，为一时之盛。造型别致的鸟形壶，见于著录有如下数端。

（一）汉牺首壶

清高宗敕编《西清古鉴》刊印于乾隆二十年（1755），著录清宫藏器中有两件鸟首铰接提梁壶，分别名之为汉牺首壶和汉鹰首壶，均在卷二十一中，左图右文。汉牺首壶（图1）文辞甚简："右通盖高九寸八分，深八寸四分，口径三寸三分，腹围二尺一寸，重一百四十二两，

图1　汉牺首壶

（引自《西清古鉴》卷二一页2）

---

①　汪涛. 中国早期艺术中鸱鸮的表现形式和含义，东周早期公元前八至七世纪青铜鸮首提梁壶，鸮首壶最早的藏家吴云及他的交往圈子［M］∥ SOTHEBY, CO. Chinese Art through the Eye of Sakamoto Gorō A Bronze Owl Hu. New York：Sotheby's, 2014：24-57.

②　本文定稿期间，在伦敦面晤汪涛兄，请教他在苏富比考察何壶铭文的诸多细节，他说铭文上有锡焊粒脱落之现象。想他著文时的身份，这些细节和叶慈（W. P. Yetts）认定铭文后刻等，未能展开。交谈中他说颇想追踪何壶铭文的出处。

③　乾隆皇帝谕旨："惟尊彝鼎簠历世恒远，……可见三代以上规模气象，故嗜古之士亟有取焉。""以游艺之余攻，寄鉴古之远思，亦足称生平雅赏云。"见：西清古鉴［M］. 乾隆二十年内府刻本，1755.

④　刘雨. 乾隆四鉴综理表［M］. 北京：中华书局，1989：1-14.

有系、有流、一鼻。"① 此壶造型若企鹅，鼓腹下垂，最大径饰一周突棱，壶背
的突棱上设垂向的半环钮，未衔环抑或所衔圆环佚失亦未可知。圆口出喙形流，
粗短，器口不平，盖以子口插入器口。盖面隆起，前端高后端略低。前端凸起，
两侧以阴线勾出大眼，其间的切口铰接上喙，张开，但喙尖似方形，未知如何
扣合，眼下勾有纹线。提梁为三段铰接式，侧臂为 S 形。壶盖面设一对钮衔圆
环，约束提梁的横梁部分。编者将这件器物断为汉代。

（二）汉鹰首壶

《西清古鉴》接汉牺首壶著录此壶（图2），
形式与前揭牺首壶大同小异，同断为汉代。差
别不仅在尺寸和重量，而且壶盖中似乎有鸟形
钮，钮两侧设半环钮衔圆环，约束提梁侧臂。
提梁为五段式铰接，侧臂各为两段相铰接，均
为直臂；鼓腹下垂，但一周突棱不在腹部最大
处而偏上，在壶背的突棱下侧设钮衔圆环。然
而壶录文不涉及这等细节，仅及尺寸、重量和
主要形体特征："右通盖高一尺一寸一分，深八
寸九分，口径三寸四分，腹围二尺一寸七分，

图2 汉鹰首壶
（引自《西清古鉴》卷二一页3）

重一百三十八两，有系、有流、一鼻。"② 颇为遗憾的是没有说明前壶何以称牺
首壶而此壶称鹰首壶。从造型看，前壶自颈至喙形流为自然弧形，而此壶自颈
凸起喙根而下喙向前弧折。若非此等差别而异名，两壶先后并列著录，或许是
将前壶喙张开绘图的原因。

（三）汉兔首壶

扩建宁寿宫是乾隆朝内廷大工程，占地约内廷的四分之一，系备乾隆帝归
政燕居之所。自乾隆三十七年（1772）兴工至四十一年（1776）告成，敕编
《宁寿鉴古》著录宁寿宫所藏青铜器，成书时间在乾隆四十一年至《西清续鉴乙
编》开编的乾隆四十六年（1776—1781）。

《宁寿鉴古》中著录一件汉兔首壶（图3），著录形式延续《西清古鉴》，录
文所差也在尺寸和重量。录云："右通盖高一尺三寸四分，深一尺六分，口纵三

---

① 西清古鉴：卷二一［M］. 乾隆二十年内府刻本，1755：2.
② 西清古鉴：卷二一［M］. 乾隆二十年内府刻本，1755：3.

寸八分、横五寸，腹围二尺四寸五分，重一百两，有系、有流。"① 此壶的造型更接近于前揭牺首壶，同样是三段式铰接提梁，但壶体略瘦高，盖面较简单，前边隆起的双眼间铰接上喙，喙同样张开，但喙头尖，不似前两壶喙头圆。另一不同是从隆起的盖面对置纵向小环钮衔圆环，约束提梁侧臂。腹部的突棱近于前揭鹰首壶，但此壶背未设钮（衔圆环）。

上述图录的说明主要涉及尺寸、重量和附饰，年代均定为汉，但都没有说明缘由。这三件壶均圆形截面，高挑、鼓腹足，束颈，鸟喙形口，与盖构成鸟首，铰接的提梁可以折叠，并被盖钮所衔圆环约束，除避免盖器分离或佚失的考虑，还在于强调造型的整体性，故当称其为鸟形壶。

图 3　汉凫首壶
（引自《宁寿鉴古》卷九页 38）

《西清古鉴》卷二十一还著录一件汉凫首壶（图 4），壶体造型与前揭三壶接近，鼓腹下垂，上饰一周突棱，口出喙形流，颇具象的鸟形盖可扣合在壶口。盖前出喙，中隆起小鸟头，有切口铰接上喙可使之开合，盖侧饰三道曲棱以示鸟羽翅和尾。盖造型的不同与壶体相应，在颈部设铺首衔环而无提梁，壶背亦无钮。

前揭四件壶的下落均不明，但颇可窥知其著录的方式和内容：拟定器铭并冠以时代，图绘器形，记载尺寸、重量，寥寥数字记载造型和附识。若有铭文的话，还会描摹铭文并释文。

图 4　汉凫首壶（引自《西清古鉴》卷二一页 4）

二、兄日壬卣与何壶

晚清至民国的青铜器和金文著录中，有若干同铭器，这里涉及同铭的一件卣和一件壶，二者有颇复杂的纠葛。铭文释读因人、因时而异，方便起见以新的隶定分别称之为"何卣"与"何壶"。

① 宁寿鉴古：卷九 ［M］. 涵芬楼依宁寿宫写本石印本影印，1913：38.

（一）何卣

就现有资料，最先涉及何卣的是许瀚（1797—1866）。许瀚，字印林，又字元瀚，号培西，室名攀古小庐，山东日照人，生于清嘉庆二年，卒于同治五年；是道咸间重要的朴学家、校勘学家、金石学家和书法家。龚自珍称许"北方学者君第一"。① 许家贫，瀚幼随父馆读。嘉庆二十年（1815）受知于学政王引之（1766—1834），补州学生员；嘉庆二十四年乙卯（1819）与吴式芬（1796—1856）订交。② 道光五年（1825）山东学政何凌汉（1772—1840）拔为贡生，次年朝考落第后，居京校书，结识了一大批学子和藏家。道光十一年（1831），何凌汉出任浙江学政，许瀚随之在杭州学署校书四年；道光十五年乙未（1835），应顺天府学政吴文镕（1792—1854）之邀考试多州府，并参加顺天府乡试中举人，居京与陈介祺（1813—1884）订交。③ 后潘锡恩（1785—1866）任顺天府学政，邀许瀚赴保定府、大名府校书；道光十七年（1837）回日照。次年赴京应试不第，居京两年。道光二十年（1840）主讲济宁渔山书院，先后两次会试（1841、1844）落第。道光二十四年甲申（1844）主讲沂州琅琊书院，吴式芬以新得五件扬州古器拓本寄赠。许瀚撰《跋周安彝》《跋周伯尊》《跋周兄日壬卣》《周□宫尊盖跋》，跋文抄本藏山东博物馆（另一器铭跋未见）。④

许瀚《攀古小庐杂著》卷七《周兄日壬卣》，印本墨丁甚多，当系图形文

---

①　龚自珍.别许印林孝廉瀚［M］//龚自珍己亥杂诗注.北京：中华书局，1999：53.

②　袁行云.许瀚年谱［M］.济南：齐鲁书社，1983：14.郭妍伶认为许、吴订交在道光十九年（1839），见：郭妍伶.许瀚之金文学研究［D］.台南：成功大学，2008.

③　袁行云.许瀚年谱［M］.济南：齐鲁书社，1983：14，69.

④　许瀚《周安父彝》云"卣器拓铭六字，篆文秀美，盖周器也。道光廿四年（1844）吴子苾廉访于扬州，得古器五种，此其一也。前二年王子梅寄我拓本，与此同铭而器异，篆文较古朴"。见：许瀚.攀古小庐杂著：卷七［M］//续修四库全书：第193册.上海：上海古籍出版社，2002：18.许瀚《周□宫尊盖跋》记道光二十四年吴式芬得之于维扬，审其制则断为尊盖，非阮元《积古斋钟鼎彝器款识》的"拍盘"，后署"咸丰七年（1857）九月望日瀚识"。见：王献唐.顾黄书寮杂录［M］.济南：齐鲁书社，1984：51-52.

字，显然刻板未曾完成（图5）①：

> 右拓本吴子苾方伯赠，所得扬州古器五种之一也。苏州顾湘舟又尝赠余全形拓本，文字与此如出一范而无此秀美，岂别一器耶？抑同器而拓本有异趣耶？子苾云日工卣，又云首末两字不可识。余按■即■，既字，从之■象（像）人举手，从手既声乃摡字，此又省其皂。《集韵》"摡抚同字"。注云"《博雅》取也，一曰拭也，或作抚"，正其字矣。《筠清馆金石录》卷三有周叔寴敦，释其铭云"叔寴作■宝尊彝举"。子苾手校"寴为宿，呈为日壬二字"。按：古器铭有日乙、日庚、日辛并庙主之称，日壬盖与同例。此铭似日工而亦当作日壬，云兄日壬者，弟为兄作器也。疑与彼日壬同为一家。彼末字作■，诸篆书皆载举，古文作■。此铭末字作■，当即其变体。②

按：顾湘舟，即顾沅（1799—1851），字澧兰，号湘舟，别号沧浪渔父，苏州人。道光间国学生，官教谕，叙布政使。鄙弃官场，归隐里门。居苏州辟疆小筑，醉心藏书与金石文字，"收藏旧籍及金石文家甲于三吴"，先后建藏书楼"怀古书屋""艺海楼"

图5　《跋周兄日壬卣》（引自《攀古小庐杂著》卷七页10，见《续修四库全书》第193册）

---

① 许瀚.攀古小庐杂著：卷七、卷九［M］//续修四库全书：第193册.上海：上海古籍出版社，2002；袁行云.许瀚年谱［M］.济南：齐鲁书社，1983：164.许瀚道光二十六年（1846）应潘锡恩之邀赴清江浦校书三年返日照，其间结识高均儒（1812—1869）等。咸丰元年（1851）膺选滕州训导，又三年返日照。咸丰五年（1885）应浙江学政吴式芬邀请，赴杭州随署校文，未几，吴病退，次年十月卒。许瀚返沂州助吴编《攈古录金文》，咸丰七年（1857）吴式芬次子重憙邀许瀚校订其父遗书，次年正月许瀚病回日照。此后数年，许瀚时断时续校订吴式芬著作，先后成就《攈古录》《攈古录金文》《陶嘉书屋钟鼎彝器款识目录》《金石汇目分编》等。许氏晚年尤贫病，加之捻军窜乱，藏书与书稿散毁，抑郁而终。许瀚《攀古小庐文》于咸丰七年（1857）由高均儒在清江浦刻刊，尚未竣工，咸丰十年（1860）捻军攻克清江浦，书版毁于火。高均儒，字伯平，自号郑斋，浙江秀水（今嘉兴）人。廪贡生，长小学，工三礼，性狷介。
② 许瀚.攀古小庐杂著：卷七［M］//续修四库全书：第193册.上海：上海古籍出版社，2002：10.

"辟疆园""赐砚堂""秘香阁"等。前揭赠许瀚周兄日壬卣全形拓，当在吴式芬寄赠拓本之前。许瀚光绪二十四年（1898）为吴式芬铭拓作跋文时，许瀚已有顾氏全形拓本。① 缘何许在接到顾氏拓本时未作跋文，未见文字记述？吴式芬一次寄赠五器铭拓，许瀚撰写四件的跋文，或许与吴氏的要求有关。

顾氏一大特长为雕刻，苏州沧浪亭五百名贤祠中五百多人物雕像均出其手。他还从传世青铜器的形制、铭文、纹饰、尺度、重量等有根据的资料入手，督工精造青铜器，为清苏州造之代表。其伪刻铭文，可与西安苏亿年、苏兆年兄弟齐名。陈介祺《（壬申）九月簠斋与平斋书》（1872）说："南中则顾湘舟所伪者不少，都自伪刻又变一种，以拓本字摹成，转折圆融，均失之弱。"② 平斋即吴云，下文详述。许瀚也指认顾赠其《周虢叔大林钟》铭伪刻。③

按：《筠清馆金石录》别称《筠清馆金文》，系清金石学家、藏家吴荣光（1773—1843）藏金文录，刊刻于道光二十二年（1842）。④

按：吴子苾即吴式芬（1796—1856），字子苾，号诵孙，室名陶嘉书屋、双虞壶斋，山东海丰（今无棣）人，生于京师，出身于"进士世家""尚书门第"，后随祖父宦游求学。道光十五年乙未（1835）进士，次年授翰林院编修，又次年充国史馆协修，《陶嘉书屋钟鼎彝器款识目录》初稿成就，第一册"序"云："余自庚寅以后游京师，获交当代好古诸家，每遇古器必手自摹拓，而四方

---

① 袁行云和郭妍伶据许瀚《艺海楼台妙墨跋》，"顾氏为吴中旧家，收藏之富，鉴赏之精，代不乏人，今湘舟先生其一也。道光廿有六年（1846）相识于袁浦"（许瀚.攀古小庐杂著：卷十二［M］//续修四库全书：第193册.上海：上海古籍出版社，2002：20），认为许、顾订交于此年（见：袁行云.许瀚年谱［M］.济南：齐鲁书社，1983；郭妍伶.许瀚之金文学研究［D］.台南：成功大学，2008）。据《跋周兄日壬卣》文（许瀚.攀古小庐杂著：卷七［M］//续修四库全书：第193册.上海：上海古籍出版社，2002：10），道光二十四年（1844）许已获赠顾湘舟的全形拓，说明他们早有书信往来。据此推测，二人道光二十六年（1846）首度在袁浦见面订交。

② 陈介祺.簠斋尺牍［M］.1919年商务印书馆影印本重印//沈云龙.近代中国史料丛刊：第九十七辑.台北：文海出版社，1973：1013.

③ 许瀚："又苏州顾湘舟赠我小（周虢叔大林）钟拓本，则分此钟鼓右之文刻之两铣，并剥蚀处亦同，是作伪者尔"（许瀚.攀古小庐杂著：卷六［M］//续修四库全书：第193册.上海：上海古籍出版社，2002：20），但许氏未指明作伪者，更未见其怀疑顾沆伪作铭文。

④ 吴荣光.筠清馆金石文字：五卷［M］.南海吴氏校刊本//北京图书馆.北京图书馆古籍善本书目：卷三.北京：书目文献出版社，1987.吴荣光，字伯荣，一字殿垣，号荷屋、可庵，别署拜经老人，晚号石云山人，广东南海人。嘉庆四年（1799）进士，由编修擢升御史，道光中任湖南巡抚兼湖广总督，后降福建布政使。从阮元学，富藏书，精金石鉴藏，工书画，有多种著作行世。

同好亦各以所藏拓赠，所获寖多。爰荟萃墨本，汰其赝者，装册为玩，以是随其所得付装，故不次时代先后，亦不类分其器。……道光十又七年岁次丁酉二月十三日海丰吴式芬识于宣南坊寓。"① 吴氏长于训诂音韵，精于考订。

道光十八年（1838），吴式芬补授江西南昌府遗缺知府，九月二十六日在扬州访冷鉴溪于钞关门内，龙石赠其所刻汉四皓神坐石刻钩本及吉金拓本数事。② 此后数年，吴氏补江西安南府知府、任安南知府、署建昌府知府、委署临江府事、委署南昌府事。道光二十四年（1844）升广西右江道，九月到京引荐，奉旨赴任，途经扬州得古器拓本数种寄赠许瀚。

此后，吴氏历任广西、河南按察使，直隶、贵州、陕西布政使。咸丰五年（1855）浙江提督学政邀许瀚随署校文，许瀚借盘缠赶到杭州，未几，吴甲寅病退归海丰，次年弃世。许瀚返沂州助其编《攈古录》和《攈古录金文》。③《攈古录》收商周至元代金石文18128种，卷二收录日壬卣（图6左）：

日壬卣文九，山东海丰吴氏藏

抚作兄日壬宝尊彝举，盖文同④

此文基本上出自吴式芬之手，标明他收藏日壬卣，并释第一字为"抚"，最后一字为"举"。

《攈古录金文》三卷九册，共收器1329件，其中的日壬卣，基本移录了许瀚释文（图6右）：

---

① 据：吴荣光.筠清馆金石文字：五卷［M］.南海吴氏校刊本//北京图书馆.北京图书馆古籍善本书目：卷三.北京：书目文献出版社，1987.清道光二十二年（1842）吴氏筠清馆刻本，吴式芬校注并临许瀚批识。知吴式芬参加了《筠清馆金石文》的校注。光绪十八年（1892）吴式芬作《齐侯罍铭考释》。次年著《金石目录》，咸丰三年（1853）有《攈古录》初稿。

② 吴式芬.出都日记：不分卷［M］.清道光家刻本：5-6.

③ 袁行云.许瀚年谱［M］.济南：齐鲁书社，1983：233-234，255，261，280，282.咸丰七年（1857）十月、十二月许瀚两度抵海丰校订吴式芬遗书。《攈古录》成于咸丰十年（1860）年底［约光绪二十二年（1896）梓行］，次年完成《金石汇目分编》［宣统二年（1910）梓行］。袁行云.许瀚年谱［M］.济南：齐鲁书社，1983：247，254，263，275，282，284；另见王懿荣（1845—1900）光绪二十一年（1895）十二月进呈《攈古录金文》奏折，收入《续修四库全书·史部·金石类》第902册，411页。据此，知《攈古录金文》由吴式芬子开封府知府吴重憙刊刻于光绪二十一年（1895），著者署"次进士出身光禄大夫内阁学士兼礼部侍郎衔浙江学政加三级海丰吴式芬撰"。据郭妍伶重新统计，《攈古录金文》收许说112条，见：郭妍伶.许瀚之金文学研究［D］.台南：成功大学，2008.

④ 吴式芬.攈古录：卷二［M］//续修四库全书：第895册.上海：上海古籍出版社，2002：271.

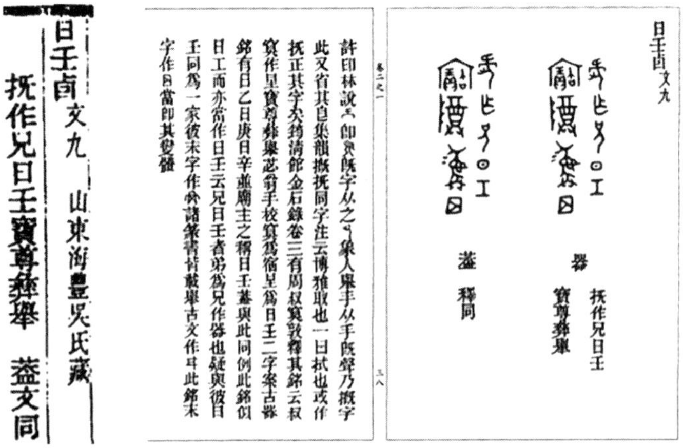

图6　日壬卣（左图引自《攈古录》卷二，右图引自《攈古录金文》卷二之一页38）

许印林说□即□，既字从之。□象（像）人举手，从手既声，乃摡字，此又省其皀。《集韵》“摡抚同字”，注云：《博雅》“取也，一曰拭也，或作抚”。正其字矣。《筠清馆金石录》卷三有周叔寊敦，释其铭云“叔寊作呈宝尊彝举”。苾翁手校：“寊为宿，呈为日壬二字。”按：古器铭有日乙、日庚、日辛并庙主之称，日壬盖与此同例。此铭似日工而亦当作日壬，云兄日壬者，弟为兄作器也。疑与彼日壬同为一家。彼末字作□，诸篆书皆载举，古文作□，此铭末字作□，当即其变体。①

对照前文许瀚《攀古小庐杂著》中《跋周兄日壬卣》，基本是许文移录，但完全刻板，反映了许瀚释文全貌。文中有“苾翁手校”，更是许口吻，说明吴式芬编《攈古录金文》生前未完成，于此器仅录许瀚考释而未及校订。许瀚校订是编或是粗疏，或是有意，未以编者口吻校改，而《攈古录》则完全反映了许瀚的释文。

朱善旂，生卒年不详，清嘉道官吏、金石学家朱为弼（1770—1840，字右甫，号椒堂）之子，字建卿，浙江平湖人，斋名敬吾心室。官国子监助教、武英殿校理。朱善旂秉承庭训，学有渊源。《敬吾心室彝器款识》，所收364器，即是对诸家见解的汇编。扉页题笺落款“建卿季兄属署道光庚子（1840）汤（金钊）”，有阮元印，次有图题“敬吾心室篆图”，落款“建卿属 醇士画”，钤“戴熙”和“醇士”两方篆印。先后有李宗昉、张廷济和叶志诜序。张序落

① 吴式芬．攈古录：卷二［M］∥续修四库全书：第895册．上海：上海古籍出版社，2002：271.

款为道光二十一年辛丑（1841）；叶志诜序落款"道光壬寅"（1842）。① 是著共收录 364 器，由朱之榛编次定稿，光绪三十四年（1908）石印，知是著是朱善旂过世后开始编辑，而面世又在六十多年之后。朱氏收录一"虎卣"铭拓，说明"吴子苾方伯见寄"，隶定为"虎作兄日壬宝尊彝"（图 7）。②第一字释为"虎"，最后一字未释。很明显，此铭拓即是爱卣铭文，也是目前所见到此卣的最早拓本。

刘心源（1848—1915），字亚甫，号冰若，别号幼丹，室号"奇觚"，湖北嘉鱼（洪湖）人，赐进士出身，钦点翰林院庶吉士，后授翰林院编修、国史馆协修。历任江南道监察御史、京畿道御史、成都知府、江西和广西按察使等，是清末民初著名金石学家和书法家，著有《古文审》八卷（1891年自刻）和《奇觚室吉金文述》（1902年石印本）等。③

《古文审》卷三著录愿尊（或作兄尊，图 8），其铭文摹写，不知其所从。录曰：

愿旧无释。此字从山即心字，从无即反欠字。《说文》："蒽，惠也。"实爱之本字。今皆用爱而愿废。……此愿乃人名，日壬二字合篆，

图 7　虎作兄日壬卣（引自《敬吾心室彝器款识》，见《金文文献集成》第 13 册第 63 页）

---

① 汤金钊（1772—1856），字敦甫，另字勖兹，浙江萧山人。嘉庆四年（1799）进士，后入值上书房，升吏、户部侍郎，历礼、吏、工部尚书，谥"文端公"。阮元（1764—1849），字伯元，号芸台，江苏仪征人。乾隆五十四年（1789）进士，先后任礼、兵、户、工部侍郎，山东、浙江学政，浙江、江西、河南巡抚及漕运，湖广、两广、云贵总督，谥号"文达"，朴学巨擘，号称一代文宗。戴熙（1801—1860），字醇士，号鹿床、井东居士等，浙江钱塘（今杭州）人。道光十一年（1831）进士，次年翰林，官至兵部侍郎，后归故里，太平天国攻克杭州时死于兵乱，谥号"文节"。戴熙工诗书，善绘画，被誉为"四王后劲"。张廷济（1768—1848），字顺安，号叔未，浙江嘉兴人。工诗词，广收藏，精金石考据之学。

② 朱善旂. 敬吾心室彝器款识 [M]//刘庆柱，段志洪，冯时. 金文文献集成：第 13 册. 北京：线装书局，2005：63.《殷周金文集成》所引朱著，分上下卷，是器为 71.1、72，当别有所本。

③ 容庚. 清代吉金书籍述评（下）[J]. 学术研究，1962（3）：80-82.

旧无释，日字甚明壬作工，与工字近，父壬爵之壬作工可证也。……
日壬者，记日也。……末一字旧无释，或云卤字。存参。①

刘心源既没有解释器和铭的来源，也没有读许瀚和吴式芬的相关考释，径
称第一字"无释"，末一字释"卤"亦十分随意。刘氏称此器为尊，或别有器
亦未可知。

方浚益（？—1899），字子听，另字伯裕，安徽定远人，历金山、南汇、奉
贤知县。善书画、富金石收藏、精鉴定。方氏仿阮元（1764—1849）《积古斋钟
鼎彝器款识》（1804年刊行）作《缀遗斋彝器款识考释》三十卷。据序言，方
氏集拓本起于同治八年（1869），定本起于光绪二十年（1894），收商周器1382
件，民国二十四年（1935）商务印书馆刊行石印本。卷十一"卤中"收"𢊈卤
盖"，铭九字（图9），隶定采自刘心源"𢊈作兄日壬宝尊彝□"，但末一字不
释。录文如下：

右𢊈卤盖铭九字，据冯晓渔大令所辑拓本摹入，此与吴观察所藏
兽尊同文。陈寿卿编修释首一字为抚，刘幼丹太守释为𢊈，皆疑未确，
姑从刘释。②

图8 𢊈尊（引自《古文审》
卷三页11）

图9 𢊈卤盖（引自《缀遗斋彝
器款识考释》卷十一页30）

① 刘心源.古文审：卷三［M］.光绪十七年自刻本，1891：11.
② 方浚益.缀遗斋彝器考释：卷十一［M］.北京：商务印书馆，1935：30；容庚.清代吉
金书籍述评（下）［J］.学术研究，1962（3）：79-80.

方氏只及一卣盖，且从冯晓渔所辑拓本摹写，并明确指出和吴式芬藏兽尊同铭。前揭吴氏藏品为卣，或为方氏误记或笔误，但方氏稔熟吴式芬、陈介祺和刘心源的释文。

吴大澂（1835—1902），初名大淳，字止敬，又字清卿，江苏吴县（苏州）人。咸丰十一年（1861）洪杨之乱避兵上海，吴云主厘捐局，应邀办理笔墨。①同治七年（1868）进士，授编修，出为陕西学政。光绪三年（1877）赴山、陕襄办赈务，次年授河北道。光绪六年（1880）随铭安（？—1911）办理东陲边务，次年授太仆寺卿，并再度赴吉林整军吏、筑炮台、招移民、勘边界。光绪十三年（1887）调任广东巡抚，次年署河南、山东河道总督，后任湖南巡抚。光绪二十年（1894）甲午战争爆发，吴率湘军东北作战溃败，光绪二十四年（1898）革职永不叙用，后任上海龙门书院山长。吴大澂精于鉴别与古文字考释，工篆刻和书画，有多种著作行世。他的《愙斋集古录》是晚清金文拓本集大成之作，收 1026 器，编为二十六卷。吴氏的序写于光绪二十二年（1896）秋，拓本释文随得随为，但书稿未完成而病殁，后由其门人王同愈（1856—1941）整理，1917 年影印刊行。第十三册"尊"中收录"𤔲尊"（图 10），但全书未收"日壬卣"和"日壬壶"（详后）。对照铭文，吴大澂的"𤔲尊"即是吴式芬的"日壬卣"，但隶定不全，"𤔲作宝尊彝"，并释"𤔲疑古爱字"。②吴氏显然作未及参校别本。

据吴式芬《攈古录》，明载他收藏有何卣。据许瀚器物铭跋，何卣是道光二十四年（1844）吴式芬寄赠的。此年是吴氏升任广西，回京引荐后赴任途经扬州，获扬州五器拓片寄赠许瀚，究竟是仅获得拓片还是拓片和铜器并有，似乎属于后者，至于何卣，却未见他人观摩何卣的记录。许瀚为日壬卣作跋时困惑于日壬卣和日壬壶，在吴府校书稿时间颇长，未曾提起亲炙此卣以辨是非。

图 10　𤔲尊（引自《愙斋集古录》第 13 册页 14）

---

① 吴大澂. 愙斋日记 [M] //《青鹤》笔记九种. 北京：中华书局，2007：123-145；吴大澂. 愙斋自订年谱 [M] //《青鹤》笔记九种. 北京：中华书局，2007：77-120.

② 吴大澂. 愙斋集古录：第十三册 [M] // 续修四库全书：第 903 册. 上海：上海古籍出版社，2002：200.

　　王恩田根据吴式芬杞伯匜拓片上三方藏器印的一方"戊辰兵燹/壬辰灰尽之余"，认为"戊辰兵燹"指同治七年（1868）捻军在徒骇河战败，"壬辰灰尽"指光绪十八年（1892）吴宅火灾。① 难以圆通的是吴式芬卒于咸丰六年（1856），不能经历两次劫难，藏器印出自别人或别有其他含义。也就是说，许瀚有很多机会看到何卣却未有文字记录。

　　令人惊奇的是，王氏说何卣器毁于火，"仅存卣盖，周身黝黑，今存山东博物馆"，惜未发表器盖照片，仅提供拓片（图11）。王氏进一步指出，《缀遗斋彝器款识考释》所著录的卣盖即是。②

　　《殷周金文集成》𬥣作兄日壬卣，归卣类。铭文拓片分别来自《续殷文存》（05339.1）③ 和《敬吾心室彝器款识》（05339.1-2）④，并指出器为吴式芬旧藏，将其年代定为殷。⑤《殷周金文集成》修订增补本认为其年代为殷或西周早期。⑥铭隶定为"𬥣作兄日壬宝尊彝"。⑦

　　上述对何卣的著录和讨论，均无器形，以至于王恩田2017年的讨论，虽然涉及何壶造型问题，但对何卣盖的器形也漠不关心，只着眼于对铭文的隶定和考释。因各家注释刊刻时间前后不一、流行范围狭广有别，后起的释文未必能参考或及时参考前人卓见，但总体上看，自许瀚释日壬后，均从。从铭文推定时代，自宋吕大临《考古图》即不可靠，清人对此贡献亦不多。

图11　山东博物馆藏何卣盖铭拓片（引自《考古与文物》2017年5期第57页图7）

① 王恩田. 荷卣、荷壶真伪辨：兼论荷簋、荷尊的年代与族属 [J]. 考古与文物，2017（5）：54-59.
② 王恩田. 荷卣、荷壶真伪辨：兼论荷簋、荷尊的年代与族属 [J]. 考古与文物，2017（5）：54-59. 希冀山东博物馆能以科学方法确定此盖铭文真伪并与器盖照片一并发表。
③ 王辰. 续殷文存：第60卷 [M]. 台北：台联国风出版社，1935：5.
④ 朱善旂. 敬吾心室彝器款识：二册 [M]. 光绪三十四年朱之溎石印本，1908：73，7-8.
⑤ 中国社会科学院考古研究所. 殷周金文集成：第十册 [M]. 北京：中华书局，2007：5339.
⑥ 中国社会科学院考古研究所. 殷周金文集成：修订增补本：第四册 [M]. 北京：中华书局，2007：5339.
⑦ 中国社会科学院考古研究所. 殷周金文集成：第十册 [M]. 北京：中华书局，2007：5339.

（二）何壶

何壶首先著录于吴云（1811—1883）。吴云，字少甫，号平斋、榆庭、愉庭，晚号退楼主人，斋堂号两罍轩、二百兰亭斋、敦罍斋、金石寿世之居。祖籍安徽歙县，后迁归安（浙江湖州）。道光诸生，任常熟通判，历知宝山、镇江，咸丰间总理江北大营营务、筹军饷，擢苏州知府，后退居苏州。多收藏、精鉴赏、工刻印。在他的收藏中，有一件鹰首壶，他写信给陈介祺述其来历：

> 此器辛酉冬间有金兰生者得自沪上废铜铺中，后售与（予）李眉生廉访鸿裔，弟博易得之。其时江苏故家收藏为贼匪兵勇所掳者辗转售卖，皆以沪上为尾闾，是否即顾湘舟所藏无可考也。①

按：辛酉当为咸丰十一年（1861）。金兰生，字缨，生卒不详，浙江山阴（今绍兴）人，曾承父志，辑成《几希堂续刻》等，撮要以《格言联璧》刊行。洪杨之乱时吴云主上海厘捐局，金兰生厕其中。② 李眉生（1831—1885）即李鸿裔，字眉生，号香严，又号苏邻，四川中江人。咸丰元年（1851）举人，官至江苏按察使加布政使衔、兵部主事。以耳疾辞官居苏州，将网师园修整后更名苏邻小筑，内设万卷堂藏书。精书法、工诗文、广收碑帖书画、富器藏。与潘祖荫（1830—1890）、莫友芝（1811—1871）交谊极深。

此信显然写于《两罍轩彝器图释》付印之前，是对陈介祺信的回复。陈信内容有待查考，从吴云回信看，陈介祺还曾指出爰壶与吴式芬藏卣铭文雷同的问题，对此，吴云认为异形同铭之器并非孤例，故有：

> 尊藏堇山臤**辸**鼎与阮氏器铭同而器异，将来能以全形拓本见寄否？③

结合上文吴云说"是否即顾湘舟所藏无可考也"，大概陈介祺举许瀚文说明顾湘舟寄许拓本，而顾湘舟声名在外，伪作高手，提醒吴云，吴才如此作答。至于释文，吴氏的回复是：

---

① 吴云. 两罍轩尺牍［M］//沈云龙. 近代中国史料丛刊：第一辑. 台北：文海出版社，1886：661.

② 吴大澂. 愙斋日记［M］//《青鹤》笔记九种. 北京：中华书局，2007：123-145；顾廷龙. 吴愙斋先生年谱［M］. 北京：哈佛燕京学社，1935：9-11.

③ 吴云. 两罍轩尺牍［M］//沈云龙. 近代中国史料丛刊：第一辑. 台北：文海出版社，1886：661. 信后吴云想已得到陈介祺回复并寄拓片，故次封回复："臤鼎止存残铜一片何以知为方鼎？乞示知。缘弟所藏阮氏积古斋之臤盖乃圆鼎非方鼎，故亟欲一闻其详也。"吴云. 两罍轩尺牍［M］//沈云龙. 近代中国史料丛刊：第一辑. 台北：文海出版社，1886：664-665.

承示许印翁饰 字，谓 即 ，既字从 ，象（像）人举手，从手，既声，乃撊字省皀，定为抚，字，所释甚确。日工子芘学使释为日壬，引日乙、日庚、日辛为证，亦有依据。已悉如来翰录入拙著。惟末字似班，未解其意。虽已并录，尚望明示。①

《两罍轩彝器图释》收录吴云藏器103件，多认为刊刻于清同治十一年壬辰（1872），著录的周爱壶有图和摹写铭文（图12），文字先记尺寸重量，次考铭文，移录如下：

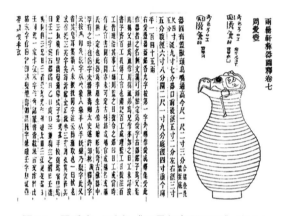

图12　周爱壶（引自《两罍轩彝器图释》卷七）

器圆，有盖，兽头鸟嘴。通高今尺一尺二寸三分（合折叠提梁至底一尺四寸五分）、深九寸七分。器口前后径五寸二分，左右径三寸五分，腹径六寸八分，围二尺一寸九分，底径四寸。重今库平一百四十五两。

右爱壶器、盖铭各九字，按第一字 释作爱，或释作受，此作器者之名，无文义可释，姑定为爱字。古器铭子为父作则称父孙，为祖作则称祖弟，为兄作亦如之。日工未详，按《书》"予齐百工"，《孔传》"工，官也"。《礼记》"百工咸理，监工日号"，注"百工皆理治其事，工师则监之，日号令之"。铭曰日工或当时有此官。书阙有间亦未可定。古器铭或称官，或称名，或称氏，无一定也。此器为李眉生方伯所赠，形制奇古，彝器中罕有之珍也。 字未释。陈寿卿太史述许印林

① 吴云. 两罍轩尺牍［M］∥沈云龙. 近代中国史料丛刊：第一辑. 台北：文海出版社，1886：660.

（瀚）释**㝵**字云：按**㝵**即**㝵**，既字从。**㞢**象（像）人举手，从手既声，乃㧑字，此又省其皀耳。《集韵》八末"㧑抚同字"，注云：《博雅》"取也，一曰拭也，或作抚"。正其字矣。《筠清馆金石录》卷三有周叔㝵簋，释其铭云"叔㝵作㞢宝尊彝举"。吴子苾式芬手校："㝵为宿，㞢为日壬二字。"按：古器铭日乙、日庚、日辛，并庙主之称，日壬盖与同例。云兄日壬者，弟为兄作器也。此日壬疑与彼器日壬同为一家作。彼末字作**㞢**，诸篆书皆载，举古文作□，此铭末字作**㞢**，当即其变体。寿卿㧑字未确，壬字□□并存以□未考。①

吴云与鸟首铰接提梁壶的情结，汪涛有精到的梳理和考证。② 颇令人费解的是，吴云是图籍和器物收藏大家，其《两罍轩彝器图释》既没有引述前揭的《西清古鉴》鸟壶与何壶比肩，也没有引述后叙《西清古鉴》同铭尊为之佐证。许瀚、陈介祺这些博闻饱学之士也是如此。

《两罍轩彝器图释》据陈介祺意见录许瀚的释文。然王恩田录陈介祺于同治十二年癸酉（1873）十一月三日给退楼（吴云）的信，先附许瀚释文，后认为卣与壶为两件器物，吴云所藏即顾沅那件。

> 右日照许印林瀚释文。祺案抚释甚确。所云顾器，或别一卣，或即尊斋之壶，壶得之顾氏则定矣。壬字无疑，末字似班，即寄退楼鉴定，再乞壶拓（图更佳），付仲饴为索卣、爵（同文）拓也。簠斋记。③

按：仲饴即吴式芬次子吴重憙（1838—1918），另字仲怡，同为道光年间金石学家。

对比《两罍轩彝器图释》（以下简称《图释》）卷七"周爰壶"录文，和上述陈介祺给吴云信的内容高度一致，同录许瀚对铭文的讨论，可以认为《图释》移录了陈信。问题是陈信写于同治十二年（1873），《图释》被认为刊行于

---

① 吴云. 两罍轩彝器图释：卷七 [M]. 杭州：浙江古籍出版社，2019：337-341.

② 汪涛. 青铜鸮首提梁壶、鸮首壶最早的藏家吴云及他的交往圈子 [M] // Sotheby. Co. Chinese Art through the Eye of Sakamoto Gorō A Bronze Owl Hu. New York：Sotheby's，2014：24-57.

③ 陈介祺. 秦前文字之语：卷四 "致吴云书" [M]. 陈继揆，整理. 济南：齐鲁书社，1991：251-252.

同治十一年（1872）。据吴云序文，《图释》由汪泰基、张筠绘图与摹铭。① 容庚指出图录一改前人双勾摹绘而用实笔，更为逼肖。也认为图录酌取陈介祺等的意见。至于刊行时间，容庚多处记"同治十一年自刻本、文瑞楼石印本"。②吴云为《图释》所写序言，落款"同治十一年壬申秋八月归安吴云书于金石寿世之居"；冯桂芬（1809—1874）序落款"同治十有二年岁次 花季春之月吴县冯桂芬序"；俞樾（1821—1907）序落款"同治十有二年太岁在癸酉毕陬之月德清俞樾譔并书于春在堂"。《图释》前"两罍轩主人六十三岁小景"落款"癸酉秋日江阴吴儁写"。沈秉成所写的讚落款"同治癸酉八月朔"。③ 显然，吴云在同治十一年壬申（1872）为《图释》写了序，但冯桂芬、俞樾的序和吴儁的像、沈秉成的讚是次年即同治十二年癸酉年（1873）才写成，序就于春而像成于秋。陈介祺的信写于冬， 《两罍轩彝器图释》梓行，很可能是同治十三年甲戌（1874）之事。

吴云虽是晚清收藏大家，但不免杂有伪作者，陈介祺与王懿荣书信有：

---

① 汪泰基，号岚坡，归诸生，浙江桐乡（一说嘉兴）人，晚清藏书家、书法家，生平待考。张筠，浙江建德人，光绪九年（1883）参加癸未科殿试，登进士二甲，改翰林院庶吉士，光绪十二年（1886）四月，散馆，授翰林院编修。

② 容庚. 商周彝器通考［M］. 北京：哈佛燕京学社，1941：262；容庚，张维持. 殷周青铜器通论［M］. 北京：文物出版社，1984：142；容庚. 清代吉金书籍评述［M］//容庚学术著作全集：颂斋述林. 北京：中华书局，2012：83-85. 延续此说的有赵诚. 晚清的金文研究［J］. 古汉语研究，2002（1）：11；朱凤瀚. 中国青铜器综述［M］. 上海：上海古籍出版社，2009：38. 新编《金文文献集成》第八册收是著，亦注明"据清同治十一年自刻木本影印"（第1页）。王国维与罗福颐《三代秦汉金文著录表》八卷征引《两罍轩彝器图释》，注明刊行于同治十二年（1873）。

③ 吴云. 两罍轩彝器图释［M］//刘庆柱，段志洪，冯时. 金文文献集成：第八册. 北京：线装书局，2005：1-8. 冯桂芬（1809—1874），字林一、景庭，江苏吴县（今苏州）人。精历算勾股之学，师从林则徐，道光二十年（1840）进士后宦游多地，后协助李鸿章创淮军，以《校邠庐抗议》为晚清著名思想家。俞樾（1821—1907），字荫甫，号曲园居士，浙江德清人，道光三十年（1850）进士，授翰林院编修，在河南学政任被弹劾归田苏州，讲学著述，成为晚清著名经学家、文学家和书法家。吴儁，字子重，号南桥、冠英，江苏江阴人，乾隆三十七年（1772）进士。写真尤得古法，亦工刻篆。为戴煦、何绍基、张穆等器重（《明清进士题名碑录》835页）。沈秉成（1823—1895），字仲复，号耦园主人，浙江归安（今湖州）人，咸丰六年（1856）进士，授编修、迁侍讲，任武英殿总纂、文渊阁校理等，升苏淞太道，历河南、四川按察使，广西、安徽巡抚，两江总督等要职。工诗文书法，精鉴赏，多收藏金石鼎彝和法书名画。罢官后居苏州，与藏家、书画界多有往来。

退楼所得伪器或自知之，得之即自讳其伪，自欺欺世，有识者自
能辨之。（癸酉六月二十一日）

退楼所藏有至佳者，而不肯汰伪，可惜。所跋则必不可言。（甲戌
五月三四日）①

吴大澂《与鲍子年书》两次也谈吴云：

平斋藏至美，富而不择，何耶？（甲戌九月）

退楼所藏至佳者而不肯汰，殊可惜。（甲戌五月三日）②

和陈介祺有同样见解的还有方浚益。前揭其《缀遗斋彝器款识考释》（稿成
于 1894 年，1935 年商务印书馆刊行石印本），卷十八收一𡥀兽尊，铭文摹本同
前揭卷十一"𢗚卣盖"，但释文不一（图 13）：

右𡥀兽尊并盖，铭各九字，李眉生廉访旧藏器，今归吴平斋观察。
此器长颈有流，盖作兽面，链环系于提梁，文与《西清古鉴》所录壶
铭同，据拓本摹入。③

很清楚，这件尊即何卣，方氏明确它与𢗚卣盖为两件器物，但录文指《西
清古鉴》著录壶，其中无与此铭相同器，但一件"周兄尊"与之同铭（图 14），
并将铭文隶定为八字，其中三字不识："□作兄□宝尊彝□。"④ 这件尊年代在
殷周之际或西周早期，是否与吴式芬收藏的扬州五器中何卣为同组之器，因无
图像，难以稽考。至方浚益，《西清古鉴》才被引用，但却未见于器形鸟壶的讨
论，说明这批金石学家对器形毫无兴趣。

---

① 陈介祺 . 簠斋尺牍 [M] // 沈云龙 . 近代中国史料丛刊：第九十七辑（0962）. 台北：
文海出版社，1886：199. 另见：顾廷龙 . 吴愙斋先生年谱 [M]. 北京：哈佛燕京学社，
1935：42. 王廉生即王懿荣（1845—1900），一字正儒，原籍云南，山东福山人。光绪
六年（1880）进士，授翰林编修，国子监祭酒。八国联军陷京，皇帝外逃，王懿荣偕
夫人、儿媳投井殉节。生性喜金石，善书法，发现甲骨文。

② 鲍康，字子年，安徽歙县人，生卒待考。以内阁中书官至夔州知府。生平嗜古泉货，收
藏宏富，著《泉说》《续泉说》各一卷，刊刘喜海（1793—1852）著作多种。

③ 方浚益 . 缀遗斋彝器考释：卷十八 [M]. 北京：商务印书馆，1935：7.

④ 西清古鉴：卷九 [M]. 清乾隆二十年内府刻本，1755：24.

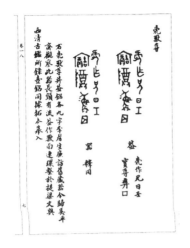

图 13　兑兽尊（引自《缀遗斋彝器
款识考释》卷十八页 7）

图 14　周兄尊（引自《西清
古鉴》卷九页 24）

盛昱（1850—1899），爱新觉罗氏，清宗室后裔，隶满洲镶白旗，字伯熙，号韵莳、意园。光绪二年（1876）进士，授编修、文渊阁校理、国子监祭酒。因直言，不为朝中所喜，遂请病归研究史地，多藏典籍和金文拓片，欲编《郁华阁金文》未成而辞世，书前有罗振玉戊辰（1928）的题记。其第二十九册收兑壶（图 15）①，拓片可能来自吴云。

吴云于光绪九年（1883）辞世，所藏不久散出。爱壶后归汉阳藏家万氏（中立），并为邹安（1864—1940）著录于《周金文存》（1916），在卷五目录中记"爱壶""器、盖（铭各九字）"，藏家为"归安吴氏、汉阳万氏"。这一著录不仅有盖、器铭文拓本，而且有器物"缩小十分之五"的全形拓，且将壶的盖子打开，挂在提梁上而垂搭在壶肩（图 16）。②

图 15　兑壶（引自
《郁华阁金文》，
见《金文文献集成》
第 15 册第 275 页）

──────────

① 盛昱. 郁华阁金文［M］. 北京大学图书馆藏原拓本//刘庆柱，段志洪，冯时. 金文文献集成：第 15 册. 北京：线装书局，2005：275. 罗振玉题记壬子（1912）此稿本归其大云书库。

② 邹安. 周金文存：卷五目录［M］. 仓圣明智大学刊本，广仓学宭石印本，1916.

晚清至民国收藏大家刘体智（1879—1962）编辑的《小校经阁金石文字》（1935）收录 6500 多件金文拓本，未收何卣但收录了"爱作兄日壬壶"，壶铭拓片有"南陵徐乃昌藏器"印。① 徐乃昌（1869—1943），字积余，晚号随庵老人，南陵人，出身望族。光绪十九年（1893）中举，二十七年（1901）任淮安知府、特授江南盐巡道。次年受命考察日本学务，回国后总办江南高等学堂，督办三江师范学堂；清亡后隐居著述。

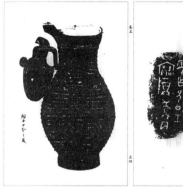

图 16　爱壶
（引自《周金文存》卷五页 54）

自吴云《两罍轩彝器图释》刊布何壶图像和铭文，器物造型十分奇特，是否可以上溯到商代，晚清诸家并不关心，年代确定依然凭铭文。被公认为鉴别精审的罗振玉（1866—1940）将其铭拓收录于《三代吉金文存》（1936），称𢔗壶（图 17）。②

容庚（1894—1983）的论著多次涉及这件壶。1927 年，容氏考究青铜器礼乐器名实，对"古器之不能

图 17　𢔗壶（引自
《三代吉金文存》卷十二）

名者，统称之曰彝"。其中引用《两罍轩彝器图释》周爱壶，并率先较多注意其造型："其体圆，有流，盖作兽首而鸟嘴，有折叠提梁。"沿袭吴云之说并引用其图。③ 1941 年，容氏《商周彝器通考》称此器为𢔗壶，"通盖高一尺一寸七分，通提梁高一尺三寸六分。器圆，盖作兽头而鸟喙，提梁可折叠，有环与盖相连。腹饰瓦纹。盖、器各铭'𢔗作兄日壬宝尊彝'，两行九字，在腹内"。还引述《两罍轩彝器图释》"著录画图。器形似卣，旧称为壶，姑附于此"。容氏

① 刘体智.小校经阁金石文字：卷四 [M].石印本，大通书局影印本，1935：766.
② 罗振玉.三代吉金文存：卷十二 [M].北京：中华书局，1983：1127.
③ 容庚.殷周礼乐器考略 [J].燕京学报，1927（1）：图 125.见：刘庆柱，段志洪，冯时.金文文献集成：第 37 册 [M].北京：线装书局，2005：472.

定此壶"约在商代"但没有说明依据。① 估计所据其铭文和"周兄壶"。再后，
容庚释此壶首字为爱，铭"爱作兄日壬宝尊彝，□"，称爱壶，并指出"器形似
卣"。② 最后，容庚仍摹写第一字，称此器为🐦卣，置于鸟兽卣属，记其通盖高
386毫米、通提梁高454毫米。③ 容庚《商周彝器通考》和《殷周青铜器通论》
都引用何壶照片，惜未著明其来源。

　　吴镇烽隶定此壶铭文为"🐦作兄日壬宝尊彝，🐦"，称之为何壶，并从容庚
之说定年代为商代晚期。并径直采用《两罍轩彝器图释》尺寸和图绘，铭拓采
自别著，未附照片。④ 毕经纬根据何壶器形与铭文的矛盾，以及使用方面的障
碍，推断为一伪器。⑤ 而王恩田指出🐦应释为"荷"，根据铭文与器形的矛盾，
推断吴云、容庚著录的🐦壶，铭文蓝本源于吴式芬兄日壬卣，🐦壶伪铭出自顾
湘舟，但器为真。⑥ 惜未分析伪铭伪在何处、如何作伪。

　　汪涛对何壶流传做了认真梳理，但何时从吴云处流出、万中立和徐乃昌何
时收藏及收藏多久、何时从何人手流出海外到英国画家 Leoniel Edward（1878—
1966）之手还不清楚。英国汉学家、中国艺术史家叶慈（Walter Perceval Yetts，
1878—1957）应藏家 Edward 之邀鉴赏此壶，并于1940年发文讨论，说明何壶流
出在1940年之前。叶慈研究何壶（图18），明确指出其著录于吴云的《两罍轩
彝器图释》（1873），铭文的摹本或拓本被邹安、吴大澂、刘体智和罗振玉所著
录，但除吴云外，其余四人均不曾见过此壶。他看此壶时突出的感觉是铭文较
器形古老，而且盖铭有錾刻迹象。至于壶腹铭文，因深在壶底，部分被锈遮掩，

① 容庚. 商周彝器通考（燕京学报专号之十七）［M］. 北京：哈佛燕京学社，1941：437，
　　附图713. 容氏著录的尺寸不同于《两罍轩彝器图释》，但未注明来源. 西清古鉴：卷九
　　［M］. 乾隆二十年内府刻本，1755：24.
② 容庚. 金石学［M］//刘庆柱，段志洪，冯时. 金文文献集成：第37册. 北京：线装书
　　局，2005：406. 是著称容氏《金石学》据1925年北京大学文学院排印本影印，但书中
　　明显引用《商周彝器通考》（1941年哈佛燕京学社刊印），说明次本《金石学》定稿较
　　晚。
③ 容庚，张维持. 殷周青铜器通论（增订本）［M］. 北京：文物出版社，1984：54.
④ 吴镇烽. 商周青铜器铭文暨图像集成：第22卷［M］. 上海：上海古籍出版社，2020：
　　12231.
⑤ 毕经纬. 传世有铭铜器辨伪一则［J］. 考古与文物，2015（3）：111-113.
⑥ 王恩田. 荷卣、荷壶真伪辨：兼论荷簋、荷尊的年代与族属［J］. 考古与文物，2017
　　（5）：54-59. 此文系王氏遗作，所录陈介祺信错误多及十余处。

图18　何壶（左、中引自 *The Burlington Magazine*
for Connoisseurs，Vol. 76，No. 443，p. 45；右引自《中国艺术品经眼录》图48）

不易看清。后经普林德雷斯（Harold J. Plenderleith，1898—1997）① 在实验室清理和考察，证明盖铭是近世伪刻。底部铭文不是原底，而是在一叠加其上的金属圆片上，当去除附着物之后，原片的边缘便显露了出来。很明显，由于壶原底上难以錾刻铭文，便在一圆片上刻铭并叠在原底上。壶底直径118毫米，而壶颈直径小25毫米，为此，将圆片从侧边切开，置入壶底再拼接并固定在壶底上（但未交代如何固定）。在无铭器上后加铭文，大概是为了提高器物身价。但作伪者并不懂得铭文，通常会复制真器铭文以瞒过行家。② 1945年，John Sparks 古董行将何壶卖与旧式鉴赏家 Baron Paul Hatvany。1978年，再由伦敦古董行 Eskenazi Ltd 拍卖③，由英国铁路退休基金会（The British Rail Pension Fund）购藏，并借予大英博物馆展览。这件壶再次拍卖出现在1989年12月12日伦敦苏

① Harold J. Plenderleith，著名艺术品保护学者和考古学家。自1924年进入大英博物馆新创立的科学与工业研究部（Department of Scientific and Industrial Research），参加了埃及图坦卡蒙墓、乌尔遗址和 Sutton Hoo 葬船的发掘。1934年当选爱丁堡皇家学会（Royal Society of Edingburgh）会员，1959年自大英博物馆退休，成为 ICCROM 的首任主席，并连任到1971年。

② YETTS W D. A Group of Chinese Bronze Flagons [J]. The Burlington Magazine for Connoisseurs，1940，76（443）：38，43 – 45. 遗憾的是经大英博物馆科学研究部（Department of Scientific Research，British Museum）高级研究员王全玉博士多方查找，找到了 Plenderleith 的档案，但不包括他处理这件壶的记录。

③ GIUSEPPE E. A Dealer's Hand：The Chinese Art World Through the Eyes of Giuseppe Eskenazi [M]. London：Eskenazi Ltd.，2012：51–52.

富比的拍卖图录中（图19）①，即为坂本五郎所购藏②，2014年苏富比再度拍卖而流拍。

　　何壶的造型和结构，此前均依据《两罍轩彝器图释》的图绘，至叶慈文章发表后，清晰的照片公之于世。其基本造型和《西清古鉴》及《宁寿鉴古》所著录的鸟兽壶相同，矮圈足、鼓腹、束颈、喙流，鸟首形盖。颈部设一对枢铰接提梁，盖面两侧有半环耳，各自链接一圆环，套住提梁约束之。2014年的拍卖图录公布了很多器物的局部信息，值得注意的是，提梁由五段构成，两侧各两段直臂，与《西清古鉴》鹰首壶相同。突出的特点还在于其鸟喙，上喙为钩状，合在下喙上并包住喙尖，且上喙中间起纵向脊。还有，整个盖穹形，两眼向天，眼珠向上凸出，并在两眼之间开方形槽与上喙铰接（图19.1），喙张开后才可发现在上喙两侧设计了鼻孔，但不透（图19.2）。另一大特点是，此壶盖上向两侧斜耸的近圆形耳，前有凹下的耳窝，耳背则向后鼓（图19.3），这在同类其他器中不曾有过。此外，盖面勾勒浮雕云纹，也是其他器罕见的现象。更为重要的是，此壶盖、腹均有九字铭文，前文已经讨论，所据为拓片，其盖铭照片笔画清晰、流畅、深峻（图20.1），许瀚所言顾湘舟所赠全形拓铭文不够秀美，或许只是拓片问题，但照片上"寶"字右竖似有刻痕，大英博物馆普林德雷斯发现有很多刻痕③，可惜未有图像记录，拓片未必能表现出来，显微照片和硅胶模一定可以表现出更多刻痕，新作未能着力于此。但首次提供的X光片，虽然质量欠佳，未能表现出提梁的铰接关系，但还是显示出周身的水平瓦楞纹而内壁属平光，故而器壁薄厚如瓦楞，并有不少铸造气孔，且下腹较甚。竖起的一只耳根残破，耳可能胶结在盖面（图20.2）。壶底的X光片充分证实了普林德雷斯的调查，底中心不规则的一块约为器底的四分之一大小，将之焊接在三块较薄铜板或黄铜板上，各约120度，再将铜板的另一端分别焊接在圈足上④，最后以胶或树脂填补其中的空洞，并做旧处理。X光片没能表现壶底的铭文（图20.3），或者因为铭的笔画太浅，更大的可能或者因为铭文并非在青铜上而以树脂等构成，至今未见清晰照片。据此X光片，所传拓片均不可靠。

① Chinese Art Through the Eye of Sakamoto Gorō A Bronze Owl［M］. New York：Sotheby's, 2014, 12：Sale N09124.

② MINAO H, TAKAYASU H. Ancient Chinese Bronzes in the Sakamoto Collection［M］. Tokyo, 2002：11.

③ YETTS W P. A Group of Chinese Bronze Flagons［J］. The Burlington Magazine for Connoisseurs, 1940, 76（443）：38, 43-45.

④ YETTS W P. A Group of Chinese Bronze Flagons［J］. The Burlington Magazine for Connoisseurs, 1940, 76（443）：38, 43-45.

童凌鹜描述此壶，盖上两耳直立，圆目怒睁，充满肌肉感的鸟喙兽首。并认为将数种动物的特征结合以创造新图样的手法可见于殷墟妇好墓出土的鸮尊，本器鸟喙与兽首结合，呈鸮首状，可谓是青铜时代的复古风格。①

图 19　何壶及其局部（引自《不言堂》第 53、10、5 页）

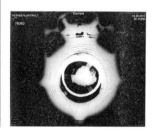

图 20　何壶盖铭及腹、底 X 光片（引自《不言堂》第 40、56~57 页）

此器的铸造工艺，特别是提梁的铰接工艺非后人所伪作，盖铭"壬"下露出四边形垫片，可知器、盖不伪。原器底残损严重，经大补。底铭伪作较差，盖铭伪作甚工，若果出顾沄之手，值得深探其作伪之法。还需要说明的是，比照壶盖铭文照片（图 20.1）和王恩田所认为的吴式芬遗藏何卣盖铭文拓片（参见图 11），拓片"壬"下也有垫片的上半部分，疑其相同。②

（三）何卣与何壶纠葛

自许瀚怀疑吴式芬的何卣和吴云的何壶"或别一器耶？"陈介祺虽未明言伪器或者伪铭，实认为吴云何卣出自顾湘舟，有伪的成分。《缀遗斋彝器款识考

① 童凌鹜. 东周青铜鸮首提梁壶将现身纽约苏富比春拍 [J]. 文物天地，2014（3）：121.

② 如前文所论，吴式芬是否真正藏何卣并非没有疑问，王恩田所提供的卣盖信息有待实证。

释》虽已清楚将二者别开，但并未指出伪作，叶慈明确何壶伪铭，并意其仿自何卣，七十年后王恩田持同样的观点。

混淆二者大概始于王国维（1877—1927）。

王国维是近代文史哲大师，字静安，初号礼堂，晚号观堂，浙江海宁人。少在家乡和杭州读书，1898 年入罗振玉所办东文学社，后赴日留学，研究西方哲学和文学。1911 年随罗振玉东渡日本，研究转向经史、小学，开始甲骨文和古器物研究。1916 年回国，先任广仓学宭《学术丛编》编辑主任，1923 年任溥仪南书房行走，1925 年受聘为清华大学国学研究院导师，专攻古史、元史和西北史地，两年后自沉昆明湖。

他的金文研究，不仅在于对礼器名实和功用的讨论，还在于清理前人著述，1914 年所作《国朝金文著录表》即是对清代的整理，但他可能没有阅见许瀚和陈介祺文，在表三分别有 "𩵦作兄日壬壶"，著录者列 "攈、窓、朱、矕"，附注中明确 "攈古、窓斋均作日壬卣，误"。[1] 另一件为 "𩵦作兄日壬卣"，注 "窓原作日壬卣"。[2] 1931 年辛未，罗福颐（1905—1981）撰校勘记，指出 "𩵦作兄日壬卣，此是壶已见上（三.十九），壶内器形见两矕轩吉金图，壶身壶盖作兽首形，殆是壶不误"[3]。此后，罗福颐将上述两表合编校订为《三代秦汉金文著录表》八卷，由墨缘堂石印，著录 5780 器，其中先秦器 4611 件，表四的壶类收 "𩵦作兄日壬壶"，明确指出 "器、盖两行九字"，著录于《攈古录金文》《敬吾心室彝器款识》《两矕轩彝器图释》《窓斋集古录》，藏家为平斋（吴云）、双虞壶斋（吴式芬）和随庵（徐乃昌）。表的杂记中说明："攈（古录金文）、窓（斋集古录）作尊、朱（善旂）作卣，皆误。此壶形，圆盖作兽首形而有鸟喙。" 是故在卣类中不复有𩵦卣了。[4]

结合前述容庚的讨论，可以窥知罗、王之学，一以贯之。

三、出土的几件壶

考古发掘或有明确出土地点的铰接提梁鸟形壶，截至目前所知有四件，为探讨这类壶的年代和地域特点，提供了重要资料，而与之联系紧密的铰接提梁

① 王国维. 国朝金文著录表：卷三［M］//李朝远. 王国维全集：第四卷. 李朝远，点校. 葛英会，复校. 杭州：浙江教育出版社，2009：486.

② 王国维. 国朝金文著录表［M］. 海宁王忠悫公遗书二集重订本，1928：19. 书后罗福颐跋落款戊辰三月，是为 1928 年。

③ 罗福颐.《国朝金文著录表》校记：一卷［M］. 墨缘堂石印本，1933：16.

④ 王国维，罗福颐. 三代秦汉金文著录表：卷四［M］. 墨缘堂石印本，1933：4.

壶，也有数件出自山东，限于篇幅，只举四例。

（一）诸城臧家庄壶

1970 年，农民在诸城臧家庄发现一批青铜器，其中有一件鹰首壶（图 21），通高 560 毫米、底径 141 毫米。据同出青铜编镈铭文，墓主为公孙朝会，推定墓葬年代为战国中期。[①] 所出鸟首圆形截面，平沿无唇，沿前端向上斜出喙形流。沿下略束颈，自上至下通体饰水平瓦楞纹。鼓腹下垂，最大直径处饰一周宽凸弦纹。下腹收束出平底，底下接矮圈足，其外壁成弧形。器盖下有子口插入器口扣合，盖面穹鼓，其边缘和盖面勾线，短喙形流上扣圆鼓的上喙，形成短粗的扬起的鸟喙，并成为器盖最高点。喙根有一对圆鼓的青蛙眼珠，中央有阴线圆圈瞳孔。两眼珠之间设有切口，上喙的根部收束为板状，两侧对称出轴头，插在两眼珠

图 21 诸城臧家庄壶
（引自《中国青铜器全集》
第 9 卷图 27）

中间的轴孔内，使上喙可以开合。毫无疑问，二者属于铸接关系，且上喙先铸。盖两侧设半圆环，衔着与提梁链节的圆环。

壶颈对置短枢轴，外端有扁鼓形枢轴头，端面近平。从照片看，轴根有被壶颈包络痕迹，枢轴先铸。枢轴头下铰接提梁。提梁由三段组成铰接而成，侧面两段对称，S 形，板状，近方形截面，其下端与颈部短竖轴铰接，上端与几字形一段铰接。提梁的几字形段截面近方，向外横伸的两小段，内、外均为扁鼓形端头，其间为圆轴，与侧面 S 形上端铰接。其铸接关系下文讨论。

（二）临淄相家庄壶 LXM6X：12

1996 年，配合基建发掘的临淄相家庄六号墓 LXM6 有方底圆顶封土，夯筑而成，发掘时封土底边 31.8 米×29.1 米，高 7.25 米。墓形为甲字形土坑积石木椁墓，墓室平面为长方形，口 23.2 米×21.8 米，底 21.1 米×20.2 米，深 5.9 米。墓道在南，宽 4.6~6.8 米、斜长 23 米。墓室被盗，发现两个盗洞，盗后曾纵火焚烧。填土中有一器物箱，内置一组三十四件青铜礼器，包括鼎、方盘豆、

---

① 山东诸城县博物馆. 山东诸城臧家庄与葛布口村战国墓 [J]. 文物, 1987（12）: 47-56; 中国青铜器全集编辑委员会. 中国青铜器全集: 第 9 卷 [M]. 北京: 文物出版社, 1997: 图 27.

鹰首壶、鸭尊、箕、漏器、匕、刀形器各一件，鬲、盘、匜、莲花盘豆、盖豆、敦各两件，舟和罐各三件、镞八件。此墓的年代可定在战国早期，墓主属卿大夫一级贵族。[①]

铰接提梁壶 LXM6X：12（图 22），小口微侈，有喙状流，长颈、垂肩、鼓腹、圈足，颈部有两个对称铆钉状耳。弧形盖，做鹰首形，有喙与器口喙状流结合，喙能启闭。盖下有子口与器口套合。盖沿一对套环钮。器耳各套一 S 形链，穿过器盖双环与提梁相接。口径 93 毫米、腹径 217 毫米、足径 136 毫米、高 325 毫米、通高 435 毫米。[②] 此壶提梁为三段式，下喙根有突，

图 22　临淄相家庄铰接提梁壶 LXM6X：12
（左引自《临淄齐墓》彩版 18.5，
右引自《齐都文物》第 80 页）

鼓腹无突棱，壶中背部垂直的半环钮不衔环。

（三）临淄尧王村壶

2013 年，临淄区文物局配合区道路建设，抢救发掘了尧王村两座墓。两墓坐北朝南，东西并列，相距 3.4 米，均为甲字形土坑木椁积石墓，均多次被盗掘。M1 有三座共一椁的陪葬墓和器物坑，推测二墓属于夫妻并穴合葬墓，M1 墓主女性，M2 男性，属于齐国大夫一级贵族，年代为战国早期晚段。器物坑中出土一件铰接提梁鸟形青铜壶 M1Q：17[③]，陈列在临淄齐文化博物院中（图 23.1）。

这件鸟形壶通高 468 毫米、圈足径 127 毫米。[④] 圆形截面，通体光素，鼓腹略下垂，中饰一周突棱，背部的突棱断开，系为纵向的半环钮所打破。平壶口前端出喙形流，头尖圆，带子口的盖扣合其上，盖前端有可开合的扁上喙，其

---

① 山东省文物考古研究所.临淄齐墓：第一集［M］.北京：文物出版社，2007：36，275-299，424-425，429.

② 山东省文物考古研究所.临淄齐墓：第一集［M］.北京：文物出版社，2007：293；解维俊.齐都文物［M］.天津：百花文艺出版社，2006：80.

③ 临淄区文物管理局.山东淄博市临淄区尧王战国墓的发掘［J］.考古，2017（4）：26-42.

④ 临淄区文物管理局.山东淄博市临淄区尧王战国墓的发掘［J］.考古，2017（4）：32-33.

顶面纵向起脊，两侧内弧，并有浅坑以示鸟鼻孔。盖前部隆起成鸟额，额前两侧以阴线勾圆圈，其中有小坑为眼睛。额中有方形切口，与盖铰接。盖沿上对置板形半圆环，各衔圆环约束提梁（图23.2）。

壶口下直壁形成颈。颈相对两侧有矮台凸起，台中间为横柱状枢，铰接提梁。枢端有饼形枢帽，但一侧失去。

提梁为三段式，几字形提手两端各铰接S形侧臂，S形侧臂另一端各自铰接壶颈部的枢，而侧臂为盖钮衔环所约束。整个提梁连通壶盖可转出搁置在壶腹上（图23.3）。

图23　临淄尧王村铰接提梁壶 M1Q：17（齐文化博物院藏器，笔者摄）

盖面前隆后鼓，盖内相应，使盖面壁厚均一。隆起的额中长方形切口笔直，其中有横枢贯穿上喙根部的环，实现铰接（图24.1）。二者有一定的配合裕度，属于铸接关系，横枢一侧可见铸造气孔（图24.2）。铰接以铸造方式完成，先铸上喙，以范泥包覆上喙的环并在两侧贴薄泥，干后嵌入盖铸型的缺口位置，环伸入型腔，盖浇注时，青铜充满上喙孔，铸后去掉环中和环侧薄泥范芯完成铰接。

图24　临淄尧王村提梁壶 M1Q：17喙铰接（笔者摄）

　　尧王村壶颈部提梁的铰接较为复杂，首先是颈部一对短横枢的铸造。颈部一枢的帽脱落，将枢的端头暴露出来，为了解枢的结构和铰接提供难能可贵的信息。此壶枢不直接起于壶颈部的弧形外壁，而是在外壁上起台，台中间出枢（图25.1），台的设计明显在于加强枢与壶壁的联系，或者还有工艺上的考虑，便于枢先铸、强化铸接枢后壶体与枢的连接，功能如同扉棱先铸的工艺设计。①枢是一对短横梁，其上面可见不规则的纵向沟槽（图25.2），从脱落的端头看，下面似乎也有一凹槽，导致枢的截面近于椭圆（图25.3）而非如接上喙的枢截面正圆。枢上的这一现象非同寻常，只能理解其用意在于加大枢与壶壁接触面，强化二者的连接。进一步说明枢与壶是分铸关系。当然，明确判断分铸还有赖CT扫描分析。

　　特别值得注意的是，枢端头有周向的一周凹槽（图25.3~25.6），形状不很规则，估计宽度在1.5毫米、深度约1毫米，铸造成形，其功能显然与枢帽有关，说明枢帽与枢属于铸接关系，端部的槽是为了枢帽与枢铸接得更加牢靠。但失误总会发生，这件壶的一个枢帽似乎铸接得不够牢靠，枢帽的脱落，暴露出这些信息。此外还可看到，铰接提梁端头的环，两侧平光（图25.3~25.6），目的当然是使枢较短，铰接后扭转自如。

　　弄清了颈部的铰接，不难理解提梁各段间的铰接。如几字形提手与侧臂，提手两端铸出枢，将侧臂端环套上之后，再铸枢帽实现铰接。若五段提梁，侧臂两段间的铰接如法炮制。但是否枢上都有径向凹槽、枢端都有环形凹槽，则需要CT调查予以确定。

① 苏荣誉.读青铜器图录札记：牛首饰四耳簠［M］//北京大学出土文献研究所.青铜器与金文：第一辑.上海：上海古籍出版社，2017：433-449.

图 25　临淄尧王村壶 M1Q：17 提梁铰接（笔者摄）

（四）枣阳九连墩楚墓壶

2002 年发掘的枣阳九连墩楚墓是楚文化考古的重大发现，提供了大量精美的青铜器资料，其中包括一件鹰首铰接提梁壶（M1：W295，图 26）。此壶通高 344 毫米、口径 114 毫米、腹径 186 毫米、底径 104 毫米。[①]

这件壶造型为鸟形，盖扣合在带流的壶口上形成鸟首。与壶口的鸟下喙形流相配的上喙，为一单独铸件，被铸接在盖中，并铰接隆起的额，使之可以开合。额两侧近盖沿对设半环钮衔圆环。

壶素面，矮圈足。鼓腹微下垂，腹中饰一道凸弦纹；口沿近平，前出的下喙形流微斜上翘，流端近平

图 26　枣阳九连墩壶
（曾攀先生惠供）

齐，中间有垂直的铸造披缝，颈收束，对设有盖帽的枢，为 S 形提梁所铰接，而 S 形提梁的上端为环状，铰接几字形提梁，即提梁由三段构成，可折叠。S 形的两段分别穿过盖半环钮所衔圆环，为之约束，不致盖、器分离。

九连墩这件铰接提梁鸟形壶，在楚、楚文化影响区域均未见出土，与齐都临淄形成鲜明对照，可以认为此壶是楚自齐输入之品。

此外，还有若干件铰接提梁壶但壶非鸟形者，也多出土在山东半岛，且多属齐墓。如：

2004 年，在临淄隽山发掘一座甲字形战国墓，包括六座陪葬墓的两座严重被盗。五号陪葬墓中出土一件铰接提梁壶（P5：11，图 27.1），有盖有提梁，壶体高挑，圆形截面，平口沿，细颈两侧对生枢纽为提梁铰接。腹部中间外鼓，

---

① 湖北省博物馆．九连墩：长江中游的楚国贵族大墓［M］．北京：文物出版社，2007：48.

并设有一环钮，圈足。隆盖有子口插入壶口。盖边对置半圆形环钮，各链接一圆环套住提梁。提梁由五段组成，顶段几字形，圆形截面，两端设枢纽；其两侧各两段，下段两端设环，分别铰接颈部和中段枢纽；中段下端出叉，叉中设枢，与下段一端的环铰接，上端设环，与顶段端头枢纽铰接。壶全身素面，高312毫米、口径74毫米、腹径156毫米。此墓年代属战国早期，墓主为齐贵族。①

1980年配合基建发掘的临淄东夏庄墓地，五号墓（LDM5）和四号墓（LDM4）相距6.8米，拥有同一封土。前者为一甲字形积石木椁土坑墓，墓口12.7米×11.6米、墓底11.1米×10.3米、深5.4米。墓道宽3.5米、斜长22.8米。曾遭多次盗掘，发现四个盗洞，椁室随葬品几乎不存，在二层台和砌石上均发现陶器、铜器和漆器等。所出三十一件铜器中，计敦、舟和带钩各一件，鼎、豆、提梁壶、盘、罍、罐和蹄饰各两件，盖豆三件，节约十一件。一件盖鼎LDM5：84盖内铸铭十字"宋左大师罢左庖之□贞"，可能是罢给其女的媵器。两件提梁壶中，LDM5：114链接提梁，LDM5：107铰接提梁。墓葬年代为战国早期，LDM4墓主当为卿大夫一级贵族，LDM5墓主为其夫人。②

铰接提梁壶LDM5：107（图27.2）小口，短颈，垂肩，长弧腹，最大径在腹中部，平圜底，矮圈足，颈部有两个对称的柱形耳；盖微鼓，下有子口与器口相套合，盖缘有两个对称的套环钮，环、盖连体，不能转动。器耳套一节可以装卸的衔状链，穿过盖上双环与提梁相结合。口径102毫米、腹径205毫米、足径130毫米、器高303毫米、通高417毫米。③

铰接提梁壶在山东境内出土多件，几乎不出齐文化地域范围，临淄东夏庄LDM5：107提梁的铰接工艺和鸟形壶如出一辙，应是具有齐文化特色的作品。见于铰接工艺的特殊性，可以认为和鸟形壶出自同一系工匠。

鉴于铰接提梁的壶和鸟形壶集中出土齐地，可以认为这是具有齐技术特色的典型器，九连墩出土器自然是齐地输出之品。铰接提梁工艺是齐地铸工新的发明，是分段铸造提梁，将枢与环配套后，以铸造枢帽的方式完成，与商和西周铰接提梁卣的铸造工艺大相径庭。鸟壶造型较普通壶造型复杂，后者是前者的简化，所以，鸟形壶的年代可能略早于铰接提梁的普通壶。另一种可能是在

① 山东省文物考古研究所，淄博市文物局. 山东淄博隽山战国墓发掘简报［J］. 文物，2016（10）：4-22.

② 山东省文物考古研究所. 临淄齐墓：第一集［M］. 北京：文物出版社，2007：36，80-92，424-425，429.

③ 山东省文物考古研究所. 临淄齐墓：第一集［M］. 北京：文物出版社，2007：87-88.

同一作坊中同时制作两种壶，师傅制作鸟形壶、徒子制作普通壶，不知何种原因，或许是战乱，这一工艺没能流传下来，战国中期之后不复见这类壶，说明当时掌握铰接工艺的工匠十分有限，考古出土和传世的这类壶不多，当反映了这样的层面。

图 27　临淄铰接提梁壶　　　　　　　图 28　国家博物馆壶
左：隽山提梁壶 P5：11（引自《文物》　　　（引自《中国国家博物馆
2016 年 10 期第 16 页图 27）　　　　新入藏文物》页 153）
右：临淄东夏庄 LDM5：107（引自《临淄齐墓》
图版 3.1）

四、传世的几件壶

尚有若干件铰接提梁鸟形壶流落各地，出土地点不明。①

（一）国家博物馆藏壶

国家博物馆新入藏一件铰接提梁鸟形壶（图 28），出处不明，图录将其年代断为战国。② 造型颇接近于诸城藏家庄壶而较之修长，同是周身水平瓦楞纹，鼓腹处设凸弦纹，并在背侧设鼻钮衔圆环。提梁的造型及其铰接结构与出土的此类壶一致，与藏家庄壶相较，提梁较单薄，鸟首盖眼后部分较为平缓，颈部

---

① 一说英国博物苑藏一此类壶，不确。见：卢丁. 中国青铜器真伪鉴别［M］. 广州：广东科技出版社，1996：72.

② 吕章申. 近藏集粹：中国国家博物馆新入藏文物［M］. 北京：北京时代华文书局，2016：153.

也更细一些。

这件壶的造型与何壶最为接近处是周身的瓦楞纹饰，这种装饰和素面可以认为是春秋战国齐青铜器的一大特色，至于素面器上原本有无彩绘，未见诸报道，期待新的考古发现和科学清理。与何壶不同的是此壶提梁为三段，何壶为五段式，此壶中腹突棱背部有钮衔圆环，何壶则无。二者出入甚微，当是同一工匠在同一时期的作品。

（二）纳尔逊—阿特金艺术馆藏壶

美国堪萨斯市纳尔逊—阿特金艺术博物馆（Nelson-Atkins Museum）也收藏有一件铰接提梁鸟形壶（图29），有著录将之定为汉代器。① 这件器通体素面，与临淄相家庄、枣阳九连墩所出土者接近。其鼓腹下垂，最鼓处设一周突棱，其背处设纵置的环钮，衔圆环。提梁同样是三段式铰接，但两侧为拉长的S形。器口略成斜面，前端向上斜出下喙形流，流面略为弧形。盖面前端为隆起的可以开合的短上喙，铰接于凸出的眼中，盖前面一凸起的半球，两侧以阴线勾出眼珠，中间设槽与上喙以铸造铰接。盖后面微隆鼓，素面，两侧设半环衔环约束提梁。承器的矮圈足外壁弧形。

**图29　纳尔逊—阿特金壶
（引自《海外遗珍青铜器》
174号）**

（三）国子山壶

2001年，纽约苏富比行拍卖一件鸟首铰接提梁壶，造型与何壶基本一致，所差在于提梁为整段 n 形，不分段铰接，盖面也没有铸环约束提梁，但颈后铸半圆环衔环，脑后铸半圆环。盖面饰鳞状羽毛纹，颈部饰三角形对夔纹，肩、腹均饰蟠螭纹（图30.1）。吴镇烽认为颈部刻铭十一字，隶定为"齐大司徒国子山为其盥壶"（图30.2），年代被定为春秋早期。②

从图片看，颈部半圆环所衔环明显残断，残断处在一环的切线位置，颇为蹊跷，缘由不解，此环当与盖面脑后半圆环连接。器鼓腹设两周凸弦纹，腹部饰三角形对夔纹，提梁不分段，鼓形矮圈足，皆与其他鸟形壶不同。另外，铭

①　故宫博物院. 海外遗·青铜器 ［M］. 北京：故宫博物院，1985：177.

②　吴镇烽. 商周青铜器铭文暨图像集成：第22卷 ［M］. 上海：上海古籍出版社，2020：12270.

图30　国子山壶及其铭（引自《商周青铜器铭文暨图像集成》**No. 12270**）

文在壶颈背，散布在三角形对夔纹之间，形式古怪；从铭文形成看，颇类铸铭而未必属刻铭，若是刻铭，则非有现代工具而不能，此器嫌疑很大。结合同著收录何壶并指为商代器物，大大损伤了该著的学术性。

（四）德国 Carl Cords 藏壶

见诸图录的另有德国人卡尔·科尔兹（Carl Cords）收藏的一件铰接提梁卣鸟形壶[①]，是所知此类壶中最为华丽的（图31）。这件壶造型墩胖，下腹圆鼓，且饰以金银错纹饰。纹饰以腹部最大径处的纹为对称，上下饰连续的钟形图案，其中心为错细银丝圆涡纹，涡纹中心错金圆点，涡纹外错细银丝雷纹，轮廓错银片，顶和两侧为细错银蝶须，顶端的菱形错细银丝中错菱形金片。中间的纹带为连续图案，两盘卷错细银丝并排，中间填错三角形金片，两侧错三角形银片，银片下栏错一半圆金片，外侧各有错银四边形框，其中斜向布

图31　卡尔·科尔兹壶
（引自 *Das Chinesische Steckenpferd*,
Die Sammlung Carl Cords 封面）

八、九错银圆片。纹带的背侧设纵置的半环钮。鼓腹下接圈足，喇叭口下有窄直裙。颈部饰错银点构成的网络，银点凸出，菱形网对称垂饰四吊坠，为水滴形错金片下以细银丝错出叶脉。颈部对置短枢，形如国际象棋子，球星头下为台形，细出铰接提梁。提梁由三节构成，直棒形横梁两端连接拉长的 S 形侧梁。壶口为曲面形，前设流，口下错银勾出唇边。口上扣形若觥盖的鸟首盖，两侧

① AVITABILE G G, HANDKE E. Das Chinesische Steckenpferd: Die Sammlung Carl Cords [M]. Frankfurt am Main: Museum für Kunsthandwerk, 1978.

张小耳，耳窝有圆泡钉饰。耳上有凸台，其上对置一对短角，角根球形，角扭曲向上；角中间有带状鼻，向前翘起的鼻头如合页之枢，铰接可以开合的上喙。其两侧的小球形可能表示眼珠，面颊上错一枝金花和口沿银片错唇是盖面仅有的装饰。额上并排的一对圆环为提梁横棒穿过约束提梁。此壶通体光亮，黄铜底色上微有灰色或灰黑色薄锈，未有绿锈。结构与上述诸壶接近，但耳、鼻、眼、提梁、枢均有差异，圈足则大不相同。更特殊的是周身诸多错金银饰，未见诸汉以前礼器。因此，此器也不排除是晚清或民国按照两罍轩何壶而伪作，或者晚清对真鸟形壶错金银式的改造。具体如何，有待 X 光成像或 CT 扫描等科学检测予以确认。

前述十二件铰接提梁鸟形壶，清宫著录的三件下落不明，见诸实物的九件，造型具有高度的一致性。差异在于五段构成的提梁抑或三段构成，中腹有无一周突棱和其位置的高低，背部有无钮、是否衔环，再就是盖面的结构略有出入。很明显，它们具有高度的一致性。

着眼于器物装饰，除有疑问的国子山壶和卡尔·科尔兹藏壶外，其余只有两种，水平瓦楞纹和素面，前者只有两件，何壶和臧家庄出土者，后者是多数，但二者并无工艺上的差别。从技术上看，提梁与壶铰接，分段的提梁铰接，而尧王村壶所表现出的铰接工艺非常特殊，无论是枢还是环均先铸，套合后铸枢帽即可完成铰接，较其他方式的铸接均简便易行，难度较小。以此观之，国子山壶的真伪不能没有疑问。从装饰看，国子山壶既有三角形对夔纹，纹间布铭文，腹上两周突棱，均异于其他，疑问更大。当然，卡尔·科尔兹壶错古代不见的金银图案，纹饰之伪自不待言，器的真实性确有疑问，值得进一步分析研究。去除这两件疑问器，真确的铰接提梁鸟形壶就七件，其中的何壶铭为伪作。

迄今所知这七件鸟形壶，风格、工艺高度一致，应当是同一时期、同一作坊所铸造，或者出于师徒之手。鉴于出土品和装饰风格均指向齐地，可以认为是齐器，是齐国工匠的创造和创作。至于他们的年代，应当是春秋中期鼎革到新兴期的产物，不早于春秋晚期，但下限可能到战国早期。

五、几个相关问题的讨论

通过对铰接提梁鸟形壶材料的梳理，几个有关青铜器的学术问题，如辨伪、断代、产地、图录以及青铜器生命史等方面，值得申论。

（一）关于青铜器的真伪

青铜器的真伪问题是研究青铜器的首要问题，但如何确定真伪则是复杂的学术问题。

古代青铜器著录自北宋，即有伪器收入。故赵希鹄（1170—1242）即有辨伪之论：

> 铜器入土千年，纯青如铺翠，其色午前稍淡，午后乘阴气粹润欲滴，间有土蚀处，或穿或剥，并如蜗篆自然，或有斧凿痕则伪也。铜器坠水千年，则纯绿色而莹如玉，未及千年，绿而不莹，其蚀处如前。
>
> ……………
>
> 三代古铜并无腥气，唯新出土尚带土气，久则否。若伪作者，热摩手心以擦之，铜腥触鼻可畏。
>
> 伪古铜器，其法以水银杂锡末，即今磨镜药是也。先上在新铜器上令匀，然后以酽醋，调细卤砂末笔蘸匀上，候如蜡茶面色，急入新汲水满浸，即成蜡茶色；候如漆色，急入新水浸，即成茶色，浸稍缓即变色矣。若不入水，即成纯翠色。三者并以新布擦令光莹，其铜腥为水银所匮，并不发露。然古铜声彻而清，新铜声浊而哄，不能逃识者之鉴。①

说明宋代即有伪作青铜器，赵希鹄通过刻凿、辨色、闻味、听声判断器物真伪的方法，一致被沿用到近代。②

金石学之于青铜器，首先在于铭文，因之铭文伪作是其核心。乾隆四鉴共著录青铜器4074件，除铜镜外有铭青铜器1176件，容庚辨别铭文，定为真铭者686件、可疑者173件、伪造者317件。③ 他认为清嘉庆之后作伪铭更盛，并概括为增刻、伪造、拼凑和摹刻四类。民国时期增加了摹写、蚀刻、镶补铭文和全器伪作。

商承祚曾专门研究伪铭，指出其形成的五种方式是字体受宋人书本的影响、拼凑字句、删截文字、临写铭语、摹刻文字，并访出作伪者如陕西的凤眼张、苏亿年和苏兆年，济南的胡麻子和胡世昌，潍县的范寿轩、展书堂、赵允中、王荩臣、李玉彬、李玉堂、胡延贞、潘承霖、王海和李懋修，苏州顾湘舟，直

———————————

① 赵希鹄. 洞天清录［M］. 李际期宛委山堂，1644—1911：20.

② BARNARD N. The Incidence of Forgery amongst Archaic Chinese Bronzes：Some Preliminary Notes［J］. Mounumenta Serica, 1968, 27：91-168；张光裕. 伪作先秦彝器铭文疏要［M］. 香港：香港书局，1974.

③ 容庚. 西清金文真伪存佚表［M］//刘庆柱，段志洪，冯时. 金文文献集成：第41册. 北京：线装书局，2005：191-178.

隶张泰恩、张济卿、张树鳞、贡茂林、杨德山、赵同仁和李占岐。①

罗福颐出身于传古世家，在故宫博物院工作数十年，见多识广，是晚期金石学家的代表。他总结从以下诸方面对商周秦汉青铜器铭文辨伪：

1. 材质、声音、轻重方面。关于材料、轻重、声音，作者指出新以石膏或铝锌合金作伪，以洋漆仿锈，均易于辨识。在此还指出清代潍县"仿制品的耳、足多是另铸用锡嵌上去的，古代铜器耳、足多半同出一范"。

2. 形制、雕镂方面。伪器花纹不是太粗糙就是太繁复，没有朴直、雄伟、浑厚的气韵。

3. 色泽花纹方面。民国古董商将真器浸淡盐酸出瓜皮绿锈，但日久浮白霜。

4. 铭文书体方面。分真铭加伪字、器真铭伪而有所本、真器刻伪铭、拼合真铭另造器、以真铭伪造器、盖刻字与器作对铭、伪器伪铭。②

很明显，分类模糊，陈陈相因。内容基本上出于个人经验和知识，缺乏实质上的总结和归纳。如讨论潍县作伪，认为商周器耳、足浑铸，实际情况并非如此，春秋晚期后鼎耳、足多分铸铸接或焊接，簋耳的分铸可以上溯到晚商时期。③

事实上，徐中舒早就指出，金石学家的经验，"还是带了很浓厚的玩古董的色彩"，"我们要把铜器当作一门学问看待，已著录的铜器的真伪，这一笔账我们不能不管"。于是，他基于商承祚的研究，增加了几条：

5. 铜器著录的年代相差过远，其后见著录者，伪者居多。

6. 非同一人一时或同一地域之器，而其作风相似者，则此类器除一二器或可视为原本外，其余大率皆可视为伪器。

7. 凡器铭在器上的地位，各种器都有一定的所在，其不合者大概都是伪作。

8. 器铭、形制与花纹三者，每一时代都应有其不同的作风，这三者中时代早晚皆须一致，即早则俱早，晚则俱晚，其早晚相参错者，如非全伪，则铭必伪。④

① 刘庆柱，段志洪，冯时 . 金文文献集成：第41册 ［M］. 北京：线装书局，2005：207-222.

② 罗福颐 . 商周秦汉青铜器辨伪录 ［M］// 刘庆柱，段志洪，冯时 . 金文文献集成：第41册 . 北京：线装书局，2005：173-178.

③ 苏荣誉，华觉明，李克敏，等 . 中国上古金属技术 ［M］. 济南：山东科学技术出版社，1995：157-178；苏荣誉 . 读青铜器图录札记：牛首饰四耳簋 ［M］// 北京大学出土文献研究所 . 青铜器与金文：第一辑 . 上海：上海古籍出版社，2017：433-449.

④ 徐中舒 . 论古铜器之鉴别 ［M］// 刘庆柱，段志洪，冯时 . 金文文献集成：第41册 . 北京：线装书局，2005：173-227.

程长新总结历代辨伪经验，从铸造技术、器物造型、纹饰、铭文到质、重、声、味、色诸角度，但因缺乏明确的客观标准，依然属于经验形制，可靠性因人而异。如他认为日本白鹤美术馆收藏的方腹提梁卣出自民国时期王得山之手，属于硫酸铜加绿色和氨水调和涂抹仿锈①，实则是一件真器，类似的例子还有不少。

辨伪之途至今还停留在怪诞的"眼学"第一、科学辅助的层面，与宋代分别不大。如本文所及何卣，都是未见器物的铭文翻刻；对何壶仅有几个人怀疑，辨伪大家如容庚则坚信不疑。反观叶慈，对铭文和器形有所怀疑后，立即请科学家予以检查，Plenderleith立即发现铭文伪刻，可惜这样的结果未被容庚等接受，当然这样重要的案例没能进入青铜器辨伪"方法论"之中，既说明金石学传统的深厚，也表明我们的学术研究范式亟待突破。

（二）关于青铜器断代

青铜器的断代是仅次于真伪的重要议题，且较之真伪更为复杂。

现存最早的青铜器著录《宣和考古图》，器物多未断代，但个别器物则有时代考订，如断庚鼎、辛鼎和癸鼎为夏商之器，因"《史记》夏商未有谥，其君皆以甲乙为号"。乙鼎"得之于邺郡亶甲城，……考其形制、文字及所从得，盖商器也"。个别器也依据人名和铭文字体断代。②《宣和博古图》即对这样的干支断代发起疑问，"然齐有丁公、乙公、癸公，幽公之弟曰乙，齐悼之子曰壬，则十干之配未必皆夏商也"。同时也指出铭文"加之以父未必皆夏商也"，并发展出以形制纹饰定时代③，容庚称"其言阔疏，不尽可据"④。

清代金石学家于铜器断代鲜有建树，往往并称商周。马衡（1881—1955）的创见实为翘楚，他提出两个原则：同时文字可以互证年代，出土之地可证年代。⑤ 容庚据殷墟发掘资料，补充的另一原则为字体，金文字体与甲骨字体相近者为殷器。⑥

---

① 程长新，王文昶，程瑞秀. 铜器辨伪浅说 ［M］. 北京：文物出版社，1991：42-129，124.

② 吕大临. 考古图：卷一 ［M］. 元祐七年（1092）：4，22，11，20.

③ 王黼. 宣和博古图 ［M］. 1107：30，31，4，14，15.

④ 容庚. 商周彝器通考 ［M］. 北京：哈佛燕京学社，1941：29.

⑤ 马衡. 中国之铜器时代 ［M］// 中国金石学概论（老北大讲义）：卷三：铜器. 长春：时代文艺出版社，2009：95-98. 马衡，字叔平，浙江宁波人，民初著名金石学家和书法篆刻家。1917年任北京大学附设国史馆编纂处征集员，并于次年任文学院国文系金石学讲师。北大研究所国学门成立后，任考古学研究室主任兼导师，并在历史系讲授中国金石学。

⑥ 容庚. 商周彝器通考 ［M］. 北京：哈佛燕京学社，1941：31-32.

西周青铜器铭文往往记王年和月相，但却不记何王，自北宋吕大临以太初历推散季敦始，先后有多位学者以历谱求证器物年代，著名者如王国维和吴昌硕，但上古历法中颇多问题未获解决，数个王年长短难定，朔历之术难以解决断代问题。① 郭沫若光大并概括的"标准器断代"法，"专就彝铭器物本身"考求其年代，循"人名事迹"的"一贯之脉络"，"更就文字之体例，文辞之格调，及器物花纹之形式以参验之，一时代之器大抵可以追踪"。再佐以历朔，推定了 162 件有铭铜器的年代。② 铭文中"不待辨而自明"者寥寥无几，考订王年谈何容易？据张政烺研究，郭氏的断代三分之一以上不确。③ 容庚虽然顾及多数没有铭文者的断代，但提出的方法仍然主要依赖铭文，即铭文书体和文体类似甲骨文、记殷商事迹、出土于安阳。④ 这也是他坚持认为何壶年代属于商的基础，且有吴镇烽踵其后，及至夏商周断代工程，也只能略具框架而已。对于大量没有铭文器物的断代，先人无所谓，这就是金石学的老传统。

随着大量考古发现和青铜器出土，很多学者致力于从不同角度进行青铜器断代研究，虽然殷墟青铜器积累最多，但到 21 世纪，各家意见仍互有出入。岳洪彬深刻分析了其中原因，指出除了个人的主观因素之外，更多是与各家所用的分析方法和对商代青铜器整体认识的侧重点不同有关。在分析具有代表性的各家的分期方法后，他对之进行了检讨，地层关系"极为重要"甚至有时"起着决定性作用"，但"具有重要意义的层位关系并不多见"；甲骨文的分期已然精确，但与青铜器共出现象不多；青铜器与陶器共出较多，陶器可佐断代，成为考古学家青铜器断代的基本章法。殷墟陶器可分六期十二段，对应 273 年则每段约 20 年，可谓缜密，然而岳洪彬清楚地揭示了以陶器断青铜器年代的纠葛：

青铜器与陶器质料不同，具有明显的自身特点，有传代的特质。因此，在说到青铜器的年代时，一般应考虑到青铜器自身的生产年代、

① 吕大临.考古图：卷三［M］.元祐七年（1092）：4；罗士林.周无专鼎铭考［M］//丛书集成新编50册.台北：新文丰出版公司，1986：144-148；张穆.虢季子白盘文跋［M］//续修四库全书：第1532册.上海：上海古籍出版社，2002：290-291；王国维.生霸死霸考［M］//观堂集林：卷一.乌程蒋氏刊本.1923：2；吴其昌.金文历朔疏证［M］.北京：北京图书馆出版社，2004.
② 郭沫若.两周金文辞大系考释［M］.东京：文求堂，1935：3-4.
③ 张政烺.张政烺批注《两周金文辞大系考释》［M］.朱凤瀚，等整理.北京：中华书局，2011；郭理远.《张政烺批注〈两周金文辞大系考释〉》的重新整理与初步研究［D］.上海：复旦大学，2014.
④ 容庚，张维持.殷周青铜器通论［M］.北京：文物出版社，1984：13-14.

使用的时间区间以及它的埋藏年代。我们通常所说的青铜器分期，是指其使用年代（或者说是流行的时间区间）。而通过陶器断定的墓葬的年代则往往是青铜器的埋藏年代。通过与青铜器共存的陶器分期来确定的青铜器年代，实际上是指青铜器的埋藏年代，即个例青铜器或某一青铜器群的使用下限，这一年代并不代表青铜器的使用和流行的时间区间。

结合本文论及的铰接鸟形壶，迄今所给的年代几乎都是战国时期，通常是战国中期，依据多是同出陶器，显然不足为凭。有些依据同出的铜器，但没有分析铜器之间的关联，即将它们视为同时。而据铜器风格断代，岳洪彬还指出：

较早的青铜器胎质较薄，略显轻飘，纹饰多呈条带状，少见文字；后来胎质较厚，显得庄重，纹饰多满装，常见铭文；最后胎质又变薄，器形、纹饰制作粗糙，明器化，偶有厚胎庄重者，则铸长篇铭文。[①]

岳洪彬也指出青铜器组合的变化也应是"分期断代的重要依据"，也提及纹饰的演变、铭文的多少和字体的变化、"铸造技术的更新、青铜成分的差异等"的断代手段，多未展开。[②]

万家保顾及早晚器物的组合，并认为的的确确在青铜器的铸造工艺中有着演变的痕迹可寻，也分别给出了三足器和圈足器的演变如下：

Y形披缝鼎→斝形器→弧三角披缝鼎形器及甗→爵形器→具錾鼎→盉形器→盨鼎；

锅形器→盘形器→瓿形器→觯形器→壶形器→罍形器→簋形器→盂、尊形器→提梁卣及中柱盂→R1071提梁卣。[③]

很明显，万氏依据铸造技术所得到仅是一个序列，对于具体器物的断代帮助并不大。

尽管殷墟青铜器断代的很多问题未解，但对于殷墟之外的青铜器，几乎都是以殷墟为标尺推断年代，如1955—1976年城固苏村出土五起青铜器，李峰即认为"苏村出土的铜器时代都比较一致，器形多与小屯M5、M18所出同类器相

---

① 岳洪彬. 殷墟青铜礼器研究 [M]. 北京：中国社会科学出版社，2006：128-136.
② 岳洪彬. 殷墟青铜礼器研究 [M]. 北京：中国社会科学出版社，2006：128-136.
③ 万家保. 安阳青铜容器的铸造及技术的发展 [M] // 李济，万家保. 古器物研究专刊：第五本：殷墟出土五十三件青铜容器之研究. 台北："中央研究院"历史语言研究所，1972：53，60，47，49.

同，说明它们在时代上是接近的"，相当于盘庚迁殷至祖庚、祖甲、廪辛时期。① 例如尊 64：1 "圈足甚高，肩饰交错的三牛首与三鸟首，与小屯 M5：862、320 等尊近似，但细部花纹略异"②。很明显，这里涉及怎样权衡"一致""相似""相同"，哪些因素体现时代风格的问题。实则苏村尊 64：1 属于南方风格，年代、产地和妇好墓两件尊都不一致。③

显然，青铜器断代问题依然很多，需要结合诸多因素、从诸多层面进行探讨。事实上，铰接提梁鸟形壶为断代研究提供了难能可贵的材料：造型相同，结构一致，工艺相同如出一家，何壶的商式铭文属于后人伪作，这些铜器的年代一致，但具体如何，还需探索，推其是春秋晚期青铜器变革出现的新器形，铸造于春秋战国之际或战国早期，大致不差。

（三）关于青铜器产地

青铜器生产地即其铸造地，不等同于其出土地，但往往有将其出土地与铸造地混同者。

商周青铜的出土地域辽阔、空间巨大，但迄今所发现的铸铜遗址寥寥无几，鉴于块范法铸铜器技术难度很大、工艺和工装条件很高，笔者认为它们其实出自十分有限的铸铜作坊，早在武丁时期开始对青铜礼器的铸造实行垄断，西周更甚，直到春秋中期的革命才打破这种垄断，但青铜礼乐器的铸造，依然集中在少数几个诸侯国的作坊。④

当然，解释中国青铜器极为广阔的分布现象不易，对考古学家是一个严峻挑战，而他们经常会把星星点点的与铸铜有关的遗迹和遗物，看作当地铸造铜器的证据。从也已发掘的铸铜遗址看，中国古代青铜器铸造具有规模性，技术上表现出高度的复杂性，那些星星点点的遗迹和遗物，就笔者来看，有可能是地方学习或试图铸造铜器的尝试，当然也不排除对铸铜模与范的收藏。所以，

---

① 李峰.试论陕西出土商代铜器的分期与分区 [J]. 考古与文物，1986（3）：55-58.56 页误为 M8，据 58 页改为 M18.
② 李峰.试论陕西出土商代铜器的分期与分区 [J]. 考古与文物，1986（3）：56.
③ 苏荣誉等.湖南省博物馆藏两件大口折肩青铜圆尊的研究：兼及同类尊的渊源、风格、工艺、产地和时代问题 [R]. 长沙：湖南商西周青铜器国际学术研讨会，2015.
④ 苏荣誉.二里头文化与中国早期青铜器生产的国家性初探：兼论泥范块范法铸造青铜器的有关问题 [C]// 许宏.夏商都邑与文化（一）：夏商都邑考古暨纪念偃师商城发现30 周年国际学术研讨会论文集.北京：中国社会科学出版社，2014：342-372；苏荣誉.妇好墓青铜器与南方影响：殷墟青铜艺术与技术南方来源与技术选择新探 [C]. 香港：第二届中华文化研讨会：商周青铜器暨铸造工艺研究，2016；苏荣誉.块范法与中原式失蜡法：春秋世变下青铜技术的本与末 [C]// 浙江大学艺术与考古研究（特辑二）：李零先生七秩华诞寿庆论文集.杭州：浙江大学出版社，2021：93-183.

对业已发掘的铸铜遗址及其遗物进行深入细致的研究很有必要。

时代节奏的加快导致了对高新技术的依赖。青铜器研究中常有对"照妖镜"的期待，引起对实验室数据的迷信，这必然导致有人以火眼金睛自居和不断解决了重大问题的放胆豪言。一个案例即是青铜器的铅同位素比值研究，虽然二十多年前对其适用性已经有所论及①，但热切的社会需求很少人予以理会。

铅同位素比值测定是根据同位素地质学理论，认为铅有原生和放射性成因两类，不同矿体中铅同位素比值是不同的，可通过测定以探索其含铅矿物的矿源。首先，这个理论和方法与青铜器铸地无关；其次，只与铅有关。就青铜器来说，主要原料为铜、锡和铅，锡矿基本不含铅，铜矿中有铅但含量在百万分之几，铅矿中铅含量为常量，所以，铅同位素比值法最适宜探讨铅器的矿源，但铅的问题似乎不吸引人，转而用于追索铜矿来源，但铜和铅形成合金后，没有方法将铜矿中通过炼铜后包含的痕量铅与铅矿通过冶炼获得的大量铅区分开来，更不能将回收重熔的铜器与新加入的金属料区分开来，所以，以铅同位素方法追索矿源的成功概率极为偶然。

马承源还提出古代对青铜器的改制问题。他将新干大洋洲青铜器群分为三类：第一类为商代器物，第二类为经改造的商代器物，第三类系其他器物。并明确指出："兽面纹方鼎耳上的立虎，不是一范所铸，而是后来铸造第三类器物时补铸的。方鼎的铸作和纹饰都比较粗率，而立虎的形状和纹饰与第三类器物上的虎完全相同，……式样属于二里岗上层或稍晚；……不一定是殷墟青铜作坊中的产品。"锥足提梁壶的"形式极为精细，双目特巨，下承三锥形足，殷墟出土的器物中，锥形足器多属早期，此器纹饰为殷墟中期偏早而足为锥形，但是提梁的龙首是殷墟中期的典型式样，而且提梁过薄，疑器身为殷墟早中期之际，而提梁为相当于殷墟中期时损坏所配铸；但是值得注意的是壶盖，盖上的纹饰非常粗狂，和器身完全不协调，而和大洋洲第三类的器物纹饰一致。于此可知，第二次配铸壶盖的时间是在殷墟中期之后，器物到了新干地区再次修配的"②。那么，提梁的配铸是在殷墟吗？

关于青铜器的铸造和修补是一个饶有兴趣的问题，前者关心的学者略多，对后者关注的人很少。

①　苏荣誉，华觉明，李克敏，等. 中国上古金属技术 ［M］. 济南：山东科学技术出版社，1995：286-288.

②　马承源. 吴越文化青铜器的研究：兼论大洋洲出土的青铜器 ［C］// 马承源. 吴越地区青铜器研究论文集. 香港：两木出版社，1997：19.

（四）关于青铜器著录

青铜器著录始于北宋，分图释、款识和跋尾三类，分别仿《考古图》《考古图释文》和《集古录跋尾》。① 图释类有描摹的图像和铭文，准确程度因人而异，完全准确者恐属少数，但将某些重要局部特征记录在图的也颇惊人。② 款识类多是铭文汇集，或有考释，但不少仅仅汇集铭文，铭文与器完全分离，故铭文真假混杂。及至乾隆四鉴，铭文仍为描摹形式，准确程度因人而异，自难划一。梁启超说"文字皆摹写取媚态，失原形，又无释文，有意臆舛"③。道咸以后，随着拓墨技艺的改进与普及，铭文拓片风行，基本取代了自北宋以来的描摹形式，使铭文近于真形，某些伪铭可通过内容辨识。而全形拓的出现，将器物的形和纹饰呈现出来，可使有心者整体地看待青铜器。

嗜古风炽，拓片洛阳纸贵，成为交际馈赠与收藏的对象，是故款识类书籍多至百余种，良莠不齐，不免以讹传讹。前揭何壶可见一斑。至于跋尾类，主要反映著者对器物的研究和考释，需要很高的学术素养和见识，非一般藏家可为，故多为收集不同作者对器物，主要是对铭文的跋而汇编之。透过相关著录，也可窥见当时金石学家，或者自称为考古学家者的知识水平和认知态度。总体来说，金石学家的取向在于铭文而非器物。

直到 20 世纪 30 年代，考古学在中国兴起，考古学家对青铜器的态度自然不同，甚至与金石学家相抵牾，但事物的认识和学术积累需要很长的时间，早年殷墟考古发掘的报告，直到三十年后才陆续出版，对青铜器较为系统性的研究，也才同时得以展开。④ 但是，考古学的新风对强大的金石学传统虽有影响，但很微弱，随着 20 世纪 20 年代起几起重大的青铜器出土，其著录又回到金石学路径上。

20 世纪 50 年代的考古报告，强调青铜器的出土背景，并关注青铜器的材料和工艺，但由于学术突破和推动较难，回到金石学的倾向时有发生。对陕西出土有铭西周青铜器的图录即是如此。到 21 世纪，随着中国经济不断健康地超速

① 李零. 铄古铸今：考古发现和复古艺术［M］. 北京：生活・读书・新知三联书店，2007：81-82.

② 苏荣誉. 读青铜器图录札记：牛首饰四耳簋［M］// 北京大学出土文献研究所. 青铜器与金文：第一辑. 上海：上海古籍出版社，2017：433-449.

③ 梁启超. 清代学术概论［M］. 上海：上海古籍出版社，2005：49.

④ 民国期间安阳发掘所得青铜容器的报告，以史语所专刊形式自 1964 年每年出版一部，至 1972 年完成，共五部。李济，万家保，1964，《殷墟出土青铜觚形器之研究》；1966，《殷墟出土青铜爵形器之研究》；1968，《殷墟出土青铜斝形器之研究》；1970，《殷墟出土青铜鼎形器之研究》；1972，《殷墟出土伍五十三青铜容器之研究》。

发展，收藏热难以名状，各级、各家博物馆出版的各种图录，绝大多数实为影集，和清末民初的情况如出一辙。

反观西方艺术史界对中国青铜器的研究，以本文所举何壶的案例，器物现象的特异和矛盾，需要科学的方法予以认识和解决，大英博物馆的学者清楚地揭示了何壶铭文为伪作，但这样的结果却未被中国的金石学家所认可，也就不难理解金石学家的志趣、见识和学养了；而在西方，虽然藏家会被古董商等所蒙蔽，但学术机构会采用各种方法认识和研究中国古代的青铜器，甚至不惜切开参考品以明了其中的结构和学术问题，并不断探索着新技术的应用。美国弗利尔艺术馆的研究可谓其中的翘楚，其1969年出版的图录至今仍为业界称道的基石。① 同样的工作被延续到赛克勒收藏的青铜器中，三大卷青铜器图录和研究②，是中国青铜器20世纪末最耀眼的成就。

青铜器著录和研究去除个人感觉、情感因素，以客观证据和事实举证的范式，也在影响着中国的文物、考古和技术史界的敏感者，他们进行了不同程度的尝试和努力，也取得了一些成绩和成果，但离期待还有很大距离。我们的博物馆网络即是软肋。③

（五）青铜器的生命史

回顾对古代青铜器一千多年的著录和研究历史，范式的发展可以20世纪30年代为界。之前为金石学，纲领是刘敞（1019—1068）在《先秦古器记序》中概括的，"礼家明其制度、小学正其文字、谱牒次其世谥"；之后总体上可以认为是国内的文物考古范式和海外的艺术史范式。前者的纲领集中在形制、功能、组合、铭文上，后者集中在风格和工艺等方面，很明显，文物考古范式的青铜器研究，是传统金石学吸收了艺术史范式的结果。至于后来兴起的技术史范式，

① POPE J A, GETTENS R J, CHIHILL J, et al. The Freer Chinese Bronzes Vol. Ⅰ: Catalogue [M]. Washington DC.: Smithsonian Institution, 1967; GETTENS R J. The Freer Chinese Bronzes, Vol. Ⅱ: Technical Studies [M]. Washington D.C.: Smithsonian Institution, 1969.

② BAGLEY R W. Shang Ritual Bronzes from the Arthur M. Sackler Collections [M]. Washington D.C.: The Arthur M. Sackler Foundation, 1987; RAWSON J. Western Zhou Ritual Bronzes from the Arthur M. Sackler Collections, Vol. Ⅱ [M]. New York: Arthur M. Sackler Foundation, 1990; RAWSON J. Eastern Zhou Ritual Bronzes from the Arthur Sackler Collections, Vol. Ⅲ [M]. New York: Arthur M. Sackler Foundation, 1995.

③ 苏荣誉. 读青铜图录札记: 牛首饰四耳簋 [M]//北京大学出土文献研究所. 青铜器与金文: 第一辑. 上海: 上海古籍出版社, 2017: 433-449.

是科技进入考古研究和艺术史范式发展的结果。①

　　既往的研究，虽然很多环节不清楚，但关注到从原材料到成形、瘞埋，到重新出土等，包括此后展览和研究，但是，当然是信息所限，很少关注到青铜器的早期使用和出土后的辗转流传。这关乎青铜器的早期功用，也体现后人对青铜器的认识。

　　何壶的前世，有待对其本身的研究。其后世也可谓声名远播，辗转多手，被十数家著录；而著录者几乎不关心壶体，只关注铭文，且绝大多数也只是重印铭文而已，这也即传统金石学的一个传统，但其如此，伪铭之器必然会屡屡出现而无从判断。

　　20世纪30年代的金石学家，已经有人开始注意器形和纹饰，但尚未构成系统知识、建立知识体系，依然凭借铭文判断器物及其年代，还看不到风格内容在断代和真伪鉴别中的作用，传统金石学根深蒂固。容庚对何壶的态度即是一个鲜明的案例。

　　相反，西方艺术史的知识体系中，会关注到各层面的渊源关系，叶慈会请普林德雷斯查考铭文并指出铭文后作。但这样的结果并未影响到容庚，甚至吴镇烽依然认为何壶铭文没有问题。传统金石学出路何在？

　　乾隆时期，《西清古鉴》著录鹰首壶，似乎并未引起书画家兴趣，但吴云两罍轩收藏的何壶，似乎很快成为画家的素材。翁万戈（Wan-go Weng）捐赠波士顿美术博物馆（The Museum of Fine Art，Boston）的一组博古图四条屏（2016.534.2），纸本（图32），通高1695毫米×515毫米、版心1190毫米×456毫米。此本作者待考，原为翁同龢（1830—1904）的旧藏，后为其长孙翁芝兰（—1919）所继承，再传曾孙翁万戈，2016年由翁心清（Hsing Ching Weng）完成捐赠。

　　四条屏上六件古青铜器，第一屏尊、簋各一，第二屏一卣，第四屏方、圆爵各一，第三屏为鹰首壶。除一件圆爵无铭外，其余均有铭并附铭文拓片。第三屏题"周爰壶"，直接沿用《两罍轩彝器图释》器铭并附器、盖拓片。盖已掀开水平倒置，上喙和提梁下垂，盖内置一丛兰花，而壶内插一枝怒放蜡梅，颇有枯木逢春、古器新生之意。

　　一斑窥豹，晚清的嗜古之风对书画创作影响颇大，究竟有多少和怎样的青铜器被作为画之素材，颇能体现那时艺术家对古代青铜器的认识和欣赏角度。

---

① 苏荣誉.二十世纪对先秦青铜礼器铸造技术的研究［M］//泉屋博古馆，九州国立博物馆.泉屋透赏：泉屋博古馆青铜器透射扫描解析.北京：科学出版社，2015：387-445.

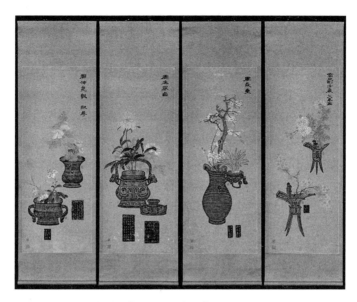

图32 翁同龢藏《博古图四条屏》（波士顿美术馆藏品）

新近在芝加哥艺术馆落幕的青铜器大展，以"镜鉴中国过往"（Mirroring China's Past）为题，深深蕴含和体现后人对早期青铜器的认识。①

附识：在研究商周青铜器卣时，留意过卣提梁不仅有造型的不同，位置有纵横之别，连接方式也有链接和铰接的不同。对铰接产生了兴趣，材料很多，考古发掘和收藏很少报告铰接的细节。其中后铸枢之器与南方风格青铜器有关，便和岳占伟和柳扬兄合作完成了一篇小作，在2017年郑州召开的青铜器与金文学术会议上做了介绍。仔细拜读了汪涛兄大作后，方思考鹰首壶的铰接提梁与商周卣的铰接提梁的关系。2016年，在刘延常先生的周密安排下，与张昌平兄和陈丽新一道拜观山东部分青铜器，在临淄齐文化博物院看到陈列的鸟形壶并拜识得马国庆院长，发现鹰首壶的铰接工艺非常特殊。为2017年山东青铜器与古国会议，暑期末又和学生们再度赴齐文化博物院考察学习，使笔者亲炙鸟形壶，并确定铰接工艺。该院富有内涵的藏品很多，遂期望长期合作。马院长爽快答应、积极支持，并亲责专人负责起草协议。

这篇小文即是合作的开始。原本想就事论事，仅仅讨论铰接工艺，但搜集资料的过程中，发现学术界对这类器很漠然，缺乏研究，而晚清传世的两罍轩

① WANG T. Mirroring China's Past: Emperors, Scholars, and Their Bronzes [Z]. Chicago: The Art Institute of Chicago, 2018.

壶，则著录很多，东西学者均有参与，这些资料引起我们思考晚清金石学的内涵、西方艺术史的方法论，以及中国古代青铜器研究的现状和问题，因此，不揣浅陋，不吝笔墨，将可以找到的金石学材料铺陈出来，借以认识金石学和金石学家，以资反思包括青铜器的古器物研究。

冗务所累，自己没能参加会议，便请合作者马院长报告我们的初步研究成果。未知拙文在会上的反响，但论文没能按时提交。因有来大英博物馆工作一时的安排，私愿在这里能查到确定何壶伪铭的材料，承王全玉博士费心，还是没能找到。

刘延常先生宽宏大量，再三宽宥期限要拙文续貂，但将草稿化为成稿颇不易。大英博物馆工作日程颇紧，困烦的是东亚图书馆疏于管理，文献查找颇不易且不奏效。于此，北京大学孟繁之先生、湖北省博物馆陈丽新女士和曾攀先生雪中送炭，给予不少帮助，于此郑重致谢。当然，文中错误和不足应由笔者负责。

晚清著录及其相关文献很多，挂一漏万，尚盼读者惠赐高见和批评。

荣誉识于大英博物馆

2018 年 8 月 28 日

说明：此文原发表在山东省文物考古研究院等编《传承与创新：考古学视野下的齐文化学术研讨会论文集》，上海古籍出版社，2019 年，第 39—85 页。今次承段西洋同学校改格式。

小国大器：战国中山国金属技艺疏要

苏荣誉

公元前6世纪，戎狄在太行山中部东麓、平山至定州西部一带建立政权，为戎狄中山；春秋晚期为鲜虞所据，称为鲜虞中山。战国中期由武公建立的中山国，都灵寿，居于赵、燕之间。多数学者指称其仍属鲜虞，黄盛璋则认为属姬周。① 譻称王后曾参与了燕国平乱，扩大疆域，所谓"昔者中山之地方五百里"（《战国策·秦策》），为中山国最强盛阶段。公元前296年，赵武灵王灭中山国，国君奵蚕逃往齐国，以尚为傀偏君，次年将其迁往肤施，中山国亡。

清末学者王先谦（1842—1917）曾明确指出："当战国纷争之日，中山倔强其间，久而不倾，其故有可思者。"的确，存续不到二百年的一个蕞尔小国，历史文献仅有片段记载，但考古所揭示出辉煌灿烂的物质文化和巧夺天工的技术成就，令人刮目相看。多年前，曾对中山国青铜铸造技术进行过讨论②，今对其他金属技术做一简单梳理，以期更多层面展现小国的大器气象。

一、精湛的铸铜工艺

唐县等地春秋晚期墓葬出土的青铜器，有学者认为属于中山国，它们的风格和工艺与侯马晋国铸铜作坊高度一致，可以认为来自彼处。

---

① 李学勤. 平山墓葬群与中山国的文化 [J]. 文物, 1979 (1): 37-41；黄盛璋. 关于战国中山国墓葬遗物若干问题辨正 [J]. 文物, 1979 (5): 43-45；黄盛璋. 再论平山中山国墓若干问题 [J]. 考古, 1980 (5): 444-447, 435.

② 苏荣誉, 刘来成, 华觉明. 中山王譻墓青铜器群铸造工艺研究 [M]// 河北省文物研究所. 譻墓：战国中山国国王之墓. 北京：文物出版社, 1995: 548-577；苏荣誉. 磨戟：苏荣誉自选集 [M]. 上海：上海人民出版社, 2012: 268；苏荣誉, 刘来成, 华觉明. 中山王譻墓龙凤方案的铸造工艺 [M]// 华觉明. 华觉明自选集. 郑州：大象出版社, 2016: 581-584.

　　灵寿故城及其周围墓葬出土的青铜器可确定属中山国。所调查发掘的270余座墓中，9座年代在春秋中晚期。平山访驾庄 M8004 属春秋中期，随葬年代略早的铜鼎、带柄铜镜和金丝圈耳环，鼎是地道中原之物，镜和金耳环具较特别，可能反映墓主的个人喜好。战国早期的18座墓中，短剑（M8221：2）身为柳叶形，中起脊，后出茎。纠结蟠虺纹形透空柄，其管形爪头所饰绿松石多已脱落。茎与剑一体，以对开块范浑铸成形，柄应铸接在茎上。这柄剑具有北方草原文化某些风格特征，在春秋秦剑中有若干发现，二者关系有待深究。

　　穆家庄出土的盖豆（M8101：2，图 1.1），通高 196 毫米，在该捉手顶面、盖面、器腹、柄座上布七组图像。盖面的狩猎燕乐场面、器腹的搏兽图和足面的采桑狩猎纹，统共有人像90、兽63、鸟26、鱼4（图 1.2），发掘报告描述为"凸铸狩猎燕乐图盖豆"①，图案是锈蚀较重的红铜，实为铸镶红铜器。早年浑源李峪出土一豆，现藏上海博物馆②，盖与腹内壁可见红铜纹饰单元的铜芯撑。铸镶红铜极其复杂，具有同源性并可以上溯到春秋中期的淮河流域。③ 这两件豆造型、主体和工艺一致，年代应同为春秋晚期，且应出自同一作坊，是否侯马晋国铸铜作坊生产铸镶红铜器物，尚待考察。

图 1.1　盖豆

图 1.2　盖豆铸镶红铜
纹饰展开图

①　河北省文物研究所.战国中山国灵寿城：1975—1993 年考古发掘报告［M］.北京：文物出版社，2005：264.

②　上海博物馆.中国青铜器展览图录［M］.北京：五洲传播出版社，2004：104-105；中国青铜器全集编辑委员会.中国青铜器全集：卷 8［M］.北京：文物出版社，1996：34，37.

③　苏荣誉，王丽华.枣庄徐楼出土铸镶红铜青铜器探讨：兼及红铜铸镶纹饰青铜器的时代与产地问题［C］//山东省文物考古研究所，北京大学震旦古代文明研究中心，莒县人民政府.青铜器与山东古国学术研讨会论文集.上海：上海古籍出版社，2017：391-442.

穆家庄墓出土的带盖联裆鼎（M8102：1），盖和腹均饰细密勾连雷纹，腹中凸起一周绚索纹，耳内外饰细密蟠虺纹。① 纹饰和造型与多伦多皇家安大略博物馆（Royal Ontario Museum）收藏的一件联裆鼎（932.16.149.A-B），华盛顿赛克勒艺术馆（Arthur M. Sackler Gallery of Art, Smithsonian）收藏的一件联裆鼎（V323）及上马墓地鼎（M5218：13）相似，浑源李峪出土豆（M3：3）和原平塔岗梁出土豆（M3：2），辉县固围村出土的提链壶，盖和腹部的勾连雷纹一致，和侯马铸铜遗址出土的纹饰模（ⅡT81H126：72）相当接近②，经分析比对，虽然东周时期联裆鼎裆有高低之分，耳和铺首互异，纹饰有繁简之别，年代有当属春秋晚期或春秋晚期向战国过渡时期③，这和上述参照器物的断代是一致的。

中山国王陵分城内和城外两处，城内两陵分属桓公（M7）和成公（M6），城外陵区在西灵山下南坡高地，王𰯼葬于此。成公墓出土五件一列青铜陪鼎（M6：67），通高 117 毫米，重 1.1 千克。④ 器体近球形，有隆盖，均布三卧兽钮。子口敛、附耳外饰绚索纹；盖面和鼓腹饰容庚划分的第五类蟠虺纹（曲如圆球），圜底，三蹄足根部外饰兽面纹（图 2.1）。纹饰相同的一对壶收藏在华盛顿赛克勒艺术馆⑤，是典型的侯马风格器，同样的铸范见于侯马铸铜遗址（ⅡT12②，图 2.2)⑥，可见这组器物也应铸造自侯马，年代应在春秋晚期。

---

① 河北省文物研究所．战国中山国灵寿城：1975—1993 年考古发掘报告［M］．北京：文物出版社，2005：237.

② 台北故宫博物院编辑委员会．海外遗珍·铜器（二）［M］．台北：台北故宫博物院，1988：125；RAWSON J. Eastern Zhou Ritual Bronzes from the Arthur M. Sackler Collections, Vol. Ⅲ ［M］. New York：Arthur M. Sackler Foundation, 1995：50-51；山西省考古研究所．上马墓地［M］．北京：文物出版社，1994：36；山西省考古研究所．山西浑源县李峪村东周墓［J］．考古，1983（8）：695-700. 此简报称豆 M3：3 为簋形器。山西省忻州地区文物管理处．原平县刘庄塔岗梁东周墓［J］．文物，1986（11）：21-26；戴遵德．原平峙峪出土的东周铜器［J］．文物，1972（4）：69-72；中国青铜器全集编辑委员会．中国青铜器全集：第 8 卷［M］．北京：文物出版社，1996：164，186；山西省考古研究所．侯马铸铜遗址［M］．北京：文物出版社，1993：268.

③ 苏荣誉．论三足锯齿形铸接青铜鼎：兼论联裆鼎和侯马铸铜作坊生产诸题［M］//北京大学考古文博学院．高明先生九秩华诞庆寿论文集．北京：科学出版社，2016：152-187.

④ 河北省文物研究所．战国中山国灵寿城：1975—1993 年考古发掘报告［M］．北京：文物出版社，2005：139.

⑤ 容庚．商周彝器通考［M］．上海：上海人民出版社，2008：123；中国青铜器全集编辑委员会．中国青铜器全集：第 8 卷［M］．北京：文物出版社，1996：60，68.

⑥ 山西省考古研究所．侯马陶范艺术［M］．普林斯顿：普林斯顿大学出版社，1996：1134-1135.

图 2.1　陪鼎 M6：67
（引自《战国中山国灵寿城》
彩版 13.2）

图 2.2　侯马泥范 II T12②
（引自《侯马陶范艺术》
页 446 号 1134）

　　灵寿城内还发现青铜冶铸遗迹与遗物，考古报告认为在六号遗址西南角发现冶铜炉（E6T32③：L1），直径 1.75 米、楼壁厚 0.15 米、残高 0.75 米，炉门前坑中出土戈、剑、带钩范块。西城内九号遗址发现冶铜炉群，清理出五座炉、一个浇铸坑，和十多块布币与刀币泥范和石范。这些泥范的材质与侯马铸铜遗址十分接近，尤其是车害（M5CHMK：1.1-2）和车害范（E5T4③：25）等的绚索纹①，与侯马如出一辙，可以认为它们技术同源，但其技术水平，特别是规模都无法与侯马相比，也没有容器范，或者中山只能铸造工具、兵器、货币和日用品亦未可知。

　　譽墓早已遭到严重盗掘，但仍出土的青铜器数量（不计车马、帐篷和漆木等铜构件）多达 249 件，且孤品和精品极多。随葬器物有一定的年代跨度，有至春秋晚期者，其工艺多属侯马风格，可能铸自彼处。据铭刻，多数器物铸于王譽十三年和十四年（前 4 世纪末），可能是与齐伐燕得胜获得了材料"燕吉金"可以大量铸器有关，抑或得到了精良铸工，铸造精湛器物，或者二者兼而有之，都是值得深究的问题。笔者曾经对中山譽墓出土青铜器铸造工艺，做过比较全面的研究，可据以归纳如下：

　　1. 分铸法广泛采用且为主导，代表作是四龙四凤铜方案座和十五连盏铜灯。前者由 188 块泥范铸造 78 个部件，经 22 次铸接、48 次焊接成形，后者分段铸造机械连接，技艺炉火纯青。

　　2. 中山国青铜器未见使用失蜡法，块范法工艺传统强大，具有优先性。失

————————

① 河北省文物研究所. 战国中山国灵寿城：1975—1993 年考古发掘报告 [M]. 北京：文物出版社，2005：37-39，71-75，83-85，245-246. 灵寿故城中发现的炉，公布材料过于简单，未必是冶铜炉而应是铜熔炼炉，用于铸铜。

蜡法在先秦青铜器生产中始终处于从属地位。

3. 礼器多素面无饰，说明与战国早期三晋地区不同，乐器内腔的纹饰是首次发现。

4. 金银错工艺风行，虽原因不明，但有大量的金银来源。

三十年过去了，虽然有关中山国金工生产的核心内容未有大变，但大量新材料的公布，特别是灵寿故城的考古材料，可以改写不少内容，也反映出更加全面的金属工艺。本文中不少金工技术的讨论是在三十年前未发表的旧稿基础上重新改写的，陈旧之处难免。

二、青铜器刻铭、铸铭与刻纹

据张守中统计，中山王𰯼墓出土器物中有文字者 174 件，包括铜器铭文、玉器和木条墨书，以及封泥印文，弥足珍贵。有铭金属器 90 件，刻铭占绝大多数，铸铭者仅有 4 件神兽、1 件钺和 3 件金银泡饰，2 件壶铸、刻并用，其余均刻铭。①

（一）錾刻铭文

从技术条件看，青铜器是高锡青铜，硬度很大，早期罕有超过其硬度的工具可在其上刻纹錾铭。② 殷墟时期，安阳戚家庄东 M63 出土 4 件青铜器的铭文錾刻而成③，说明当时已经获得了钢或铸铁工具。及至春秋晚期，錾刻铭文的器物罕见，说明获得硬质工具具有偶然性，极为稀有。

灵寿城内出土器物极少有铭，一件 T 形铲残损严重，柄部刻铭"二年左使库……"。成公墓西库出土的一件小型甗（M6：87），通高 200 毫米，上甑下鬲相套，甑圈足外刻铭四字"廿七年右"。一件较小的双提链耳三足盆（M6：99），带链通高 194 毫米、盆径 179 毫米，底中部刻铭"左""二十年"，底边两侧分别刻"二"和"十"。④ 这些铭笔画纤细，局部转折生硬，笔画粗细和字排

---

① 张守中. 中山王𰯼器文字编 [M]. 北京：中华书局，1981：143-148.

② 按照现代工业标准，铸造青铜 ZCuSn10P5（含锡 9%~11%、铅 4%~6%）的布氏硬度为 685，而中碳工具钢 T7（碳含量 0.65%~0.74%）在淬火态下布氏硬度为 750。张丝雨. 最新金属材料牌号、性能、用途及中外牌号对照速用速查实用手册 [M]. 北京：中国科技文化出版社，2005：525，1136. 只有淬火的中碳工具钢才能錾刻青铜。苏荣誉. 郑国故城新莽铜衡器与诏版的几个技术问题 [J]. 考古，2018（8）：40-42.

③ 安阳市文物考古研究所. 安阳殷墟戚家庄东商代墓地发掘报告 [M]. 郑州：中州古籍出版社，2015：178-180.

④ 河北省文物研究所. 战国中山国灵寿城：1975—1993 年考古发掘报告 [M]. 北京：文物出版社，2005：80-81，139，160-161.

列常不匀，是为刻铭特点。

王臀墓东库出土一对平盘盖豆（DX：11、12），豆 DX：11 座侧刻铭"左使库，工緐"（图 3.1）。① 这些豆盘与校分铸，盘底出榫插入校中以铅焊封一起的。② 圆壶（XD：16）通高 443 毫米，圈足外壁刻铭二十字："十祀，右使，啬夫吴丘，工胄，重一石百四十二刀之重"（图 3.2）。盉（DK：17）腹部刻铭"十一祀，左使库。啬夫郭痒，工触，重三百八刀"，凸弦纹上方刻铭"左替者"（图 3.3）。此外，东库出土不少屏风、帐构和工具，不少刻有装配记号或所属的一二字铭。偶见有较长刻铭者，如橛上均竖刻铭十一字"十四祀，牀甚啬夫徐戠制之"（图 3.4）。③

图 3.1　豆 DX：11 座侧刻铭

（引自《殷周金文集成》号 4665）

图 3.2　圆壶 XD：16 圈足外侧刻铭

（引自《殷周金文集成》号 9674）

图 3.3　盉 DK：17 腹部刻铭

（引自《殷周金文集成》号 9448A、B）

图 3.4　帐橛刻铭

（引自《殷周金文集成》号 10473）

刻铭的出现和普遍化为青铜器的商品化开辟出更大的空间，各地出产的器

① 河北省文物研究所．臀墓：战国中山国国王之墓［M］．北京：文物出版社，1995：116-118；中国社会科学院考古研究所．殷周金文集成［M］．北京：中华书局，1987：4665．
② 苏荣誉，刘来成，华觉明．战国中山王墓青铜器群铸造工艺研究［M］∥苏荣誉．磨戟：苏荣誉自选集．上海：上海人民出版社，2012：241．
③ 河北省文物研究所．臀墓：战国中山国国王之墓［M］．北京：文物出版社，1995：126，128，276，278，281-282，285-286，322-323；中国社会科学院考古研究所．殷周金文集成［M］．北京：中华书局，1987：9674，9448，10473．

物，甚至不同时代的器物都可重新刻铭，改变了商代以降的铸铭制度。嚳墓出土的两件方壶（DK：10、11），通体饰勾连云纹，其中镶嵌绿松石、错红铜，甚至填蓝漆，腹部下方横刻铭文"十四祀，今器啬夫亳夏，所荆省器作荆者"16字（图3.5），器盖沿下刻同铭，但多漫漶。这类壶年代属春秋晚期或战国早期，这些铭文和墓其他铭文一致，显然后来加刻。

图3.5　方壶DK：10腹部刻铭
（引自《殷周金文集成》页9665）

（二）铸铭

从技术传统看，中原青铜器以泥范块范法铸造成形，中商时期出现的铭文自然铸造，直到汉代青铜礼器趋于消逝，很多器物依然如此。灵寿城内遗址出土有若干钱币及其铸范，多有铭文，钱阳文而范阴文，均是铸铭。嚳墓出土一件钺附有帽和镦（CHMK2：13.1~13.3），长294毫米、宽255毫米。长方内，援有圆穿，弧刃内铭文2行16字："天子建邦，中山侯□，兹作军钺，以敬厥众。"（图4.1~4.2）。铭文笔画宽而深，转折圆滑，诸家均认为铸铭，确然。

兆域图版GSH：29是一长方形铜板，光洁规整，长960毫米、宽480毫米、厚7~12毫米、重32.1千克。表面用金、银片或条镶嵌出兆域图形，并以阳文注明各部位名称、尺寸、大小、间距位置和国王诏命。除"丘趴"图线为2毫米宽外，余均4~5毫米，其外错银，其内错金。错金银的沟槽先铸，说明文字与之一同铸出，前者为沟槽，后者阳文正书，铸范上为阴文反书，原模若阳文正书，颇为不易。

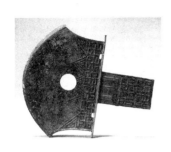

图 4.1　中山侯钺
（引自《中国青铜器全集》第 9 卷，页 163）

图 4.2　中山侯钺铭
（引自《殷周金文集成》页 11758）

　　中山王𰆩鼎（XK：1）、方壶（XK：15）和圆壶（DK：6），均有长篇铭文，被称为"中山三器"。鼎（XK：1）是九件一列升鼎中最大者，通高 515 毫米、口径 420 毫米、最大腹径 658 毫米，重 60 千克。铁足先铸，盖与腹壁有 77 行、469 字铭文。铭文记载王𰆩十四年铸鼎，斥责燕国君哙无理禅让。赞扬自己的相邦司马赒忠诚有为，征燕扩疆。告诫嗣子记取吴越灭国教训，忧患强敌。发掘报告指出属于刻铭，"刀法娴熟，横竖刚直，圆弧匀畅，刀锋细锐，构字秀丽，粗细、深浅匀称。……刻字前先轻轻地划出横竖格线，格线细如毫丝，时隐时现"。王𰆩方壶通高 630 毫米、最大边长 350 毫米，重 28.72 千克。壶直口平沿，短颈溜肩，鼓腹平底，高圈足，肩四角各设一圆雕蟠龙，腹上部对设衔环铺首。发掘报告指出壶四壁契刻长篇铭文，每面 10 行，行多为 12 字，铺首处 6 字，外二行各缺 2 字，内 4 行各缺 3 字，重文符号 3 个，合文符号 1 个，共 450 字。文意与鼎相同，恐出一人之手。𫊣蛮圆壶通高 449 毫米、腹径 312 毫米，重 13.65 千克。壶腹平沿束颈，弧肩设一对衔环铺首，鼓腹饰两周凸弦纹，平底下以圈足承器。圈足裙壁刻铭 23 字："十三祀，左使库，啬夫孙固，工𱕏，重一石三百三十九刀之重。"（图 5.1）发掘报告指出，前 13 字铸铭，后 10 字器成刻铭。腹部凸弦纹间刻铭 59 行，行 3 字，重文符号 5，计 182 字（图 5.2）。前 22 行刻工笨拙，字体粗劣，此后刻法迥异，技法高超，与鼎铭出于一人之手。铭文内容是嗣王蛮为先王𰆩写的一篇悼词。歌颂先王，也称赞相邦赒。① 论

① 河北省文物研究所 . 𰆩墓：战国中山国国王之墓［M］. 北京：文物出版社，1995：113-121，110-111，124-125；中国社会科学院考古研究所 . 殷周金文集成［M］. 北京：中华书局，1987：9665，11758，9734.

者多以为圆壶铭文为瞿子盉盨加刻的，被广为采纳。① 也有论者认为中山三器的铭文都是契刻的，或认为圆壶圈足铸铭一行 13 字，腹后加刻铭 59 行 182 字。② 以圆壶为例，细审铭文，个别字的个别笔画或有錾刻痕，这需要微痕分析予以确定，但整体铭文的确笔画"横竖刚直，圆弧匀畅，粗细、深浅匀称"，和著名的赵孟壶铭一致③，与前述刻铭的纤细、浅痕、横竖不平直、转折不圆滑判然有别，有极大铸造成形的可能。对照圆壶圈足铸、刻并施的铭文，铸、刻特点明显，不难判别。当然，需要通过微痕分析确证。

图 5.1　圆壶 DK：6 圈足铭文
（引自《殷周金文集成》号 9693）

图 5.2　圆壶 DK：6 腹部铭文
（引自《殷周金文集成》号 9734A～E）

（三）刻纹

钢铁技术的成熟，不仅青铜器铭文可以契刻，也出现了錾刻的图案，江苏六合程桥墓、太原金胜村赵卿墓中，都出土了刻纹青铜，年代均在春秋晚期④，刻纹手法相近，应有同源性。

平山穆家庄出土的青铜鉴（M8101：4，图 6.1～6.2），口径 465 毫米、通高 165 毫米。敞口折沿，折腹平底，薄壁。内壁线刻三组纹饰：颈部一周八个头尾衔接的夔凤、腹壁的备宴图和狩猎图，前者以庄院建筑为核心，后者与前者拼成全图，出现了车猎；底部纠结的蟠蛇（图 6.3）。⑤ 刻线由细短线构成，浅而细，深浅宽窄均匀，流畅均衡，说明工具锋韧，刻技纯熟。

---

① 河北省文物管理处. 河北省平山县战国时期中山国墓葬发掘简报 [J]. 文物, 1979 (1)：1-31；THOMAS LAWTON. Chinese Art of the Warring States Period, Changing and Continuity, 480—221 BC [M]. Washington D. C.：Smithsonian Institution, 1982：21-23.

② 李学勤, 李零. 平山三器与中山国史的若干问题 [J]. 考古学报, 1979 (2)：147-170；段连勤. 北狄族与中山国 [M]. 石家庄：河北人民出版社, 1982：119.

③ YETTS W. A Datable Pair of Chinese Bronzes [J]. The Burlington Magazine for Connoisseurs, 1937, 70 (406)：8-9, 11-12.

④ 江苏省文物管理委员会, 南京博物院. 江苏六合程桥东周墓 [J]. 考古, 1965 (3)：105-115；陶正刚, 侯毅, 渠川福. 太原晋国赵卿墓 [M]. 北京：文物出版社, 1996：57, 69.

⑤ 河北省文物研究所. 战国中山国灵寿城：1975—1993 年考古发掘报告 [M]. 北京：文物出版社, 2005：279.

图6.1　青铜鉴 M8101：4　　图6.2　内壁刻纹局部　　图6.3　内壁刻纹摹本

三、华丽多彩的金银器与金银细工

中山国多姿多彩的金银器和精妙的金银细工，在先秦时期非同寻常，但缺乏研究。限于篇幅，这里仅将各种技术现象略加归纳，分为金器及其加工、银器及其加工、鎏金与包金、错金与错银、拔丝以及金银铸镶，略陈管见，以期引起重视。

（一）金器加工

金以夺目的色泽、不朽的品质和稀有的赋存，自古以来极为人类所珍视，并具有优异的铸、锻、焊、鎏等加工特性，特别是金属的延展性，被制作出各式各样的装饰和珍奇物品。

将金块打制成金叶和金箔的工艺，在中原可以上溯到商代早期。郑州商城一狗坑曾经出土团在一起的金叶（C8T27M24：1），重18.5克，金叶展开后形似夔纹。盘龙城杨家湾出土的一具金片绿松石兽面（M17：31），兽面眉、目和牙以金片制作，考古简报推定年代处于早商向晚商过渡期。这些金片尚未见分析报告公布，微观显示出铸态的可能。平谷刘家河中商墓出土金簪、钏和耳饰，含金约85%，铸造成形[1]，表现出与盘龙城杨家湾金片绿松石兽面在工艺上的一致性。很明显，除金叶外，早期金器多铸造成形，与青铜器工艺传统一致。

以铸造工艺为主体，制作独具特色的、近于青铜器纹饰的金器，标志着中原金器传统的形成。西周晋侯墓地，两周之际的虢国墓地、芮国墓地，以及稍晚的秦国墓地，乃至战国早期曾侯乙墓所出金器，多属于此。[2] 但春秋晚期，欧

---

① 河南省文物考古研究所. 郑州商城：1953—1985 年考古发掘报告［M］. 北京：文物出版社，2001：844；武汉大学历史学院，盘龙城遗址博物院. 武汉市盘龙城遗址杨家湾商代墓葬发掘简报［J］. 考古，2017（3）：15-25；北京市文物管理处. 北京市平谷县发现商代墓葬［J］. 文物，1977（11）：1-8.

② 苏荣誉. 传统与变奏：阿富汗与近东和中国中原地区早期金银细工关系寻绎［M］//清华大学艺术博物馆. 东西文明交汇的阿富汗国家宝藏. 上海：上海书画出版社，2022：277-301.

亚草原的金工持续对中原产生着影响，结果表现在：锻打金器增多，拔丝工艺出现，鎏金工艺出现，错金工艺的繁荣。

锻金的实例在中山国较多。太行山中的原平塔岗梁三号墓出土一组金饰，包括两组金丝耳环（M3：7、8）、一个金泡（M3：9）和由金管穿成的一个串饰（M3：10）。[①] 金耳环实由扁金丝绕成，截面不甚规则，显然是锤锻加工而成。同样，串饰的金管，大小、粗细也不均匀，也应是金片卷成的管，经缀联而成（图7）。王𰯼墓中例证很多，金皮花棱管43件，直径在12毫米×8毫米、长者32毫米、短者18毫米，

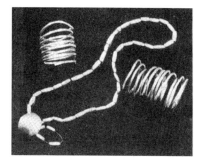

图7 原平塔岗金丝、泡、串珠 M3：7～10（引自《文物》1986年第11期第25页图13）

重量4～5克，发掘报告以为是金叶包铜片卷成花棱扁状，可容一股革带穿过。北盗洞出土的一件金圆管（BDD：19），对边四角有穿孔，可穿两股革带。这些管的制作工艺和金片卷成金管工艺一致。

锻金的极致即是金箔，称为箔金工艺。中山国箔金材料不少，王𰯼墓西库出土几何形金箔片31片（XK：96.1～96.31）、车马坑出土双凤形金箔15片，前者有正方形、长方形、三角形、八角形和梯形等品类，边角到中间有细小的钉孔，考古报告推测是漆木器装饰。后者双凤左右对称，尖喙，长颈前曲，长冠后飘，双爪一前一后，尾卷云形并对联。所附不详，实为优秀的剪纸作品，长138毫米、宽86毫米。这些金箔厚度未经测量，当属微米量级；用于包金装饰的多为金叶，厚度多为数十微米。

铸造金器契合中原自西周建立的金工传统。王𰯼车马坑出土的金帽（CHMK2：48.1～48.2），圆銎龙首，中空，銎边有棱，两侧有钉孔，长98毫米、径30毫米，系铸造成形。出土铜戈甚至配以金鐏。一对戈（CHMK2：15、17）各配金鐏（CHMK2：16、18）。两金鐏形制相同，均铸造成形，但所饰两条相向龙，龙眼用银和蓝琉璃镶嵌而成。鐏身纹饰细若毫发，以锐器刻成。外侧向下的一条龙，以银错一对龙角，龙身刻羽翼纹，面和腹为鳞纹，耳刻毛发，背部斜方格纹。向上的一条龙，银错双翼，刻画双角、额、耳和毛发，身饰鳞

---

① 山西省忻州地区文物管理处. 原平县刘庄塔岗梁东周墓 [J]. 文物, 1986 (11)：21-26.

纹（图8）。①

（二）银器加工

银因品位低需要灰吹法（cupellation）两步冶炼，技术路线复杂，约在公元前4000纪，爱琴海地区率先将银从铅中分离出来，随即这一技术快速传播。炼银技术何时传到中原还不清楚，还没有证据表明在魏晋前中原掌握了炼银技术。所以，银在中原出现很晚，春秋战国的银，很可能都是自中亚舶来的材料。

图8 金镈 CHMK2：16
（引自《𦩑墓》彩版36.2）

战国中山是使用了较多银和银制品的国度。成公墓出土的银盖帽（M6：12.1～12.4），原套在木器端头，八棱形，盖面有孔。王𦩑墓出土一片银箔（XK：96.2）是一长条形残段，残长45毫米、宽14毫米，与金箔同时出土，可能同属漆木器装饰。可惜发掘报告未公布图像资料，它是目前所知中国最早且稀有的银箔，或自外地输入。至于银片或银叶，𦩑墓多有出土。北盗洞和椁室出土49件银皮花棱管带饰，发掘报告认为属于包铜遗物，多为不规则或圆形截面的管形，为银片锤打并剪切而成，其上的孔用于连缀。

铸银成器或附件占有相当大的比重。成公墓西库出土的银人首铜俑灯（M6：113），系由人俑、螭、灯杆、灯盘和方座组装而成，通高664毫米。俑高256毫米，其头以银铸造，梳髻，发顶罩巾，后打花结，前系下颌。俑双眉翘起，镶黑宝石为眼珠，面带微笑，嘴角翘起，胡须遮唇（图9）②，娴雅潇洒，未见胡狄之像，是铸银艺术的杰作，而以宝石镶嵌眼睛，在古埃及雕塑中颇为风行。王𦩑墓出土的漆木器的银足、银钮和环，几乎都是铸造成形的。一件银器足（GSH：39）做山羊头形，双角内弯，长嘴为足。另两件

图9 银人首铜俑灯 M6：113
（引自《中国青铜器全集》
第9卷图175）

---

① 河北省文物研究所. 𦩑墓：战国中山国国王之墓 [M]. 北京：文物出版社，1995：152，154，315，296.

② 河北省文物研究所. 战国中山国灵寿城：1975—1993年考古发掘报告 [M]. 北京：文物出版社，2005：150，153.

足做蹄形，中空，约为漆鼎之足。

三银兽面环形饰（BDD：41）直径 52 毫米，重 128 克，据痕迹知此器是一中心环饰，三向系带。其结构是在一宽边铜环上设等距离三个短柱，柱上托银兽面。兽面眉、鼻和嘴又各构成一小兽面。[1] 银兽面应是铸造成形，并与铜环为铸接关系。以铸造成形、铸接连系是商周青铜器的工艺传统。这件器虽然银材来自远方，加工却是地道中原方式。出土的银贝平面呈椭圆形，正面开口，重近 11 克，发掘报告推测可能为棺饰，系铸造成形。侯马晋国石圭作坊出土铸贝泥范[2]，贝形一致，二者应有密切关系。指认中山国银杯铸于侯马作坊亦不为过。

金与银两种贵金属，一黄一白，光亮耀眼，多互相配合为装饰品。王𰯲墓出土两件狗项圈，均出土于杂殉坑两具狗骨架的颈部，用途明确，用狭长金片或银片卷成扁管，外面正中有一沟槽将管平分，缝合在管内壁，而管四角有小孔可缀连，并贯穿在革带上，外侧缀一铜环以接带。狗项圈（ZXK：1）用九节金管和九节银管相间串成，管截面椭圆，背面均刻铭"私库"，管径 30 毫米×9 毫米、长 20 毫米，金管均重 12.1 克、银管重 7 克。狗项圈（ZXK：2）用金、银管各八个，其余相同。两项圈设计巧妙，做工严谨，堪为一时代表作。

（三）鎏金与包金

中山国习用金银装饰器物，有不少包金、贴金和鎏金装饰的青铜器。贴金和包金工艺相同，前者是将某种形状的金箔以胶粘贴在特定部位，目的在于装饰金色图案；后者是以金箔包裹器物，视觉效果如金器。鎏金工艺大不相同，是利用汞可溶金为金汞剂，而其中的汞加热可挥发而将金附着在特定部位，通常是覆盖在器物表面使之视觉效果若金的工艺。一般情况下，鎏金和包金的目的是一致的。

平山穆家庄墓出土一件包金鹿形饰（M8102：15），以金箔贴在铜器表面，看起来器物似金质。王𰯲墓两件包金泡饰（BDD：42～43）为环形，外圈突棱包金叶，中间镶嵌一朵银梅花，均錾刻有铭文。包金周正平光，未见褶痕。

鎏金铜器如王𰯲墓二号车马坑出土兽纹带钩八件（CHMK2：11.1—11.8），形制相同，钩首为螭首形，细颈，勾尾圆弧形。钩面饰相背二兽，背后一钮。鎏金多已脱落，说明鎏金层不厚或者鎏金工艺有待提高。

---

① 河北省文物研究所. 𰯲墓：战国中山国国王之墓 [M]. 北京：文物出版社，1995：174，150，251-255，146，153-155.

② 山西省考古研究所侯马工作站. 晋国石圭作坊遗址发掘简报 [J]. 文物，1987（6）：73-81.

（四）错金与错银

中山国青铜器一大装饰特色即是错金银。王墓中出土的构件，不少经错银加工，西库出土的两件一对长条形镶饰（XK：54、55）及两件一对连接扣器（XK：56、57）堪为代表。前者通长 770 毫米、宽 60 毫米，重 3.5 千克，器表由宽窄不同银片以及细微银丝错出繁复华丽的勾连云纹。后者由两段方形截面筒构接而成，错银工整繁复的勾连云纹。① 西库出土的划纹磨光黑陶器，纹饰线条与器表产生明暗对比，犹若陶器表面错银氧化被黑色调，很可能是对错银效果的模仿。

成公墓西库出土的一对牺尊（M6：111），可为略早的代表。牺尊造型完整，口微张，竖耳睁眼，颈有项圈，背中央开口并接设回首燕形盖，短尾略翘，肌肉饱满，四足有力。长 400 毫米、宽 160 毫米、通高 280 毫米，重 4.4 千克。牺尊通体以银和红铜片丝错云纹和勾连云纹，以金镶错项圈，以绿松石嵌牺首、燕盖和器身局部（图 10）。嵌、错穿插使用，金、银、红铜和绿松石巧妙搭配，美轮美奂。至于王䇶墓中出土的错金银犀牛（DK：22）、双翼

图 10　错金银牺尊 M6：111
（引自《战国中山国灵寿城》
彩版 23、图 127）

神兽（XK：59），以及大量的屏风构件和车马饰件，反映出巧夺天工的错金银技艺，在先秦青铜器中独树一帜。

（五）拔丝

拔丝工艺的例证只有一个，即平山访驾庄墓出土的一对金丝耳环 M8004：1.1～1.2，出土于墓主头颅两侧耳根处，为耳环无疑。两件形制相同，均是以细金丝绕三圈，形成螺旋形环，环径 40 毫米，重 6 克。② 金丝两端稍尖，虽然其直径未见报告，但图片表现截面圆而粗细均匀，具有拔丝特点。

（六）金银铸镶

铸镶工艺是在青铜块范法铸造中垫片技术的基础上发展出的装饰工艺，前文讨论穆家庄出土的盖豆（M8101：2）纹饰系铸镶红铜，金银铸镶的实例

① 河北省文物研究所. 䇶墓：战国中山国国王之墓 [M]. 北京：文物出版社，1995：154，264，285，142.

② 河北省文物研究所. 战国中山国灵寿城：1975—1993 年考古发掘报告 [M]. 北京：文物出版社，2005：166，257.

罕见。

王𰷺墓出土的错金凤银带钩（GSH：44），通长186毫米，属琵琶形类，螭首钩头，身为蟠龙，龙头起于钩颈，龙眼为圆孔，原始镶嵌；钩面一金凤与一兽纠缠，背面尾部竖圆柱钮。带钩主体银质，铸造成形。虽经火焚致纹饰模糊，但金质凤铸在预留凹槽内，针刻细密纹样。

与之工艺一致的还有四只铸镶金花夔龙纹银泡，椁室出土三件 GSH：37.1~37.3 均经火焚，北盗洞出土的一件银泡（BDD：40）完整，直径53毫米，重86克。圆泡形，外缘饰针刺锯齿形纹，面为两夔龙纠结，中心铸镶金柿蒂花，且花瓣上刻有细叶脉和针戳点纹（图11.1~11.2）。泡背面四柱承方环，铸铭一周12字："十三祀，私库，啬夫煮正，工孟鲜。"[1] 椁室所出三件，工艺应与之相同。

**图 11.1　铸镶金花夔龙纹银泡
BDD：40 正面**

**图 11.2　铸镶金花夔龙纹银泡
BDD：40 背面**

四、发达的铸铁技艺

铸铁是中国的杰出发明，成为战国秦汉先进生产力的重要组成部分。中山国何时掌握铸铁技术难以知晓，但战国铁器已很发达，不仅铸造铁斧、锛，也锻造铁甲。中山勇士"衣铁甲，操铁杖，以战"（《吕氏春秋·贵卒》），说明铁甲已经普及，与燕国情形仿佛。

1955年发掘的石家庄市庄村战国遗址，出土铁器47件，时代被断为战国中晚期，与灵寿故城相当。其中两件铁斧经金相分析，较大的一件长72厘米、宽56毫米，侧视为尖劈形，銎和尖劈外层金相为灰白色细小结晶体，厚1~2毫米，属含碳不同的共析和亚共析体，最外层出现脱碳组织，内层是粗大的方向

---

①　河北省文物研究所. 𰷺墓：战国中山国国王之墓 [M]. 北京：文物出版社，1995：152.

性亮白口结晶，属过共晶组织，两层界限明确，含碳量自内向外递减（图 12.1~12.4）。銎底部也出现了粗大的脱碳组织，最外层几乎为铁素体，含碳很少。因其厚，代表了这个铸件的外层结构，但厚处也有很少的白口组织，其余是亚共析珠光体组织。很明显，铁斧曾经脱碳处理，使质硬而脆的白口铸铁的表层成为近于纯铁的铁素体、内层为综合性质优良的珠光体，使之成为韧性铸铁，大大改善了性能，成为古代中国基于铸铁的一系列技术发明之一。这一技术直到 19 世纪，被工业革命的欧洲再次发明。[①]

灵寿城内的五、六号遗址均发现冶铁和铸铁遗迹与遗物。发掘报告分出冶铁炉和铸铁炉，遗址内有铁矿石、铁渣、炭灰、泥范和坩埚片出土。炉的内涵还需深入研究，所出土铸范、芯属多种工具和农具，均为灰色夹砂泥质，形式和材料既与灵寿城内出土的铁器相吻合[②]，又与登封阳城战国铸铁遗址所出土的十分相近[③]，内涵高度一致，估计不少也经柔化处理。

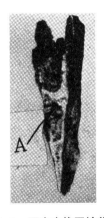

图 12.1　石家庄战国铁斧侧面
（引自《考古学报》1960 年第 1 期图版 1.2）

图 12.2　石家庄战国铁斧外层金相
（引自《考古学报》1960 年第 1 期图版
1.3，×250）

① 河北省文物管理委员会. 河北石家庄市市庄村战国遗址的发掘 [J]. 考古学报，1957（1）：87-91；华觉明，杨根，刘恩珠. 战国两汉铁器的金相学考察初步报告 [J]. 考古学报，1960（1）：73-88.
② 河北省文物研究所. 战国中山国灵寿城：1975—1993 年考古发掘报告 [M]. 北京：文物出版社，2005：35-37，67-71，75-77.
③ 河南省文物研究所，中国历史博物馆考古部. 登封王城岗与阳城 [M]. 北京：文物出版社，1992：270-271，306-308.

图 12. 3　石家庄战国铁斧中层金相　　图 12. 4　石家庄战国铁斧内层金相

（引自《考古学报》1960 年第 1 期图版　　（引自《考古学报》1960 年第 1 期图版

1. 4，×250）　　　　　　　　　1. 6，×250）

王𰯾墓出土的两件火盆（DK：64、DK：68），形制相同，体为长方形，敞口折沿，四壁直立，浅腹平底，长壁外侧均置两个铺首衔铜圆环，四蹄足均布于长边两侧。一件长 884 毫米，宽 440 毫米，高 182 毫米，重 74.1 千克；另一件长 890 毫米，宽 450 毫米，高 180 毫米，重 66.5 千克，俱是迄今所知先秦最大的铁器（图 13）。器身铸造披缝清晰，底部中央浇口痕迹明确。四个铜环分别先铸，后为铁盆铸接。盆的材质应为灰口铸铁，也是迄今所知最早的灰口铸铁件。[1]

图 13　铸铁火盆 DK：68（引自《𰯾墓》彩版 18. 1）

---

[1]　笔者 1996—1997 年研究中山王𰯾墓青铜器时，得到河北省文物研究所许可，修复师雷金铭先生曾帮助自浇口取样，断口明显灰口，但样品锈蚀殆尽，无法进行金相分析。

　　罍墓中出土的一些铁器是锻造成形的，如铁削（BDD：59.1、2）、扭丝状环帽钉（GSH：60.1~60.5）和扭丝状环首器（BDD：62.1、2）。一件铁甲片（XCJZHYJ：4）一面弧曲，上半近长方形，下半一边有缺，一边楔形。横宽53毫米、竖高49毫米。尤其是葬船坑出土数十件船板铁箍，是由宽16~18毫米、厚1.5毫米的铁带缠绕而成，大多绕四周，首尾均插入船板中固定，但这些铁箍保存较差。船底铁箍有竖长方形和横长方形，前者位于船首，横排三件（ZCK：80~82），用于固定底板与横带；后者位于船底中线两侧（ZCK：56、57、62、72），似乎仅用于加固底板。舷边也有同样的铁箍，但大小有别。① 这些皮箍显然都是熟铁锻打而成，其材质应是低碳钢而近于熟铁。根据登封阳城出土的铸造铁板和铁条范，推知战国时期制钢的主要方法是铸铁彻底脱碳再渗碳。② 中山国这些钢或熟铁件，应该也是如法炮制，即在上述市庄村铁斧铸铁脱碳的基础上，继续退火脱碳为铁素体或铁素体与珠光体，然后可以锻造器物，再予渗碳处理成中碳钢、低碳钢或熟铁件。

　　战国中山国是一个方圆五百里的小国，但所出土的文物，包括青铜、金银、玉石、漆木、陶土等材质，都不乏或精美绝伦、巧夺天工，或大气宏阔、华美绚丽的精品，有些甚至是孤品。这种小国大器格局，当然体现了中山国一度雄厚殷实的国力，其炫富、炫技的张扬，也反映了中山国王公的审美。李学勤先生曾指出那些技艺很高的器物不是其他诸侯国的输入品③，但上述的分析中，可以推测早期的青铜器和部分金银器与晋国侯马铸铜遗址有密切关系，甚至出于彼。推而广之，中山国所出的器物，不少可能是舶来自别处的，未必是本地的产品和工匠的创造。究竟中山国当时金属工业的生产能力和水平如何，采买或获自别处的器物的机制如何，需要深入研究、持续探索，或可有所突破。

　　附识：三十年前，蒙文物出版社楼宇栋先生错爱，有幸接手研究平山三汲中山王罍墓出土器物，也因此识得此墓发掘主持和报告主编、河北省文物研究所刘来成先生。那些器物，种类之繁多，制作之精美，千载难逢。其时器物已修复完整，不能取样，如何深入研究，则大费周章。当时研究条件十分窘迫，且时间有限，只能因陋就简，舍掉铁器和金银器。即使是青铜器，也只能就若干

① 河北省文物研究所.罍墓：战国中山国国王之墓［M］.北京：文物出版社，1995：96-98，150-151，330-331，336.
② 苏荣誉，华觉明，李克敏，等.中国上古金属技术［M］.济南：山东科学技术出版社，1995：362-367.
③ 李学勤.平山墓葬群与中山国的文化［J］.文物，1979（1）：37-41.

问题进行讨论。三十年来，笔者对嚳墓美器耿耿于怀。成都金沙遗址博物馆拟举办中山国文物展，王方馆长微信笔者可否为展览图录写一小文，不假思索就答应了。限于篇幅，青铜器中诸多问题没有展开，但将自己对金银器和铁器等的诸多思考奉上，权作抛砖引玉。

说明：原文发表于成都金沙遗址博物馆、河北博物院、河北省文物研究所编《发现·中山国》，巴蜀书社，2019年，第185—197。今承杨夏薇博士校改文字和格式。

跋己亥集

　　农历己亥年是公历 2019 年，本集由我在 2019 年发表的八篇关于青铜器技术与艺术研究的论文编成，最后一篇讨论战国中山国金属技术，还涉及金银艺术和钢铁工艺的内容。这八篇论文：有 2019 年的即兴之作，如《关于中原早期铜器生产的几个问题——从石峁发现谈起》，此论文试图从技术和社会背景看早期青铜器生产，希望对考古发现的认识能基于充分的资料披露、严格的科学分析，对有关方法论和认识论进行了探讨；有些文章的编写，则历经了三四十年。

　　20 世纪 80 年代末，河北平山三汲战国时期中山国国君𰻫的陵墓的发掘报告初稿编就，提交文物出版社，责任编辑楼宇栋先生颇有先见之明，认为考古发掘报告应提供更多的科学分析和对器物的技术研究。他的这一理念颇被一些考古学家所接受。我在 1984—1986 年完成的《宝鸡𢒉国墓地出土金属器分析和青铜器铸造工艺研究》，附在发掘报告中出版（卢连成、胡智生：《宝鸡𢒉国墓地》，文物出版社，1988 年，第 530—638 页，彩版 30—32，图版 225—252），颇受学界好评。战国中山王𰻫墓中出土了大批十分精美的器物，我读过的第一篇关于金文的研究论文就是李学勤和李零两位先生合著的《平山三器与中山国史的若干问题》（《考古学报》1979 年第 2 期），虽然只读懂一部分，但印象十分深刻。楼先生将我介绍给主要发掘者和发掘报告主编、河北省文物研究所的刘来成先生时，内心既激动又充满期待。蒙他应允，在接下来的两三年中，我有机会亲炙了出土的大部分金属器，但器物已经修复完整，不能取样，只能考察金属成形工艺。战国器物与西周器物大不相同，多数器物经过了仔细打磨抛光，铸造工艺信息保存很少，因此只能把研究重点放在典型器物上，尤其是对四龙四凤方案的工艺剖析，驳正了该器非失蜡法铸造，而是采用了极为繁复的铸接和焊接工艺成形，以细密金银错装饰，从而有力揭示出泥范块范法传统的力量和性质（苏荣誉、华觉明、刘来成：《中山王此墓青铜器群铸造工艺研究》，收入河北省文物研究所编著《𰻫墓：战国中山国国王之墓》，文物出版社，1995 年，第 548—577 页）。其实，与青铜器同出的金银器和铁器也十分重要，我也做过一些研究，但这些内容没有放入当初的报告中。2018 年，成都金沙遗址博物馆举办"发现·中山国"展览，副馆长王方教授邀我在展览期间做一次中山国金属技术的演讲，遂将早年草写的金银器和铁器材料，与青铜器研究结合起来，并加入中山国考古发现，力图勾画出中山国金属技术的全貌。据讲座内容整理之文《小国大器：战国中山国金属技艺疏要》被收入展览图录。此文的编写前后经历了近四十年。

《侯马铸铜遗址与铸鼎——兼论铸鼎技术的鼎革与侯马铸铜作坊》一篇，应动笔于 1993 年，其时《侯马铸铜遗址》发掘报告在编印之中，责任编辑楼宇栋先生曾让我通读原稿，要我校正不规范的术语并为内容把关。侯马铸铜遗址内容之丰富令人震撼，值得也需要下大功夫钻研。因此，我一边校读一边做卡片，准备分类讨论侯马铸铜模范和相关青铜器，草稿有若干篇。其中一篇讨论铸鼎，但因没能亲自考察模范，内心感到底气不足，一直将其束之高阁。2012 年，北京大学徐天进教授策划一个以青铜鼎为主题的展览，约我研究青铜鼎铸造，便与上海博物馆廉海萍教授合著了商晚期、自己写了西周青铜鼎的铸造（均被收入河南省博物院编《鼎盛中华：中国鼎文化》，大象出版社，2013 年，第 230—247、248—263 页）。同年，《侯马白店铸铜遗址》发掘报告由科学出版社出版，不仅为侯马铸铜提供了很多新资料，更重要的是引发了我对铸铜遗址年代、规模、产品等新的思考，即使是侯马铸鼎，也需要结合这些问题进行探讨。遂将侯马铸鼎的旧稿找出增补，结果还是因未亲炙这些材料而搁置。直到 2015 年赴侯马，在谢尧亭教授帮助下亲炙了不少白店出土的模范材料，释疑了若干早时阅读报告所不解的问题，探索性地完成了此文。当然也引发了更多的问题。

2018 年，我获得英国学术院（British Academy）资助，在大英博物馆（British Museum）做访问研究，因侯马模范的诸多问题纠结于心，初拟定的目标是研究大英博物馆藏侯马风格青铜器。进入大英博物馆的库房，发现了若干件不为人知的藏品，都具有侯马风格，而且新鲜材料不少，也就定下心来完成这一任务。令人欣喜的是，当我看到一件未发表的联裆鼎时，惊讶地发现它是一件足叉口铸接之器，两年前讨论这类器物时，发现其仅存世十一件，这里竟然还有一件。著名的一对禺邗王壶即收藏此间，其他壶、钟等皆有可深掘的内涵。大英博物馆设备完善，建立起了包括工业 CT 装置、设施一流的实验室，因此工作效率很高。三个月间，和王全玉博士合作，分别就禺邗王壶和瓠壶写了五万字的初稿。在 2018 年 9 月 21 日于大英博物馆举行的题为"东周青铜技术"的学术讨论会上，我和王全玉博士做了题为《侯马铸铜遗址出土青铜器：大英博物馆藏品研究》(Eastern Zhou Bronzes from Houma Foundry: A Case Study of Bronze Objects in

British Museum Collection）的概要性总结报告，会后，大英博物馆研究员陈宜博士加入，由全玉牵头合写了《大英博物馆藏侯马青铜器技术研究》（Houma Bronzes in The British Museum：A Technical Study）一文，在 *Orientations* 上发表。囿于体例，原本拟收入本集的该文只好割舍了。

研究大英博物馆藏侯马风格联裆鼎时，在显微镜下观察，细密的纹线间有均匀紧实的超细褐灰色土。在该馆普林德雷斯档案中，他早在八十年前就注意到中国古代青铜器纹线中的填充物，系工匠刻意为之，不得不佩服这位科学家的细致和严谨，但却未见到他后续的研究。华盛顿弗利尔艺术馆的盖滕斯先生，是建立研究中国古代青铜技术里程碑的学者，六十年前对弗利尔馆藏青铜器的系统研究，奠定了坚实而全面的基础。在他的研究中，也发现诸多器物纹线中的填充物，并对参考品取样进行断面分析，主体材料为超细粉砂，而有些器物的填充物为不同的石英粉与颜料的混合物，都是着意加工而为。可惜，未有后续研究跟进。在大英博物馆目睹侯马风格鼎纹线中的填料，便对这类现象进行梳理，发现纹线中填充物料在商周青铜器中相当普遍。考虑到填纹处理青铜器并不结实，器物经过了两三千年的瘗埋，瘗埋环境复杂，锈蚀普遍，出土后经过了清洗、剔纹，甚至打磨，对纹线中填充物的剥离和损坏可想而知，即使如此，依然有这么多的残留，可见原器物经填纹处理的比例应该更高。何以如此，自然应与凸显青铜器纹饰有关，古代中国青铜器原来是多彩的，视觉上有了全新的突破。从使用的角度，填纹处理并不结实，具有相当的临时性，这对认识青铜器的功能应有重要帮助。有鉴于此，应当吁请考古学家、文物保护学者注意青铜器填纹处理问题，谨慎对待发掘的青铜器，以期保留更多的青铜工艺信息。在伦敦期间，便将这些材料和想法汇成一篇文章，于 2018 年 10 月 18 日—20 日在潍坊举办的"青铜器、金文与齐鲁文化学术研讨会"上分享，后经修改，发表在《青铜器与金文》第 5 期。

湖南出土商周青铜器是吸引，甚至是诱惑了我数十年的研究对象。2014 年，在陈建明馆长的偏爱下，湖南省博物馆委托我组队、选择了三十件藏品展开研究，参与者主要来自湖南省博物馆和我服务的自然科学史研究所。所选藏品绝大多数都是精品，需要逐个进行研究。著名的四羊方尊已经调往国家博物馆，难以着力，但后来高至喜先生到出土地点宁乡转耳仑实地调查时，在农民家中发现了四羊方尊的两个残件，遂将之征集收藏在湖南省博物馆。我的同事对它们进行了深入研究，为认识四羊方尊提供了新资料。结合近几年对湖南出土或传出湖南青铜器的研究，再结合博物馆收藏的一件被认为出自常宁的晚商方尊，它们不仅代表了商代青铜方尊的不同类型，反映着不同的时代，二者的对比研究还可揭示出商代青铜器的南北关系，我们将结果在 2018 年年底杭州举行的中国南方先秦考古学术研讨会上报告，后来被收入会议论文集出版。

与商代湖南石门皂关系密切的是陕西淳化黑豆嘴墓出土的一件壶。2015 年，借"宝鸡戴家湾、石鼓山与安阳出土青铜器及陶范学术研讨会"（11 月 30 日—12 月 2 日北京，12 月 3 日—4 日宝鸡）之机，我与尚在普林斯顿大学读博士的彭鹏先生一道造访淳化县博物馆，目的是看到那件壶。到后才知道黑豆嘴器物多数收藏在陕西历史博物馆。2017 年夏，在甘肃省文物考古研究所王辉先生的帮助下，曹玮、孙岩两教授和我去陇东考察了一周，一路看遗址和器物，讨论问题，十分快乐。回到西安，在曹玮兄的安排下，和孙岩教授、岳连建博士一道，在陕西历史博物馆考察了淳化黑豆嘴出土的一组器物，特别是那件青铜壶。与壶表浮雕兽面纹相应的内壁下凹，是我期望看到的现象，明确了黑豆嘴壶与石门皂的紧密联系，具有技术同源性和先后关联性。便和孙、岳二位合作完成了论文《淳化黑豆嘴壶研究》，原文较长，发表在《文博》（2019 年第 1 期，第27—42 页）时做了删节，现在收入本集的是原文。

殷墟妇好墓是 1976 年轰动世界的重大考古发现，但对其中出土器物的研究，在 20 世纪七八十年代曾为一时热点，尔后逐渐沉寂。在其发掘四十年后，一系列新展览使之重回大众视野，但学术提升似乎乏善可陈。我自 1984 年参观殷墟始，曾数十次造访，甚至一年会去三四次，与年轻一代考古学家成为朋友，也几乎遍读殷墟的发现与研究。对我来说，青铜器的问题依然很多，甚至越来越多，笔记和札记写了不少，但一直腾不出手完成一两个问题的研究。观摩新的妇好墓展览，给学生讲解、与他们讨论，遂将其中的南方风格青铜器予以单独研究，以所能确认的南方铸造技术的铸铆式后铸、外凸内凹的模芯合作纹饰为两条主线，透空附饰为副线，考察它们在妇好墓青铜器中的表现，梳理它们的渊源关系。为此，2016 年 9 月 12 日，在考古所安阳工作站岳占伟先生的安排下，和武汉大学张昌平教授、湖北省博物馆陈丽新女士一道考察了殷墟博物苑所陈列的司㝡母方壶，高大的方壶有盝顶盖，肩部有圆雕鸟首附饰，腹部不仅有圆雕龙首，还有高浮雕龙身与兽面纹，盖面的兽面纹与之相应，但其内壁非常平光，丝毫没有下凹，与南方风格青铜器颇不相同，具有强烈的本土性，南方与本土青铜器具有不同的技术路线。而墓葬中出土的南方铸造技术特色铸造的具有南方风格的器物，与本土技术生产的本土风格器物，甚至本土技术铸造的具有某些南方风格因素的器物共存，构成了较为复杂的纠葛，也有助于从技术和数量消长认识铸工之间的竞争和对技术的选择。2016 年 11 月 4—5 日，香港承真楼举办以"商周青铜器暨铸造工艺研究"为主题的学术讨论会，蒙邀以

《论妇好墓青铜器的南方影响：殷墟青铜艺术与技术来源的一个新解析》为题，报告了自己的新研究，后经多次修改，被收入了会议论文集。

本集中一篇与马国庆先生合著的文章《论铰接提梁鸟形青铜壶》，是受到汪涛博士的启发，将旧稿翻出率性而为，并将其奉献给 2017 年 10 月 12—14 日在临淄举办的"传承与创新——考古学视野下的齐文化学术研讨会"。2014 年，纽约苏富比（Sotheby's）拍卖的坂本五郎藏品中，有一件鸮首壶，汪涛兄考证系晚清吴云旧藏，作器者铭可隶定为何，也可称为"何壶"。器铭文古老，容庚坚持认为是商代器，实则明显是春秋晚期器，显然铭文系伪作。我因关心晚期青铜器十多年，考察过多地出土和收藏的器物数千件，对伪作器颇有兴趣，便循着汪涛兄的思路，对该器、该类器的流传和认识做一梳理，借此考量这些收藏家和金石学家的见识与水平。类似的器物曾著录于《西清古鉴》和《宁寿鉴古》，它们将之断为汉代器，也出土于临淄齐墓，应该是春秋晚期器。2016 年，刘延常先生热情邀请张昌平教授、陈丽新女士和我考察部分山东出土青铜器，在临淄齐文化博物院看到一件鸮首壶，其铰接的提链尤其具有技术特色。有幸结识了博物院马国庆院长，议定合作研究这件壶。写作过程中，阅读了不少晚清山东金石学家的论著，以陈介祺、许瀚为翘楚，最令人佩服；其次是吴式芬、王懿荣等数家，共同撑起晚清金石学的半边天下，下江学者中可能只有吴大澂堪与比肩。坂本五郎的壶来自伦敦，海外学者对其看法，尤其对铭文的意见颇想获得证据。此壶曾在大英博物馆展出，希望大英博物馆学者能提取并保留某些文献。虽然没能在大英博物馆的普林德雷斯的档案中看到他的记录，但叶慈的文章中还是保留了普林德雷斯的观察，认为壶底铭文系伪作，壶盖铭文有伪作证据，可惜未有图像。据此，将文章写定为一篇讨论特殊器形风格、技术、局部作伪、流传、著录、认知、辨伪和金石学家的综合性研究。后收入临淄会议论文集发表（山东省文物考古研究院等编《传承与创新：考古学视野下的齐文化学术研讨会论文集》，上海古籍出版社，2019 年，第 39—85 页）。

2012 年我年届五十，深感时间拮据，决定竭力摈除各种干扰和冗务，专心研究青铜器。将十多年前起草动笔的数十篇文章的草稿浏览一遍后，逐步将基础比较好的草稿完稿，自 2014 年陆续献拙发表。十年来发表的文章有百来篇，多发表在各种文集、图录和不定期刊物中，只有少数发表在正式刊物（有刊号）中。前一类中包括一批有新意、有创建的探索之作，篇幅也往往较长，时常会有师友和学生索要，因此，有师友建议结集出版。因按发表年度结集，谁家出版都可。光明日报出版社专门设了"博士生导师学术文库"，便投石问路，他们欣然回应，即是本集。

2019 年于我是个丰年，先后发表的论著如下：

（1）《淳化黑豆嘴出土的青铜壶研究》，苏荣誉、孙岩、梁彦民，《文博》2019 年第 1 期，第 27—42 页。

（2）《关于中原早期铜器生产的几个问题——从石峁发现谈起》，苏荣誉，《中原文物》2019 年第 1 期，第 26—31 页。

（3）《妇好墓青铜器与南方影响——殷墟青铜艺术与技术的南方来源与技术选择新探》，苏荣誉，收入河南省文物考古研究院、香港承真楼编《商周青铜器铸造工艺研究》，科学出版社，2019 年，第 1—68 页。

（4）《侯马铸铜遗址与铸鼎——兼论铸鼎技术的鼎革与侯马铸铜作坊》，收入关晓武、苏荣誉主编《中国科学院文化遗产科技认知研究中心集刊》第一辑，安徽科学技术出版社，2019 年，第 139—171 页。

（5）《敦煌悬泉置出土古纸材料与工艺的初步研究》，陈松、王辉、张鹏宇、苏荣誉，收入关晓武、苏荣誉主编《中国科学院文化遗产科技认知研究中心集刊》第一辑，安徽科学技术出版社，2019 年，第 236—253 页。

（6）《小国大器：战国中山国金属技艺疏要》，苏荣誉，收入成都金沙遗址博物馆、河北博物院、河北省文物研究所编《发现·中山国》，巴蜀书社，2019 年，第 185—197 页。

（7）Houma Bronzes in The British Museum：A Technical study，Quanyu Wang，Yi Chen and Rongyu Su. *Orientations*，November/December，2019 年，第 44—63 页。

（8）《论铰接提梁鸟形青铜壶》，苏荣誉、马国庆，收入山东省文物考古研究院等编《传承与创新：考古学视野下的齐文化学术研讨会论文集》，上海古籍出版社，2019 年，第 39—85 页。

（9）《凸显纹饰：商周青铜器填纹工艺》，苏荣誉，收入北京大学出土文献研究所编《青铜器与金文》第三辑，上海古籍出版社，2019 年，第 313—367 页。

（10）《湖南出土青铜四羊方尊与常宁方尊研究——再论商代青铜器南北关系》，苏荣誉、吴小燕、袁鑫，收入浙江文物考古研究所编《中国南方先秦考古学术研讨会论文集》，文物出版社，2019 年，第 205—226 页。

（11）《湖南省博物馆藏商周青铜器 X 光成像分析（上）》，苏荣誉、胡东波，收入《湖南省博物馆馆刊》第 15 辑，岳麓书社，2019 年，第 587—601 页。

（12）《战国中山国的金银工艺》，苏荣誉，收入武力主编《产业与科技史研究》第 6 辑，科学出版社，2019 年，第 41—55 页。

（13）《藤田美术馆藏四件商代青铜器研究》，苏荣誉、童凌骜，见苏荣誉《中国青铜技术与艺术》（丁酉集），上海古籍出版社，2019年，第77—210页。

（14）《中国古代泥范块范法青铜铸造》，见苏荣誉《中国青铜技术与艺术》（丁酉集），上海古籍出版社，2019年，第1—13页。

（15）《中国青铜技术与艺术》（丁酉集），苏荣誉，上海古籍出版社，2019年。

（16）《中国科学院文化遗产科技认知研究中心集刊》第一辑，关晓武、苏荣誉主编，安徽科学技术出版社，2019年。

（17）《龙虎尊再探》，苏荣誉、杨夏薇、李钟天，收入朱家可、邱登成编《三星堆研究》第五辑（三星堆与世界上古文明暨纪念三星堆祭祀坑发现三十周年国际学术研讨会论文集），巴蜀书社，2019年，第193—224页。

（18）《三星堆出土青铜罍K2②：159初步研究——附论外挂式管状透空牺首饰尊与罍》，苏荣誉、朱亚蓉，收入朱家可、邱登成编《三星堆研究》第五辑（三星堆与世界上古文明暨纪念三星堆祭祀坑发现三十周年国际学术研讨会论文集），巴蜀书社，2019年，第225—260页。

（19）Manufacturing Techniques of Eastern Zhou Bronze Ding Vessels with Short Legs：A Case Study of BRONZE DING（1949，0711.1）in the British Museum Collection, Quanyu Wang, Rongyu Su, Daniel O'Flynn, and Yi Chen, *Historical Metallurgy*，Vol. 53，No. 2，2019：1—9.

其中有些文章与青铜器无关，有些文章收在别的集中，兼顾到篇幅体量，选了八篇结成此集。

在此，首先感谢各位师友的教诲、支持和帮助。其次，感谢我的合作者马国庆院长、孙岩教授和岳连建研究馆员、吴小燕和袁鑫副研究馆员，他们同意将合作撰写的文章收入本集，也感谢吴小燕校改原文和格式。同时，感谢杨夏薇博士和研究生苟欢、陆晶晶、董逸岩、盛婧子、段西洋分别校改了一篇文章的原文和格式。本集责任编辑樊仙桃老师为之付出了很多心血，谨此致谢。

荣誉
壬寅年霜降前三日于北京天通苑
甲辰年四月廿一日、小满一周后校毕于京北铸庐

参考文献

一、中文文献

（一）古籍

[1] 刘心源. 古文审 [M]. 自刻本, 1891.

[2] 吕大临. 考古图 [M]. 四库全书文渊阁书录钱曾影钞宋刻本, 1781.

[3] 罗振玉. 三代吉金文存 [M]. 北京：中华书局, 1983.

[4] 清高宗敕编. 宁寿鉴古 [M]. 涵芬楼依宁寿宫写本石印本影印, 1913.

[5] 清高宗敕编. 西清古鉴 [M]. 内府刻本, 1755.

[6] 王黼. 宣和博古图 [M]. 亦政堂重修板, 1753.

[7] 王懿荣. 王文敏公遗集 [M]. 南林刘氏求恕堂斋印本.

[8] 吴大澂. 恒轩所见所藏吉金录 [M]. 自刻本, 1885.

[9] 吴大澂. 愙斋集古录 [M]. 涵芬楼影印本, 1930.

[10] 吴荣光. 筠清馆金石文字 [M]. 南海吴氏校刊本, 1842.

[11] 吴云. 两罍轩彝器图释 [M]. 自刻木本, 1872.

[12] 朱善旂. 敬吾心室彝器款识 [M]. 朱之榛石印本, 1908.

（二）专著

[1] 安徽省博物馆. 安徽省博物馆藏青铜器 [M]. 上海：上海人民美术出版社, 1987.

[2] 安阳市文物考古研究所. 安阳殷墟戚家庄东商代墓地发掘报告 [M]. 郑州：中州古籍出版社, 2015.

[3] 安阳市文物考古研究所. 安阳殷墟徐家桥郭家庄商代墓葬：2004—2008 年殷墟考古报告 [M]. 北京：科学出版社, 2011.

[4] 宝鸡市周原博物馆. 周原庄白西周青铜器窖藏考古发掘报告 [M]. 北京：科学出版社, 2016.

[5] 北京大学出土文献研究所. 青铜器与金文：第一辑 [M]. 上海：上海

古籍出版社，2017.

［6］北京大学中国考古学研究中心，北京大学震旦古代文明研究中心．古代文明：第9卷［M］．北京：文物出版社，2013.

［7］北京市文物研究所．琉璃河西周燕国墓地1973—1977［M］．北京：文物出版社，1995.

［8］北京文物精粹大系编委会，北京市文物局．北京文物精粹大系：青铜器卷［M］．北京：北京出版社，2002.

［9］曹玮．汉中出土商代青铜器［M］．成都：巴蜀书社，2006.

［10］曹玮．周原出土青铜器［M］．成都：巴蜀书社，2005.

［11］陈芳妹．故宫商代青铜礼器图录［M］．台北：台北故宫博物院，1998.

［12］陈建立，刘煜．商周青铜器的陶范铸造技术研究［M］．北京：文物出版社，2011.

［13］陈梦家．美国所藏中国铜器集录［M］．北京：金城出版社，2016.

［14］陈梦家．西周铜器断代［M］．北京：中华书局，2004.

［15］陈梦家．殷墟卜辞综述［M］．北京：科学出版社，1988.

［16］陈佩芬．夏商周青铜器研究：上海博物馆藏品［M］．上海：上海古籍出版社，2004.

［17］陈昭容．宝鸡戴家湾与石鼓山出土商周青铜器［M］．台北："中央研究院"历史语言研究所，2015.

［18］成都文物考古研究院，成都金沙遗址博物馆．金沙遗址祭祀区出土文物精粹［M］．北京：文物出版社，2018.

［19］程长新，王文昶，程瑞秀．铜器辨伪浅说［M］．北京：文物出版社，1991.

［20］方浚益．缀遗斋彝器考释［M］．上海：商务印书馆，1935.

［21］甘肃省文物考古研究所．秦安大地湾新石器时代遗址发掘报告［M］．北京：文物出版社，2006.

［22］故宫博物院．故宫青铜器［M］．北京：紫禁城出版社，1999.

［23］顾廷龙．吴愙斋先生年谱［M］．北平：哈佛燕京学社，1935.

［24］郭宝钧．商周青铜器群综合研究［M］．北京：文物出版社，1981.

［25］郭沫若．两周金文辞大系考释［M］．东京：文求堂，1935.

［26］韩炳华．晋西商代青铜器［M］．北京：科学出版社，2017.

［27］河北省博物馆，文管处台西考古队，河北省藁城县台西大队理论小

组．藁城台西商代遗址［M］．北京：文物出版社，1985.

［28］河北省文物研究所．譬墓：战国中山国国王之墓［M］．北京：文物出版社，1995.

［29］河北省文物研究所．燕下都［M］．北京：文物出版社，1996.

［30］河北省文物研究所．战国中山国灵寿城：1975—1993年考古发掘报告［M］．北京：文物出版社，2005.

［31］河南博物院．鼎盛中华：中国鼎文化［M］．郑州：大象出版社，2013.

［32］河南省文物考古研究所，南阳市文物考古研究所，淅川县博物馆．淅川和尚岭与徐家岭楚墓［M］．郑州：大象出版社，2004.

［33］河南省文物考古研究所，郑州市文物考古研究所．郑州商代铜器窖藏［M］．北京：科学出版社，1999.

［34］河南省文物考古研究所，周口市文化局．鹿邑太清宫长子口墓［M］．郑州：中州古籍出版社，2000.

［35］河南省文物考古研究所．固始侯古堆一号墓［M］．郑州：大象出版社，2004.

［36］河南省文物考古研究所．郑州商城：1953—1985年考古发掘报告［M］．北京：文物出版社，2001.

［37］河南省文物研究所，中国历史博物馆考古部．登封王城岗与阳城［M］．北京：文物出版社，1992.

［38］湖北省博物馆，湖北省文物考古研究所，随州市博物馆．随州叶家山西周早期曾国墓地［M］．北京：文物出版社，2013.

［39］湖北省博物馆．九连墩：长江中游的楚国贵族大墓［M］．北京：文物出版社，2007.

［40］湖南省博物馆．三湘四水集萃：湖南出土商、西周青铜器展［M］．北京：中华书局，2017.

［41］湖北省博物馆．曾侯乙墓［M］．北京：文物出版社，1989.

［42］湖北省荆州地区博物馆．江陵雨台山楚墓［M］．北京：文物出版社，1984.

［43］湖北省文物考古研究所．盘龙城：1963—1994年考古发掘报告［M］．北京：文物出版社，2001.

［44］湖北省文物考古研究所．曾国青铜器［M］．北京：文物出版社，2007.

[45] 湖南省博物馆，上海博物馆．酌彼金罍：皿方罍与湖南出土青铜器精粹 [M]．上海：上海书画出版社，2015.

[46] 湖南省博物馆，湖南省考古学会．湖南考古辑刊：第三集 [M]．长沙：岳麓书社，1986.

[47] 湖南省博物馆．湖南省博物馆 [M]．北京：文物出版社，1983.

[48] 湖南省博物馆．湖南省博物馆馆刊：第 4 辑 [M]．长沙：岳麓书社，2007.

[49] 湖南省博物馆．湖南省博物馆馆刊：第 12 辑 [M]．长沙：岳麓书社，2016.

[50] 湖南省博物馆．湖南出土殷商西周青铜器 [M]．长沙：岳麓书社，2007.

[51] 湖南省博物馆．湖南省文物图录 [M]．长沙：湖南人民出版社，1964.

[52] 华觉明．中国冶铸史论集 [M]．北京：文物出版社，1986.

[53] 佳士得．宗器宝绘：藤田美术馆藏中国古代艺术珍品 [M]．纽约：佳士得，2017.

[54] 江西省文物考古研究所，江西省博物馆，新干县博物馆．新干商代大墓 [M]．北京：文物出版社，1997.

[55]《考古》编辑部．考古学集刊：第 2 集 [M]．北京：中国社会科学出版社，1982.

[56] 考古杂志社．考古学集刊：第 15 集 [M]．北京：文物出版社，2004.

[57] 李伯谦．中国青铜文化结构体系研究 [M]．北京：科学出版社，1998.

[58] 李朝远．王国维全集：第四卷 [M]．李朝远，点校．葛英会，复校．杭州：浙江教育出版社，2009.

[59] 李济，万家保．殷墟出土青铜鼎形器之研究 [M]．台北："中央研究院"历史语言研究所，1970.

[60] 李济，万家保．殷墟出土青铜觚形器之研究 [M]．台北："中央研究院"历史语言研究所，1964.

[61] 李济，万家保．殷墟出土青铜斝形器之研究 [M]．台北："中央研究院"历史语言研究所，1968.

[62] 李济，万家保．殷墟出土五十三件青铜容器之研究 [M]．台北："中央研究院"历史语言研究所，1972.

[63] 李零.铄古铸今:考古发现和复古艺术 [M].北京:生活·读书·新知三联书店,2007.

[64] 李孟存,常金仓.晋国史纲要 [M].太原:山西人民出版社,1988.

[65] 里德.艺术的真谛 [M].王柯平,译.北京:中国人民大学出版社,2004.

[66] 梁思永,高去寻.侯家庄第五本:第1004号大墓 [M].台北:"中央研究院"历史语言研究所,1970.

[67] 林巳奈夫.殷周青铜器综览:第一卷:殷周时代青铜器之研究 [M].广濑熏雄,近藤晴香,译.上海:上海古籍出版社,2017.

[68] 林沄.林沄学术文集 [M].北京:中国大百科全书出版社,1998.

[69] 刘士莪.老牛坡 [M].西安:陕西人民出版社,2001.

[70] 刘雨.乾隆四鉴综理表 [M].北京:中华书局,1989.

[71] 卢连成,胡智生.宝鸡强国墓地 [M].北京:文物出版社,1988.

[72] 吕章申.江汉汤汤:湖北出土商周文物 [M].北京:时代出版传媒股份有限公司,2015.

[73] 罗福颐.商周秦汉青铜器辨伪录 [M].香港中文大学等,1981.

[74] 洛阳市文物工作队.洛阳北窑西周墓 [M].北京:文物出版社,1999.

[75] 秦文生,张锴生.中原文化大典·文物典·青铜器 [M].郑州:中州古籍出版社,2008.

[76] 泉屋博古馆,九州国立博物馆.泉屋透赏:泉屋博古馆青铜器透射扫描解析 [M].北京:科学出版社,2015.

[77] 容庚,张维持.殷周青铜器通论 [M].北京:文物出版社,1984.

[78] 容庚.商周彝器通考 [M].上海:上海人民出版社,2008.

[79] 山东省文物考古研究所.临淄齐墓:第一集 [M].北京:文物出版社,2007.

[80] 山西省考古研究所.灵石旌介商墓 [M].北京:科学出版社,2006.

[81] 山西省考古研究所,山西博物院,长治市博物馆.长治分水岭东周墓地 [M].北京:文物出版社,2010.

[82] 山西省考古研究所.侯马白店铸铜遗址 [M].北京:科学出版社,2012.

[83] 山西省考古研究所.侯马陶范艺术 [M].普林斯顿:普林斯顿大学出版社,1996.

［84］山西省考古研究所．侯马铸铜遗址［M］．北京：文物出版社，1993．

［85］山西省考古研究所．上马墓地［M］．北京：文物出版社，1994．

［86］陕西省考古研究院，宝鸡市文物旅游局，上海博物馆．周野鹿鸣：宝鸡石鼓山西周贵族墓出土青铜器［M］．上海：上海书画出版社，2014．

［87］上海博物馆青铜器研究组．商周青铜器纹饰［M］．北京：文物出版社，1984．

［88］上海博物馆．中国青铜器展览图录［M］．北京：五洲传播出版社，2004．

［89］邵国田．敖汉文物精华［M］．呼伦贝尔：内蒙古文化出版社，2004．

［90］石璋如．侯家庄第九本（1129、1400、1443 号大墓）［M］．台北："中央研究院"历史语言研究所，1996．

［91］首阳斋，上海博物馆，香港中文大学文物馆．首阳吉金：胡盈莹、范季融藏中国古代青铜器［M］．上海：上海古籍出版社，2018．

［92］四川大学博物馆，四川大学考古学系，成都文物考古研究所．南方民族考古：第十四辑［M］．北京：科学出版社，2017．

［93］四川省文物考古研究所．三星堆祭祀坑［M］．北京：文物出版社，1999．

［94］苏荣誉，华觉明，李克敏，等．中国上古金属技术［M］．济南：山东科学技术出版社，1995．

［95］苏荣誉．磨戟：苏荣誉自选集［M］．上海：上海人民出版社，2012．

［96］随州市博物馆．随州出土文物精粹［M］．北京：文物出版社，2009．

［97］唐兰．唐兰全集［M］．上海：上海古籍出版社，2015．

［98］陶正刚，侯毅，渠川福．太原晋国赵卿墓［M］．北京：文物出版社，1996．

［99］田昌五．华夏文明：第一集［M］．北京：北京大学出版社，1987．

［100］汪涛．颜色与祭祀：中国古代文化中颜色含义探幽［M］．郅晓娜，译．上海：上海古籍出版社，2013．

［101］王绣．洛阳文物精粹［M］．郑州：河南美术出版社，2001．

［102］文物编辑委员会．文物资料丛刊：第五辑［M］．北京：文物出版社，1981．

［103］吴镇烽．商周青铜器铭文暨图像集成：第21卷［M］．上海：上海古籍出版社，2012．

［104］夏商周断代工程专家组．夏商周断代工程：1996—2000 年阶段成果

报告（简本）［M］.北京：世界图书出版公司，2000.

［105］襄樊市考古队，湖北省文物考古研究所，湖北孝襄高速公路考古队.枣阳郭家庙曾国墓地［M］.北京：科学出版社，2005.

［106］向桃初.湘江流域商周青铜文化研究［M］.北京：线装书局，2008.

［107］解维俊.齐都文物［M］.天津：百花文艺出版社，2006.

［108］解希恭.襄汾陶寺遗址研究［M］.北京：科学出版社，2007.

［109］熊建华.湖南商周青铜器研究［M］.长沙：岳麓书社，2013.

［110］许宏.夏商都邑与文化（一）［M］.北京：中国社会科学出版社，2014.

［111］续修四库全书编委会.续修四库全书［M］.上海：上海古籍出版社，2002.

［112］烟台市博物馆.烟台市博物馆藏品选［M］.济南：山东文化音像出版社，2006.

［113］严文明.史前考古论集［M］.北京：科学出版社，1998.

［114］严志斌.商代青铜器铭文研究［M］.上海：上海古籍出版社，2013.

［115］杨伯达.中国玉器全集：上［M］.石家庄：河北美术出版社，2005.

［116］杨宽.战国史［M］.上海：上海人民出版社，1991.

［117］杨锡璋，高炜.中国考古学：夏商卷［M］.北京：中国社会科学出版社，2003.

［118］银雀山汉墓竹简整理小组.银雀山汉墓竹简·孙子兵法下编·吴问［M］.北京：文物出版社，1985.

［119］袁行云.许瀚年谱［M］.济南：齐鲁书社，1983.

［120］岳洪彬.殷墟青铜礼器研究［M］.北京：中国社会科学出版社，2006.

［121］张昌平.方国的青铜与文化：张昌平自选集［M］.上海：上海人民出版社，2012.

［122］张昌平.曾国青铜器研究［M］.北京：文物出版社，2009.

［123］张政烺.张政烺批注《两周金文辞大系考释》［M］.朱凤瀚，等整理.北京：中华书局，2011.

［124］张子高.中国化学史稿：古代之部［M］.北京：科学出版社，1964.

［125］浙江省文物考古研究所，萧山博物馆.跨湖桥［M］.北京：文物出版社，2004.

［126］郑振香，陈志达.殷墟地下瑰宝：河南安阳妇好墓［M］.北京：文

物出版社，1994.

　　[127] 中国青铜器全集编委会. 中国青铜器全集（第1~16卷）[M]. 北京：文物出版社，1996-1999.

　　[128] 中国青铜文化研究会. 青铜文化研究：第八辑 [M]. 合肥：黄山书社，2013.

　　[129] 中国社会科学院考古研究所，安阳市文物考古研究所. 殷墟新出土青铜器 [M]. 昆明：云南人民出版社，2008.

　　[130] 中国社会科学院考古研究所，山西省临汾市文物局. 襄汾陶寺：1978—1985年考古发掘报告 [M]. 北京：文物出版社，2015.

　　[131] 中国社会科学院考古研究所. 安阳殷墟郭家庄商代墓葬：1982—1992年考古发掘报告 [M]. 北京：中国大百科全书出版社，1998.

　　[132] 中国社会科学院考古研究所. 安阳殷墟花园庄东地商代墓葬 [M]. 北京：科学出版社，2007.

　　[133] 中国社会科学院考古研究所. 宝鸡北首岭 [M]. 北京：文物出版社，1983.

　　[134] 中国社会科学院考古研究所，首都博物馆，河南博物院. 王后·母亲·女将：纪念殷墟妇好墓发掘四十周年 [M]. 北京：科学出版社，2015.

　　[135] 中国社会科学院考古研究所，中国历史博物馆，山西省考古研究所. 夏县东下冯 [M]. 北京：文物出版社，1988.

　　[136] 中国社会科学院考古研究所. 二里头（1999—2006）[M]. 北京：文物出版社，2014.

　　[137] 中国社会科学院考古研究所. 滕州前掌大墓地 [M]. 北京：文物出版社，2005.

　　[138] 中国社会科学院考古研究所. 偃师二里头：1959—1978年考古发掘报告 [M]. 北京：中国大百科全书出版社，1999.

　　[139] 中国社会科学院考古研究所. 殷墟妇好墓 [M]. 北京：文物出版社，1980.

　　[140] 中国社会科学院考古研究所. 殷墟青铜器 [M]. 北京：文物出版社，1985.

　　[141] 中国社会科学院考古研究所. 殷周金文集成 [M]. 北京：中华书局，1984-1994.

　　[142] 中国社会科学院考古研究所. 中国早期青铜文化：二里头文化专题研究 [M]. 北京：科学出版社，2008.

[143] 中山大学艺术史研究中心. 艺术史研究：第十九辑 [M]. 广州：中山大学出版社，2017.

[144] 中山大学艺术史研究中心. 艺术史研究：第十六辑 [M]. 广州：中山大学出版社，2014.

[145] 朱凤瀚. 古代中国青铜器 [M]. 天津：南开大学出版社，1995.

[146] 朱凤瀚. 中国青铜器综论 [M]. 上海：上海古籍出版社，2009.

[147] 朱岩石. 考古学集刊：第 1 集 [M]. 北京：社会科学文献出版社，1981.

[148] 自然科学史研究所. 科技史文集：第 13 辑 [M]. 上海：上海科学技术出版社，1985.

（三）期刊

[1] 安徽省皖西博物馆. 安徽六安出土一件大型商代铜尊 [J]. 文物，2000（12）.

[2] 北京市文物管理处. 北京市平谷县发现商代墓葬 [J]. 文物，1977（11）.

[3] 边成修. 山西长治分水岭 126 号墓发掘简报 [J]. 文物，1972（4）.

[4] 陈公柔，张长寿. 殷周青铜容器上兽面纹的断代研究 [J]. 考古学报，1990（2）.

[5] 陈坤龙，梅建军，赵丛苍. 城固苏村出土铜器的技术特征及其相关问题 [J]. 考古与文物，2015（3）.

[6] 程长新. 北京市顺义县龙湾屯出土一组战国青铜器 [J]. 考古，1985（8）.

[7] 程长新. 北京市通县中赵甫出土一组战国青铜器 [J]. 考古，1985（8）.

[8] 戴遵德. 原平峙峪出土的东周铜器 [J]. 文物，1972（4）.

[9] 傅聚良. 谈湖南出土的商代青铜器 [J]. 考古与文物，2001（1）.

[10] 高江涛，何努. 陶寺遗址出土铜器初探 [J]. 南方文物，2014（1）.

[11] 高至喜. 湖南宁乡黄材发现商代铜器和遗址 [J]. 考古，1963（12）.

[12] 高至喜. "商文化不过长江"辨：从考古发现看湖南的商代文化 [J]. 求索，1981（2）.

[13] 葛介屏. 安徽阜南发现殷商时代的青铜器 [J]. 文物，1959（1）.

[14] 河北省文化局文物工作队. 河北青龙县抄道沟发现一批青铜器 [J].

考古，1962（12）.

　　［15］河北省文化局文物工作队.河北易县燕下都第十六号墓发掘［J］.考古学报，1965（2）.

　　［16］河北省文物管理处.河北省平山县战国时期中山国墓葬发掘简报［J］.文物，1979（1）.

　　［17］河北省文物管理委员会.河北石家庄市市庄村战国遗址的发掘［J］.考古学报，1957（1）.

　　［18］河南省博物馆.河南三门峡市上村岭出土的几件战国铜器［J］.文物，1976（3）.

　　［19］河南省文化局文物工作队.河南安阳薛家庄殷代遗址、墓葬和唐墓发掘简报［J］.考古，1958（8）.

　　［20］河南省文物研究所，禹县文管会.禹县吴湾西周晚期墓葬清理简报［J］.中原文物，1988（3）.

　　［21］湖北省博物馆.盘龙城商代二里岗期的青铜器［J］.文物，1976（2）.

　　［22］湖北省文物考古研究所，襄阳市文物考古研究所，枣阳市文物考古队.湖北枣阳九连墩M2发掘简报［J］.江汉考古，2018（6）.

　　［23］湖南省博物馆.湖南省博物馆新发现的几件铜器［J］.文物，1966（4）.

　　［24］湖南省文物考古研究所，长沙市博物馆，长沙市考古研究所，等.湖南望城县高砂脊商周遗址的发掘［J］.考古，2001（4）.

　　［25］华觉明，杨根，刘恩珠.战国两汉铁器的金相学考察初步报告［J］.考古学报，1960（1）.

　　［26］黄尚明.城固洋县商代青铜器群族属再探［J］.考古与文物，2002（5）.

　　［27］黄盛璋.关于战国中山国墓葬遗物若干问题辨正［J］.文物，1979（5）.

　　［28］黄盛璋.再论平山中山国墓若干问题［J］.考古，1980（5）.

　　［29］江苏省文物管理委员会，南京博物院.江苏六合程桥东周墓［J］.考古，1965（3）.

　　［30］喀左县文化馆，朝阳地区博物馆，辽宁省博物馆，等.辽宁喀左县北洞村出土的殷周青铜器［J］.考古，1974（6）.

　　［31］康捷.关于唐山大城山遗址文化性质的讨论［J］.考古，1960（6）.

［32］李峰．试论陕西出土商代铜器的分期与分区［J］．考古与文物，1986
（3）．

［33］李敏生，黄素英，季连琪．山西襄汾陶寺遗址出土铜器成分报告
［J］．考古，1984（12）．

［34］李水城．西北与中原早期冶铜业的区域特征及交互作用［J］．考古学
报，2005（3）．

［35］李学勤，李零．平山三器与中山国史的若干问题［J］．考古学报，
1979（2）．

［36］李学勤．平山墓葬群与中山国的文化［J］．文物，1979（1）．

［37］李学勤．商青铜器对西土的影响［J］．殷都学刊，1987（3）．

［38］李永迪，岳占伟，刘煜．从孝民屯东南地出土陶范谈对殷墟青铜器的
几点新认识［J］．考古，2007（3）．

［39］廉海萍，谭德睿．湖南出土商周青铜器制作技术初探［J］．湖南省博
物馆馆刊第五辑，2008．

［40］临淄区文物管理局．山东淄博市临淄区尧王战国墓的发掘［J］．考
古，2017（4）．

［41］凌业勤．中国古代铸造技术的初步探讨［J］．机械工程学报，1961，
9（2）．

［42］洛阳博物馆．洛阳庞家沟五座西周墓的清理［J］．文物，1972（10）．

［43］马承源．商周青铜双音钟［J］．考古学报，1981（1）．

［44］马得志，周永珍，张云鹏．一九五三年安阳大司空村发掘报告［J］．
考古学报，1955（1）．

［45］难波纯子．华中型青铜彝器的发达［J］．向桃初，译．南方文物，
2000（3）．

［46］容庚．清代吉金书籍述评（下）［J］．学术研究，1962（3）．

［47］山东省文物考古研究所，淄博市文物局．山东淄博隽山战国墓发掘简
报［J］．文物，2016（10）．

［48］山东诸城县博物馆．山东诸城臧家庄与葛布口村战国墓［J］．文物，
1987（12）．

［49］山西省考古研究所侯马工作站．晋国石圭作坊遗址发掘简报［J］．文
物，1987（6）．

［50］山西省考古研究所侯马工作站．1992年侯马铸铜遗址发掘简报［J］．
文物，1995（2）．

[51] 山西省考古研究所侯马工作站. 山西侯马牛村古城晋国祭祀建筑遗址 [J]. 考古, 1988 (10).

[52] 山西省考古研究所. 山西浑源县李峪村东周墓 [J]. 考古, 1983 (8).

[53] 山西省忻州地区文物管理处. 原平县刘庄塔岗梁东周墓 [J]. 文物, 1986 (11).

[54] 陕西省博物馆, 陕西省文物管理委员会. 陕西岐山贺家村西周墓葬 [J]. 考古, 1976 (1).

[55] 陕西省考古研究院, 榆林市考古勘探工作队, 神木县石峁遗址管理处. 陕西神木县石峁城址皇城台地点 [J]. 考古, 2017 (7).

[56] 陕西省考古研究院, 榆林市考古勘探工作队, 神木县文体局. 陕西神木县石峁遗址 [J]. 考古, 2013 (7).

[57] 商承祚. 古代彝器伪字研究 [J]. 金陵学报, 1933, 3 (2).

[58] 邵望平. 铜鬲的启示 [J]. 文物, 1980 (2).

[59] 沈振中. 忻县连寺沟出土的青铜器 [J]. 文物, 1972 (4).

[60] 施劲松. 论带虎食人母题的商周青铜器 [J]. 考古, 1998 (3).

[61] 石志廉. 谈谈龙虎尊的几个问题 [J]. 文物, 1972 (11).

[62] 苏荣誉, 李建毛. 华容大口折肩青铜尊研究: 兼及挂饰管形牺首饰诸器 (上) [J]. 美术研究, 2016 (6).

[63] 苏荣誉. 邿国故城新莽铜衡器与诏版的几个技术问题 [J]. 考古, 2018 (8).

[64] 随县博物馆. 湖北随县城郊发现春秋墓葬和铜器 [J]. 文物, 1980 (1).

[65] 随州市博物馆. 湖北随县发现随州青铜器 [J]. 考古, 1984 (6).

[66] 谭德睿. 侯马东周陶范的材料及其处理技术的研究 [J]. 考古, 1986 (4).

[67] 唐际根. 商王朝考古学编年的建立 [J]. 中原文物, 2002 (6).

[68] 唐际根. 中商文化研究 [J]. 考古学报, 1999 (4).

[69] 唐云明, 王玉文. 河北平山县访驾庄发现战国前期青铜器 [J]. 文物, 1977 (2).

[70] 陶正刚. 晋国青铜器铸造工艺中的两个问题 [J]. 文物, 1998 (11).

[71] 田海峰. 湖北枣阳县又发现曾国铜器 [J]. 江汉考古, 1983 (3).

[72] 王恩田. 荷卣、荷壶真伪辨: 兼论荷簋、荷尊的年代与族属 [J]. 考

古与文物，2017（5）.

[73] 王寿芝. 陕西城固出土的商代青铜器 [J]. 文博，1988（6）.

[74] 武汉大学历史学院，盘龙城遗址博物院. 武汉市盘龙城遗址杨家湾商代墓葬发掘简报 [J]. 考古，2017（3）.

[75] 信阳地区文管会，罗山县文化馆. 河南罗山县蟒张商代墓地第一次发掘简报 [J]. 考古，1981（1）.

[76] 徐中舒. 论古铜器之鉴别 [J]. 考古社刊，1936（4）.

[77] 烟台市文物管理委员会. 山东蓬莱县柳格庄墓群发掘简报 [J]. 考古，1990（9）.

[78] 杨锡璋，徐广德，高炜. 盘庚迁殷地点蠡测 [J]. 中原文物，2000（1）.

[79] 杨锡璋. 安阳殷墟西北冈大墓的分期及有关问题 [J]. 中原文物，1981（3）.

[80] 姚生民. 陕西淳化县出土的商周青铜器 [J]. 考古与文物，1986（5）.

[81] 一冰. 唐代冶银术初探 [J]. 文物，1972（6）.

[82] 殷墟孝民屯考古队. 河南安阳市孝民屯商代铸铜遗址 2003—2004 年的发掘 [J]. 考古，2007（1）.

[83] 张昌平，刘煜，岳占伟，等. 二里岗文化至殷墟文化时期青铜器范型技术的发展 [J]. 考古，2000（8）.

[84] 张昌平. 论济南大辛庄遗址 M139 新出青铜器 [J]. 江汉考古，2011（1）.

[85] 张长寿，梁星彭. 关中先周青铜文化的类型与周文化的渊源 [J]. 考古学报，1989（1）.

[86] 张万钟. 从侯马出土的工具范试论青铜农具的铸造与使用 [J]. 中国历史博物馆馆刊，1997（1）.

[87] 张万钟. 侯马东周陶范的造型工艺 [J]. 文物，1962（4-5）.

[88] 张文立，林沄. 黑豆嘴类型青铜器中的西来因素 [J]. 考古，2004（5）.

[89] 张子高，杨根. 从侯马陶范和兴隆铁范看战国时代的冶铸技术 [J]. 清华大学学报，1979（3）.

[90] 中国社会科学院考古研究所安阳工作队. 河南安阳市殷墟刘家庄北地 2008 年发掘简报 [J]. 考古，2009（7）.

[91] 中国社会科学院考古研究所安阳工作队.1969—1977年殷墟西区墓葬发掘报告 [J]. 考古学报，1979（1）.

[92] 中国社会科学院考古研究所二里头工作队.1981年河南偃师二里头墓葬发掘简报 [J]. 考古，1984（1）.

[93] 中国社会科学院考古研究所二里头工作队.1987年偃师二里头遗址墓葬发掘简报 [J]. 考古，1992（4）.

[94] 中国社会科学院考古研究所山西工作队，临汾地区文化局.1978—1980山西襄汾陶寺墓地发掘简报 [J]. 考古，1983（1）.

[95] 朱丹丹. 三星堆器物坑施彩铜器的初步研究 [J]. 四川文物，2018（2）.

（四）其他

[1] 北京大学考古文博学院. 高明先生九秩华诞庆寿论文集 [C]. 北京：科学出版社，2016.

[2] 何努. 李下蹊华：庆祝李伯谦先生80华诞论文集 [C]. 北京：科学出版社，2017.

[3] 马承源. 吴越地区青铜器研究论文集 [C]. 香港：两木出版社，1997.

[4] 盘龙城遗址博物院，武汉大学青铜文明研究中心. 盘龙城与长江文明国际学术研讨会论文集 [C]. 北京：科学出版社，2016.

[5] 山东省文物考古研究所，北京大学震旦古代文明研究中心，莒县人民政府. 青铜器与山东古国学术研讨会论文集 [C]. 上海：上海古籍出版社，2017.

[6] 陕西省考古研究院，上海博物馆. 两周封国论衡：陕西韩城出土芮国文物暨周代封国考古学研究国际学术研讨会论文集 [C]. 上海：上海古籍出版社，2013.

[7] 中国考古学会. 中国考古学会第七次年会论文集1989 [C]. 北京：文物出版社，1992.

二、英文文献
（一）专著

[1] ACKERMAN P. Ritual Bronzes of Ancient China [M]. New York：The Dryden Press, 1945.

[2] AVITABILE G G, HANDKE E. Das Chinesische Steckenpferd, Die

Sammlung Carl Cords [M]. Frankfurt am Main: Museum für Kunsthandwerk, 1978.

[3] BAGLEY R. Gombrich among the Egyptians and other Essays in the History of Art [M]. Seattle: Marguand Books, 2015.

[4] BAGLEY R. Max Loehr and the Study of Chinese Bronzes Style and Classification in the History of Art [M]. New York: Ithaca, 2008.

[5] BAGLEY R. Shang Ritual Bronzes in the Arthur M. Sackler Collections [M]. Washington D. C. : Arthur M. Sackler Foundation, 1987.

[6] BECK C W. Archaeological Chemistry: Advances in Chemistry, Vol 138 [M]. Washington D. C. : American Chemical Society, 1974.

[7] BUSSAGLI M. Chinese Bronzes [M]. London: Paul Hamlyn, 1966.

[8] CREEL H G. The Birth of China, A Study of the Formative Period of Chinese Civilization [M]. sixth printing. New York: Frederick Ungar Publishing Co. , 1967.

[9] D'ARGENCÉ R Y L. Bronze Vessels of Ancient China in The Avery Brundage Collection [M]. San Francisco: Asian Art Museum of San Francisco, 1977.

[10] ESKENAZI G. A Dealer's Hand: The Chinese Art World Through the Eyes of Giuseppe Eskenazi [M]. London: Eskenazi Ltd, 2012.

[11] FONG W. The Great Bronze Age of China, An Exhibition from the Peple's Republic of China [M]. New York: The Metropolitan Museum of Art, 1980.

[12] GETTENS R J, CAHILL J, BARNARD N. The Freer Chinese Bronzes, Volume II: Technical Studies [M]. Washington D. C. : Smithsonian Institution, 1967.

[13] JONES M, CRADDOCK P, BARKER N. 1990, Fake? The Art of Deception [M]. Los Angles: University of California Press, 1990.

[14] KARLGREN B. A Catalogue of the Chinese Bronzes in the Alfred F. Pillsbury Collection [M]. Minneapolis: University of Minnesota Press, 1952.

[15] KELLEY C F, CH'EN M C. Chinese Bronzes from The Buckingham Collection [M]. Chicago: The Art Institute of Chicago, 1946.

[16] KOHL P L. The Making of Bronze Age Eurasia [M]. Cambridge: Cambridge University Press, 2007.

[17] LAWTON T. Chinese Art of the Warring States Period: Changing and Continuity, 480—222 BC [M]. Washington D. C. : Freer Gallery of Art, 1982.

［18］LUBAR S, KINGERY W D. History from Things, Essays on Material Culture ［M］. Washington and London: Smithsonian Institute Press, 1993.

［19］POPE J A, GETTENS R J, CHIHILL J, et al. The Freer Chinese Bronzes, Volume Ⅰ: Catalogue ［M］. Washington DC.: Smithsonian Institution, 1967.

［20］RAWSON J. Eastern Zhou Bronzes from the Arthur M. Sackler Collections, Volume Ⅲ ［M］. New York: Arthur M. Sackler Foundation, 1995.

［21］RAWSON J. Western Zhou Ritual Bronzes from the Arthur M. Sackler Collections, Volume Ⅱ ［M］. Cambridge: Harvard University Press, 1990.

［22］ROBERTS B W, THORNTON C P. Archaeometallurgy in Global Perspective, Methods and Syntheses ［M］. New York: Springer, 2014.

［23］TYLECOTERONALD F. A History of Metallurgy ［M］. 2nd ed. London: Maney Publishing, 2002.

［24］WANG T. Chinese Art through the Eye of Sakamoto Gorō, A Bronze Owl Hu ［M］. New York: Sotheby's, 2014.

［25］WANG T. Mirroring China's Past: Emperors, Scholars, and Their Bronzes ［M］. Chicago: The Art Institute of Chicago, 2018.

［26］WATSN W. China before The Han Dynasty ［M］. London: Thames and Hudson, 1961.

［27］YETTS W P. The George Eumorfopoulos Collection: Catalogue of the Chinese and Corean Bronzes, Sculpture, Jades, Jewelry and Miscellaneous Objects, Vol Ⅰ: Bronzes: Ritual and Other Vessels, Weapons, Etc. ［M］. London: Ernest Benn Ltd, 1929.

（二）期刊

［1］BARNARD N. The Incidence of Forgery Amongst Archaic Chinese Bronzes: Some Preliminary Notes ［J］. Mounumenta Serica, 1968, 27.

［2］CARTER E, CAMPBELL S, GAULD S. Elusive Complexity: New Data from Late Halaf Domuztepe in South Central Turkey ［J］. Paléorient, 2004, 29 (2).

［3］CREEL H G. On the Origins of the Manufacture and Decoration of Bronze in the Shang Period ［J］. Monumenta Serica, 1935, 1 (1).

［4］ERDBERGE E, FONF W C. Chinese Bronzes from the Collection of Chester Dale and Dolly Carter ［J］. Artibus Asiae: Supplementum, 1978, 35.

［5］ FITZGERALD-HUBER L G. Qijia and Erlitou: The Question of Contract with Distant Cultures ［J］. Early China, 1995 (20).

［6］ KARBECK O. Anyang Moulds ［J］. Bulletin of the Museum of Far Eastern Antiquities, 1937 (7).

［7］ KEYSER B W. Decor Replication in Two Late Chou Bronze "Chien" ［J］. Ars Orientalis, 1979, 11.

［8］ LANERI N. The Discovery of a Funerary Ritual, Inanna-Ishtar and Her Descent to the Nether World in Titriş Höyük, Turkey ［J］. East and West, 2002, 52 (4).

［9］ LEUSCH V, PERNICKA E, ARMBRUSTER B. Chalcolithic Gold from Varna - Provenance, Circulation, Processing, and Function ［J］. Tagungen des Landesmuseums für Vorgeschichte Halle, 2014 (11).

［10］ LOEHR M. The Bronze Styles of the Anyang Period ［J］. Archives of the Chinese Art Society of America, 1953 (7).

［11］ MATNEY T, ALGAZE G, PITTMAN H. Excavations at Titris Höyük in Southeastern Turkey: A Preliminary Report of the 1996 Season ［J］. Anatolica, 1997, 23.

［12］ NICKEL L. Imperfect Symmetry: Re-thinking Bronze Casting Technology in Ancient China ［J］. Artibus Asiae, 2006, 66 (1).

［13］ PENDEREITH H J. Technical Notes on Chinese Bronzes with Special Reference to Patina and Incrustation ［J］. Oriental Ceramic Society Transactions, 1938.

［14］ PHILIP G, REHREN T. Fourth Millennium BC Silver from Tell es - Shuna, Jordan: Archaeometallurgical Investigation and Some Thoughts on Ceramic Skeuomorphes ［J］. Oxford Journal Archaeology, 1996, 15 (2).

［15］ YETTS W P. A Datable Pair of Chinese Bronzes ［J］. The Burlington Magazine for Connoisseurs, 1937, 70.

［16］ YETTS W P. A Group of Chinese Bronze Flagons ［J］. The Burlington Magazine for Connoisseurs, 1940, 76.